D1746554

Erfolgsfaktor Controlling

Lizenz zum Wissen.

Sichern Sie sich umfassendes Wirtschaftswissen mit Sofortzugriff auf tausende Fachbücher und Fachzeitschriften aus den Bereichen: Management, Finance & Controlling, Business IT, Marketing, Public Relations, Vertrieb und Banking.

Exklusiv für Leser von Springer-Fachbüchern: Testen Sie Springer für Professionals 30 Tage unverbindlich. Nutzen Sie dazu im Bestellverlauf Ihren persönlichen Aktionscode C0005407 auf *www.springerprofessional.de/buchkunden/*

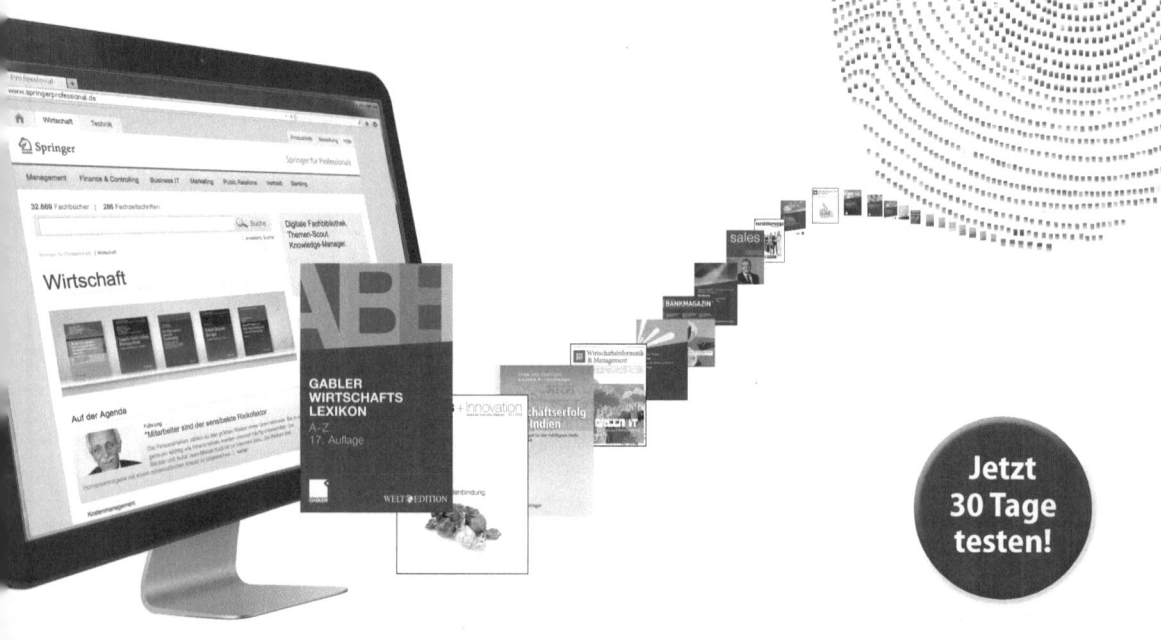

Jetzt 30 Tage testen!

Springer für Professionals.
Digitale Fachbibliothek. Themen-Scout. Knowledge-Manager.

- Zugriff auf tausende von Fachbüchern und Fachzeitschriften
- Selektion, Komprimierung und Verknüpfung relevanter Themen durch Fachredaktionen
- Tools zur persönlichen Wissensorganisation und Vernetzung

www.entschieden-intelligenter.de

Springer für Professionals ◆ Springer

Ulrich Krings (Hrsg.)

Erfolgsfaktor Controlling

Der Controller als Inhouse-Consultant

2. Auflage 2015

Springer Gabler

Herausgeber
Ulrich Krings
Zürich, Schweiz

ISBN 978-3-658-08027-3   ISBN 978-3-658-08028-0 (eBook)
DOI 10.1007/ 978-3-658-08028-0

Die Deutsche Nationalbibliothek verzeichnet diese Publikation in der Deutschen Nationalbibliographie; detaillierte bibliographische Daten sind im Internet über http://dnb.d-nb.de abrufbar.

Springer Gabler
© Springer Fachmedien Wiesbaden 2012, 2016 – Die 1. Auflage erschien unter dem Titel „Controlling als Inhouse-Consulting".

Das Werk einschließlich aller seiner Teile ist urheberrechtlich geschützt. Jede Verwertung, die nicht ausdrücklich vom Urheberrechtsgesetz zugelassen ist, bedarf der vorherigen Zustimmung des Verlags. Das gilt insbesondere für Vervielfältigungen, Bearbeitungen, Übersetzungen, Mikroverfilmungen und die Einspeicherung und Verarbeitung in elektronischen Systemen.

Die Wiedergabe von Gebrauchsnamen, Handelsnamen, Warenbezeichnungen usw. in diesem Werk berechtigt auch ohne besondere Kennzeichnung nicht zu der Annahme, dass solche Namen im Sinne der Warenzeichen- und Markenschutz-Gesetzgebung als frei zu betrachten wären und daher von jedermann benutzt werden dürften.

Gedruckt auf säurefreiem und chlorfrei gebleichtem Papier.

Springer Fachmedien Wiesbaden GmbH ist Teil der Fachverlagsgruppe Springer Science+Business Media
(www.springer.com)

Vorwort

Controllen Sie noch, oder beraten Sie schon?

Während der Markt für Unternehmensberatung in stark ansteigenden Raten wächst, entstehen in größeren Unternehmen beachtliche interne Consultingeinheiten, die einen guten Teil des Beratungsbedarfs abdecken. Wir stellen uns die Frage, welche Rolle der Controller dabei spielt. Läuft er Gefahr, dass ihm interne und externe Berater das Wasser abgraben? Muss er sich neu positionieren, um den veränderten Anforderungen des Managements gerecht zu werden? Erfahrene Controllingspezialisten aus Praxis und Wissenschaft sind in diesem Buch gemeinsam eingeladen, die Konsequenzen dieses Veränderungsprozesses zu beleuchten. Langjährigen und angehenden Controllern sollen diese Einblicke als Leitfaden für die eigene strategische Positionierung im Unternehmen dienen.

Der Begriff „Beratung" wird zunehmend inflationär verwendet. Im Controlling reflektiert er jedoch sehr treffend die Veränderung des Rollenverständnisses, wie die ersten vier Kapitel dieses Buches zeigen. Das Controlling darf nicht zum Selbstzweck degenerieren, sondern muss sich ständig kritisch hinterfragen und den Kundennutzen in den Vordergrund stellen. Auch Empathie und Kommunikationsskills werden für den Controller immer wichtiger. Dies sind zudem die grundlegenden Voraussetzungen, um ein guter Verhandlungspartner zu sein, der sich gleichzeitig als Change Agent unter Beweis stellen kann.

Die Controllerrolle entwickelt sich weiter, gleichwohl ohne ihre grundlegende Funktion aufzugeben. Ein Controller, der nur noch Business Partner oder Consultant sein will, ohne an erster Stelle Zahlenexperte zu sein, ist unglaubwürdig. Die Kernkompetenz des Controllings wird weiterhin auf der Bereitstellung betriebswirtschaftlicher Zahlen liegen, jedoch kommen zusätzliche Aufgabenbereiche hinzu. Mit diesen setzen sich die Kapitel 5 bis 8 ausführlich auseinander. Etwa kommt dem Controlling eine große Bedeutung zu bei der Restrukturierung sowie bei der Beratung grundlegender organisatorischer Strukturentscheidungen und der Optimierung von Prozessen.

Die vielfältigen externen Beratungsdienstleistungen decken zweifellos ein größeres Tätigkeitsfeld ab als ein Controlling dies leisten kann. Ein Controller kann und sollte nicht mit einem Personal- oder IT-Berater konkurrieren. Ebenso sind steuerliche und rechtliche Probleme besser beim Steuerberater oder Anwalt aufgehoben, wenngleich Schnittstellenkenntnisse hilfreich sind (Kapitel 9).

Um die Leistungen externer Berater geht es daher im Schlussteil dieses Buches (Kapitel 10 bis 13). Das Management kann unnötigen Aktionismus und vor allem hohe Beraterhonorare sparen, wenn deren Einsatz gut geplant wird. Das Controlling ist für diese Aufgabe die ideale Koordinationsstelle. Bevor ein Berater unter Vertrag genommen wird, können hier die Aufträge genau definiert und die aus dem Haus erforderlichen Ressourcen mittels Erhebungstechniken festgelegt und anschließend der Projektfortschritt überwacht werden. Dabei wird sich meist herausstellen, dass ein guter Teil der in Frage kommenden Aufgaben ebenso gut und deutlich kostengünstiger vom Controlling übernommen werden können.

An dieser Stelle möchte ich mich bei allen Co-Autoren für Ihre große Leistungsbereitschaft bedanken, neben all den beruflichen Verpflichtungen Zeit für einen Beitrag zu diesem Buch zu finden. Zudem gebührt Frau Anna Pietras vom Springer Verlag mein großer Dank für die professionelle Unterstützung bei der Drucklegung!

Abschließend wollen wir auf den üblichen Gender Disclaimer nicht verzichten – auch wenn bei Controllern der Grundsatz „substance over form" bekannt ist. Demnach schließt die in diesem Buch verwendete maskuline Form weibliche Personen mit ein. Wichtiger als gleichsam von Controllern und Controllerinnen zu sprechen, ist es dem Herausgeber allerdings, sich aktiv dafür einzusetzen, dass weibliche und männliche Controller die reale Chance erhalten, ihren Job im Einklang mit der Familie ausüben zu können.

Zürich, im Juli 2015 ULRICH KRINGS

Inhaltsverzeichnis

Vorwort V

Die Autoren IX

1 Optimierungsmöglichkeiten der Dienstleistungsfunktion des Controllings 1
  Prof. Dr. Ulrich Krings

2 Der Controller als empathischer Kommunikator: Harte Fakten
  weich kommunizieren 11
  Susanne Schwalb

3 Strategisches Verhandeln für Controller: Die relevanten Wins
  im Win-Win-Prozess 23
  Gebi Küng

4 Der Controller als Change Manager 43
  Prof. Dr. Martin Plag

5 Die Rolle des Controllers im Restrukturierungsprozess:
  Neue Schwerpunkte und Aufgaben? 65
  Harry Henningsen

6 Die Rolle des Controllings im Wandel der Sourcing-Funktion 97
  Prof. Dr. Sören Dressler

7 Der Controller als Lean Manager 123
  Dr. Bodo Wiegand

8 Umfassende Beratung: Neue Herausforderungen für das Controlling 149
  Dr. Jörg Scheffner und Kim-Mai Pham Duc

9   Legal Controlling – Rechtliches Risikomanagement für den Controller   165
    Dr. Markus Bösiger und Dr. Philipp Engel

10 Informationsbeschaffung und Erhebungstechniken für den Controller
    als Inhouse Consultant   199
    Prof. Dr. Christel Niedereichholz

11 Projekt Performance Management mit Reifegradmodellen
    am Beispiel CMMI   213
    Prof. Dr. Gernot Langenbacher

12 Zielgerichtete Steuerung von Beratungsprojekten   229
    Eckhard Frischbier und Holger Pfeiffer

13 Der Controller als Erfolgsfaktor in globalen Umsetzungsprojekten   245
    Mark Füllemann

Die Autoren

Dr. Markus Bösiger ist selbstständiger Wirtschaftsanwalt in Zürich. Er vertritt national und international tätige Unternehmen und Organisationen im Bereiche des Wirtschafts- und Sportrechts, ist Autor von verschiedenen Fachpublikationen und nebst regelmäßiger Referententätigkeit an Fachtagungen und Lehrveranstaltungen Lehrbeauftragter an der Fachhochschule Nordwestschweiz. Im März 2012 wurde er als Richter an den Internationalen Sportgerichtshof TAS/CAS berufen.

Prof. Dr. Sören Dressler ist Diplom-Kaufmann der Otto-Friedrich Universität Bamberg und hat an der TU Dresden promoviert. Nach mehreren Beratungsstationen war er zuletzt Principal bei A.T. Kearney Management Consultants in Chicago bevor er 2004 Professor für Internationales Controlling an der Hochschule für Technik und Wirtschaft Berlin wurde. Heute ist er dort Direktor des Internationalen Studienganges Master of Business Administration & Engineering. Zudem ist Prof. Dressler Managing Partner von Dressler & Partner, einer Managementberatung die sich mit der Optimierung von Verwaltungsprozessen und dem Aufbau von Shared Services beschäftigt.

Dr. Philipp Engel, LL.M. vertritt als selbstständiger Wirtschaftsanwalt in Zürich national und international tätige Unternehmungen und Organisationen im Bereiche des Wirtschafts- und Sportrechts. Philipp Engel ist Lehrbeauftragter an der Universität Zürich sowie an der Fachhochschule Nordwestschweiz. Er publiziert und referiert regelmäßig zu wirtschaftsrechtlichen Themen und leitet die Redaktion des Schweizerischen Sportnewsletters.

Eckhard Frischbier von 2005 bis 2013 Business Partner und Mitglied der Geschäftsführung der RWE Consulting GmbH, der Inhouse-Managementberatung des RWE-Gruppe. Er studierte Wirtschaftswissenschaften an der Ruhr-Universität, Bochum, mit den Schwerpunkten Unternehmensprüfung und Unternehmensbesteuerung. Seine berufliche Tätigkeit begann er bei C&L Deutsche Revision im Bereich der Wirtschaftsprüfung.

Nach Abschluss des Steuerberater-Examens wechselte er in den Zentralbereich Betriebswirtschaft der RWE Energie AG. In den folgenden Jahren übernahm er verschiedene Führungsfunktionen im Finanzbereich und wirkt seit 2013 mit am Aufbau des konzerninternen Shared Service Centers. Parallel dazu war er als kaufmännischer Geschäftsführer mehrerer RWE-Gesellschaften im IT-Ressort des Konzerns tätig und leitete in dieser Funktion den Aufbau einer IT-Service-Company in der Slowakei.

Mark Füllemann ist Diplom-Physiker der ETH Zürich. Von 1986 bis 2011 leitete er als Direktor verschiedene Stabsstellen des Holcim-Konzerns, darunter Business Planung, Management Reporting und Globale Projekte. Heute berät er verschiedene Firmen und nimmt Lehraufträge an der ETH Zürich, der Fachhochschule Nordwestschweiz und an der Dualen Hochschule Baden-Württemberg wahr.

Harry Henningsen studierte Wirtschaftswissenschaften und Elektrotechnik an der Helmut-Schmidt-Universität, Hamburg, an der HSG St. Gallen, Schweiz, und in Houston/Texas. Nach einer Tätigkeit als Marineoffizier war er als Controller für F & E- und Raumfahrtprojekte bei der damaligen Dornier GmbH und als Unternehmensplaner in einem Maschinenbau-Konzern tätig. Seit vielen Jahren befasst er sich mit den Themen Controlling, Restrukturierung und Insolvenz und leitete früher als Prokurist bei einer der „Big-Four"-Wirtschaftsprüfungsgesellschaften entsprechende Projekte. Als interimistischer Geschäftsführer richtet er mittelständische Handels- und Industrieunternehmen „in der Krise" neu aus. Er hat Lehraufträge an Hochschulen bzw. Fachhochschulen in Deutschland und der Schweiz.

Prof. Dr. Ulrich Krings ist Diplom-Kaufmann der Universität zu Köln und hat zudem an der Pennsylvania State University und an der HSG studiert. Seine Promotion schloss er an der Universität Bern ab. Nach mehrjähriger Tätigkeit als Prokurist bei Ernst & Young in Zürich wurde er Professor am Institut für Finanzmanagement der Fachhochschule Nordwestschweiz. Er leitet dort den Executive MBA Studiengang mit Schwerpunkt Controlling & Consulting. Prof. Krings ist Partner einer mittelständischen Unternehmensberatung und führt öffentliche Seminare und Firmenschulungen im Bereich Controlling und Unternehmensorganisation durch.

Gebi Küng studierte an Universität St. Gallen Rechts- und Wirtschaftswissenschaften (lic. iur. HSG) und absolvierte an der Harvard Business School das „Advanced Management Program". Als Strategieberater unterstützt er Unternehmer und ihre Unternehmen in Schlüsselphasen durch strategische Klarheit, Zuversicht und frische Perspektiven. Er ist Vorstandsmitglied bei der ASCO, Association of Management Consultants Switzerland, verantwortlich für deren Denkfabrik, ASCO Think und Präsident des Lassalle-Institutes für Zen, Ethik und Leadership.

Prof. Dr. Langenbacher führt seit März 2011 als geschäftsführender Gesellschafter die Cisar GmbH und leitet den Geschäftsbereich Innovation Management. Er besitzt tiefgreifende Beratungs- und Linienexpertise unter anderem in der Automobil- und Telekommunikationsindustrie. Seit mehr als 15 Jahren verantwortet Prof. Langenbacher strategische und operative Projekte im Innovation Management. Er studierte an der Universität zu Mannheim sowie an der Edinburgh Business School Betriebswirtschaftslehre und Psychologie.

Holger Pfeiffer ist Managing Consultant bei RWE Consulting GmbH, der Inhouse Managementberatung des RWE Konzerns. Herr Pfeiffer ist Diplom-Ingenieur und hat den Master für Energiewirtschaft. Von 2000 bis 2005 war er Finance Manager und Controller beim Tabakkonzern Imperial Tobacco Reemtsma. Bis 2007 war Herr Pfeiffer als Unternehmensberater bei der IDS Scheer AG mit den Schwerpunkten Prozesskostenrechnung und Controlling tätig. Als Managing Consultant bei RWE Consulting leitet Herr Pfeiffer das Kompetenzfeld Finance & Controlling mit den Themenschwerpunkten Unternehmenssteuerung, Unternehmensbewertung und Controlling.

Kim-Mai Pham Duc ist Inhouse Consultant im Bereich Prozesse & Organisation bei EagleBurgmann Germany. Zuvor war sie Senior Project Manager im Competence Center Controlling and Finance bei Horváth & Partners mit Fokus auf die Segmente Operational Excellence und Management Reporting. Dort beschäftigte sie sich hauptsächlich mit den Themen Performancesteigerung von Controlling- und Finanzbereichen, der Gestaltung von Finanzorganisationen sowie -prozessen, Stammdatenmanagement sowie dem Thema „Transformation of operational Controlling".

Prof. Dr. Christel Niedereichholz hat nach 15 Jahren Berufstätigkeit bei verschiedenen international tätigen Beratungsunternehmen (SRI Stanford Research Consulting Group International, Mummert & Partner, PA Consulting Group, Booz, Allen & Hamilton) den berufsbegleitenden MBA-Studiengang „International Management Consulting" an der Hochschule für Wirtschaft in Ludwigshafen gegründet. Sie ist Gründerin und wissenschaftliche Leiterin der Heidelberger Akademie für Unternehmensberatung (HAfU) und des Arbeitskreises „Internes Consulting". Die Funktion einer Herausgeberin nimmt sie für das „Handbuch der Unternehmensberatung" und die Edition Consulting im Oldenbourg Verlag wahr. Sie hat die beiden Fachmagazine „Unternehmensberater" (Dr. Curt Haefner Verlag) und „ZUb Zeitschrift der Unternehmensberatung" (Dr. Erich Schmidt Verlag) konzipiert und geleitet. Während ihrer Mitgliedschaft erhielt sie vom BDU das Kompetenzzertifikat eines Certified Management Consultants, CMC, mit dem langjährige hochqualitative Beratungsleistung ausgezeichnet wird.

Prof. Dr. Martin Plag ist Diplom-Volkswirt der Universität Marburg und promovierte am Lehrstuhl für Controlling an der WHU in Vallendar. Von 1998–2003 arbeitete er als Managementberater und Trainer für die CTcon GmbH, einem Spin-Off der WHU. Seit 2003 ist er Professor an der Dualen Hochschule Baden-Württemberg in Villlingen-Schwenningen und leitet den Studiengang Controlling & Consulting. Er berät darüber hinaus verschiedene Unternehmen und nimmt Lehraufträge an der Fachhochschule Nordwestschweiz, der Steinbeis-Hochschule Berlin, sowie der Universität Freiburg wahr.

Dr. Jörg Scheffner ist Associate Principal im Bereich Transformation Finance von The Hackett Group. Zuvor war er Principal im Competence Center Controlling and Finance bei Horváth & Partners und leitete das Segment Operational Excellence. In den letzten achtzehn Jahren beschäftigte sich Dr. Scheffner als Berater mit der Performancesteigerung von Controlling- und Finanzbereichen, der Post-Merger-Integration sowie der Gestaltung von Finanzorganisationen. Daneben ist Herr Dr. Scheffner Autor zahlreicher Veröffentlichungen zum Themengebiet Performancesteigerungen im CFO-Bereich sowie Referent bei internationalen Kongressen und Seminaren.

Susanne Schwalb ist Inhaberin von Training& Consulting in Neuleinigen/Pfalz. In den letzten beiden Jahrzehnten beschäftigte sich Frau Schwalb mit Coaching, Beratung und Training von Controlling- und Finanzbereichen in Deutschland, Österreich und der Schweiz. Sie führt Lehraufträge an der Fachhochschule Nordwestschweiz durch. Daneben ist Frau Schwalb als Autorin bei Verlagen im In- und Ausland mit zahlreichen Veröffentlichungen zum Themengebiet Controlling, und auch zum Thema Persönlichkeitsbildung vertreten.

Dr. Bodo Wiegand ist Gründer und Leiter des Lean Management Instituts in Mülheim an der Ruhr und in der Schweiz. Er studierte Maschinenbau und Betriebswirtschaftslehre an der RWTH Aachen und war bis zur Gründung des Lean Management Instituts in Deutschland im Jahr 2004 unter anderem auch Mitbegründer des Lean Global Network rund um James P. Womack und Daniel T. Jones, sowie Vorstand und Inhaber der pro-Lean Consulting AG. Herr Wiegand hat mehrere Bücher zum Thema Lean Management veröffentlicht.

Optimierungsmöglichkeiten der Dienstleistungsfunktion des Controllings

Prof. Dr. Ulrich Krings

1.1	Ausgangslage und Zielsetzung	1
1.2	Die drei Wirkungskomponenten eines Controllings	2
1.2.1	Anspruch an das Verhalten	3
1.2.2	Anspruch an die Informationsbereitstellung	4
1.2.3	Anspruch an die Prozesse	5
1.3	Optimierungsansätze	5
1.3.1	Optimierung im Bereich Verhalten	5
1.3.2	Optimierung im Bereich Informationsbereitstellung	7
1.3.2.1	Abbau des Dienstleistungsangebots	7
1.3.2.2	Erweiterung des Dienstleistungsangebots	7
1.3.2.3	Konzentration des bestehenden Dienstleistungsangebots	8
1.3.2.4	Ergänzung des bestehenden Dienstleistungsangebots	9
1.3.3	Prozessoptimierungen bei der Dienstleistungserstellung	9
1.4	Implementierungsempfehlungen	10

1.1 Ausgangslage und Zielsetzung

Genauso wie das Unternehmensumfeld einem stetigen Wandel unterliegt, gibt es immer neue Anforderungen an das Controlling und damit auch neue Aufgaben für den Controller. Zusätzlich ist mittlerweile bei vielen Unternehmen der allgemeine Kostendruck auch bei der Controllingabteilung angekommen. Wie in anderen Abteilungen ist auch hier der Nachweis zu erbringen, dass der erbrachte Nutzen größer als der entstandene Aufwand ist. Vereinfachend darf man die These aufstellen, dass immer mehr und höherwertiger Leistungsoutput durch weniger oder zumindest leistungsunterproportional steigenden Ressourceninput bereitgestellt werden muss. Diese geforderte Produktivitätssteigerung verlangt danach, Optimierungspotenzial im Controllingbereich aufzudecken und zu realisieren. Daher muss das bestehende Controlling von der Unternehmensleitung oder im Idealfall proaktiv von sich selbst kritisch hinterfragt werden.

Ziel dieses Beitrags soll es deswegen sein, anhand eines dreistufigen Modells aufzuzeigen, welche grundsätzlichen Optimierungsansätze es für das Unternehmenscontrolling gibt und welches Vorgehen bei der Umsetzung zu empfehlen ist.

Zunächst werden aus der allgemein anerkannten Dienstleistungsfunktion des Controllings die drei zentralen Wirkungskomponenten abgeleitet. Diese lassen sich in Verhaltens-, Informations- und Prozesskomponenten gliedern. In einem nächsten Schritt werden Verbesserungsmöglichkeiten für jeden dieser drei Teilbereiche erläutert. Das letzte Kapitel befasst sich mit Gedanken über ein pragmatisches Vorgehen bei der Umsetzung von Optimierungsmaßnahmen.

1.2 Die drei Wirkungskomponenten eines Controllings

Während die Finanzbuchhaltung gesetzlich vorgeschrieben ist und bestimmten Regelungen unterworfen ist, sind die Ansprüche an ein Controlling und damit auch an die Ausgestaltung eines Controllings sehr unternehmensindividuell. Wesentlichen Einfluss hierauf üben im Allgemeinen sicherlich Faktoren wie Unternehmensgröße, Zusammensetzung und Informationsbedürfnis der Eigentümerschaft, fachlicher Hintergrund der Geschäftsleitung sowie Branchenzugehörigkeit und nicht zuletzt die Unternehmensperformance aus.

Am Ende darf die Existenzberechtigung eines Controllings jedoch ausschließlich aus der **Nutzenstiftung** abgeleitet werden, welche als absolute Anspruchsmaxime betrachtet werden muss. Genauer betrachtet handelt es sich um den wahrgenommenen Nutzen aus Sicht der Adressaten, welcher der einzige Rechtfertigungsgrund ist, Jahr für Jahr beachtliche Geldsummen in diese betriebswirtschaftliche Querschnittsfunktion zu investieren. Um es einfach und klar zu sagen: Ein Controlling ohne erkannte Nutzenstiftung ist als Zeit- und vor allem Geldverschwendung zu interpretieren.

Es herrscht in Literatur und Praxis breite Einigkeit über die grundsätzliche Dienstleistungsfunktion des Controllings, welche sich in seiner Entscheidungsunterstützungsfunktion ausdrückt. Etymologisch gesehen kann man das Wort „Dienstleistung" in seine beiden Bestandteile „Dienst" und „Leistung" aufsplitten. Daraus ergeben sich dann zwei grundsätzliche Ansatzpunkte zur Ableitung von Anspruchskriterien an das Controlling.

Die erste Komponente „Dienst" kommt von „dienen" und zielt auf das **Verhalten** der Controllingmitarbeiter ab. Damit ist zum einen das allgemeine Verständnis über die Rolle des Controllings bei der Zusammenarbeit mit anderen Abteilungen gemeint, zum anderen zählt dazu die Empathie, mit der die Funktion erfüllt wird.

Die zweite Wortkomponente „Leistung" zielt zum einen auf den Inhalt des Controllings ab, also auf das, *was* geleistet wird. Gemeint ist damit die Art und Qualität der den Fachabteilungen und der Unternehmensführung zur Verfügung gestellten **Informationen**. Zum anderen geht es aber auch um die Frage, *wie* die **Prozesse**, die zur Leistungserbringung notwendig sind, ablaufen (vgl. Abbildung 1.1).

1.2 Die drei Wirkungskomponenten eines Controllings

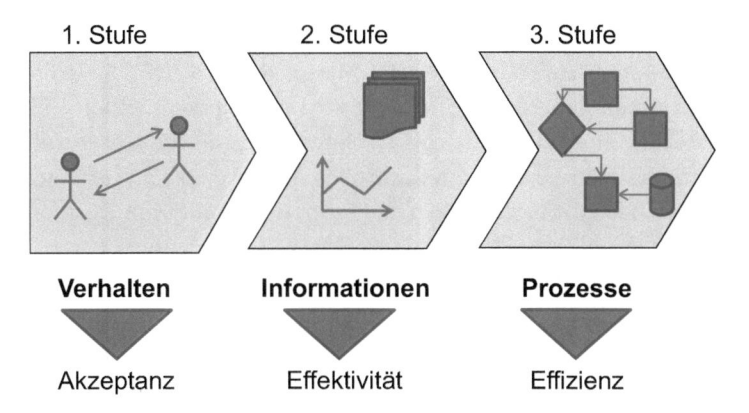

Abb. 1.1 Optimierungsansätze

Im Folgenden soll näher aufgezeigt werden, welche Ansprüche an diese drei Wirkungskomponenten gestellt werden müssen.

1.2.1 Anspruch an das Verhalten

Der zentrale Anspruch an das Verhalten der Controllingmitarbeiter ist die **Akzeptanz** seitens der Fachabteilungen und der Unternehmensführung. Ohne Akzeptanz werden sämtliche Bemühungen, einen Beitrag zur Unternehmenssteuerung zu leisten, ins Leere laufen. Bestenfalls darf der Controller noch darauf hoffen, als notwendiges Übel geduldet zu werden.

Welche Faktoren beeinflussen die Akzeptanz des Controllings? Sicherlich hat zunächst einmal das Rollenverständnis zwischen Controlling und Fachabteilung fundamentale Bedeutung. Kein zuverlässiger Indikator für das Rollenverständnis ist jedenfalls die gewählte Berufsbezeichnung:

So meinen einige Controller sich alleine schon durch ihre Visitenkarte von dem klassischen Buchhalterimage des langweiligen und pedantischen Erbsenzählers distanzieren zu können. Nun kommen Vorurteile nicht von ungefähr und es gibt sicherlich in dieser Zunft überdurchschnittlich genau arbeitende Personen, die gerne strukturiert und formalanalytisch vorgehen – und das ist auch gut so. Weniger erfreulich ist, dass leider zu viele Personen dieser Berufsgruppe ihre Tätigkeit in erster Linie im Aufspüren von Negativ-Abweichungen und „roten Controller-Ampeln" sehen. Dieses Verhalten ist gleichzusetzen mit dem eines Wachhundes, der nur aus seiner Hütte kommt, um bei vermeintlicher Gefahr zu bellen. Die bloße Ausübung einer Kontrollfunktion reicht nicht zur Unternehmenssteuerung aus und wäre in vielen Fällen auch zu teuer erkauft! Es ist sehr wahrscheinlich, dass die Informationsempfänger mit solchen Kontrolleuren keinen Dialog führen wollen.

In der aktuellen Managementliteratur wird dem Controller suggeriert, sich als „Business Partner" zu positionieren, der auf Augenhöhe des Managements wertvolle Unterstützung geben kann. Macht man den Reality-Check, so wird man in den meisten Unternehmen feststellen, dass dies eher Wunschdenken ist. Interessant wäre zu wissen von welcher Seite: Wünscht sich das Management den Controller als „Business Partner" oder wünscht sich der Controller „Business Partner" sein zu dürfen und damit seine Position und sein Ansehen aufzuwerten. Oder ist diese neue Funktionsbeschreibung Personalberatern zuzuschreiben, die auf der Suche nach einer „peppigen" Aufmachung für Ihre Stelleninserate waren? Jedenfalls sind wir der Überzeugung, dass es verfehlt ist, mit dem Begriff „Partner" den Controller auf eine Stufe mit den Fachabteilungsleitern und der Geschäftsführung zu heben. Dann könnte ja auch gleich ein Stühletausch beginnen.

Der Controller muss sich hier klar zu seiner Rolle als unternehmensinterner Dienstleister bekennen, der ein klar ausgerichtetes Kundendenken hat und darf sich, sollte dies gewünscht sein, gerne als „Inhouse-Consultant" präsentieren.

Daneben muss ein Mindestmaß an Empathie seitens der Controller gefordert werden, also die grundsätzliche Fähigkeit, Gedanken, Absichten und Persönlichkeitsmerkmale eines anderen Menschen zu erkennen und zu verstehen. In diesem Beitrag soll der Begriff der Empathie noch etwas weiter gefasst werden und zwar in dem Sinne, dass unter ihm vereinfachend und daher nicht wissenschaftlich präzise sämtliche, oft als „softskills" oder gar „soziale Kompetenz" bezeichneten Verhaltens- und Kommunikationsfähigkeiten subsummiert werden, die für die soziale Interaktion wichtig sind, wie z. B.: auf Menschen zugehen können, Unterstützung anbieten, aber auch annehmen können, loben und kritisieren können, Kritik annehmen können, Humor, freundliche Penetranz.

1.2.2 Anspruch an die Informationsbereitstellung

Bei diesem Anspruch geht es um den Inhalt und die Qualität der Informationsbereitstellung oder einfach formuliert darum, den „richtigen" Dienstleistungsinhalt bzw. -umfang anzubieten. Die Forderung nach **Effektivität** soll sicherstellen, dass die angebotenen Controllinginformationen sinnvoll, vollständig und qualitativ brauchbar sind.

Es gibt neben einer Vielzahl von akademisch gut gemeinten Ratschlägen letztendlich eine ganz subtile aber zentrale Voraussetzung für ein effektives Controlling: das Vorhandensein vom Adressaten eines wahrgenommenen persönlichen Nutzens oder zumindest eines abgewendeten Nachteils für ihn. Wann immer diese Voraussetzung nicht gegeben ist, wird ein Controllingsystem suboptimal, wenn nicht sogar völlig wertlos sein, da es nicht auf die tatsächlich vorhandenen Informationsbedürfnisse zugeschnitten und damit für den Empfänger irrelevant ist. Allenfalls kann man durch Führungsdruck noch ein gewisses Zwangsinteresse erzeugen, welches aber nur kurzfristig aufrecht zu erhalten ist. Auf freiwilliges Interesse wird man aber nicht stoßen. Die Lektüre der Controllingreports verkommt zu einer rituellen Übung, ohne dass wirklicher Nutzen oder Mehrwert gewonnen wird. Die Folgen eines ausgeuferten Berichtswesens sind fatal. Zeitverschwendung findet gleich zweifach statt. Verursacht eine unnötige Berichterstellung schon einen nicht tolerierbaren Aufwand, so verschlingt das mühsame Durchforsten und Lesen von nichts aussagenden „Zahlenfriedhöfen" noch weit mehr Zeit.

1.2.3 Anspruch an die Prozesse

Bei der Beurteilung des Leistungserstellungsprozesses geht es um das Verhältnis zwischen Controllingoutput und Ressourceninput, also um die Frage, ob die Umsetzung der Controllingprozesse unter Zeit- und Kostengesichtspunkten „richtig" abläuft. Die Controllingdienstleistung wird also anhand des dazu benötigten Aufwandes im Rahmen der **Effizienz** beurteilt.

Grundvoraussetzung für eine Controllingeffizienz ist eine Prozesstransparenz der erbrachten Dienstleistung unter Einbeziehung aller Beteiligten. Dazu gehört neben der Informationsaufbereitung auch die Distribution an die Informationsempfänger. Bei der Beurteilung der Effizienz ist zu berücksichtigen, dass diese immer nur über einen Vergleich stattfinden kann. Streng genommen kann ein Controlling nie als „effizient" beurteilt werden, sondern nur als „effizienter" oder „ineffizienter" als eine vorgegebene Benchmark.

1.3 Optimierungsansätze

1.3.1 Optimierung im Bereich Verhalten

Bei den Verbesserungsmöglichkeiten hinsichtlich des Verhaltens der Controller geht es in erster Linie darum, das momentane Rollenverständnis zu analysieren und ggf. zu überdenken. In manchen Fällen ist es schon ausreichend den Dienstleistungsauftrag in Erinnerung zu rufen. In anderen Fällen muss die aktuelle Positionierung grundsätzlich hinterfragt werden und im Extremfall sogar von der Geschäftsleitung ein neues Controllingleitbild vorgegeben werden.

Methodisch kann es ein erster Schritt sein, über einen Vergleich von Selbstbild und Fremdbild die Größe der Wahrnehmungslücke („Perception Gap") festzustellen. Voraussetzung dazu ist dabei die grundsätzliche Bereitschaft der Controllingmitarbeiter, ihr eigenes Verhalten bzw. ihre Einstellung und ihr Bewusstsein in Frage zu stellen und von Kundenseite kritisch beurteilen zu lassen: Welchen Nutzen stifte ich für das Unternehmen? Was ist meine Aufgabe? Wer sind meine Kunden? Wie empfinde ich mein Serviceverhalten? (vgl. Abbildung 1.2)

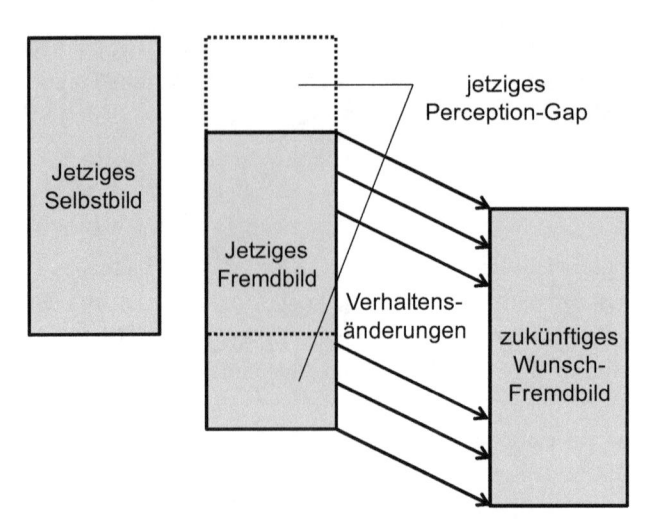

Abb. 1.2 Wahrnehmungsrepositionierung

Gemäß der bewährten Weisheit „Perception is Reality" muss sich der Controller auf die Wahrnehmungen des Kunden konzentrieren und überlegen, wie er diese ändern kann: Was muss ich an meinem Verhalten ändern, um als interner Consultant von meinen Kunden wahrgenommen zu werden? Um diese Frage zu beantworten, ist die Empathiekompetenz des Controllers gefragt, sich besser in die Situation des Informationsadressaten hineinversetzen zu können. Dies erfordert eine intensive Dialogbereitschaft. Es gilt ausfindig zu machen, welche Ziele überhaupt vom Reportingempfänger verfolgt werden. Erst mit diesem Wissen lassen sich relevante Informationsbedürfnisse ableiten. Ebenso gehört es dazu, sich einer Terminologie zu bedienen, die leicht vom Nicht-Controller verstanden wird. Eine weitere Möglichkeit, die Wahrnehmungslücke zu reduzieren, besteht darin sich zu überlegen, wie die Controllinginformationen so aufbereitet werden können, dass diese leicht verständlich aufgenommen werden können.

Letztendlich ist es für den Controller immer wichtig, in seiner Kommunikation den richtigen Ton zu treffen, d. h. nicht oberlehrerhaft zu kritisieren sondern entsprechend des Rollenverständnisses die angestellten Überlegungen so zu formulieren, dass sie Empfehlungscharakter haben.

Als flankierende Maßnahme bieten sich individuell auf die Bedürfnisse der Controllingmitarbeiter zugeschnittene Trainings im Bereich der Kommunikation und Verhaltensschulung an. Auch sind gemeinsame Workshops sinnvoll, in denen offen über Kundenbedürfnisse gesprochen wird. Bei der Besetzung von Controllingstellen kann es hilfreich sein, bewusst auf einen gewissen Anteil Mitarbeiter zu achten, die zuvor in anderen Bereichen gearbeitet haben oder eine Zusatzqualifikation außerhalb des Controllings erworben haben. Als ultima ratio muss man aber auch den Mut haben, sich von nicht änderungsbereiten Controllingmitarbeitern zu trennen.

1.3.2 Optimierung im Bereich Informationsbereitstellung

Das Controlling muss sein Dienstleistungsangebot bedürfnisgerecht optimieren, um seine Effektivität zu erhöhen. Bei jeglichen Optimierungsüberlegungen hat es sich vom Kundennutzen leiten zu lassen.

Methodisch kann man sich auf den Gedanken des Lean Reporting stützen, welcher die Intention hat, das Berichtswesen vom häufig historisch angewachsenen Datenballast zu befreien. Es ist wichtig zu betonen, dass mit „lean" nicht zwangsläufig ein schlankeres, sondern ein als nützlicher empfundenes Reporting gemeint ist. Es sind nämlich auch bislang nicht erhobene Daten zu berücksichtigen, sofern diese einen hohen Informationsnutzen versprechen.

Um die Optimierung durchzuführen, ist zunächst eine grundlegende Analyse des bestehenden Angebots in Form einer Dienstleistungsinventur notwendig. Diese ist zunächst von der Seite des Controllings durchzuführen und soll ermitteln, welche Informationen wann an wen weitergeleitet werden und mit welchem Zeitbedarf man für die Lektüre beim Empfänger rechnet. Danach wendet man sich der Seite der Reportingempfänger zu und ermittelt, welche Informationen zu welchem Zeitpunkt vom Controlling bereitgestellt werden und wie lange man sich mit der Lektüre befasst. Zusätzlich wird erhoben, welche Informationen die Empfänger ggf. vermissen.

Vergleicht man die Ergebnisse dieser beiden Analysen miteinander, wird man eine Dienstleistungslücke (Service Gap) feststellen (vgl. Abbildung 1.3). Zum Schließen dieser Lücke können vier Optimierungsbereiche identifiziert werden:

1.3.2.1 Abbau des Dienstleistungsangebots

Für alle Informationsdienstleistungen im Bereich A der Abbildung 1.3 gilt die Vermutung, dass diese überhaupt nicht verwendet werden oder dem Empfänger unbekannt sind. Dies kann zum einen daran liegen, dass die angebotene Information vom Empfänger als irrelevant und damit unnütz empfunden wird oder daran, dass der Nutzen dieser Dienstleistung seitens Controlling bislang nicht genügend stark dargestellt wurde. Hier sollten im Dialog zwischen Controlling und Fachabteilung weitere Abklärungen getroffen werden. Ein guter Controller muss für jeden Report und jede Kennzahl den Informationsnutzen für den Adressaten erklären können. Kann er dies nicht, so stellt sich die Frage, warum man diese Kennzahl erfasst bzw. überhaupt einen Report erstellt. Die betriebswirtschaftliche Mechanik von Angebot und Nachfrage gilt auch für die Reporterstellung. Ein Informationsangebot ohne Nachfrage ist als nicht wertschöpfende Überproduktion zu werten und einzustellen.

1.3.2.2 Erweiterung des Dienstleistungsangebots

Im Bereich B der Abbildung 1.3 ist eine Nachfrage nach Informationen zu sehen, welche durch das bestehende Reportingangebot scheinbar nicht abgedeckt wird. Solche Informationsdefizite tauchen typischerweise immer dann auf, wenn Führungskräfte Informationen über die Marktentwicklung, ihre externen Kunden, deren Zufriedenheit mit den Produkten oder konkrete Aussagen über die Wettbewerbsfähigkeit des Unternehmens abrufen wollen. Nur wenn der Controller sein Dienstleistungsangebot um diese Kundenwünsche erweitert, kann er auch wirklich als Inhouse-Consultant wahrgenommen werden. Sollten im Ausnahmefall bereits entsprechende Informationen vorliegen, dem Informationsadressaten dies aber noch gar nicht bewusst sein (vgl. Bereich A der Abbildung 1.3), reicht ein Verweis auf das bestehende Angebot.

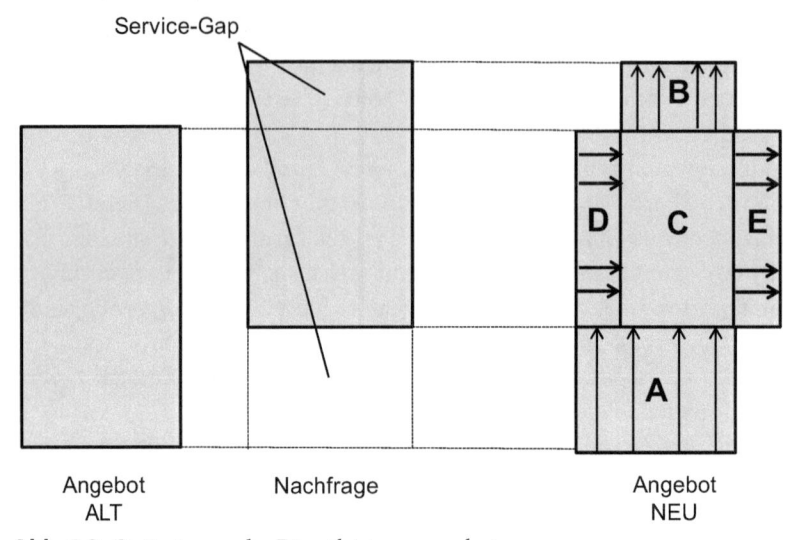

Abb. 1.3 Optimierung des Dienstleistungsangebots

1.3.2.3 Konzentration des bestehenden Dienstleistungsangebots

Bei diesem Optimierungsansatz geht es darum, das bestehende Dienstleistungsangebot gemäß dem Pareto-Prinzip durch Informationsverdichtung auf die optimale Größe zu reduzieren (vgl. Bereich C bzw. D der Abbildung 1.3). Auch für ein Controlling wird prinzipiell gelten, dass mit einem Bruchteil der bereitgestellten Informationen (20 bis 30 %) bereits ein Großteil (70 bis 80 %) des wahrgenommenen Nutzens erzielt werden kann. Hier kann gut gemeinte Informationsversorgung zwar einen Nutzen stiften, dieser ist jedoch im Vergleich zum Erhebungsaufwand zu klein. Auch in diesem Fall hilft der Dialog mit dem Informationsempfänger weiter, eine sinnvolle Informationspriorisierung vorzunehmen anhand derer man die wirklich wertschöpfenden von den weniger wertschöpfenden Reports trennt. Ebenfalls hilft es bei diesem Auswahlprozess sich von der Frage leiten zu lassen, welche Nachteile dem Berichtsempfänger entstehen würden, gäbe es den jeweiligen Report nicht mehr. Ein weiteres Mittel auf indirektem Wege den unterschiedlichen Nutzen von Informationen ausfindig zu machen, ist es seitens der Controllingabteilung, für eine bewusst zeitverzögerte Informationsversorgung zu sorgen. Anhand der Geschwindigkeit der eingehenden Reklamationen kann man recht zuverlässig auf den Nutzenbeitrag zurückschließen. Gehen keine Beanstandungen ein, wird der Report offensichtlich auch nicht vermisst und braucht gar nicht mehr bereitgestellt zu werden.

Die optimale Größe eines Berichtswesens ist nicht etwa dann erreicht, wenn es keinen weiteren Bericht A mehr hinzuzufügen gäbe, sondern vielmehr dann, wenn keine Kennzahl mehr weggelassen werden könnte, ohne dass der Informationsnutzen geschmälert würde.

1.3.2.4 Ergänzung des bestehenden Dienstleistungsangebotes

Schließlich sollte ein Controlling auch überprüfen, ob die Qualität der bereits vorhandenen Reports ausreichend ist. Häufig begnügen sich Reports inhaltlich auf die reine Zahlenerhebung. Besteht beispielsweise eine Planabweichungsanalyse nur aus nackten Zahlen, muss an dem wirklichen Erkenntnisgewinn und somit an der Effektivität des Controllings gezweifelt werden. Erst eine ergänzende Ursachenanalyse ermöglicht es den Führungsverantwortlichen, Maßnahmen zur Ergebnisverbesserung einzuleiten. Will sich der Controller als Inhouse-Consultant positionieren, so sollte er die aus dem Bereich D (vgl. Abbildung 1.3) eingesparte Zeit für zusätzliche Analyseleistungen (vgl. Bereich E in Abbildung 1.3) verwenden und somit den Informationsnutzen erhöhen.

1.3.3 Prozessoptimierungen bei der Dienstleistungserstellung

Besonders in Zeiten schwieriger ökonomischer Rahmenbedingungen gehört es zu den zentralen Führungsaufgaben, jegliche betriebswirtschaftliche Prozesse zu hinterfragen und auf Effizienzsteigerungspotenziale zu untersuchen. Die Berufung auf eher lang als gut bewährte Unternehmenspraxis darf als alleiniges Rechtfertigungskriterium nicht gelten. Die Forderung nach höherer Effizienz ist auch auf die Prozessabläufe bei der Dienstleistungserstellung des Controllings anzuwenden.

Methodisch sollte man sich Prozessaudits bedienen, die es im ersten Schritt zur Aufgabe haben, den Informationserstellungsprozess aufzunehmen und zu visualisieren. Ziel ist es, die Prozessdurchlaufzeit durch eine intelligentere Prozessgestaltung deutlich zu reduzieren. Im Controllingbereich ist es häufig sehr gut möglich dies durch eine Prozessstandardisierung und -automatisierung zu erreichen. In vielen Fällen kann durch den Einsatz von entsprechenden IT-Systemlösungen der Zeitbedarf für Routinetätigkeiten im Reporting erheblich reduziert werden. Dabei ist in der Unternehmenspraxis nicht selten das Phänomen zu beobachten, dass Prozessineffizienzen nicht wegen mangelnder IT-Unterstützung, sondern im Gegenteil wegen regelrecht ausferndem IT-Einsatz und damit unnötig großer Systemvielfalt und Fehleranfälligkeit entstehen.

Da in den meisten Fällen die Erstellung von Standardberichten sehr viele Mitarbeiterkapazitäten bindet, müssen spezifische Fragestellungen aus den Fachbereichen abgelehnt werden oder man begnügt sich mit einem Schnellschuss, der dann oft nicht die erforderliche Tiefe hat. Die Optimierung von Dienstleistungsprozessen entlastet den Controller von seinen wenig wertschöpfenden Routinetätigkeiten (beispielsweise Aufbereitung, Korrekturen, Distribution von Informationen), sodass die frei gewordenen Kapazitäten es ermöglichen, sich auf Tätigkeiten mit höherer Wertschöpfung (beispielsweise Analyse und Kommentierung) zu konzentrieren.

1.4 Implementierungsempfehlungen

Es gehört eindeutig zu den Aufgaben der Führungskräfte im Finanz- und Rechnungswesen dafür zu sorgen, dass die unternehmensinternen Controllingdienstleistungen nicht nur effektiv sondern auch möglichst effizient umgesetzt werden. Dazu bedarf es zunächst der Identifikation von Optimierungspotenzialen. Sollten die eigenen Führungskräfte im Finanz- und Rechnungswesenbereich im Verdacht stehen, betriebsblind zu sein oder selber Schwierigkeiten haben, unvoreingenommen und selbstkritisch bestehende Verhaltensmuster, Instrumente und Prozesse zu hinterfragen, so ist es sicherlich zielführender, wenn die Geschäftsleitung damit einen externen Berater beauftragt.

Entscheidend für den Umsetzungserfolg ist die Reihenfolge und Anordnung der Optimierungsmaßnahmen (vgl. Abbildung 1.1). Häufig zielen Maßnahmen direkt auf eine Effizienzerhöhung, indem man beispielsweise für das Unternehmen eine neue Softwareapplikation entwickeln lässt. Manchmal versucht man, zunächst durch Einführung neuer Reportingtools oder Kennzahlen die Controllingeffektivität zu erhöhen. Diese Maßnahmen können durchaus zumindest kurzfristig die Dienstleistungsqualität erhöhen. Jedoch erweist es sich in vielen Fällen schnell als Fehler und Geldverschwendung, wenn man nicht versucht, wertschöpfende Dienstleistungen effizient zu gestalten. Dann werden unbrauchbare Informationen zwar in optimaler Weise erstellt, bleiben aber natürlich weiterhin nutzlos. Letztendlich nützen die besten Tools und schlankesten Prozesse nichts, wenn diese aufgrund eines nicht dienstleistungskonformen Verhaltens nicht optimal genutzt werden, da den Empfängern der Nutzen nur unzureichend erklärt wurde bzw. die Empathie seitens des Controllings fehlte, sich in die Bedürfnisse der Kunden hineinzuversetzen.

Daher erscheint es am vielversprechendsten zu sein, mit Maßnahmen zur Sicherstellung eines vernünftigen Dienstleistungsverständnisses zu beginnen und das Augenmerk auf die soziale Kompetenz der Controller zu legen. Ein guter Inhouse-Consultant wird man nicht durch perfekte Anwendung der richtigen Tools, sondern der Weg dorthin beginnt mit der Anpassung des eigenen Mindsets, dem Kunden eine nützliche Dienstleistung erbringen zu wollen. In diesem Bereich Optimierungspotenzial zu realisieren, steigert die Controllingqualität sicherlich am nachhaltigsten, wenn auch nicht am schnellsten. Dies macht diesen Verbesserungsansatz am schwierigsten, da man mit Widerständen mancher Mitarbeiter rechnen muss und zudem nicht selten auf schnelle Umsetzungserfolge angewiesen ist.

Letztendlich ist es wichtig, in regelmäßigen Abständen das bestehende Controlling auf perception gaps, service gaps und Ineffizienzen hin zu untersuchen und frühzeitig Maßnahmen zu ergreifen.

Der Controller als empathischer Kommunikator: Harte Fakten weich kommunizieren

2

Susanne Schwalb

2.1	Einleitung: vom Geist des Controllerwitzes	11
2.2	Grundbegriffe	12
2.2.1	Der empathische Controller	12
2.2.2	Kommunikation und Controlling	14
2.2.3	Der Controller und seine Rollen	16
2.2.3.1	Erbsenzähler, Hofnarr, Zahlennerd	16
2.2.3.2	Der Controller als interner Berater oder Business Partner	17
2.3	Besonderheiten der Kommunikation bei Controllern	17
2.3.1	Woran Controller scheitern können – zwei Coaching-Beispiele	17
2.3.2	Akzeptanzprobleme des Controllers	19
2.3.3	Das besondere Verhältnis von Controller und Manager	19
2.3.4	Der Controller als Kümmerer und Mädchen für alles	20
2.4	Ausblick: Macht Geld Controller glücklich?	21
2.5	Literatur	22

2.1 Einleitung: vom Geist des Controllerwitzes

Gerne werden auf Konferenzen im deutschsprachigen Raum Witze über Controller erzählt. Hier ein harmloses Beispiel:

Ein Pessimist, ein Optimist und ein Controller sitzen in einer Kneipe vor einem Glas. „Halb voll!", sagt der Optimist, „Halb leer!", meint der Pessimist. „Das Glas ist für seinen Zweck 100 % zu groß", erklärt der Controller.

Witze können als Anhaltspunkt für den Rückschluss dienen dass Controller nicht der beliebteste Mitarbeiter und/oder Kollege ist. Was sind die Gründe dafür? Muss der Controller das Image eines engstirnigen Buchhalters oder Zahlennerds haben? Ist es notwendig, dass Manager und Kollegen einen Bogen um ihn machen müssen?

Es liegt wohl an der besonderen Rolle des Controllers, die ihm ein bestimmtes Image beschert. Doch welche Rolle definiert er sich und welche wird ihm vom Management angetragen? Wie kann er sein Image definieren und Akzeptanz aufbauen? Welche Kommunikationsstrategie soll er verfolgen, um eine möglichst gute Leistung und einen positiven Beitrag zum Unternehmenserfolg zu leisten? An welchen Hürden kann er scheitern? Ist Empathie hilfreich für seinen Job? Wenn ja, dann wie? Auf solche Fragen will dieser Beitrag Antworten geben.

2.2 Grundbegriffe

2.2.1 Der empathische Controller

Moderne Controller stellen sich heute als **Business Partner** vor. Mit dieser Wortschöpfung wird unterstrichen, welchen Stellenwert er im Unternehmen haben soll. Der Business Partner scheint ein Gegenbild zu dem Controller zu sein, der als Erbsenzähler die kleinsten Details im Unternehmen aufnimmt und angeblich regelmäßig das Management „ausbremst". Allerdings ist der Begriff des Business Partners nicht eindeutig definiert und lässt Raum für Vermutungen und Spekulationen. Geschäftspartner, also der deutsche Begriff für Business Partner, meint Person(en) oder Unternehmen, mit denen eine Geschäftsbeziehung besteht oder geplant ist. Daneben soll der Controller dann auch noch „Strategischer Partner" sein. Damit wird er zum aktiven Partner des Managements. Neben den altbekannten Rollen der Informationsversorgung, Planung und Kontrolle sollen die Controller als Business Partner „Rat" an den zu betreuenden Manager erteilen.

> Controller werden künftig in ihrer Funktion eines „Business Partners" beraten, wenn es um Fragen des Managements zu betriebswirtschaftlichen Themen geht. Controller werden Change-Prozesse und Lernprozesse moderieren und sogar anstoßen. Das setzt voraus, dass sich Controller mit dem Thema Prozessmanagement auseinandersetzen und sich managementrelevante Kenntnisse in den Bereichen der Moderation, Präsentation, Führen (auch ohne Führungsfunktion) aneignen. Daneben kann man davon ausgehen, dass es neue und alte Methoden und Instrumente des Controllings weiterzuentwickeln gilt. [1]

Analysiert man die Anforderungen an den Controller aus jüngsten Stellenanzeigen, wird fachlich meist ein Hochschul- oder Fachhochschulstudium verlangt. Darüber hinaus sind praktische Erfahrungen in der Regel erwünscht. Anforderungen an die Persönlichkeit des Controllers sind weit ausgedehnt und erinnern manchmal an eine **„eierlegende Wollmilchsau"**. Analytische Fähigkeiten, Kommunikations- und Durchsetzungsfähigkeit werden genannt. Die Kooperationsbereitschaft mit Kollegen und anderen Abteilungen wird hoch angesiedelt. Dass der Controller das fachliche Einmaleins seines Jobs, also das Instrumentarium, beherrscht, wird als Pflichtprogramm stillschweigend vorausgesetzt, die Kür liegt eindeutig im **persönlichen** und damit auch **emotionalen** Bereich. Er muss in der Lage sein, über alle Unternehmensbereiche hinweg kooperieren und kommunizieren zu können. Widerstände müssen dabei überwunden werden und Überzeugungskraft ist gefragt.[1]

Der Controller behauptet gerne über sich, dass er beide Seiten seiner Persönlichkeit trennen kann, dass er rein sachlich und emotionsfrei argumentiere. Dabei sind alle rationalen und sachlichen Entscheidungen, die wir im Alltag treffen, Prozessen im Gehirn unterworfen, welche Emotionen verarbeiten. Emotionen helfen uns, Situationen und Fachthemen einzuschätzen. Emotionen bewegen uns, etwas zu tun oder etwas zu lassen und halten uns flexibel, um uns schnell umzustellen, wenn die Situation es erfordert. Emotionen helfen uns nicht nur, besser zu planen und zu entscheiden, sondern sind ein entscheidendes Mittel der Kommunikation. Sie helfen, das Gegenüber einzuschätzen und ein unterschiedliches Interesse wahrzunehmen. Deshalb ist die **Empathie,** die empathische Kommunikation des Controllers, eine Grundvoraussetzung für seinen beruflichen Erfolg. Empathie ist die Fähigkeit, sich in einen anderen Menschen hineinzuversetzen, also Ausdruck des kompetenten Umgangs mit Menschen. Empathie bezeichnet laut Wikipedia die Kompetenz, die Gedanken und Ansichten des Gegenübers zu erkennen und beschreibt die eigene Reaktion auf die Gefühle der Mitmenschen. Controller sind mehr noch als andere Menschen darauf angewiesen, sich in andere Menschen einzufühlen. Die Fähigkeiten, dies tun zu können, sind unterschiedlich entwickelt. Dies hängt vor allem davon ab, wie wir im Kindes- und Jugendalter durch unsere Vorbilder wie Eltern und andere Bezugspersonen trainiert und erzogen wurden. Falls wir das Glück hatten, Eltern zu haben, die Empfindungen anderer wahrnehmen und angemessen darauf reagieren konnten, haben wir auch gute Chancen, es ihnen gleich zu tun.

Auch bei der Mitarbeiterführung spielen die Motive des Geführten wie z. B. Motivation, Engagement und Leistungsbereitschaft eine wesentliche Rolle. Die zugrunde liegenden Motive der Mitarbeiter lassen sich oft nur durch Empathie erschließen. Diese Motive sind dabei dem Einzelnen nicht bewusst und verändern sich auch in einem sich stets wandelnden Umfeld. Empathie ist damit eine wesentliche Voraussetzung des Führungsprozesses.

Allen Vorurteilen zum Trotz haben wir, wenn wir **empathische Kommunikatoren** sind, erhebliche **Vorteile**. Wir können beispielsweise die Reaktionen und Handlungen anderer voraussehen, weil wir andere besser wahrnehmen. Dadurch können wir Gespräche besser vorbereiten und sind gewappnet gegenüber dem, was uns erwartet. Diplomatischer sind wir in jedem Fall, weil wir spüren, was der Gegenüber braucht und was er nicht ertragen kann. Nur dann können dann die Bedürfnisse erkannt und das Controllerangebot entwickelt werden. Der Gegenüber fühlt sich verstanden und bringt dem anderen mehr Gefühl entgegen.

Der Controller soll sich nicht vor **Emotionen** scheuen, sondern diese bewusst und gekonnt einsetzen. Durch Emotionen wirken Gespräche und Auftritte authentisch und

---

[1] **Emotionen** sind jedoch im Controlleralltag eher verpönt. Obwohl man heute aus der Forschung der Neurologie, der Psychologie und auch der Biologie sehr gut weiß, dass die Trennung von Gefühl und Verstand willkürlich ist. [2]

glaubwürdig. Es empfiehlt sich daher, Ziele und Motive seiner Gespräche und Auftritte zu klären und auch die Emotion zu erzeugen, die der Controller damit verbindet. Nur wenn der Controller sichtbar macht, was ihn wirklich berührt und bewegt, kann den Dritten überzeugen und sogar beeindrucken. Die Körpersprache wird signalisieren, wie wichtig das ist, was der Redner will. Deshalb ist es sinnlos und kontraproduktiv, sich hinter einem „Pokerface" oder einem Sachverhalt zu verstecken. Gesten, die nicht im Zusammenhang mit dem gesagten stehen, wirken gekünstelt und der Redner damit unglaubwürdig.

> **Empathie ist erlernbar!** Controller sollten ihre Aufmerksamkeit schärfen und die Gefühle anderer sehen, hören und spüren. Das erfolgt durch korrekte Entschlüsselung nonverbaler Botschaften, Mitgefühl und dem Nachspüren der Motive, Gedanken und Emotionen des anderen.

2.2.2 Kommunikation und Controlling

Was macht ein Controllinginstrument lebendig? In einigen Unternehmen ist zu beobachten, dass die Controllingabteilung über eine Vielzahl ausgefeilter Controllinginstrumente verfügt, die regelmäßig gepflegt und ausgebaut werden. Tragisch dabei ist allerdings, wie viele dieser Instrumente ein Dornröschenleben führen. Gerne wird von Controllerkongressen und Controllerseminaren bestätigt, man habe zwar z. B. eine Balance Score Card, aber die Führungskräfte lebten sie nicht.

Es ist daher nahe liegend, dass der Controller seine Kommunikationsrolle ernster nehmen muss, um seine Instrumente dem **internen Kunden** und/oder dem Strategischen Partner transparent zu machen. Grundvoraussetzung dafür ist, dass der Controller Klarheit hat, wer seine Kunden sind und was sein Kunde braucht. Der Controller muss sich darüber klar werden, dass er in diesem Fall in der Bringschuld steht.

Der Controller möge die Art von Darstellung wählen, die der jeweilige interne Kunde schätzt und versteht. Besonders bunt, besonders ausgefallen ist häufig das Gegenteil von dem, was im Management erwartet wird: „Keep it simple and stupid" ist nach wie vor das, was sticht.

Controller haben mit dem **Verkäufer** einiges gemeinsam. Auch seine Kunden wollen freundlich angesprochen werden, beraten werden und mit dem versorgt, was sie tatsächlich brauchen und nicht mit dem behelligt, was gerade auf Lager ist. Es gilt also stets eine positive Beziehungsebene aufzubauen. Es hilft ungemein, wenn der Controller in der Lage ist, sich in die Motive des Gegenübers einzufühlen. Einfache Fragen wie: Was ist sein Motiv? Mit was beschäftigt er sich gerade? Was ist seine größte Baustelle? Was würde ihm jetzt am meisten helfen? Was kann ich noch für ihn tun?, müssen selbstverständlicher Teil der Controllertoolbox sein.

Es macht Sinn, sich von Zeit zu Zeit zu überlegen, wer Kunde ist und welche Instrumente für diesen Kunden eingesetzt werden und wie zufrieden wir mit der Akzeptanz und dem Gelebt-Werden sind (vgl. Tabelle 2.1).

Tab. 2.1 Der Controller und die Erfüllung der Kundenwünsche

Kunde	Instrument	Akzeptanz/Gelebt-Werden o. k./nicht o. k.

Diese Tabelle kann helfen, über die Controllerkunden und deren Bedürfnisse zu reflektieren und herauszuarbeiten, ob der Controller genug getan hat, um seine Instrumente publik zu machen. Und dann gilt es darüber nachzudenken, wie die Instrumente zum Schwingen gebracht werden können, damit diese genutzt werden. Wird ein Instrument nicht genutzt, muss die radikale Frage gestellt werden, warum man dieses Instrument pflegt und hegt, ohne dass jemand Notiz davon nimmt. Falls Instrumente keine Akzeptanz bei den Kunden finden, sollten Sie stillgelegt werden. Kein Produkt bleibt am Markt, wenn es keinen Käufer findet!

Akzeptanz, und damit ist nicht nur das „Abkaufen" eines neuen Controllinginstrumentes gemeint, sondern auch die Glaubwürdigkeit der Controllerpersönlichkeit. Vor allem die Glaubwürdigkeit und Authentizität wird hergestellt über Kommunikation. Das Wort Kommunikation stammt aus dem Lateinischen und bedeutet teilen, mitteilen, gemeinsam machen und vereinigen. Ursprünglich ist laut Wikipedia.de damit eine Sozialhandlung angesprochen, die mehrere Personen oder lebende Wesen betrifft. Kommunikation meint den **Austausch von Informationen**. Informationen sind Wissen, Erkenntnisse und Erfahrungen. Mit dem Austausch ist keine Einbahnkommunikation gemeint, sondern dieser Austausch setzt voraus, dass beide Kommunikationspartner geben und nehmen. Das Geben und Nehmen funktioniert aber nur dann, wenn die Gesprächspartner in der Lage sind, sich in den anderen hineinzuversetzen, **Empathie** zu zeigen. Wir wissen, die Kommunikation ist gespickt mit Missverständnissen und Misserfolgen. Und auch da zeigt sich, dass ein Controller gern und schnell Opfer von Missverständnissen werden kann.

Missverständnisse werden erzeugt in der verbalen und der nonverbalen Kommunikation. Sowohl die sprachliche als auch die nichtsprachliche Kommunikation hat ihre Tücken. Vor allem die **nonverbale Kommunikation** setzt absichtlich und unabsichtlich Reize ab, die die Kommunikation zwischen Manager und Controller und anderen Kunden nachhaltig stören können. Die persönliche Wirkung eines Menschen wird schätzungsweise 80 % von seinen nonverbalen Verhalten determiniert. Bei der Begegnung mit einem Fremden werden ein Eindruck und auch eine Einstellung manifestiert, noch bevor der andere einen Satz von sich gegeben hat. Nonverbale Kommunikation ist ein nichtsprachliches Verhalten, das Auskunft über den inneren Zustand eines Menschen gibt. Dazu zählt das Erröten aus Verlegenheit oder schlechtem Gewissen, die Gestaltung des äußeren Erscheinungsbildes, wie Kleidung, Insignien der Macht und Kommunikation (wie Blackberry oder Smartphone) und auch Ausstattung des eigenen Büros oder Gebäudes.

Botschaften werden auch gesendet durch **Gestik, Mimik, Körperhaltung** und **Körperbewegung**. Allein der Händedruck lässt viel Raum für Interpretationen. Ein lascher Händedruck wird gerne gleichgesetzt mit einer lässigen und schwächlichen Grundhaltung des Händeschüttlers. Auch das bewusste Nichtschütteln von Händen, weil man die Person für nicht wichtig erachtet kann ein deutliches Signal sein, um den anderen abzuwerten. Mit nonverbalen Signalen kann man virtuos Einstellung übermitteln, z. B. Aversion durch einen verächtlichen Gesichtsausdruck.

Nonverbale Reize sind nur von dem zu decodieren, der es versteht, diese Reize wahrzunehmen und zu interpretieren. Allgemein gilt: der Körper lügt nicht! Die Körpersprache zeigt uns, was unser Gegenüber wirklich denkt und fühlt.

Bei der **verbalen Kommunikation** möge der Controller seine Aussagen so oft er kann visualisieren, kleine Skizzen bei Tisch malen, den Flipchart benutzen. Visuelle Darstellungen sind leichter zu verstehen als Zahlenfriedhöfe oder das gesprochene Wort. Sinnvoll ist der Einsatz wertungsfreier Fragen wie die berühmten „**W-Fragen**" (Was? Wer? Warum? Wieso? Weshalb? Wozu?), die das wahre Interesse des Kunden herauskitzeln. Das Stellen von Fragen ist wesentlicher Teil der empathischen Kommunikation. Dazu gehört auch die Kunst des **Zuhörens**. Erst verstehen! Dann verstanden werden!

> **Controller sind dann erfolgreich,** wenn sie herausragende kommunikative Fähigkeiten entwickeln und sich auf ihre Kunden einlassen.

2.2.3 Der Controller und seine Rollen

2.2.3.1 Erbsenzähler, Hofnarr, Zahlennerd

Die alten Rollen des Controllers werden nur noch selten gelebt, vor allem auch deshalb, weil der Manager diese alten Rollenhüte nicht mehr duldet. Dass der Controller fachlich sicher ist, seine Erbsen gezählt hat und ein realistisches Bild in Zahlen zeichnen kann, das die Unternehmensrealität abbildet, ist lediglich Voraussetzung für die Daseinsberechtigung des Controllers. Der Zahlennerd ist Pflicht, alle weiteren persönlichen und fachlichen Anforderungen an Controller ist die Kür.

Hofnarren, die in witzig-unterhaltsamer Form die Wahrheit aussprechen und dafür nicht in Ungnade fallen, mag es in einigen wenigen Fällen, wie beispielsweise schon von der Autorin persönlich im kleinen Mittelstand erlebt, geben. Hofnarren werden allerdings immer weniger, weil auch Könige und ihr Königreich immer weniger werden. Der Mittelstand hat den Patriarchen gegen Führungsteams getauscht, die mit modernen Managementmethoden arbeiten und dem alten Bild nicht mehr entsprechen.

Es ist zu beobachten, dass Controller den impliziten, also nicht klar geäußerten **Erwartungen** ihrer Vorgesetzten und Kollegen gerecht werden wollen. Stellenbeschreibungen sind zwar ein formeller Rollenauftrag, der von dem Vorgesetzten vorgegeben wurde, doch Stellenbeschreibungen stimmen nicht immer mit der gelebten Realität überein. Die Ausprägung der Controllerrolle ist nicht nur abhängig von der Persönlichkeit und dem Wertesystem des Controllers, sondern auch von den ausgesprochenen und nicht ausgesprochenen Erwartungen der Führungskraft.

2.2.3.2 Der Controller als interner Berater oder Business Partner

Die Beratungsfunktion des Controllers bleibt als wichtige Aufgabe des Controllers. Dabei beschränkt sich die Beratung nicht allein auf die Ebene der Manager, also der Geschäftsführung und dem Vorstand oder Aufsichtsrat, sondern Beratung wird für alle definierten Kunden des Controllings verlangt. Das kann so weit gehen, dass Kennzahlen für Arbeiter vom Controlling zur Verfügung gestellt werden, damit diese ihren Bereich eigenständig steuern können. Offenbar scheint es in der Praxis so zu sein, dass das Management mehr Beratung vom Controlling wünscht zur **Entscheidungsunterstützung**, als das Controlling zu geben vermag. Auf der anderen Seite beklagen sich Manager gerne über Controller, dass diese Entscheidungen nicht einfach nur vorbereiten, sondern sich gerne als Quasi-Manager positionieren und dem Manager ins Handwerk pfuschen. Berater sein heißt aber immer, die Dinge beim Namen zu nennen, Wahrheiten offen auszusprechen, aber nicht gleichermaßen einfordern zu können und zu dürfen, dass auch geschieht, was man beraten hat. Die Entscheidung trifft der Manager, oft aus dem Bauch heraus, nicht nachrechenbar. Oft fehlt dem Controller die Gelassenheit hinzunehmen, dass seine Ratschläge keine Durchschlagskraft haben. Um diesen Job nachhaltig gut auszufüllen, ist aber genau diese Gelassenheit zwingende Voraussetzung.

Falls der Ausdruck Controller als **Business Partner** als die Weiterentwicklung der Beraterrolle zu interpretieren ist, dann scheint damit gemeint zu sein, dass der Controller auf Augenhöhe mit seinem Vorgesetzten kommuniziert und bereit ist, sich auf dessen Erwartungen und managementrelevanten Themen einzulassen und einzufühlen. Dazu gehören strategisches Denken, Vordenken von möglichen Managemententscheidungen, Hinweisen auf Missstände und aber auch auf Potenziale und Stärken des Unternehmens.

> **Business Partner sein** heißt, auf Augenhöhe mit dem Kunden im Management zu kommunizieren. Dabei versucht der Controller nicht, der bessere Manager zu sein.

2.3 Besonderheiten der Kommunikation bei Controllern

2.3.1 Woran Controller scheitern können – zwei Coaching-Beispiele

Der Fall Walter K.:
Der Controller, nennen wir ihn Walter K., beklagt sich während der Auftragsklärung zu Beginn des Coaching-Prozesses, dass er zwei Vorstände über sich habe, aber dem Vor-

stand Finanzen und nicht dem Vorstandssprecher disziplinarisch untergeordnet sei. Im Rahmen des Coachings stellt sich heraus, dass Walter K. immer wieder mit dem Vorstandssprecher in Konflikt kommt, weil er nicht zeitgleich an beide Vorstände berichtet, sondern erst seinen disziplinarischen Vorgesetzten und dann fallweise den Vorstandssprecher „bedient". Walter K. beginnt zu verstehen, dass der (Rivalitäts-)Konflikt der beiden Vorstände über seine Person ausgetragen wird. Er spricht bei einer passenden Gelegenheit mit beiden Vorständen an, wie er ab sofort agieren soll, damit er beider Bedürfnisse befriedigen kann, und holt sich pro aktiv die Erlaubnis, beide zeitgleich in ähnlich gelagerten Fällen per Mail zu informieren.

Managet der Controller den Konflikt im Vorstand nicht, indem er immer wieder vermittelt, Lösungsstrategien sucht und diese lebt, kann er sehr leicht zum Bauernopfer werden.

Der Fall Klaus V.:
Controller Klaus V. kennt sich sehr gut aus in dem Unternehmen, in dem er nun schon zehn Jahre arbeitet. Der neue Manager, Xaver F. lässt eine Analyse anfertigen, welche Geschäftsbereiche profitabel arbeiten und welche nicht. Der Controller stellt wie auch schon in den Vorjahren fest, dass von fünf Geschäftsbereichen vier profitabel arbeiten, der fünfte seit Jahren defizitär ist. Ungefragt äußert sich der Controller, dass dieser Bereich geschlossen werden müsse, das Management hätte sich bisher nicht getraut. Er dagegen habe das schon seit Jahren veranlassen wollen.

Klaus V. verlässt seine Rolle als interner Berater und Business Partner. Er tut so, als sei er Entscheider und in der Lage, eine solche weitgreifende unternehmerische Entscheidung zu treffen und umzusetzen. Zudem wirft er dem Vorgänger fehlende Courage vor, sodass der neue Manager nun bereits weiß, welches Urteil über ihn gesprochen wird, wenn ihm der entsprechende Mumm fehlt, den Geschäftsbereich zu schließen. Diese Rollenüberschreitung kann ihn die Stelle kosten.

Beiden Fällen ist gemeinsam, dass der Controller einen **Mangel an Empathie** aufweist. Er hat sich nicht in die Situation seines Gegenübers hineinbegeben und auch die Fettnäpfchen nicht erkannt. Er hat nicht verstanden, was sein Gegenüber will. Damit ist er nicht in der Lage, den eigenen Chef zu managen!

Im ersten Beispiel von Walter K. erkennen wir das Problem der **uneinheitlichen Erwartung**. Je mehr Chefs der Controller hat, umso komplexer werden Interaktion und Aufgabenspektrum. Eine richtige Rolle des Controllers gibt es nicht. Es ist eher die Aufgabe des Controllers, die unterschiedlichen Anforderungen von Vorgesetzten und Kollegen in Einklang zu bringen.

Offene und ehrliche Kommunikation ist der wesentliche Faktor für ein wirksames Ausfüllen der Controllerrolle. Dazu müssen Präferenzen des Managers und des Controllers auf den Tisch und klar und unverblümt erörtert werden. Sind die Präferenzen nicht kompatibel, sind Änderungen in der Einstellung des Controllers vonnöten oder stringente Konsequenzen: „love it, change it, leave it!"

2.3.2 Akzeptanzprobleme des Controllers

Akzeptanzprobleme des Controllers machen sich, aus Beobachtungen im Coaching-Prozess großer und kleiner Unternehmen und deren Controllingfunktion, an einer Reihe von Umständen fest. Häufig kommt es vor, dass Vorstand oder Geschäftsführung es nicht schaffen, sich auf eine Controllingphilosophie festzulegen. Beobachtbar ist auch, dass die Controllingkonzeption nicht an die Unternehmenskultur angepasst ist. Oder man erklärt die Mitarbeiterschaft als zu unreif, um mit den Zahlen offen umzugehen und will diese vor der rauen Welt schützen. Beobachtbar ist auch, das Controlling nicht als notwendig gesehen wird, was insbesondere bei Unternehmen passiert, denen es (noch) sehr gut geht, über zweistellige Umsatzrenditen verfügen und noch nie Schieflagen erlitten. Fehlende Akzeptanz auf gleicher Ebene, also Akzeptanz der Fachbereiche, kann auch Missmut beim Controlling erzeugen. Ein **negatives Image**, wie „Geheimagent", „Maulwurf", „Besserwisser" oder „Schnüffler" kann dem Controlling das Leben erschweren. Leidgeprüfte Controller beklagen zudem, dass die aufgearbeiteten Daten für die Entscheidungsfindung des Managements nicht genutzt werden, man höre lieber auf das Bauchgefühl. Und dann noch die klassische Controllerklage: Die Informationen fließen nicht zeitgerecht, man sei in den Informationsprozess zu spät oder gar nicht eingebunden.

Oft wird auf Kundenseite bemängelt, der Controller träte zu forsch auf, setze eigene Vorstellungen in Szene statt die seines Kunden. Paart sich dieses Vorurteil dann noch mit dem Vorwurf, der Controller sei zu stark fachorientiert und habe keinen Sinn fürs operative Geschäft, dann muss die Akzeptanz fehlen. Alarmstufe rot bedeutet für den Controller, wenn er zu entscheidenden Sitzungen nicht mehr eingeladen wird und wenn relevante Tagesentscheidungen an ihm vorüber gehen.

2.3.3 Das besondere Verhältnis von Controller und Manager

Dehyle stellt in seinem berühmten Schnittmengenbild dar, dass die Schnittmenge zwischen Controller und Manager das Controlling sei. [4] Nach seiner Auffassung handelt es sich damit um einen **gemeinsamen Aufgabenbereich**, Controlling zu betreiben. Der Controller habe die Transparenzverantwortung und die wirtschaftliche Aussageform. Der Manager betreibt das Geschäft und ist verantwortlich für das Ergebnis. Damit agieren Manager und Controller als ein Team.

Der Manager wirft in der Praxis dem Controller gerne vor, er wolle seine Rolle ankratzen, käme oft mit Dingen, die ihn auch schon lange ärgerten. Er will beraten werden, fühlt sich oft belehrt und unverstanden. Er wirft dem Controller vor mit seinen detaillierten Nachfragen Dinge zu verlangsamen oder die Kreativität zu bremsen. Der Controller ist ungeduldig mit dem Manager, fühlt sich ausgebootet, wenn keine oder nicht die richtigen Schlüsse aus seinen Analysen gezogen werden. Und denkt sich: „Wenn ich Manager wäre, dann …"

Da der Controller häufig **negative Nachrichten** überbringt, wird er häufig auch als Person negativ wahrgenommen: „Der macht mich immer auf Dinge aufmerksam, die unangenehm sind! Negativdenker! Bedenkenträger!" Der Controller nervt, weil er ein Ärger-Thema transportiert.

Der Controller ist Berater, Problemlöser, Transparenzmanager. Selbstverständlich ist sein positiver Einfluss auf den Unternehmenserfolg erwünscht. Dieser lässt sich durch eine Einflussnahme auf den Manager sicherstellen. Voraussetzung dafür ist, sich in die Gedankenwelt des Managers begeben zu können und zu wollen.

Beobachtet man Controller in der Wirkung auf den zu betreuenden Manager fällt auf, dass Controller um die **Anerkennung** ihres internen Kunden ringen müssen. Der interne Kunde dagegen gibt sich gerne den Anschein, dass er den Controller eigentlich gar nicht so wirklich brauche. Warum lehnt der Manager die Unterstützung des Controllers ab? Offenbar gelingt die Unterstützung dann, wenn der Controller vom Manager in seiner Beratungsrolle, in seiner Rolle als gleichrangiger Businesspartner akzeptiert ist. In der Realität gibt es eine Reihe von verhaltensbezogenen Problemen, die die Kommunikation zwischen Controller und Manager stören. Das richtige Verhalten des Controllers scheint für seinen Erfolg zwingende Voraussetzung zu sein. Die breite Akzeptanz bei Manager und anderen Beteiligten ist ein Baustein dazu. Die angemessene Kommunikation ist der Schlüssel.

2.3.4 Der Controller als Kümmerer und Mädchen für alles

Gerne erhält die Controllingabteilung Aufgaben im Unternehmen, für dich sich keiner findet: z. B. die Abrechnung der Kantine. Begründet wird diese Aufgabenverlagerung damit, dass Abrechnung etwas mit Zahlen zu tun habe und Zahlen, das wäre ja Aufgabe des Controllings. Dies zeigt sehr deutlich die Wahrnehmung des Bereichs als Zahlennerds und Erbsenzähler. Oder nehmen wir die dem Controlling zugewiesene Ausputzer-Rolle oder „Mädchen-für-alles"-Rolle, wenn es in Projekten mal nicht klappt, Kosten- und Terminüberschreitungen drohen. Dann trägt das Controlling auch ganz schnell die Schuld, weil die Zahlen und Termine nicht stimmen.

Auch da gilt es, **Bestandsaufnahmen** zu machen:

- Was sind unsere Aufgaben im Controlling?
- Was wollen wir nicht mehr machen?
- Um was kümmern wir uns, was nicht zu uns gehört?

Und nebenbei: Kümmerer machen keine Karriere, weil sie unsichtbar wirken, Fehler ausmerzen, die andere Bereichen zu verantworten haben. Kümmerer erhalten keine Belobigung dafür, dass Sie die Versäumnisse anderer ausbügeln.

2.4 Ausblick: Macht Geld Controller glücklich?

Was kann der Controller zu seinem Wohlbefinden tun, neben der Bewusstwerdung seiner Rolle, der empathischen Kommunikation und damit des gelungen Managements seiner Vorgesetzten und Kunden im Controlling? Verhilft die Steigerung seiner Bezüge zum höheren Glücksniveau? Warum jammern Controller besonders gern, dass sie angeblich zu wenig verdienen?

Der Controller ist der Klasse der Besserverdienenden zuzurechnen. Laut Gehaltsvergleich bei Monster.de aus dem Jahr 2011 verdient ein Controller in Deutschland jährlich durchschnittlich 60.000 Euro (brutto). Steigt er auf zum Leiter Controlling kann er mit durchschnittlich 107.000 Euro (brutto) rechnen. Die Gehälter des Schweizer Controllers lagen 2004 laut der European Management Accountants Association e. V. (www.emaa.de) ca. 10 % höher als in Deutschland. Allerdings ist in der Schweiz die wöchentliche Arbeitszeit höher und die Anzahl der Urlaubstage geringer als in Deutschland. Der durchschnittliche Diplominhaber hat ein Jahreseinkommen von 171.000 Franken bei einer 48-Stunden-Woche und 25,8 Ferientagen. Dennoch ist der Controller in der Regel mit der Höhe seiner Einkünfte nicht zufrieden, weil er seine Leistungen nicht ausreichend honoriert sieht. Es handelt sich dabei um eine Art **gefühlte Armut**. Stets findet sich ein Mensch/Kollege/Nachbar auf gleicher Ebene, der mehr verdient. Und da der Controller qua Amt Zugang zu sensiblen Personaldaten und Kosten hat, weiß er auch genau was wer verdient und leidet schwer unter den Joch, dass es den einen oder anderen gibt, der in der Firma mehr verdient.

Doch macht Geld uns wirklich glücklich? Die Reichtums-Studie der Nobelpreisträger Daniel Kahnemann und Agus Deaton: High Income improves evaluation of life but not emotional well-beeing [5] zeigt, dass etwa 60.000 Euro Bruttoeinkommen für ein vollendetes Glück ausreichend sind. Geld macht nämlich nur bis zu einem gewissen Punkt glücklicher. Die Lebensqualität steigt bis zu der Gehaltssumme von 60.000 Euro (oder 75.000 Franken), danach empfindet der Mensch bei Gehaltssprüngen weder mehr Glück, noch weniger Stress. Eine Gehaltserhöhung wird uns also kurzfristig Freude spenden, die erfahrungsgemäß zwei Gehaltsbriefe reicht, aber nachhaltige Glücksgefühle in den Monaten und Jahren danach lassen sich nicht feststellen.

Die Studie der US-Universität Princeton hat ergeben, dass Geld nur glücklicher macht, wenn der US-Bürger unter einem Einkommen von 75.000 Dollar, also ca. 60.000 Euro, liegt. Aber: bis dahin steigert jeder dazu gewonnene Euro das Glück. Das Leben ist dann schöner, die Qualität steigt mit jedem Cent. Wenn wir dann über eine Gehaltsgrenze von ca. 5.000 Euro im Monat kommen verdienen wir zwar mehr, Glücks- und Stressgefühle bleiben aber konstant.

Der Glücksatlas Deutschland vom 20. September 2011 [6] bringt einen anderen denkwürdigen Aspekt ins Spiel: Auch eine wachsende Wirtschaft, die Erhöhung des Bruttosozialproduktes macht uns nicht automatisch glücklicher. Deshalb wird in einigen Ländern, darunter auch Frankreich, ein Indikator gesucht, der es uns ermöglicht, das Glück eines Volkes besser als bisher zu beschreiben. Das Bruttosozialprodukt als Indikator greift erwiesenermaßen zu kurz. Was sind also die Glücksfaktoren für den Controller?

Als einer der wesentlichen Glücksfaktoren wird in der Literatur übereinstimmend das Zusammensein mit andern Menschen, also die Geselligkeit genannt. Geselligkeit meint dabei das Zusammensein mit der Familie, dem Partner, mit Freunden, mit Kollegen, also alles andere als das Dasein des einsamen Wolfes verhilft uns zu einem glücklicheren Leben. Ein Leben wie Robinson Crusoe ist unserem Lebensglück nicht förderlich, Einsamkeit ist erwiesenermaßen nicht die richtige Vorgehensweise, ein schönes Leben zu gestalten. Geselligkeit lebt sich nur dann, wenn der Mensch empathisch begabt ist, wenn er einfühlsam, achtsam und sensibel seine Mitmenschen achtet und hegt. Despoten, wildgewordene Terrier oder Egomanen sind niemals Menschen, die sich mit anderen Menschen wohl fühlen.

> Ein höheres Einkommen macht den Controller nur bedingt glücklich. Controller sind eher dann glücklich, wenn Sie gesund sind und eingebettet sind in einem Netz von Partner, Familie, Freunde und Kollegen.

2.5 Literatur

[1] Gleich/Klein (2011): Der Controlling-Berater, Band 17, Challenge Controlling 2015. Haufe.
[2] Kanitz, Anja von: Emotionale Intelligenz, Haufe Taschenguide, Freiburg.
[3] Controllermagazin 2 (2010): Die Rollen der Controller bei haufe.de: Controllerwissen, S. 5–143.
[4] Controller Handbuch (2008), 6. Auflage neu geschrieben, Offenburg: Verlag für ControllingWissen AG.
[5] Kahnemann, Daniel/Deaton, Agus: High Income improves evaluation of life but not emotional well-beeing, Princeton University, 4. August 2010.
[6] Köcher, Renate/Rafffelhüschen, Bernd (2011): Glücksatlas Deutschland, Knaus.

Strategisches Verhandeln für Controller: Die relevanten Wins im Win-Win-Prozess

Gebi Küng

3.1	Einführung	24
3.1.1	Controlling und Verhandlungsführung	24
3.1.2	Definition und Ziele des strategischen Verhandelns	24
3.2	Harvard Verhandlungsmethodik	25
3.2.1	Trennen Sie den Mensch von dem Problem	25
3.2.2	Auf Interessen konzentrieren, nicht auf Positionen	27
3.2.3	Entwickeln Sie beiderseitig vorteilhafte Möglichkeiten	30
3.2.4	Bestehen Sie auf sachlichen Kriterien	32
3.2.5	Kritische Situationen bewältigen	33
3.2.6	Unfaire Taktiken	34
3.3	Verhandlungsstrategien	35
3.3.1	Lagebeurteilung und Situationsanalyse: „De quoi s'agit-il?"	35
3.3.2	Erweitern und Verengen des Verhandlungsgegenstandes	35
3.3.3	Analysieren Sie die Situation in Ruhe und wählen Sie die passende Strategie	36
3.4	Der Verhandlungsprozess: Verhandeln heißt Handeln	37
3.4.1	Verhandlungsführung und -taktik	37
3.4.2	Organisation und Verhandlungsführung	37
3.4.3	Verhandlungsverlauf	39
3.4.4	Zusammenfassung und Schlussfolgerungen	39
3.5	Ergebnisüberprüfung	40
3.5.1	Analyse der Zielerreichung	40
3.5.2	Analyse der Abweichungen	40
3.5.3	Lehren für die Zukunft	40
3.6	Literatur	41
Anhang: Checkliste strategisches Verhandeln		42

3.1 Einführung

3.1.1 Controlling und Verhandlungsführung

Strategisches Controlling unterstützt die Unternehmensleitung bei der Unternehmensführung mit den relevanten Führungskennzahlen. Dafür sind neben den klassischen hard skills wie analytische und konzeptionelle Fähigkeiten selbstverständlich auch die soft skills wie Einfühlungsvermögen und Kommunikationstalent gefordert.

Oft geht es nicht nur darum, Zielabweichungen zu erkennen und zu kommunizieren, sondern auch darum, berechtigte Anliegen durchzusetzen, oder unberechtigte Forderungen zu erkennen und abzuwenden: kurz, gekonnt zu verhandeln.

Von zentraler Bedeutung ist die eigene Fähigkeit, interne und externe Verhandlungen zu führen, sei es im Rahmen des Budgetierungsprozesses, bei der Gemeinkostenverrechnung, bei der Gestaltung und Umsetzung von Kontroll- und Bonussystemen, oder der Auswahl und Beurteilung von Geschäftspartnern inklusive dem Verhandeln und Formulieren der entsprechenden Verträge.

Mindestens so wichtig ist aber auch die Fähigkeit, wichtige Verhandlungssituationen überhaupt zu identifizieren und die Unternehmensleitung auf die Bedeutung und die Fallstricke aufmerksam zu machen.

Strategisches Controlling dient immer dem Gesamtinteresse der Unternehmung und diese Interessen werden sehr häufig in Verhandlungen wahrgenommen und erzielt.

3.1.2 Definition und Ziele des strategischen Verhandelns

Verhandeln ist ein fester Bestandteil unseres Lebens. Trotzdem wird es immer wieder mit anderen Kommunikationsformen wie Argumentieren und Überzeugen verwechselt. Beim Verhandeln geht es um die Erarbeitung von Lösungen zur Verteilung von Mehrwert zwischen verschiedenen Beteiligten, die:

- unterschiedliche Interessen haben,
- voneinander abhängig sind und
- zwischen denen kein ausgeprägter Machtunterschied herrscht.

Es geht also nicht primär darum, jemanden von der eigenen Meinung zu überzeugen, sondern darum, seine eigenen Interessen zu befriedigen, wobei man von den anderen Beteiligten abhängig ist. Ist das Bedürfnis leicht anders zu befriedigen, besteht kein Grund zum Verhandeln. Ebenfalls nicht, wenn der Machtunterschied zu groß ist. Wenn jemand aber mit Ihnen verhandelt, beweist dies, dass sowohl Abhängigkeiten als auch eine gewisse Machtbalance besteht.

Es geht beim Verhandeln nicht um ein Win-Win in dem Sinne, dass beide Parteien gewinnen und ihre Ziele erreichen, sondern vielmehr darum, inhaltlich seine Ziele zu erreichen ohne die Beziehung zu zerstören. Das erste Win bezieht sich deshalb auf die eigenen Ziele und Interessen und das zweite auf die Sicherung der Beziehung und nicht auf die Ziele und Interessen der anderen Partei.

Dieser Beitrag basiert stark auf dem Klassiker für Verhandlungskunst, dem Harvard-Konzept, korrigiert aber das oft falsch verstandene Win-Win-Denken und betont die relevanten Wins im Win-Win-Prozess. Er zeigt die wichtigsten Prinzipien der Verhandlungsmethodik und die relevanten Strategien und Taktiken auf.

3.2 Harvard Verhandlungsmethodik

Die Harvard Verhandlungsmethodik umfasst die folgenden Prinzipien:

- Trennen Sie den Mensch von dem Problem.
- Konzentrieren Sie sich auf Interessen nicht auf Positionen.
- Denken Sie beiderseitig vorteilhafte Möglichkeiten aus.
- Bestehen Sie auf sachlichen Kriterien.
- Bewältigen Sie kritische Situationen.

3.2.1 Trennen Sie den Mensch von dem Problem

Zuerst sind wir Menschen, dann Verhandlungspartner

Wir alle haben Werte, Hoffnungen, Bedürfnisse und Erwartungen – auch unsere Verhandlungspartner. So wie wir, haben auch sie Ängste, Sorgen, Zwänge, Stress. Auch sie können verletzt, beleidigt und ärgerlich werden. Obwohl sie, wie auch wir, eine bestimmte Rolle und Aufgabe haben, eine große Organisation re-präsentieren, ist der Aufbau eines guten menschlichen Verhältnisses von Anfang an der Schlüssel zum Erfolg.

Für den Verhandelnden sind immer zwei verschiedene Interessen im Spiel:

- der Inhalt und das Ergebnis der Verhandlung
- seine Beziehung zum Gegenüber.

In einer Verkaufssituation möchte der Verkäufer sowohl einen Profit machen, als auch den Kunden regelmäßig wiedersehen. Bei internen Verhandlungen ist die weiterführende Beziehung gewöhnlich wichtiger als das Ergebnis einer individuellen Verhandlung.

Beziehung von der Problematik trennen

Wahrnehmung, Gefühle und Kommunikation sind die drei Gebiete, in denen Probleme auftreten können. Wir benötigen gute Feedbacktechniken, um die Atmosphäre zu klären. Jeder glaubt natürlich von sich selbst, objektiv und fair zu sein, aber auch Ihre Wahrnehmung kann durch Gefühle, nachlässiges Zuhören oder durch Ihre eigene unzulängliche Kommunikation getrübt werden. Verlieren Sie das niemals aus den Augen.

Jede Person hat ihre eigene Realität. Jede individuelle Realität ist genauso real wie die andere. Die Tatsache, dass ich Dinge nicht wie er wahrnehme, wird die Realität meines Gegenübers nicht ändern. Wenn ich akzeptiere, dass seine Realität für ihn real ist, werde ich vielleicht das wirkliche Problem erkennen und einen Weg finden, dieses zu lösen.

Einfühlungsvermögen
Versetzen Sie sich in die Lage Ihres Gegenübers. Lernen Sie, die Dinge so zu verstehen, wie er sie sieht – auch seine emotionale Seite in dieser Angelegenheit. Wenn ich seinen Standpunkt verstehe, heißt das nicht, dass ich diesem zustimme, obwohl es eventuell dazu führen kann, dass man die eigene Position nochmals überdenkt. Auf jeden Fall reduzieren sich so Konfliktmöglichkeiten.

Projektion
Verwechseln Sie nicht Ihre eigenen Ängste mit den Absichten Ihres Verhandlungspartners. Wir fühlen uns immer sicherer, wenn wir zeigen können, wie schlecht die andere Seite ist. Sie können damit aber völlig falsch liegen.

Schuldzuweisung
Weisen Sie Ihrem Gegenüber nicht die Verantwortung für Ihre Probleme zu, das wird wahrscheinlich zu einem Gegenangriff führen und ist völlig unproduktiv. Formulieren Sie das Problem in einer neutralen Weise.

Unerwartet agieren
Suchen Sie nach Möglichkeiten, die Vorurteile Ihres Verhandlungspartners zu widerlegen, indem Sie anders agieren, als dieser es erwartet.

Urheberschaft für die Lösung
Wenn man den Gegenüber an der Entwicklung der Lösung beteiligt und miteinbezieht, ist die Akzeptanz wesentlich größer – wie negativ das Ergebnis für ihn auch immer ausfallen wird – als wenn er zum Schluss vor vollendete Tatsachen gestellt wird.

Das Gesicht wahren lassen
Ein möglicher Gesichtsverlust kann eine ansonsten akzeptable Lösung verhindern. Formulieren Sie Ihre Vorschläge so, dass sie in das Wertesystem des Gegenübers passen.

Überprüfen Sie Ihre eigenen Gefühle; überprüfen Sie die Ihres Gegenübers
Es kann sehr viel auf dem Spiel stehen; das ist bedrohlich. Angst und Ärger brodeln unter der Oberfläche. Emotionen auf der einen Seite lösen auch Emotionen auf der anderen Seite aus. Erlauben Sie Ihrem Gegenüber, Dampf abzulassen. Falls das nötig ist, halten Sie ihn nicht auf. Ermutigen Sie ihn, damit weiterzumachen, bis der Dampf weg ist. Zeigen Sie keine emotionale Reaktion. Bleiben Sie sitzen und behalten Sie die Ruhe. Eine

emotionale Reaktion Ihrerseits würde verlorene Selbstkontrolle bedeuten. Verlieren Sie nie die Selbstkontrolle, außer wenn Sie es selbst beabsichtigen.

Kommunikation
Ein guter Verhandelnder verfolgt eine gute Balance zwischen effektivem Sprechen und aktivem intelligenten Zuhören. Aktives Zuhören mit Feedback ist ebenso wichtig wie das Sprechen, wenn man versucht, jemanden zu überreden.

Aktives Zuhören
Ihr Gegenüber wird darüber erfreut sein, wenn Sie zeigen, dass Sie seine Haltung gehört und verstanden haben. Eventuell fassen Sie als Feedback das Gehörte noch einmal in Ihren eigenen Worten zusammen. Das heißt nicht, dass Sie dem Verstandenen auch zustimmen. Sie zeigen aber, dass Sie sich darum bemühen, Ihr Gegenüber ernst zu nehmen. Verstehen Sie seine Bedürfnisse, seine Wahrnehmungen und die Einschränkungen, denen er unterworfen ist.

Vorbeugen ist besser als heilen
Es ist wichtig, vorbeugend gute persönliche und organisatorische Beziehungen aufzubauen, um die Auswirkungen von Problemen auf die menschliche Ebene in Grenzen zu halten.

Ein konstruktives Verhältnis aufbauen
Es macht bei Verhandlungen einen großen Unterschied, wenn man die andere Seite bereits gut kennt. Es sind gefestigte Routinen vorhanden. Alles ist leichter. Falls es sich um einen neuen Verhandlungspartner handelt, versuchen Sie, ein informelles Treffen mit ihm zu vereinbaren, bevor Sie mit ihm verhandeln.

Konfrontieren Sie das Problem, nicht die Person
Versuchen Sie, Seite an Seite, also gemeinsam über das gemeinsame Problem zu verhandeln, und nicht Auge in Auge, also konfrontierend.

3.2.2 Auf Interessen konzentrieren, nicht auf Positionen

Eine weise Lösung erfordert, dass die unterschiedlichen Interessen wieder miteinander ausgesöhnt werden, nicht aber die Positionen. Oberflächlich betrachtet scheint sich das Problem immer um die Positionen zu drehen und darum, sich auf einer erhofften Position zu einigen. Tatsächlich jedoch ist der Schlüssel zur Lösung des Problems, sich auf die dahinter verborgenen Interessen zu konzentrieren.

Interessen bestimmen das Problem
Das tiefergehende tatsächliche Problem sind nicht die unterschiedlichen Positionen der einzelnen Parteien sondern deren Ängste, Sorgen, Wünsche und Bedürfnisse. Der Kern

des Problems liegt dort, wo diese wirklichen Interessen miteinander in Konflikt geraten. Die entsprechenden Positionen sollen diese Interessen nur realisieren helfen. Wenn Sie die Interessenkonflikte lösen, werden die Positionen kein Problem mehr sein. Für jedes einzelne Interesse gibt es verschiedene mögliche Positionen – zu oft wurde einfach die nächstliegende gewählt.

Gemeinsame und kompatible Interessen
Wenn diese zugrundeliegenden Interessen untersucht werden, kristallisieren sich sehr viel mehr gemeinsame oder kompatible Interessen heraus als gegensätzliche. Es wird vermutlich genug gemeinsame und kompatible Interessen geben, um das gegenwärtige Problem zu relativieren. Gewöhnlich wird angenommen, dass auch die Interessen gegensätzlich sein müssen, wenn die Positionen es sind. Dies muss nicht der Fall sein.

Wie Sie Interessen erkennen
Während die Positionen meist präzise und gut ausgedrückt worden sind, trifft für die Interessen eher das Gegenteil zu. Um sowohl Ihre eigenen Interessen als auch die Ihrer Verhandlungspartner zu klären, können folgende Techniken genutzt werden:

Fragen Sie: Warum? Versetzen Sie sich in die Situation Ihres Gegenübers und fragen Sie sich, warum er das möchte, was er möchte. Dann fragen Sie Ihr Gegenüber nach dem Warum, aber machen Sie deutlich, was Sie damit bezwecken. Sie möchten nicht, dass Ihr Verhandlungspartner sich für seine Position rechtfertigt, sondern dass er Ihnen erklärt, welche Befürchtungen, Hoffnungen, Bedürfnisse, Sorgen oder Wünsche dieser Position zugrunde liegen.

Fragen Sie: Warum nicht? Berücksichtigen Sie, welche Wahlmöglichkeiten Ihr Gegenüber sieht. Versteht er, was ich möchte? Warum akzeptiert er es nicht? Was hindert ihn daran? Verstehe ich, was er jetzt denkt? Ist er ein klarer Denker, der jedes Detail berücksichtigen will, oder ist er einfach auch nur ein Mensch?

Menschliche Grundbedürfnisse
Obwohl die oberflächliche Position oft einfach nur Interesse am Geld widerspiegelt, beziehen sich die dahinter verborgenen Interessen auf die wichtigsten grundsätzlichen menschlichen Bedürfnisse, wie z. B. Sicherheit, wirtschaftliches Wohlergehen, Zugehörigkeitsgefühl, Anerkennung und Autonomie/Kontrolle über das eigene Leben. Falls diese erkannt und mit in Betracht gezogen werden, ist die Chance einer dauerhaften Vereinbarung viel größer.

Interessen mitteilen
Wenn es das Ziel von Verhandlungen ist, Interessen zu dienen, dann ist es wesentlich leichter, wenn jede Partei die Interessen der anderen kennt. Sie müssen mitgeteilt und vermittelt werden, denn sonst besteht die Gefahr, dass man sich statt an der Zukunft an der Vergangenheit orientiert.

Visualisieren, Konkretisieren
Machen Sie Ihrem Gegenüber genau verständlich, wie bedeutsam und berechtigt Ihre Interessen sind. Seien Sie dabei spezifisch: Tragen Sie konkrete Tatsachen vor und visualisieren und veranschaulichen Sie durch Beispiele – dadurch wird die Glaubwürdigkeit und die Wirkung verstärkt. Lassen Sie Ihren Verhandlungspartner erkennen, wie wichtig und berechtigt Ihre Interessen sind, ohne diesen zu bedrohen oder ihn anzuklagen. Deuten Sie dabei nicht an, dass die Interessen Ihres Gegenübers unwichtig oder unberechtigt sind. Versuchen Sie ihn zu überzeugen, das Problem mal von Ihrer Seite aus zu betrachten.

Die Interessen des Gegenübers anerkennen
Zeigen Sie Ihrem Gegenüber, dass Sie seine Interessen anerkennen; meistens sind wir zu sehr mit uns selbst beschäftigt, als die Interessen anderer zu beachten. Aber der beste Weg, damit Ihre eigenen Interessen vom Gegenüber wichtig genommen werden, ist seine Interessen zu würdigen und anzuerkennen. Es zeigt dem Gegenüber, dass Sie verstehen, dass seine Interessen bei der Lösungssuche berücksichtigt werden müssen.

Machen Sie das Problem VOR der Lösung deutlich, wenn Ihr Verhandlungspartner bereit ist, Ihnen zuzuhören. Teilen Sie ihm Ihre Interessen und berechtigten Anliegen mit, bevor Sie Ihre Lösungsvorschläge oder Schlussfolgerungen auf den Tisch legen. Wenn Sie diese Reihenfolge umdrehen, wird Ihr Gegenüber so damit beschäftigt sein, seinen Gegenvorschlag zu überdenken, dass er den Rest gar nicht mehr mitbekommt oder hören will.

Zukunftsorientierung
Viele Argumentationen sind kaum mehr als sich zuspitzende Anschuldigungen und Gegenanschuldigungen, die sich mit der Vergangenheit beschäftigen. Das Unangenehme an der Vergangenheit ist, dass man sie nicht ändern kann. Doch mit einer positiven Einstellung ist es möglich die Zukunft zu ändern. Diese positive Einstellung wird beiden langfristig zum Vorteil gereichen, kurzfristig müssen Sie sich aber immer wieder bewusst für eine positive Zukunft entscheiden, um sie zu ermöglichen.

Vermeiden Sie Diskussionen über Vergangenes, orientieren Sie sich daran, dass die Zukunft besser wird.

Seien Sie konkret, aber flexibel
Nachdem Sie ein Problem gut durchdacht haben, gehen Sie mit klaren und konkreten Optionen, die Ihre Interessen zufriedenstellen würden, in das Verhandlungsgespräch. Seien Sie aber gleichzeitig offen und aufgeschlossen.

Gehen Sie das Problem an, nicht den Menschen
Engagieren Sie sich für Ihre Interessen. Repräsentieren Sie diese selbstbewusst. Wenn beide Seiten sich so verhalten, kann das zu guten, kreativen Lösungen führen. Zeigen Sie Ihrem Gegenüber deutlich, dass Sie das Problem angehen, nicht ihn. Versuchen Sie,

persönlich unterstützend zu sein. Wenn Sie Stärke bei der Interessensvertretung mit persönlich unterstützendem Verhalten kombinieren, verbessern Sie Beziehungen und die Chancen einer gemeinsamen Vereinbarung.

3.2.3 Entwickeln Sie beiderseitig vorteilhafte Möglichkeiten

Es ist nicht gut eine einzelne entweder/oder Möglichkeit zu verhandeln, bei der Sie und Ihr Verhandlungspartner zum Gewinner oder Verlierer werden, weil es scheinbar keinen Weg gibt, vorhandene Mittel so zu teilen, dass beide Parteien zufrieden sind. Die Fähigkeit, Lösungen zu erfinden, die für beide Parteien vorteilhaft sind – d. h. den Kuchen zu vergrößern, bevor er geteilt wird – kann den Unterschied ausmachen zwischen einer gemeinsamen Vereinbarung und dem Stellungskrieg in Schützengräben.

Diagnose
Jede Partei glaubt gewöhnlich, dass ihr Angebot vernünftig ist und akzeptiert werden sollte – eventuell mit einer kleinen Konzession, einem Rabatt. Es gibt aber viele Lösungsmöglichkeiten auf dem Kontinuum zwischen den zwei Positionen. Oft werden andere Möglichkeiten gar nicht betrachtet, so wertvoll diese auch sein mögen. Vier Hindernisse schränken die Entwicklung weiterer Lösungsmöglichkeiten ein:

- verfrühte Urteile
- die Suche nach einer einzigen Lösung
- die Annahme der Kuchen ist begrenzt
- die Einstellung Ihr Problem zu lösen, ist Ihr Problem

Verfrühte Urteile
Das Fehlen von Kreativität oder das Nicht-Suchen nach weiteren Möglichkeiten ist die Norm – normalerweise auch ohne das belastende Verhandeln. Kritisches Denken greift die Schwachstellen von neuen Ideen an, und dämpft so die Kreativität – umso mehr, wenn Verhandlungen vor der Tür stehen. Pragmatisches Verhandeln benötigt pragmatisches Denken, nicht wilde Ideen.

Die Präsenz Ihres Gegenübers kann Ihre Kreativität noch mehr einschränken. Wenn jede Aussage von Ihnen als commitment/Vorschlag wahrgenommen wird, denken Sie zweimal darüber nach, bevor Sie etwas sagen – vielleicht enthüllen Sie ja unbeabsichtigt Informationen, die für Ihre Verhandlungsposition schädlich sind.

Die Suche nach der einzigen Lösung
Wenn Sie gleich nach der einzigen besten Lösung suchen, wird wahrscheinlich ein weiserer Entscheidungsprozess verhindert, der aus mehreren Möglichkeiten die beste auswählt. Kreativität wird oft nicht als Bestandteil von Verhandlungen wahrgenommen. Als Aufgabe des Unterhändlers wird normalerweise betrachtet, die Möglichkeiten NICHT zu erweitern, weil damit eventuell die Verhandlungen verzögert oder durcheinanderge-

bracht werden könnten. Stattdessen soll er die noch offenen Verhandlungspunkte soweit wie möglich verringern.

Die Annahme der Kuchen ist begrenzt
Im Prinzip sieht jede Partei eine Gewinner-Verlierer-Situation, ein Entweder-Oder, Du-oder-Ich. Was nützt Kreativität, wenn die Alternativen so klar erscheinen.

Die Einstellung, Ihr Problem zu lösen, ist Ihr Problem
Eine Lösung auszuhandeln, die die eigenen Interessen befriedigt, heißt auch die Interessen Ihres Gegenübers zu befriedigen – wenn diese Lösung tragfähig sein soll. Die Fähigkeit dazu kann getrübt werden, wenn Sie emotional zu stark für die eigene Sache involviert sind. Sie tun sich psychologisch schwer, den Meinungen anderer Glaubwürdigkeit zuzugestehen oder empfinden einen Perspektivenwechsel als illoyal. Solche Kurzsichtigkeit führt aber zur Einseitigkeit der Positionen, Argumente und Lösungen.

Kreativität muss dem Bewerten und Entscheiden voran gehen
In einer komplizierten Situation ist Kreativität unbedingt erforderlich. In jeder Verhandlung kann Kreativität Türen öffnen und eine ganze Anzahl potenzieller und beidseitig akzeptabler Lösungen hervorbringen. Achten Sie auf gemeinsame und sich ergänzende Interessen. Unterstützen Sie die Entscheidungsfindung des Verhandlungspartners.

Erweitern Sie die Auswahl der Möglichkeiten
Natürlich müssen wir die richtige Lösung für das Problem suchen. Das Schlüsselelement für das Brainstorming ist die Freiheit, kreativ zu sein, und neue, konstruktive Lösungen zu suchen. Der Schlüssel zum Finden einer weisen Entscheidung liegt darin, aus einer Vielzahl von Möglichkeiten und unterschiedlichen Optionen auswählen zu können, die später in der gemeinsamen Verhandlung ausgewählt und ausgeformt werden können.

Um Optionen zu kreieren, brauchen wir vier Denkweisen:
- eine anschauliche Analyse des tatsächlichen Problems – es wirklich zu erkennen
- Probleme in Kategorien und mögliche Ursachen einzuteilen
- Aktionen, Handlungsmöglichkeiten abzuwägen
- nach Lösungen zu suchen, die theoretisch ableitbar und die spezifisch und realisierbar sind

Suchen Sie nach beiderseitigem Vorteil
Eine kreative Problemlösung wird durch die allgemein falsche Gewinner/Verlierer-Annahme behindert. So könnten beide Seiten verlieren. Beide könnten aber auch gewinnen durch eine langfristige Beziehung oder eine kreative Lösung.

Erkennen Sie gemeinsame Interessen

Gemeinsame Interessen helfen, Lösungen zu produzieren. Oft werden die Beziehungen als selbstverständlich angesehen oder gar nicht beachtet, dabei ist die Beziehung im Allgemeinen wichtiger als das Ergebnis spezifischer Verhandlungspunkte. Gemeinsame Interessen sind in jeder Verhandlung verborgen. Diese Interessen sollten nach Möglichkeit als gemeinsame Ziele ausgedrückt werden, konkret und zukunftsorientiert. Dies herauszuarbeiten, kann das Verhandeln leichter und freundschaftlicher machen.

Verbinden Sie ergänzende Interessen und nutzen Sie Unterschiede bei Wertmaßstäben

Man kann übereinstimmen, dass man nicht übereinstimmt, oder man einigt sich über das, worüber man uneinig ist. Dies schärft den Blick für Differenzen. Der Verhandlungsgegenstand kann für die eine Seite von großem Vorteil, aber für die andere mit wenig Kosten verbunden sein – weil beide Seiten unterschiedliche Bewertungsmaßstäbe nutzen. Suchen Sie nach solchen Unterschieden, die sich nutzen lassen.

Ziehen Sie nicht nur in Betracht die Stärke der Vereinbarung zu variieren, sondern auch den Umfang und die Bandbreite der Verhandlung, indem Sie Verhandlungspunkte in kleinere, leichter zu bewältigende Einheiten aufteilen.

3.2.4 Bestehen Sie auf sachlichen Kriterien

Auch eine Win-Win-Strategie kann nicht das Vorhandensein wirklicher Interessenkonflikte verhindern. Diese Realität bleibt bestehen, wie gut Sie die Interessen Ihres Gegenübers auch verstehen, für wie wertvoll Sie die Beziehung erachten oder welche kreativen Möglichkeiten Sie sich ausdenken, um die Streitpunkte zu schlichten.

Vorbereitung heißt das Zauberwort für jede Art Verhandlung – besonders aber für das Verhandeln mit Prinzipien. Bereiten Sie Kriterien und sogar Alternativen vor und wie sie in der laufenden Verhandlung anwendbar sind bzw. sein könnten. Sachliche/objektive Kriterien könnten z. B. basieren auf traditionellen oder moralischen Standards, Gesetzen, Präzedenzfällen, nationalen oder internationalen Standards, wissenschaftlicher Sichtweise, Kosten, Marktwert etc.

Für den Umgang mit konfliktträchtigen Streitpunkten entwickeln Sie faire Verfahrensweisen, wobei außenstehende Dritte als Mediatoren, Experten oder Schlichter hinzugezogen werden können.

Gemeinsame Suche nach objektiven Kriterien

Bestehen Sie für jeden Sachverhalt auf objektiven Kriterien, aber seien Sie flexibel bei der gemeinsamen Suche danach. Geben Sie vernünftigen Argumenten nach, niemals aber ausgeübtem Druck. Praktizieren Sie Geben und Nehmen in Bezug auf die vereinbarten Standards. Ungeachtet der widersprüchlichen Interessen schaffen Sie so Gemeinsamkeiten bei der Vorgehensweise und den Verhandlungszielen. Zuerst einigen Sie sich über die Prinzipien und die anzuwendenden Kriterien, dann diskutieren Sie inhaltlich über die Verhandlungspunkte.

Handeln Sie mit Vernunft und seien Sie aufgeschlossen
Entweder Sie sind aufgeschlossen beim Verhandeln oder Sie sind es nicht. Wenn nur Ihre eigenen Prinzipien für Sie interessant sind, verhandeln Sie nicht mit Prinzipien, sondern positionsbezogen. Es gibt immer mindestens zwei Wahrheiten und Ihre ist nicht immer die höchste. Beziehen Sie eine dritte Person ein, falls nötig. Bitten Sie diese nicht Ihre Streitpunkte zu lösen, sondern Sie zu unterstützen, die Vorgehensweise und Kriterien auszuhandeln.

Bei Druck niemals nachgeben
Bedrohungen, Bestechungsversuche, Vertrauensmissbrauch oder die simple Weigerung, sich zu bewegen, sind Spielarten im Druck ausüben. Reagieren Sie, indem Sie nach Begründungen fragen, schlagen Sie Ihre objektiven Kriterien vor und lehnen Sie es ab, sich auf irgendeiner anderen Basis zu bewegen. Bei akzeptablen Prinzipien und Regeln geben Sie nach, bei Druck niemals.

Sie haben den Vorteil, dass Ihre Methode Willenskraft, Legitimität und die überzeugende Offenheit für Vernunft verbindet. Es ist leichter für Sie, willkürliche Zugeständnisse abzulehnen, als für das Gegenüber objektive Kriterien abzuweisen. Sich zu weigern, nachzugeben ohne gute Begründungen vorzubringen, ist schwierig. Ihre Situation ist viel einfacher.

Wenn Sie mit diesen Prinzipien verhandeln, bringen Sie gewöhnlich auch den positionsbezogenen Unterhändler dazu, diese Prinzipien anzuwenden. Es gibt für ihn keinen anderen Weg, um für seine Sache Fortschritte zu erzielen. Sich zu behaupten, fair zu sein und nicht auf Druck nachzugeben, sind Vorteile dieser Art des Verhandelns.

3.2.5 Kritische Situationen bewältigen

Wenn die andere Partei klar die Oberhand hat, kann keine Verhandlungstechnik Erfolge garantieren. Verhandeln kann nicht erfolgreich sein, wenn Erwartungen unrealistisch sind oder das Machtgefälle zu groß ist. Gutes Verhandeln kann Sie aber davor schützen, ein falsches Geschäft abzuschließen, und Ihnen helfen, das Beste aus einer schwierigen Situation zu machen – und damit Ihre Bedürfnisse so weit wie möglich zu erfüllen.

Um Sie davor zu schützen, ein schlechtes Geschäft zu akzeptieren oder eines abzulehnen, das Ihrem Interesse dienen könnte, sollten Sie herausarbeiten, was Ihre beste Alternative zu einer ausgehandelten Vereinbarung ist. Das ist Ihr Minimum und ist unabdingbar für intelligentes Verhandeln. Ob Sie zustimmen oder nicht, hängt oft davon ab, welche Alternative Sie haben.

Je besser diese Alternative ist, desto einfacher ist es für Sie, Ihr Gegenüber vor dem drohenden Scheitern der Verhandlung zu warnen. Sie haben damit auch eine starke Ausgangsbasis für Ihre Lösung.

Erkunden Sie auch die beste Alternative Ihres Gegenübers. Vielleicht realisiert er nicht, wie schwach diese ist, aber Sie können es ihm aufzeigen. Falls sie stark ist, müssen Sie sich eventuell darauf einigen, dass Sie sich nicht einigen können.

Unnachgiebige Verhandlungspartner
Sie betonen stark Ihre eigene Position und greifen Sie und Ihre Ideen an. Attackieren Sie nicht ihre Position. Erkennen Sie, was ihr zugrunde liegt. Verteidigen Sie nicht Ihre Ideen. Erbitten Sie Kritik und Vorschläge. Formulieren Sie die persönlichen Angriffe so um, dass diese das Problem ansprechen. Stellen Sie Fragen. Dadurch erhalten Sie Antworten und Verständnis. Stellen Sie keine Behauptungen auf. Diese führen nur zu Widerstand und können angegriffen werden, Fragen aber nicht. Fragen Sie und dann seien Sie still.

Gar nicht zu sprechen ist ein kraftvolles Verhandlungswerkzeug.

3.2.6 Unfaire Taktiken

Grundsätzliche Regeln müssen aufgestellt werden, wenn die Gegenseite unfaire Taktiken oder besser gesagt schmutzige Tricks anwendet. Diese kommen in unterschiedlicher Verkleidung daher, wie z. B.

- absichtlicher Betrug
- Änderung der Fakten
- unklare Autorität
- zweifelhafte Absichten
- kalkulierte Zeitschinderei
- Ablehnung, zu verhandeln
- extreme oder sich steigernde Forderungen
- Drohungen
- Starrköpfigkeit

Das Wichtigste ist, geraten Sie nicht in die Falle, es Ihrem Gegenüber nachzumachen. Das zahlt sich nicht aus. Decken Sie stattdessen den/die schmutzigen Trick(s) auf – beschreiben Sie präzise das Problem. Stellen Sie entschieden in Frage, ob diese Art Taktik rechtens, richtig oder wünschenswert ist. Dann fahren Sie mit der Verhandlung in einer normalen Form fort. Trennen Sie das Problem von der Person. Konzentrieren Sie sich auf Ihre Interessen. Denken Sie sich vorteilhafte Lösungen für beide Seiten aus. Bestehen Sie auf objektiven Kriterien.

3.3 Verhandlungsstrategien

3.3.1 Lagebeurteilung und Situationsanalyse: „De quoi s'agit-il?"

Bevor Sie mit dem Verhandeln im engeren Sinne beginnen, denken Sie immer zuerst strategisch: *De quoi s'agit-it?* Was ist mein Ziel? Was ist das Playing Field? Handelt es sich tatsächlich um eine Situation, in der eine Verhandlung möglich oder nötig ist?

1. Klären Sie unbedingt Folgendes vor der Verhandlung Ihrer strategischen Ziele: Was wollen Sie erreichen? Wie stellen Sie fest, dass Sie Ihre Ziele erreicht haben? Legen Sie vor der eigentlichen Verhandlung Ihre Minimal- und Maximalziele fest. Es gibt KEINEN Grund, unter das klug und nüchtern festgelegte Minimalziel zu gehen.
2. Je größer Ihr Verhandlungsfeld ist, desto mehr Möglichkeiten entstehen für Lösungen. Finden Sie deshalb möglichst alle Forderungen Ihres Verhandlungspartners heraus und kreieren Sie selbst so viele wie möglich. Sie vergrößern damit Ihr Handlungsfeld und die Chance für eine Einigung.
3. Schaffen Sie sich Alternativen zum angestrebten Abschluss, so können Sie besser an Ihrem Minimalziel festhalten.

Wenn Sie Verhandlungsmanagement systematisch betreiben möchten, müssen Sie im ersten Schritt die Ausgangssituation gründlich erfassen. Prüfen Sie als Controller, wie relevant die anstehende Verhandlung sein wird. Ist das Ergebnis für Ihr Unternehmen von großer Bedeutung, so ist der Einsatz eines systematischen und professionellen Verhandlungsmanagements dringend anzuraten. Machen Sie die Unternehmensführung explizit darauf aufmerksam.

Gleiches gilt, wenn die Verhandlung als besonders schwierig oder kompliziert angesehen wird.

Damit Sie dies beurteilen können, sollten Sie als Controller zuerst möglichst viele Informationen sammeln und auswerten und dann den Verantwortlichen präsentieren:

- Fakten, Besonderheiten und Strategien zum Unternehmen, mit dem Sie verhandeln werden
- Zahlen, Daten, Fakten zum Verhandlungsobjekt (z. B. Produkte, Tarife, Preise, Lieferungen)
- Informationen und Hintergrund zu den Personen, die die Verhandlung führen
- Informationen und Ergebnisse früherer Verhandlungen

3.3.2 Erweitern und Verengen des Verhandlungsgegenstandes

Je größer das Verhandlungsfeld ist, desto mehr Möglichkeiten können entstehen. Was definiert das Verhandlungsfeld? Es sind dies im Wesentlichen die unterschiedlichsten Forderungen, die zur Verhandlung stehen. Wenn es nur um den Preis geht, ist der Verhandlungsspielraum sehr viel kleiner, als wenn auch noch Qualität, Zeit, Finanzierungskonditionen und -möglichkeiten, Urheberrechte etc. dazu kommen. Bestimmen Sie selbst, wie groß das Verhandlungsfeld sein soll, damit Sie die Übersicht noch behalten und Ihre primären Ziele erreichen können, indem Sie ganz bewusst Forderungen selber einbringen und auch gezielt aufnehmen.

3.3.3 Analysieren Sie die Situation in Ruhe und wählen Sie die passende Strategie

Wenn Sie wissen, was Sie oder Ihr Unternehmen mindestens erreichen wollen und was die wahrscheinlichen Ziele und Forderungen Ihres Verhandlungspartners sind, analysieren Sie in Ruhe, was für prinzipielle Strategien beiden zur Verfügung stehen.

Ist Ihnen oder Ihrem Verhandlungspartner die Beziehung nicht so wichtig, braucht es auch keine Verhandlungen, hier reichen bloße harte Forderungen oder immer wieder neue. Sparen Sie sich deshalb den Aufwand und die damit verbundenen Kosten.

Das Gleiche gilt, wenn der Beziehung alles untergeordnet und ständig nachgegeben wird. Hinterfragen Sie in so einer Situation stattdessen besser die Bedeutung einer solchen Beziehung. Wenn einer ständig oder mehrheitlich nachgibt, ist dies dann wirklich eine Partnerschaft, die Sie und Ihr Unternehmen weiterbringt? Zeigen Sie solche Situationen auf und verzichten Sie nicht nur auf den Verhandlungsaufwand, sondern nötigenfalls auch auf die Beziehung (vgl. Abbildung 3.1).

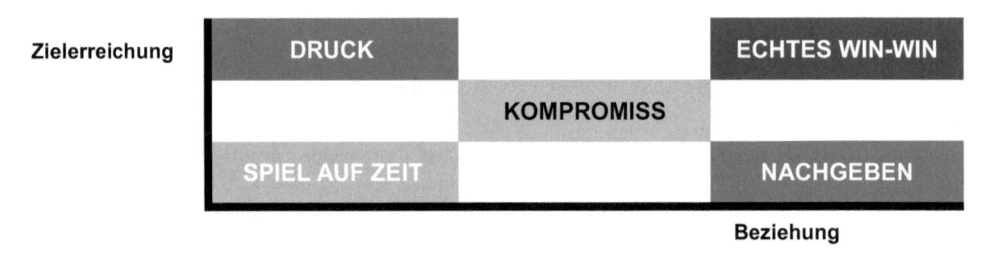

Abb. 3.1 Verhandlungsstrategien, in Anlehnung an Matthias Schranner, teure Fehler

Erfolgreiche Unternehmen streben immer ein doppeltes Win-Win an, weil sie letztlich immer über Alternativen verfügen. Zeigen Sie als Controller deshalb ganz nüchtern die Verhandlungssituation und die bisherigen Verhandlungsergebnisse mit dem jeweiligen Verhandlungspartner auf. Empfehlen Sie begründet Verhandlung Ja oder Nein samt den entsprechenden Alternativen.

3.4 Der Verhandlungsprozess: Verhandeln heißt Handeln

3.4.1 Verhandlungsführung und -taktik

Falls die bewusste Entscheidung für eine Verhandlung gefällt wurde, gilt es die wichtigsten Verhandlungstaktiken und -gesetze zu kennen und zu beherrschen.

Zentral bei der eigentlichen Verhandlung ist dabei der gekonnte Umgang mit den Machtverhältnissen, die Stärkung der eigenen Macht und die Handlungsfreiheit und Initiative. Dabei geht es um die kluge Taktik vieler kleiner und geduldiger Schritte.

Dies beginnt bereits bei der Festlegung der Agenda. Stellen Sie sicher, dass Sie diese vorschlagen können. Dies gelingt am einfachsten, wenn Sie eine möglichst neutrale Agenda vorschlagen, die niemand wirklich abschlagen kann. Damit sichern Sie sich bereits die Initiative.

Neben Ihrem Maximum- und Minimumziel sollten Sie unbedingt auch die Zeit im Auge behalten. Wie lange können Sie oder Ihr Verhandlungspartner verhandeln, ohne die Alternativen zu verlieren? Dies ist der Point of no return. Kennen Sie Ihren Point of no return, können Sie vorher abbrechen, kennen Sie den Ihres Verhandlungspartners, können Sie die Verhandlungen bewusst verlängern und dadurch plötzlich wieder im Vorteil sein. Sie können als Controller einen erheblichen Mehrwert generieren, wenn Sie immer wissen, wie viel Zeit für einen sinnvollen Abschluss noch zur Verfügung steht. Wann braucht die Just-in-time-Produktion Nachschub, wie lange dauert ein Lieferantenwechsel?

Listen Sie alle möglichen und unmöglichen Forderungen auf. Damit haben Sie neben dem Minimalziel und dem Point of no return die wichtigsten Faktoren der Verhandlungen und damit auch die relevanten Controllinggrößen. Stellen Sie sie übersichtlich dar und verfolgen Sie die Entwicklung genau. Kommen immer wieder neue Forderungen dazu? Welches sind die wirklich wichtigen? Stellen Sie diese Informationen zeitnah bereit.

3.4.2 Organisation und Verhandlungsführung

Organisieren Sie vor dem eigentlichen Verhandlungsbeginn die drei zentralen Punkte:

1. Mit welchen Parteien werden Sie verhandeln?
2. Wie sieht Ihr Verhandlungsteam aus?
3. Wie ist die Aufgabenverteilung im Team?

Sie können grundsätzlich mit mehreren Parteien auf einmal (multilateral) oder mit jeweils einer Partei (bilateral) verhandeln. Ersteres mag komplizierter sein, kann dafür aber eventuell zeitsparender sein und den point of no return etwas entschärfen (wenn Sie z. B. bei einem Computereinkauf gleichzeitig mit mehreren Anbietern verhandeln). Bilaterale Verhandlungen sind in der Regel weniger komplex und leichter zu managen.

Wer führt kritische Verhandlungen?

Es ist Aufgabe der Unternehmensführung strategische Ziele zu definieren und Entscheidungen zu fällen. Dies gilt selbstverständlich auch bei Verhandlungen. Sie legt vorher die entsprechenden Ziele und Prinzipien fest, was aber nicht automatisch bedeutet, dass sie auch die Verhandlungen führen sollte. Machen Sie als Controller Ihre Vorgesetzten auf diesen wichtigen Unterschied aufmerksam und empfehlen Sie ganz bewusst, die Verhandlungsführung bei wichtigen und kritischen Verhandlungen unbedingt an einen unabhängigen Dritten oder Experten zu delegieren.

Besonders wichtige Verhandlungen werden fast nie nur von einer Person geführt, sondern von einem Team, in dem sich Personen mit einem möglichst unterschiedlichen sozialen, fachlichen, geschlechtlichen und kulturellen Hintergrund befinden. Je heterogener das Team, desto besser die Verhandlungsergebnisse für das Unternehmen, das haben mehrere internationale Studien bewiesen.

In einem Verhandlungsteam gibt es mindestens drei verschiedenen Rollen:

- **Der Entscheider oder Decision Maker:** Er trifft Entscheidungen und trägt die Verantwortung, sollte aber nicht direkt und persönlich in die eigentlichen Verhandlungen involviert sein.
- **Der Verhandlungsführer oder Negotiator:** Er führt die Verhandlung, weist allerdings darauf hin, dass er nicht der endgültige Entscheider ist.
- **Der Verhandlungsleiter oder Commander:** Er ist bei der Verhandlung anwesend, bleibt aber im Hintergrund, notiert die Aussagen und den Verlauf der Verhandlung und bespricht diese in Verhandlungspausen mit dem Negotiator.

Bei größeren und wichtigeren Verhandlungen kann es noch die folgenden Rollen geben:

- **Der Organisator:** Er legt die Verhandlungstermine und die Dauer fest und sorgt für die Rahmenbedingungen.
- **Der Beeinflusser oder Influencer:** Er hat keine unmittelbare Entscheidungsbefugnis, seine Meinung beeinflusst jedoch die der anderen Teammitglieder (z. B. aufgrund von Seniorität, Unternehmenszugehörigkeit, Erfahrung, Persönlichkeit).
- **Der Mittelsmann oder Gatekeeper** sorgt für den Informationsfluss im Team oder zwischen den Teams. Ihn findet man oft bei Tarifverhandlungen.

Mit der Teamzusammensetzung wird zugleich über die Aufgabenverteilung entschieden.

Als Controller können Sie einen entscheidenden Beitrag leisten, wenn Sie nicht nur für jede dieser Rollen die entsprechenden Informationen bereitstellen können, sondern sie auch in einer Gesamtübersicht jederzeit transparent darstellen können. Bringen Sie sich aktiv ein!

3.4.3 Verhandlungsverlauf

Einstieg
Die Einstiegsphase dient dem gegenseitigen Kennenlernen und Warmwerden. Es werden bereits erste Informationen über die Verhandlungspositionen ausgetauscht. Diese Phase ist entscheidend für den weiteren Verlauf der Verhandlungen, da in ihr die Qualität der Beziehung und die ungeschriebenen Spielregeln festgelegt werden.

Verhandlung im engeren Sinn
In der Dialogphase geht es darum, Fakten zu klären, eigene Präferenzen zu verdeutlichen und Angebote zu machen. Sie müssen auch hinterfragen, ob Sie die Verhandlungsposition des Gegners richtig verstanden oder bewertet haben. Beide Seiten werden so lange unterschiedliche Angebote machen, bis eine Art Stillstand erreicht ist, bei dem keiner mehr bereit ist, weitere Zugeständnisse zu machen. Dies markiert das Ende der Dialogphase.

Entscheidung/Lösung
In der Lösungsphase geht es darum, Auswege aus dem Stillstands-Dilemma zu finden. Dies kann dadurch geschehen, dass man neue Verhandelnde ins Spiel bringt, neue Verhandlungsgegenstände nennt, neue Informationen liefert oder neue Rahmenbedingungen absteckt, um Bewegung in die Sache zu bringen. Mögliche Themen sind Lieferumfänge, Zusatzgaben wie Schulungen, Einarbeitungen oder Serviceleistungen, vielleicht auch ein Vertragsabschluss via Tochtergesellschaft, um günstigere steuerrechtliche Rahmenbedingungen für beide Seiten zu nutzen.

Abschluss/Einigung
In der Abschlussphase schließlich wird die gefundene Lösung besiegelt. Hier gilt es, den richtigen Zeitpunkt für ein letztes Angebot richtig abzuschätzen und tatsächlich ein letztes (und nicht vorletztes oder beinahe letztes) Angebot abzugeben.

3.4.4 Zusammenfassung und Schlussfolgerungen

Erfolgreiche Verhandlungen basieren auf einer intensiven Analyse der Ausgangslage und einer gründlichen Vorbereitung durch das Controlling.

- Vor der Verhandlung müssen Sie Ihre Strategie und Ihre Ziele definieren.
- Jedes Teammitglied hat eine spezifische Rolle, z. B. Organizer, Negotiator, Influencer oder Decision Maker.
- Trennen Sie klar die Verhandlungsebene von der Entscheidungsebene.
- Eine BATNA (Best Alternative to Negotiated Agreement) ist ein Plan B und für jede Verhandlung unerlässlich.

- Prüfen Sie, ob ein Side-Deal sinnvoll ist, d. h. ob Sie einen Vertragsgegenstand mit einem Punkt aus einem anderen Bereich verbinden können.
- Ein systematisches Controlling sorgt für einen Soll-Ist-Vergleich der Ergebnisse, und das für alle Verhandlungsphasen.
- Es ermöglicht auch den Vergleich der Verhandlungsleistung verschiedener Abteilungen.
- Beginnen Sie mit der Implementierung des Verhandlungsmanagements in dem Bereich, in welchem Sie den geringsten Widerstand erwarten.

3.5 Ergebnisüberprüfung

Keine Verhandlung ohne systematische Nachbereitung: Ermitteln Sie die Abweichungen von den gesetzten Zielen und finden Sie vor allem auch die Ursachen dafür. Dabei sollten Sie systematisch alle Verhandlungsbereiche und -phasen überprüfen.

3.5.1 Analyse der Zielerreichung

Es gibt keine erfolgreiche Strategie, ohne im Voraus messbare Ziele festzulegen. Wie wollen Sie sonst die Optionen und den Erfolg beurteilen? Machen Sie es sich daher zur Gewohnheit, sämtliche Verhandlungsziele spätestens nach der Analyse und vor dem eigentlichen Verhandeln schriftlich festzulegen. Unter Einbeziehung aller relevanten Faktoren (Objekte, Gegenstände, Strategie, Verhandlungspartner und Teammitglieder) sollten Ihre Minimal- und Maximalziele konkretisiert werden.

3.5.2 Analyse der Abweichungen

Ziel ist es, die Ergebnisse der unterschiedlichen Verhandlungen vergleichbar zu erfassen und sachlich zu analysieren (vgl. Abbildung 3.2). Je größer die Datenbasis, desto aussagekräftiger werden die Erkenntnisse. Nutzen Sie deshalb möglichst viele Gelegenheiten, Verhandlungsergebnisse zu erfassen!

3.5.3 Lehren für die Zukunft

Kluge Analysen und Auswertungen bieten Ihnen und der Unternehmensleitung die Chance, kontinuierlich besser zu werden. Nutzen Sie sie möglichst vielfältig, stellen Sie die Verhandlungsergebnisse verschiedener Abteilungen einander gegenüber. Was entscheidet über Erfolg oder Misserfolg? Was können wir voneinander lernen?

Dimension	Soll	Ist	Bemerkung
Ziele	Minimum		
	Maximum		
Strategie	Inhaltlich		
	Beziehung		
Organisation	Entscheider		
	Verhandlungsführer		
	Verhandlungsleiter		
Verlauf	Einstiegsphase		
	Dialogphase		
	Lösungsphase		
	Abschlussphase		

Abb. 3.2 Mögliches Ergebnisprotokoll

3.6 Literatur

[1] Cialdini, Robert B. (2009): Die Psychologie des Überzeugens. Ein Lehrbuch für alle, die ihren Mitmenschen und sich selbst auf die Schliche kommen wollen, Huber.
[2] Fisher R./Ury W./Patton B. (2004): Das Harvard Konzept. Sachgerecht verhandeln – erfolgreich verhandeln. 22. Auflage. Campus Verlag.
[3] Schranner, Matthias (2009): Teure Fehler: Die 7 größten Irrtümer in schwierigen Verhandlungen, Econ.

Anhang: Checkliste strategisches Verhandeln

Tab. 3.1 Checkliste strategisches Verhandeln

Phase	Inhalte und Ziele	Techniken/Tipps
Strategie Assessment	Übergreifende Analyse: Bedeutung Schwierigkeiten Alternativen	Stakeholderanalyse Beziehungslandkarte Mentaltraining Verhandeln heißt Handeln
Organisation	Kennen der Beteiligten Bestimmen des Verhandlungsteams Rollen und Aufgabenverteilung regeln	Entscheider, Verhandlungsleiter, -führer Single Point of Contact Zeitlinie
Vorbereitung	Verhandlungsgegenstand identifizieren und analysieren, eventuell erweitern/verengen Forderungen generieren Verhandlungsverhalten festlegen – Ziele – Strategie – Taktik – Rahmen	Spieltheorie Strategie bestimmen: – Nachgeben – Kompromiss – Spiel auf Zeit – Integrative Verhandlung Verhandlungsmethodik Analyse des Verhandlungspartners Agenda festlegen Maximum- und Minimumziel Point of no return Forderungen
Verhandlung	Verhandlungsphasen – Einstieg – Dialog – Entscheidung/Lösung – Abschluss	Wer fragt, gewinnt! Fragen, nicht festlegen Unfaire Techniken erkennen und kontern Umgang mit Stress und Sackgasse Abbrechen und Wiedereinstieg/Einigung
Controlling	Analyse der Zielerreichung Analyse der Abweichungen Lehren für die Zukunft ziehen	Es braucht rund 800 Stunden intensives Üben, um etwas wirklich gut zu können!

Der Controller als Change Manager

Prof. Dr. Martin Plag

4.1	Einleitung	43
4.1.1	Problemstellung	43
4.1.2	Zielsetzung	44
4.1.3	Vorgehen und Aufbau	45
4.2	Konzeptionelle Grundlagen	46
4.2.1	Begriff Change Management	46
4.2.2	Bedeutung von Change Management	46
4.2.3	Bedeutung von Change Management für Controller	48
4.2.4	Theoretische Basis eines akteursbezogenen Change Managements	49
4.2.4.1	Zugrunde gelegtes Akteursmodell	49
4.2.4.2	Phasenmodell Kurt Lewins	49
4.2.4.3	Akteursbezogenes Change Management	50
4.2.4.4	Macht und Veränderungsbarrieren	52
4.3	Akteursbezogener Zyklus des Change Managements	54
4.3.1	Phasen inhaltlich spezifizieren	54
4.3.2	Akteure identifizieren	55
4.3.3	Erfolgsfaktoren mittels Change Cube ermitteln	56
4.3.4	Instrumente ableiten	58
4.3.5	Projekt-/Maßnahmenplan erstellen	60
4.3.6	Maßnahmen durchführen, evaluieren und steuern	61
4.4	Zusammenfassung und Ausblick	61
4.5	Literatur	62

4.1 Einleitung

4.1.1 Problemstellung

Der Veränderungsdruck auf Organisationen aller Art, d. h. Unternehmen, Behörden sowie sonstige Non-Profit-Organisationen, ist sehr hoch. Schnelle und tiefgreifende Veränderungen der Umwelt zwingen die Organisationen, sich neuen Gegebenheiten anzupassen. Für Unternehmen gilt vielfach „change or die". Gleichzeitig stellt das Management der Veränderungsprozesse für die Organisationen eine ausgesprochen schwierige Aufgabe dar und die Mehrzahl der intendierten Veränderungen scheitert.[1] Es gelingt häufig nicht, auftretende Barrieren im Veränderungsprozess rechtzeitig zu erkennen und aus dem Weg zu räumen. Die für den Veränderungsprozess relevanten Akteure werden zu spät identifiziert und können nicht für den Veränderungsprozess gewonnen werden.[2]

Controller lösen sich immer stärker von einer rein rechnungswesenbasierten Informationsversorgungsfunktion und übernehmen heute vielfach die Funktion eines Business Partners.[3] Als solcher ist der Controller stark am Management und Geschäftsmodell des Unternehmens ausgerichtet und wird in die Entscheidungsfindungs- und Unternehmenssteuerungsprozesse eng eingebunden.[4] In diesem Zusammenhang wird ihm auch von exponierten Vertretern der Controllingforschung wie Horváth verstärkt die Aufgabe des internen Consultants zugeschrieben: *„Der Controller ist im Lauf der Jahre betriebswirtschaftlicher Berater und Koordinator der Unternehmungsführung geworden."*[5] Controller dieser modernen Prägung sind auch in Veränderungsprozesse stark involviert bzw. für die Gestaltung von Veränderungsprozessen verantwortlich. Nach einer aktuellen empirischen Studie von Schäffer/Weber schreiben 80 % der Befragten den Controllern zukünftig eine Rolle als Treiber von Veränderungsprozessen zu.[6] Somit ist davon auszugehen, dass das Change Management für Controller in hohem Maße relevant ist. Obwohl Change Management als Aufgabe von Controllern schon früh erkannt wurde[7], stellt die Ausarbeitung dieses Aspektes in der Literatur ein unterentwickeltes Feld dar. Arbeiten, die sich gezielt mit den Aufgaben der Controller im Change Management befassen, sind nur in unzureichendem Maße vorhanden.[8]

4.1.2 Zielsetzung

Der vorliegende Beitrag verfolgt die nachstehenden Zielsetzungen:

- Es soll dargestellt werden, warum Change Management für das Controlling einen hohen Stellenwert hat.

---

1 Vgl. Kotter (2008), S. 141 sowie Picot et al. (1999), S. 2.
2 Vgl. Kotter (2008), S. 141–151.
3 Zur Rolle des Controllers als Business Partners vgl. Goretzki (2012), S. 64–66 sowie Goretzki/Weber (2012), S. 22–28.
4 Vgl. Schäffer/Weber (2012), S. 81.
5 Horváth (2011), S. 61.
6 Vgl. Schäffer/Weber (2012), S. 82. Der Aussage, dass Controller Veränderungsprozesse zukünftig in Eigeninitiative treiben, stimmen 36 % der befragten Führungskräfte und Controller stark zu, 44 % moderat und nur 20 % gering.
7 Vgl. Weber (2002), S. 409–411.
8 Eine der wenigen Arbeiten in diesem Bereich ist von Sandt/Weber (2011).

- Zur systematischen, erfolgreichen Gestaltung von Veränderungsprozessen soll ein theoretisch fundierter Zyklus des Change Managements erarbeitet werden, der ein maßgeschneidertes und damit sowohl effektives als auch effizientes Change Management ermöglicht, das den in der betrieblichen Praxis stets existierenden Budgetrestriktionen angemessen Rechnung trägt.
- Es soll aufgezeigt werden, wie die für Controller geeigneten Instrumente ausgewählt oder entwickelt werden, um Barrieren in einem Veränderungsprozess auszuräumen. Hierzu wird dargelegt, wie Controller in Veränderungsprozessen die wichtigsten Akteure identifizieren und die spezifischen Erfolgsfaktoren eines Veränderungsprozesses bestimmen können.

4.1.3 Vorgehen und Aufbau

Zunächst werden in Kapitel 4.2 die notwendigen konzeptionellen Grundlagen eines theoretisch fundierten Konzepts für das Change Management erarbeitet. Hierzu werden die relevanten Begriffe abgegrenzt und die Bedeutung des Change Managements im Allgemeinen sowie für Controller im Speziellen dargelegt. Zudem wird die Theoriebasis des akteursbezogenen Ansatzes des Change Managements vorgestellt. Dabei wird ein allgemeines Grundmodell einer Theorie ökonomischer Akteure[9] mit dem weithin anerkannten Phasenmodell des Change Managements von Kurt Lewin kombiniert und auf deduktivem Wege ein akteurszentriertes Change Management erarbeitet. Zudem wird dargelegt, welche Bedeutung Macht in Veränderungsprozessen hat und welche Machtquellen für das Change Management grundsätzlich zur Verfügung stehen.

In Kapitel 4.3 wird der Zyklus des akteursbezogenen Change Managements vorgestellt. Dieser soll es ermöglichen, auf Basis der Identifikation spezifischer Erfolgsfaktoren durch den Einsatz des „Change Cubes"[10] die geeigneten Instrumente abzuleiten und in einen projektbezogenen Managementansatz zu integrieren. Dabei wird auch erarbeitet, welche spezifischen Merkmale die für Controller geeigneten Instrumente aufweisen. Insbesondere wird herausgestellt, auf welche Quellen der Macht Controller bei der Auswahl und Gestaltung der Change-Management-Instrumente zurückgreifen können.

Zum Abschluss des Beitrags wird in Kapitel 4.4 eine Zusammenfassung der wesentlichen Inhalte und Ergebnisse vorgenommen sowie ein Ausblick auf die weitere mögliche Entwicklung des Themenfeldes gegeben.

---

[9] Vgl. Bach et al. (2002).
[10] Der Change Cube wird in Kapitel 3.3 ausführlich vorgestellt.

4.2 Konzeptionelle Grundlagen

4.2.1 Begriff Change Management

Wenn im Folgenden von Veränderungen gesprochen wird, sind hierunter immer intendierte organisationale Veränderungen zu verstehen, also solche Veränderungen in bzw. von Organisationen, die durch eine bewusste Entscheidung initiiert und zielorientiert gestaltet werden. In der Literatur ist bei solchen Veränderungsprozessen von geplantem Wandel die Rede, in Abgrenzung zu ungeplantem Wandel.[11] Die Begriffe Veränderung, Wandel und Change werden teilweise mit abweichenden Inhalten verbunden, lassen sich jedoch inhaltlich letztlich auf einen Kern reduzieren, der – um interpretationsbedürftige Deutungen bereinigt – in der Aussage von Seidenschwarz zum Ausdruck kommt und der für alle drei genannten Begriffe Gültigkeit besitzt: *„Wandel bedeutet zuerst einmal den Wechsel von einem Zustand in einen anderen."*[12] Dies korrespondiert mit dem Verständnis des Begriffs Change nach Beckhard/Harris, die Change als Wechsel von einem „Present State" hin zu einem „Future State" verstehen. Zwischen diesen beiden Zuständen liegt der „Transition State", der somit den Übergangsprozess darstellt.[13] Die Begriffe Wandel, Veränderung und Change sollen im Rahmen dieses Beitrags also weder abgestufte Intensitäten eines solchen Zustandswechsels zum Ausdruck bringen, noch eine differenzierte Wertschätzung durch beteiligte Akteure spiegeln (z. B. positiv versus negativ wahrgenommene Zustandswechsel). Sie werden im Folgenden synonym verwendet.[14]

Die im Rahmen dieser Ausarbeitung verwendete Definition von Change Management basiert auf dem oben dargelegten Verständnis von Veränderung. In Anlehnung an Brettel et al. wird unter Change Management die bewusste, zielorientierte Gestaltung des Übergangs eines ökonomischen Akteurs, d. h. einer gesamten Organisation oder von Organisationsteilen bzw. Organisationsmitgliedern, von einem Zustand A in Richtung eines intendierten Zielzustands B verstanden.[15]

4.2.2 Bedeutung von Change Management

Die Bedeutung von Veränderungsprozessen für Unternehmen ist unbestritten. Es existiert eine ausgesprochen hohe Dynamik in verschiedenen Feldern der Unternehmensumwelt, vor allem im Bereich der technologischen Umwelt. Hier sind nicht nur vielfältige inkrementelle Anpassungen etablierter Basistechnologien zu verzeichnen, sondern auch radikale Innovationen, die beispielsweise in den Bereichen Gentechnologie und

---

[11] Zum Begriff des geplanten Wandels vgl. Plag (2007), S. 8, Bennis et a. (1989) sowie Stähle (1999), S. 901 f.
[12] Seidenschwarz (2003), S. 16.
[13] Vgl. Beckard/Harris (1987), S. 29–30. Die Begriffe Present State, Transition State und Future State sind der genannten Quelle wörtlich entnommen.
[14] Vgl. Plag (2007), S. 7.
[15] Vgl. Brettel et al. (2002), S. 5 sowie Plag (2007), S. 14.

4.2 Konzeptionelle Grundlagen

Nanotechnologie durchaus als revolutionär bezeichnet werden können. Hinzu kommt die Veränderung der Märkte auf denen die Unternehmen agieren, etwa durch die nach wie vor anhaltende Globalisierung oder den Wechsel politischer Systeme, aktuell in Nordafrika. Auch allgemeine gesellschaftliche Veränderungen, wie die Ökologisierung der Industrienationen, wachsende Individualisierung oder der Wandel von Geschlechterrollen, stellen Umweltveränderungen für Unternehmen dar.[16]

Veränderungen der Umwelt erfordern eine Adaption des ökonomischen Handelns eines Unternehmens und lösen damit organisationale Veränderungen aus.[17] So erfordert eine veränderte Unternehmensumwelt mitunter eine Veränderung der Strategie, die wiederum zur Anpassung der Aufbau- und Ablauforganisation eines Unternehmens führen kann. Der Bezug zu Chandlers These „*Structure follows Strategy*" ist unverkennbar.[18]

Die Notwendigkeit zur Veränderung von Unternehmen aufgrund externer Ursachen des Wandels ist somit hoch. Andererseits ist das Management von Veränderungsprozessen eine ausgesprochen anspruchsvolle Aufgabe. Keineswegs stellt das Gelingen intendierter Veränderungsprozesse einen Automatismus dar, vielmehr sind diese mit einer hohen Wahrscheinlichkeit des Scheiterns verbunden. Picot et al. konstatieren in ihrer Studie, dass ca. 70 % aller Reorganisationen scheitern oder erheblich hinter den in sie gesetzten Erwartungen zurückbleiben.[19] Aus der hohen Bedeutung der Veränderungsprozesse einerseits und der hohen Wahrscheinlichkeit ihres Scheiterns andererseits resultiert die Notwendigkeit, sich in Wissenschaft und Praxis systematisch mit Change Management auseinander zu setzen. Change Management kann also durchaus als Schlüsselkompetenz für das Überleben von Unternehmen angesehen werden.

---

[16] Tichy unterscheidet als Triebkräfte von Veränderungen „Environment", „Diversification", „Technology" und „People". Vgl. Tichy (1983), S. 18–19. Im Rahmen dieser Ausarbeitung soll der Wandel der Technologie aber primär als eine Facette des Wandels der Unternehmensumwelt verstanden werden.

[17] Kleingarn geht davon aus, dass es neben externen Auslösern aber auch interne Auslöser für Veränderungen gibt und dass Organisationen keineswegs zwangsläufig zu Veränderungen als Reaktion auf Umweltveränderungen genötigt werden, sondern dass Veränderungen vielmehr auch auf Basis aktiver und innerer Auslöser stattfinden können. Vgl. Kleingarn (1997), S. 42 f. Eine Zusammenfassung der Triebkräfte von Veränderungen findet sich bei Plag (2007), S. 10–13.

[18] Chandler hat amerikanische Großunternehmen in Fallstudien darauf hin untersucht, inwiefern die Strategie einer Organisation ihre Struktur bestimmt. Vgl. Chandler (1962).

[19] Vgl. Picot et al. (1999), S. 2. Eine geringe Erfolgsquote ermittelt auch eine Untersuchung der Unternehmensberatung Capgemini Consulting (2010), wonach nur jedes achte Veränderungsprojekt mit dem Ergebnis „Ziele voll erreicht" bewertet werden kann. In einer Studie der Unternehmensberatung Bain & Company wurde ermittelt, dass bei ca. 60 % der Veränderungsprozesse Barrieren den Veränderungsprozess massiv behinderten, vgl. hierzu Patrick et al. (2011), S. 2. Kühl (2011) weist jedoch zu Recht darauf hin, dass Untersuchungen von Beratungsunternehmen zu diesem Thema (und mit solchen Ergebnissen) aufgrund der Eigeninteressen mit großer Vorsicht zu behandeln sind. Aber auch Kotter (2008) mit seiner Betrachtung von Unternehmen und Plag (2007) mit seiner Untersuchung von Behörden kommen zu ähnlich negativen Ergebnissen.

4.2.3 Bedeutung von Change Management für Controller

Vor dem Hintergrund eines traditionellen, rechnungswesengeprägten Verständnisses von Controlling, das überwiegend eine Informationsversorgungsfunktion erfüllt, erscheint Change Management zunächst nicht als zentrales Controllingthema. Unterstellt man jedoch eine moderne Dienstleistungsfunktion des Controllings, die geprägt ist von der Rolle der Controller als interne Consultants bzw. als Business Partner, welche das Management durch die Sicherstellung der Rationalität der Führung unterstützen[20], ergeben sich mehrere relevante Aspekte, die dazu führen, dass Change Management zu einer wichtigen Aufgabe für Controller wird:

1. Die Beratungs- und Rationalitätssicherungsfunktion der Controller erstreckt sich auch auf die Unterstützung des Managements bei der Umsetzung zentraler Veränderungsprozesse. Sie sind hierdurch in Veränderungsprojekte eingebunden, wie in die Umsetzung von Reorganisationen, die Einführung von Lean Management, Kaizen/KVP, Kanbansysteme oder Qualitätsmanagementinstrumente.

2. Die Intention der Verwendung zahlreicher Instrumente, die mitunter in der Verantwortung von Controllern liegen, ist es, Veränderungen zu bewirken[21], z. B. Benchmarking oder Gemeinkostenmanagement. Ein Benchmarking wird durchgeführt mit der Intention, einen organisationalen Lernprozess einzuleiten und dadurch im Ergebnis die untersuchten Handlungsfelder anders zu handhaben als zuvor.

3. Die Einführung von Controllinginstrumenten ist mit Veränderungen für weite Teile der Organisation verbunden, wie z. B. die Implementierung von Green Controlling Konzepten, Beyond oder Better Budgeting Systemen, wertorientiertes Controlling, BSC-basierte Führungssysteme oder Target Costing.

4. Der Controllerbereich ist selbst Gegenstand starker Veränderungen. Diese können sich auf das Rollenbild des Controllers, seine Aufgaben, die verwendeten Instrumente und die hierfür erforderlichen Fähigkeiten/Qualifikationen sowie die Organisation des Controllerbereichs beziehen.

Damit wird Change Management insgesamt zu einer ausgesprochen wichtigen Aufgabe für die Controllingbereiche.[22]

---

[20] Zu den Rollenbildern des Controllers und den Funktionen des „modernen" Controllings vgl. Weber/Schäffer (2011), S. 1–50 sowie Goretzki/Weber (2012), S. 22–28.
[21] Das heißt, der Zweck dieser Controllinginstrumente ist die Veränderung.
[22] Eine Ausarbeitung der Rolle des Controllers in Veränderungsprozessen liefern Sandt/Weber (2011).

4.2.4 Theoretische Basis eines akteursbezogenen Change Managements

4.2.4.1 Zugrunde gelegtes Akteursmodell

Im Zentrum des nachfolgend erläuterten Ansatzes stehen die Entscheidungen und Handlungen ökonomischer Akteure, die bestimmt werden durch ihre Präferenzen („Wollen"), Fähigkeiten („Können") und den Handlungsrahmen[23] („Umweltbedingungen"), dem die Akteure ausgesetzt sind. Diese Akteure können individuelle Akteure sein (Individuen = Akteure niedrigster Ordnung) oder Akteure höherer Ordnung, die aus individuellen Akteuren oder anderen Akteuren höherer Ordnung bestehen (z. B. eine Abteilung oder eine Projektgruppe). Dabei wird für alle Akteure nutzenmaximierendes Verhalten unterstellt.[24]

4.2.4.2 Phasenmodell Kurt Lewins

Im oben beschriebenen Verständnis von Change nach *Beckhard/Harris* stellen Veränderungen einen Prozess dar. Organisationale Veränderungen benötigen stets Zeit und erfordern eine Abfolge diverser Aktivitäten. Um diese Prozesse, die mitunter sehr komplex sein können, in überschaubarere, inhaltlich strukturierte Einheiten einzuteilen, haben sich in der Literatur des Change Managements Phasenmodelle durchgesetzt.[25] Als Urtyp dieser Phasenmodelle gilt das triadische Modell von *Kurt Lewin* aus dem Jahre 1947. Lewin hat auf Basis seiner Untersuchungen von Gruppenverhalten und Widerständen in Wandlungsprozessen den Veränderungsprozess in die Phasen „Unfreezing", „Moving" und „Freezing" gegliedert.[26] *„A successful change includes therefore three aspects: unfreezing (if necessary) the present level L^1, moving to the new level L^2, and freezing*

---

[23] Brettel et al. bezeichnen den Handlungsrahmen als „externe Zustände". Vgl. Brettel et al. (2002), S. 2–3.
[24] Zum dargelegten Akteursmodell vgl. Bach et al. (2002), Brettel et al. (2002), S. 2–3. sowie Plag (2007), S. 67. Bei Brettel et al. (2002), S. 4 wird als weiterer Einflussparameter auf das ökonomische Handeln der Akteure der Begriff der „internen Zustände" eingeführt. Hierbei handelt es sich um biophysische und emotionale Zustände eines Akteurs. Als Beispiel wird der „interne Zustand Hunger" angeführt, der Einfluss auf die Handlung „Einkauf" haben kann. Plag (2007), S. 406f. geht auf Basis seiner Untersuchungen aber davon aus, dass interne Zustände kurzfristig schwanken und damit in langfristigen Veränderungsprozessen eine eher untergeordnete Rolle spielen. Sie sollen daher im Folgenden keine weitere Berücksichtigung finden.
[25] Vgl. Kirsch et al. (1979), S. 36–40. Diese Phasenmodelle stellen sicherlich den Hauptstrom in der Literatur dar. Eine umfassende synoptische Zusammenstellung der verschiedensten Phasenmodelle von 1947–2003 findet sich bei Plag (2007), S. 19–23. Es gibt in der Literatur aber auch ablehnende Stimmen zu den Phasenmodellen. Diese bemängeln v. a., dass hierdurch der Wandel als eine episodenhafte Unterbrechung von Phasen der Stabilität dargestellt würde. Stabilität würde somit implizit als der „Normalzustand" in Organisationen unterstellt. Ein solcher modifizierter Gleichgewichtsansatz bilde nicht die grundsätzlich dynamische Organisationsrealität ab. Vgl. zu diesem Aspekt Schreyögg/Noss (2000), S. 33.
[26] Vgl. Plag (2007), S. 17.

[...] on the new level."[27] Lewins Modell ist auch Grundlage des akteursbezogenen Ansatzes des Change Managements nach Brettel et al., der die Basis des nachstehend vorgestellten Ansatzes darstellt.[28]

4.2.4.3 Akteursbezogenes Change Management

Ziel des Change Managements im Sinne des akteursbezogenen Ansatzes ist es, Handlungsmuster ökonomischer Akteure (Individuen, Gruppen oder der ganze Organisationen) zu verändern.[29] Die Handlungsmuster der Akteure werden bestimmt durch ihre Präferenzen, Fähigkeiten sowie durch den Handlungsrahmen, dem sie ausgesetzt sind.[30] So richtet sich z. B. die Berufswahl einer Person nach seinen Wünschen, aber auch nach seinen Fähigkeiten sowie dem vorhandenen Handlungsrahmen, z. B. den gesetzlichen Bestimmungen zur Zulassung zu einem Beruf. Will man also die Handlungsmuster eines ökonomischen Akteurs verändern, so bieten die Präferenzen, die Fähigkeiten und der Handlungsrahmen die relevanten Angriffspunkte. Es muss also sichergestellt werden, dass die Akteure den Veränderungsprozess mittragen wollen (der Veränderungsprozess muss mit den Präferenzen der Akteure im Einklang stehen), ihn mittragen können (die notwendigen Fähigkeiten müssen vorhanden sein) sowie dass der Handlungsrahmen die Veränderung für die Akteure zulässt. Bei der Bewertung des Veränderungsprozesses durch einen Akteur hinsichtlich seiner Präferenzen wird er seine Fähigkeiten sowie den relevanten Handlungsrahmen berücksichtigen. Ein Akteur wird sich z. B. für einen bestimmten Job nicht nur auf Grund der Attraktivität der Stelle bewerben (und damit die Mühe der Bewerbung auf sich nehmen), sondern auch auf Basis der Erfolgswahrscheinlichkeit der Bewerbung. Ob die Bewerbung „der Mühe wert ist", wird er unter anderem auf Basis der wahrgenommenen eigenen Fähigkeiten und des bewerteten Handlungsrahmens entscheiden. In Kapitel 4.2.4.1 wurde bereits ausgeführt, dass nutzenmaximierendes Verhalten der Akteure unterstellt wird. Ein Akteur verändert sein bisheriges Handlungsmuster demnach dann, wenn er antizipiert, hierdurch seine Nutzensituation verbessern zu können. Hierbei sind folgende Komponenten zu beachten:[31]

1. Der antizipierte Nutzen des bisherigen Handlungsmusters (N_{BM})
2. Die antizipierten Kosten des bisherigen Handlungsmusters (K_{BM})
3. Abgeleitet: Netto-N_{BM} (NN_{BM}) = N_{BM} − K_{BM}
4. Der antizipierte Nutzen des veränderten Handlungsmusters (N_{VM})

---

[27] Lewin (1947), S. 35.
[28] Vgl. Brettel et al. (2002).
[29] Handlungen ökonomischer Akteure sind produktive, potenziell zu einem gewünschten Ergebnis führende Faktorkombinationsprozesse. Unter Handlungsmuster soll eine Menge von Handlungen verstanden werden, die übereinstimmende, für die jeweilige Betrachtung relevante Merkmale aufweist. Vgl. hierzu Brettel et al. (2002), S. 2 sowie Plag (2007), S. 68.
[30] Hier wird eine Modifikation des Modells von Brettel et al. vorgenommen, indem die internen Zustände als Einflussgröße ausgeklammert werden. Siehe hierzu auch Kapitel 2.4.1.
[31] Die nachstehenden Ausführungen zur Nutzenmaximierung wurden mit geringen Modifizierungen entnommen aus Brettel et al. (2002), S. 6–8.

4.2 Konzeptionelle Grundlagen

5. Die antizipierten Kosten des veränderten Handlungsmusters (K_{VM})
6. Abgeleitet: Netto-N_{VM} (NN_{VM}) = $N_{VM} - K_{VM}$
7. Die antizipierten Kosten des Übergangsprozesses[32] von BM zu VM ($K_Ü$)
8. Der antizipierte Nutzen des Übergangsprozesses[33] von BM zu VM ($N_Ü$)
9. Abgeleitet: Netto-$K_Ü$ ($NK_Ü$) = $K_Ü - N_Ü$

Somit verändert ein Akteur sein Handlungsmuster dann, wenn gilt:

$$NN_{BM} < NN_{VM} - NK_Ü$$

oder

$$N_{BM} - K_{BM} < N_{VM} - K_{VM} - K_Ü + N_Ü$$

Der antizipierte Nettonutzen des bisherigen Handlungsmusters muss geringer sein als der eines veränderten Handlungsmusters abzüglich der Nettokosten des Übergangs, damit ein Akteur sein Handlungsmuster verändert.[34]

Aus der angeführten Ungleichung lässt sich der Nettonutzen der Veränderung (NN_V) formulieren:

$$NN_V = NN_{VM} - NK_Ü - NN_{BM}$$

oder

$$NN_V = N_{VM} - K_{VM} - K_Ü + N_Ü - N_{BM} + K_{BM}$$

Stehen dem Akteur mehrere veränderte Handlungsmuster zur Auswahl, so wählt er dasjenige mit dem größten antizipierten Nettonutzen der Veränderung.

Das bisherige Handlungsmuster ist Bestandteil der Menge aller verfügbaren zukünftigen Handlungsmuster und ist insbesondere dadurch gekennzeichnet, dass es in der ersten Phase „Unfreeze" die einzige Alternative ist, die ohne Übergangskosten ausgeübt werden kann.

Die Phase „Unfreeze" zeichnet aus, dass der Akteur zunächst im alten Handlungsmuster verharrt und einen negativen Nettonutzen der Veränderung antizipiert. In dieser Phase sollte der antizipierte Nettonutzen (auch durch Maßnahmen des Change Managements) ansteigen. Die Phase „Unfreeze" ist dann abgeschlossen, wenn der Akteur erstmalig einen positiven Nettonutzen der Veränderung verspürt. Dann ist er gewillt, den Veränderungsprozess mitzutragen und es beginnt die Phase „Move". Diese Phase ist dadurch charakterisiert, dass der Akteur das alte Handlungsmuster aufgibt und das neue Handlungsmuster erstmalig ausübt. In dieser Phase können auch Kosten des Rücküber-

---

[32] Die Kosten des Übergangsprozesses sind diejenigen Kosten, die ausschließlich aus dem Übergang resultieren und nur in der Übergangsphase anfallen. Zum Beispiel: Die Entzugserscheinungen, die bei einem Raucher auftreten, während er sich das Rauchen abgewöhnt, und die nach erfolgter Entwöhnung aufhören.

[33] Analog ist der Nutzen des Übergangsprozesses derjenige Nutzen, der sich ausschließlich aus dem Übergang ergibt und der nach Abschluss des Übergangsprozesses wegfällt. Zum Beispiel: Die tägliche Selbstbestätigung während des Entzugs, die sich für den Raucher daraus ergibt, dass er dem Suchtdruck widersteht und somit seine Willenskraft unter Beweis stellt.

[34] Es sei angenommen, dass der Akteur bei der Antizipation der obengenannten Nutzen- und Kostengrößen die jeweiligen Eintrittswahrscheinlichkeiten und seine Risikopräferenzen berücksichtigt. Zeitlich versetzt anfallende Kosten- und Nutzeneffekte werden diskontiert und summiert.

gangs ($K_{RÜ}$)[35] sowie ggf. ein Nutzen des Rückübergangs ($N_{RÜ}$) entstehen. Nach dem Ausprobieren des neuen Handlungsmuster beginnt die Phase des „Refreeze", in der das neue Handlungsmuster stabilisiert werden soll, sodass am Ende keine Gefahr mehr besteht, dass der Akteur in das alte Handlungsmuster zurückfällt. Die Phase „Refreeze" ist abgeschlossen, wenn der Nettonutzen der Veränderung als dauerhaft positiv angenommen werden kann und die Kosten des Übergangs Null sind.[36]

Ziel des Change Managements ist es, in allen Phasen den Nettonutzen der relevanten Akteure im positiven Bereich zu halten.

Da die Gesamtorganisation als Akteur höherer Ordnung aus einer Vielzahl von Akteuren niedrigerer Ordnung (Gruppen[37] und Individuen) besteht, werden diese Akteure im Regelfall den Veränderungsprozess nicht simultan durchlaufen, sondern zeitversetzt. Dabei können die Akteure Einfluss auf einander nehmen. Diese Einflussnahme kann im Sinne des Change Managements instrumentell genutzt werden, indem Akteure bewusst eingesetzt werden, um andere Akteure zur Partizipation zu bewegen. So kann ein Akteur einen anderen z. B. für den Veränderungsprozess gewinnen, indem er (z. B. als Fachmann) die Vorteilhaftigkeit der Veränderung (im Sinne des Präferenzsystems des zu beeinflussenden Akteurs) aufzeigt. Eine organisationale Veränderung gelingt dann, wenn die Akteure niedrigerer Ordnung eine „kritische Masse" für den Veränderungsprozess bilden. *„Die ‚kritische Masse' ist derjenige Akteursanteil eines Akteurs höherer Ordnung, dem es gelingt, den gesamten Akteur höherer Ordnung [...] zur Veränderung zu bewegen. Die kritische Masse bezieht ihre Beeinflussungsstärke aus dem Produkt der Anzahl der konstituierenden Akteure und der Stärke ihrer jeweils ausgeübten Durchsetzungsfähigkeit."*[38] Ziel des Change Managements ist es, diese „kritische Masse" zu erzeugen und über den gesamten weiteren Veränderungsprozess hinweg zu erhalten.

4.2.4.4 Macht und Veränderungsbarrieren

Change Management soll sicherstellen, dass Veränderungsprozesse zum Erfolg geführt werden. Würden der Erreichung dieses Ziels keine Barrieren im Wege stehen, wäre das Change Management obsolet und der Veränderungsprozess würde sich ohne Friktionen und ohne weiteres Zutun auf den Zielzustand zubewegen. Er verhielte sich ähnlich ei-

---

[35] Das bisherige Handlungsmuster steht nicht mehr ohne Rückübergangskosten zur Verfügung. Beispiel: Nach der Einführung eines neuen Softwaresystems ist die Rückkehr zum vorherigen System mit Kosten verbunden, z. B. durch die Deinstallation der neuen Systeme und die erneute Installation alter Systeme.

[36] Vgl. Brettel et al. (2002), S. 8–12.

[37] Staehle (1999), S. 265, zieht zur Abgrenzung von Gruppen folgende Merkmale heran: 1. direkte Interaktion zwischen Mitgliedern (face-to-face), 2. physische Nähe, 3. die Mitglieder nehmen sich als Gruppe wahr (es existiert ein ‚Wir-Gefühl'), 4. es existieren gemeinsame Ziele, Werte und Normen, 5. zwischen den Mitgliedern gibt es eine Rollendifferenzierung und Statusverteilung, 6. das eigene Handeln und Verhalten wird durch andere beeinflusst, 7. die Zugehörigkeit ist relativ langfristig angelegt. Zur Begriffsbestimmung von Gruppen vgl. auch Rosenstiel et al. (1995), S. 118–121.

[38] Brettel et al. (2002), S. 21.

4.2 Konzeptionelle Grundlagen

nem Gegenstand, der im Weltraum – einmal in Richtung eines Zieles angeschoben – ohne atmosphärische Reibung oder Gravitationskräfte diesem Ziel ungebremst entgegenfliegt. Somit geht es beim Change Management darum, die Veränderungsziele gegen Barrieren bzw. Widerstände durchzusetzen. Das Durchsetzen eigener Ziele gegen Widerstände entspricht der wohl am verbreitetsten Definition von Macht nach Max Weber: Für ihn bedeutet Macht „*jede Chance, innerhalb einer sozialen Beziehung den eigenen Willen auch gegen Widerstreben durchzusetzen, gleichviel, worauf diese Chance beruht.*"[39] Noch pointierter stellt Etzione fest: „*Machtanwendung heißt, definitionsgemäß, Überwindung von Widerstand [...].*"[40] Somit geht es also im Change Management um die Anwendung von Macht zur Erreichung der Ziele eines intendierten Veränderungsprozesses. Daher ist die Frage zu stellen, aus welchen Quellen sich Macht generell speisen kann und welche dieser Quellen in besonderem Maße für Controller verfügbar sind. Die Instrumente des Change Managements für Controller müssen also mit deren Machtquellen korrespondieren. Dieser Aspekt soll in Kapitel 4.3.4 näher beleuchtet werden. Nach French und Raven lassen sich fünf verschiedene Quellen der Macht unterscheiden:[41]

1. **Macht durch Legitimation:** Die Macht gründet sich auf die Anerkennung formaler Rechte, wie z. B. Gesetze, Verträge, Dienstordnungen etc. So kann ein Vorstand Standortschließungen und Stellenreduzierungen oder ein Prokurist den Verkauf von Dienstwagen durch die ihm formal übertragenen Vollmachten durchsetzen, auch gegen das Widerstreben des bisherigen Dienstwagennutzers. Die oben genannten Beispiele zeigen, dass die Macht durch Legitimation sicherlich eine zentrale Quelle der Macht darstellt. Sie gründet sich darauf, dass ein Akteur als Vorstand, Geschäftsführer oder Prokurist seine Entscheidungen in letzter Konsequenz auch mit juristischen bzw. rechtsstaatlichen Mitteln durchsetzen könnte.

2. **Macht durch Belohnung und Bestrafung:** Hier kann der Mächtige Maßnahmen ergreifen, deren Konsequenzen vom Machtunterworfenen als positiv oder negativ bewertet werden. Dies kann sich auf formal legitimierte Maßnahmen beziehen (Gehaltserhöhung, Abmahnung) als auch auf informelle Handlungen (persönliche Zuwendung, Missachtung etc.).

3. **Macht durch Persönlichkeitswirkung:** Diese Machtquelle basiert auf der vom Machtunterworfenen wahrgenommenen Attraktivität[42] des Mächtigen. Dieser kann sein Charisma, d. h. seine Ausstrahlung oder seine Funktion als Idol und Vorbild einsetzen, um andere zu beeinflussen.

---

[39] Weber (1972), S. 28.
[40] Etzioni (1969), S. 164.
[41] Zur nachfolgenden Aufzählung vgl. French/Raven (1959) sowie Raven (1965). Eine synoptische Zusammenfassung verschiedener Ansätze zu Machtbasen findet sich bei Wolf (2011), S. 277.
[42] Zum Begriff der Attraktivität vgl. Wolf (2011), S. 279.

4. **Macht durch Expertenstatus:** Die „Expert Power" gründet sich auf den wahrgenommenen Wissensvorsprung einer Person auf einem Fachgebiet. Andere Personen akzeptieren die Handlungen, Entscheidungen oder Ratschläge, weil sie die Expertise des Machtausübenden anerkennen (z. B. eines Arztes, eines IT-Experten oder eines Controllers). Die Einschätzung des Experten kann häufig nicht fundiert in Frage gestellt oder widerlegt werden. Hierbei kommt es auf die Wahrnehmung der Wissensunterschiede an, nicht auf die tatsächliche Ausprägung. Somit kann z. B. ein Arztkittel auch einem Hochstapler in erheblichem Umfang zu „Expert Power" verhelfen.

5. **Macht durch Information:** Informationen können eine Ressource darstellen, die mitunter von erheblichem Wert für die Akteure sind. Die Weitergabe oder das Vorenthalten von Informationen sind somit mögliche Mittel, um eigene Interessen gegen das Widerstreben anderer Akteure durchzusetzen. In Verhandlungsprozessen kann z. B. eine Information, über die eine Seite verfügt, die andere aber nicht, einen erheblichen taktischen Vorteil darstellen.

4.3 Akteursbezogener Zyklus des Change Managements

In Kapitel 4.3 wird ein praxisorientierter Zyklus des Change Managements dargestellt, der auf dem oben erläuterten akteursbezogenen Theorieansatz basiert.[43] Er stellt einen Managementzyklus dar, der es insbesondere ermöglichen soll, ein maßgeschneidertes Change Management für verschiedenartigste Veränderungsprozesse auszuarbeiten.

4.3.1 Phasen inhaltlich spezifizieren

Zunächst ist zu spezifizieren, welche inhaltlichen Aktivitäten, d. h. Teilprojekte oder Arbeitspakete, im Rahmen eines Veränderungsprojektes in die verschiedenen Phasen fallen. Als Betrachtungsebene bietet sich dabei zunächst die gesamte zu verändernde Organisation an. Es muss also die Frage gestellt werden, welche Aktivitäten erforderlich sind, bevor die eigentliche Veränderung eintritt, d. h. bevor das neue Handlungsmuster erstmalig verwendet wird (Phase „Unfreeze"), welche Aktivitäten in der Phase des Ausprobierens des neuen Handlungsmusters anfallen (Phase „Move") und welche Aktivitäten notwendigerweise auf die Stabilisierung des neuen Handlungsmusters entfallen (Phase „Refreeze"). Damit werden die Arbeitspakete eines gesamten Veränderungsprozesses in inhaltlich sinnvoll differenzierte Cluster eingeordnet.

---

[43] Zentrale Kerngedanken dieses Ansatzes finden sich bei Plag/Brettel (2001).

4.3.2 Akteure identifizieren

Der nächste Schritt besteht darin, festzustellen, welche Akteure für die identifizierten Aktivitäten notwendig sind. Dies können innerhalb der Gesamtorganisation Akteure höherer Ordnung sein (Gruppen) oder individuelle Akteure. Dabei können drei verschiedene Arten relevanter Akteure unterschieden werden:

1. **„Macher":** Diese Akteursgruppe ist verantwortlich für die Umsetzung der verschiedenen Aufgaben innerhalb eines Veränderungsprozesses. Sie sind die „Aktivisten" im Veränderungsprozess. Dies können z. B. Projekt- oder Teilprojektleiter, Führungskräfte (die Kommunikationsaufgaben übernehmen) oder Spezialisten sein, denen Fachaufgaben im Veränderungsprozess übertragen werden (z. B. ein Programmierer in einem IT-Veränderungsprojekt). In dieses Cluster fallen auch die sogenannten „Promotoren", denen die Rolle zuteil wird, den Veränderungsprozess aktiv und intensiv zu fördern, ohne selbst unmittelbar für die operative Umsetzung verantwortlich zu sein.[44]
2. **„Betroffene":** In den meisten Veränderungsprozesse gibt es Akteure, deren Interessen direkt berührt werden und für die die Konsequenzen der Veränderung im Tagesgeschäft spürbar werden. Dies können z. B. im Rahmen eines IT-Veränderungsprojektes die Nutzer einer neuen Software oder die Logistikmitarbeiter bei der Einführung eines Kanban-Systems sein. Diese Akteure werden benötigt, da sie die veränderten Handlungsmuster praktizieren müssen.
3. **„Beteiligte":** Dies sind Akteure, die zwar keine „Macher" darstellen, aber dennoch einen Einfluss auf die Veränderung nehmen können. Dies können Betriebsräte, Datenschutzbeauftragte oder sonstige Akteure sein, die über Machtmittel verfügen und deren eigene Interessen im Veränderungsprozess zwar häufig nur mittelbar berührt werden, die aber z. B. die Interessen Dritter (z. B. der „Betroffenen") wahrnehmen und daher mitunter beteiligt werden müssen (z. B. Gleichstellungsbeauftragte).

Jedes Individuum und jede Gruppe innerhalb der Organisation, die benötigt wird, um eine Aufgabe innerhalb der drei Phasen des Veränderungsprozesses zu erfüllen, stellt einen Akteur im Sinne des Change Managements dar. Dies bedeutet jedoch nicht, dass alle diese Akteure gleich behandelt werden. Im Fokus des Change Managements stehen aus Gründen der Ressourcenbeschränkung jene Akteure, die von besonderem Gewicht für den Fortgang des Veränderungsprozesses sind und deren Beeinflussung mit relativ geringem Ressourcenverzehr zu bewerkstelligen ist (günstiges Kosten-Nutzen-Verhältnis). Dies beinhaltet auch Akteure mit hoher Beeinflussungsstärke, also solche Akteure, die über ein hohes Machtpotenzial verfügen, um andere relevante Akteure für den Veränderungsprozess gewinnen zu können. Diese können die Akteure aber auch dazu bewegen, als Opponenten (offen oder verdeckt) gegen den Veränderungsprozess zu wirken.

---

[44] Vgl. Witte (1973), S. 14–16.

Der Change Cube

Phasen: Refreeze, Move, Unfreeze

Bestimmungsgrößen: Handlungsrahmen, Können, Wollen

Akteursebenen: Akteur 1, Akteur 2...., Akteur n

Analyseraster

Der Change Cube ist ein Analyseraster zur Ermittlung von Erfolgsfaktoren/ Veränderungsblockaden

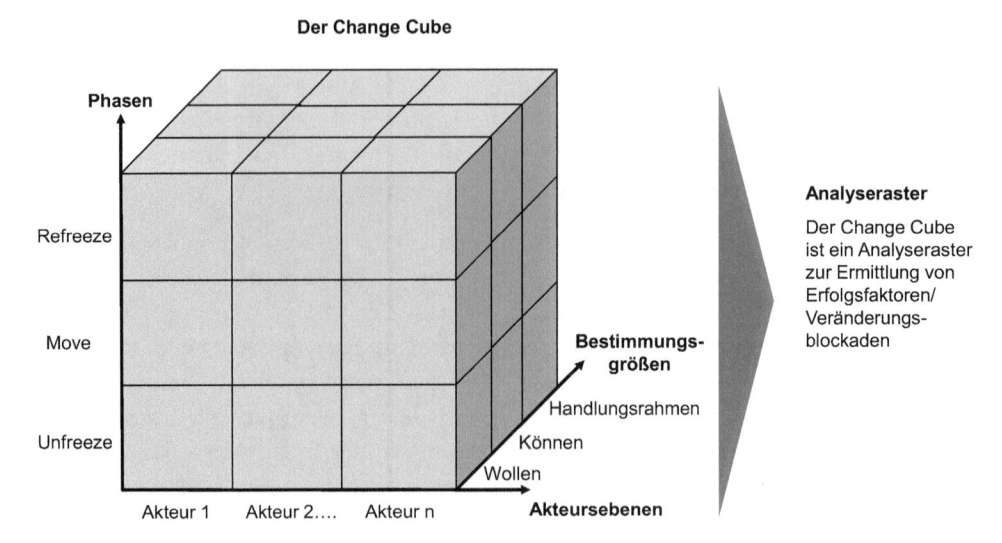

Abb. 4.1 Der Change Cube[45]

4.3.3 Erfolgsfaktoren mittels Change Cube ermitteln

Wenn die Frage beantwortet ist, was in den einzelnen Phasen zu tun ist, um den Veränderungsprozess erfolgreich zu absolvieren, und wen man dafür benötigt, müssen sich nachfolgende Fragen anschließen:

- Aus welchen Gründen könnten die identifizierten Akteure einzelne Aktivitäten oder den gesamten Veränderungsprozess ablehnen oder befürworten, d. h. welche Interessen sind in den Phasen „Unfreeze", „Move" und „Refreeze" berührt und führen zu einem positiven oder negativen Nettonutzen der Veränderung? Hierbei ist Folgendes zu analysieren:
  1. Wie unterscheidet sich der Nutzen des veränderten Handlungsmusters vom Nutzen des bisherigen Handlungsmusters ($N_{VM} - N_{BM}$)?
  2. Wie unterscheiden sich die Kosten des veränderten Handlungsmusters von den Kosten des bisherigen Handlungsmusters ($K_{VM} - K_{BM}$)?
  3. Welche Nettokosten verursacht der Übergangsprozess ($K_{Ü} - N_{Ü}$)?
  4. Welche Nettokosten verursacht ein möglicher Rückübergang ($K_{RÜ} - N_{RÜ}$)?
- Welche Fähigkeiten fehlen den Akteuren für die Durchführung der Aktivitäten in den drei Phasen?
- Gibt es Komponenten des Handlungsrahmens, die die Akteure daran hindern, die notwendigen Aktivitäten in den drei Phasen auszuführen?

---

[45] Quelle: Eigene Darstellung, in enger Anlehnung an Plag/Brettel (2001), S. 13.

4.3 Akteursbezogener Zyklus des Change Managements

Ermittlung von Erfolgsfaktoren in Veränderungsprozessen

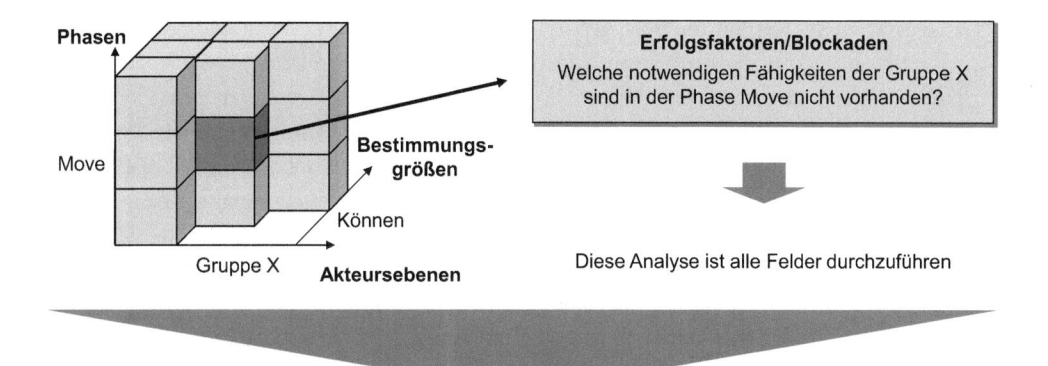

Erfolgsfaktoren/Blockaden
Welche notwendigen Fähigkeiten der Gruppe X sind in der Phase Move nicht vorhanden?

Diese Analyse ist alle Felder durchzuführen

Für jeden Veränderungsprozess sind die spezifischen Erfolgsfaktoren/Blockaden zu bestimmen

Abb 4.2 Ermittlung von Erfolgsfaktoren mit dem Change Cube[46]

Es entsteht somit eine Betrachtung des Veränderungsprozesses in drei Dimensionen: 1. Phasen, 2. Bestimmungsgrößen des Handelns („Können", „Wollen", „Handlungsrahmen") und 3. Akteure. Dies wird im Change Cube zusammengeführt, der damit ein dreidimensionales Analyseraster für Veränderungsprozesse darstellt (vgl. Abbildung 4.1 und Abbildung 4.2). Hier kann z. B. die Frage adressiert werden: „Verfügt der Spartencontroller X für die Einführung des neuen Ökocontrollingkonzepts über die notwendigen Kommunikationsfähigkeiten, um den ihm unterstellten Mitarbeitern in der Phase „Unfreeze" Intentionen und Auswirkungen des Veränderungsprozesses zu vermitteln?" oder „Welche Interessen des Produktionsleiters stehen in der Phase Move mit der Einführung des Ökocontrollings im Konflikt?"

Zentral sind dabei die Kräfte, die dem Veränderungsprozess entgegenstehen und Friktionen auslösen. Allerdings sollten auch positive Kräfte, die in Richtung des Ziels wirken, identifiziert und genutzt werden. Voraussetzung ist natürlich, dass der Akteur einen positiven Nettonutzen verspürt. Es kann davon ausgegangen werden, dass die positive Kraftwirkung des Akteurs aufgrund seiner Anstrengung umso größer ist, je höher sein positiver Nettonutzen ausfällt. Akteure, die einen positiven Nettonutzen der Veränderung antizipieren, können somit als Promotoren genutzt werden. Akteure mit einem negativen Nettonutzen der Veränderung werden hingegen tendenziell als Opponenten in Erscheinung treten.

---

[46] Quelle: Eigene Darstellung.

4.3.4 Instrumente ableiten

Durch die Erfolgsfaktorenanalyse mittels des Change Cubes wird ersichtlich, welche Stellhebel bedient werden müssen, um den Veränderungsprozess zum Erfolg zu führen. Im Kern geht es um die Frage, was zu unternehmen ist, um in den drei Phasen „Unfreeze", „Move" und „Refreeze" das „Wollen", das „Können" und den erforderlichen „Handlungsrahmen" jener Akteure sicherzustellen, die man benötigt, um die kritische Masse im Veränderungsprozess zu gewährleisten. Betrachtet man konkrete Beispiele, erkennt man, dass diese Erfolgsfaktoren aufgrund der spezifischen Inhalte eines Veränderungsprozesses ebenso spezifischer Natur sind.

Beispiel: Mit der Einführung eines kontinuierlichen Verbesserungsprozesses (KVP) soll ein betriebliches Vorschlagswesen in einem Unternehmen implementiert werden. Als einer der relevanten Akteure wird die Gruppe der „KVP-Beauftragten" identifiziert, deren Aufgabe es sein soll, Verbesserungsvorschläge aller Mitarbeiter zu bewerten und die Prämierung sowie Umsetzung dieser Vorschläge vorzunehmen. Man stellt fest, dass dies ab der Phase „Move" mit einem erheblichen Arbeitsaufwand für diese Akteursgruppe verbunden ist und zu hoher Mehrbelastung und Friktionen bei deren Tagesgeschäft führt. Dadurch bewerten diese den Veränderungsprozess mit einem negativen Nettonutzen und sabotieren ihn, indem sie geeignete Verbesserungsvorschläge ablehnen, die Bewertung verzögern und die Umsetzung mit immer neuen Bedenken blockieren. Hier können „Standardinstrumente" des Change Managements (z. B. „Kommunikationsoffensiven") kaum etwas ausrichten, vielmehr müssen die Change-Management-Instrumente auf diesen sehr spezifischen Erfolgsfaktor abgestimmt werden. So könnte z. B. die Arbeitsbelastung der „KVP-Beauftragten" im Tagesgeschäft verringert werden oder die Implementierung der Vorschläge wird an die entsprechenden Fachabteilungen abgegeben. Die Attraktivität könnte erhöht werden, indem die KVP-Beauftragten für jeden implementierten Vorschlag gesondert mit freien Tagen entschädigt werden etc. Es ist deutlich erkennbar, dass derartige Erfolgsfaktoren nur durch eine eingehende Analyse identifiziert und nur durch spezifische Instrumente gewährleistet werden können. Allerdings heißt dies im Umkehrschluss nicht, dass (nach eingehender Analyse) Standardinstrumente des Change Managements nicht für bestimmte Erfolgsfaktoren ausgewählt und genutzt werden könnten. So kann im Bereich der Sicherstellung von Fähigkeiten häufig auf drei gängige Möglichkeiten zurückgegriffen werden: Auswahl geeigneten Personals für bestimmte Aufgaben (z. B. Projektleiter), Qualifizierung des Personals (z. B. IT-Fachschulungen) sowie der Zukauf externer Fähigkeiten (Consultants für kurzfristig aber nicht häufig benötigtes Spezialwissen).[47]

Relevant ist an dieser Stelle die Frage, was die Ausprägung der für Controller nutzbaren Instrumente charakterisiert. Hierzu soll an die o. a. Quellen der Macht angeknüpft werden, da sich diesbezüglich Controller von Führungskräften maßgeblich unterscheiden:

---

[47] Die Standardinstrumente des Change Managements sollen hier nicht weiter vertieft werden. Einen guten Überblick über die wichtigsten Instrumente bieten Doppler/Lauterburg (2005), S. 171–521.

1. **Macht durch Legitimation:** Instrumente, die Macht durch Legitimation erfordern, sind von Controllern im Regelfall nicht unmittelbar nutzbar, da sie (zumindest als Stabsstelleninhaber) meistens nur in geringem Umfang über Weisungsbefugnisse verfügen. Der Controller kann in der Regel keine Maßnahmen wie z. B. Personalversetzungen, Entlassungen, Werksschließung oder auch Prozessveränderung anordnen. Macht durch Legitimation kann er sich allenfalls nutzbar machen, wenn er diese *mittelbar* einsetzt, indem er Führungskräfte als Machtpromotoren gewinnt, die diese Aufgaben für ihn übernehmen. Dies setzt aber voraus, dass der Controller beim Management über einen Status als Business Partner verfügt. Somit ist festzustellen, dass dem Controller die direkte Nutzung einer sehr zentralen Machtquelle weitgehend versperrt bleibt. Diesbezüglich unterscheidet sich die Ausrichtung der von Controllern nutzbaren Change-Management-Instrumente also fundamental von den potenziellen Instrumenten der Manager.
2. **Macht durch Belohnung und Bestrafung:** Ähnliches wie für die Macht durch Legitimation gilt auch für Instrumente, die Belohnungs- und Bestrafungsmacht nutzen. Stützen sich die Belohnungen und Bestrafungen auf formal legitimierte Macht, wie z. B. Gehaltserhöhung oder Disziplinarstrafen, kann diese der Controller nur mittelbar über Führungskräfte, die als Promotoren im Veränderungsprozess tätig sind, nutzen. Zwar steht außer Frage, dass Belohnungen und Bestrafungen auch informellen Charakter aufweisen können, im professionellen Umfeld eines Unternehmens kann jedoch unterstellt werden, dass formal legitimierte Belohnungen und Bestrafungen eine zentrale Rolle spielen. Somit ist auch hier ein wesentlicher Unterschied der instrumentellen Ausrichtung des Change Managements von Controllern und Managern gegeben.
3. **Macht durch Expertenstatus:** Wenn Macht durch Legitimation als schwache originäre Machtquelle im Change Management durch Controller anzusehen ist, gehört der Expertenstatus sicherlich zu den Quellen der Macht, die durch Controller sehr gut ausgeschöpft werden können. Controller verfügen zum Teil über ein sehr exklusives Methodenwissen, das sich anderen Funktionsträgern ohne eine fachbezogene Ausbildung häufig nicht erschließt (z. B. Bilanzanalysen), was ihnen einen Expertenstatus sichert. Instrumente des Change Managements, die darauf gründen, dass Vertrauen durch Expertenstatus erzeugt werden soll (z. B. Fachpromotorenkonzepte), können demnach durch Controller gut bedient werden, wenn sie sich auf die Fachgebiete beziehen, in denen der Controller über deutliche komparative Kompetenzvorteile verfügt.
4. **Macht durch Information:** Auch Information gehört zu den ergiebigen Machtquellen des Controllers, da er über eine Vielzahl exklusiver Informationen verfügt oder diese generieren kann. Diese Informationsmacht kann vor allem bei jenen Change-Management-Instrumenten eingesetzt werden, die kommunikationsbezogen sind, da hier per definitionem Informationen für das Change Management nutzbar gemacht werden sollen.

5. **Macht durch Persönlichkeitswirkung:** Ob Instrumente Wirkung entfalten können, die sich auf diese Quelle gründen, vor allem Instrumente der direkten Kommunikation (Meetings, Workshops, Kleingruppengespräche, Kaminabende etc.), hängt vom Charisma, d. h. den von anderen wahrgenommenen Persönlichkeitsmerkmalen und den sozialen Fähigkeiten des Controllers ab. Dieses Machtmittel steht dem Controller – wie jedem anderen Akteur – grundsätzlich zur Verfügung. Eine besondere Bedeutung erhält diese Machtquelle dadurch, dass sie eine starke Wirkung auf die Nutzung anderer Machtquellen hat. So kann die mittelbare Nutzung der Macht durch Legitimation verstärkt erfolgen, wenn der Controller beim Management über einen Status als Business Partner verfügt. Dieser Status ist aber in erheblichem Maße von der Persönlichkeit des Controllers abhängig. Ebenso kann auch die Macht durch Expertenstatus umso besser genutzt werden, je stärker sie mit Macht durch Persönlichkeitswirkung kombiniert wird. Ein Experte mit einer für andere attraktiven Persönlichkeit wird über eine größere Beeinflussungsstärke verfügen als mit einer weniger attraktiven Persönlichkeit. Somit kann die Macht durch Persönlichkeitswirkung als eine zentrale Machtquelle eingeschätzt werden.

Zusammenfassend kann festgestellt werden, dass die Instrumente des Change Managements, die dem Controller unmittelbar zur Verfügung stehen, eher auf informellen Aspekten der Macht fußen und nicht auf Legitimationsmacht. Legitimationsmacht kann der Controller in Veränderungsprozessen nur mittelbar einsetzen und auch nur dann, wenn er Führungskräfte hierfür gewinnt. Dies ist aber im Kern vom Rollenbild des Controllings abhängig, das in der Organisation vorherrscht sowie vom persönlichen Standing des Controllers beim jeweiligen Management. Ob der Controller über diesen Status beim Management verfügt, steht wiederum in engem Zusammenhang mit dem Charisma bzw. der Persönlichkeit des Controllers.

4.3.5 Projekt-/Maßnahmenplan erstellen

Die Veränderungsprozesse sind zumeist zeitlich begrenzt, verfügen über ein definiertes Ziel, befassen sich mit Inhalten, die für die Organisation neuartig sind und weisen zumeist eine hohe Komplexität auf. Damit liegen zentrale Merkmale vor, die auch für Projekte Gültigkeit haben, d. h. Veränderungsprozesse weisen häufig einen klaren Projektcharakter auf.[48] Für die koordinierte Durchführung der Maßnahmen und Instrumente sollten daher (wie bei allen Projekten) Zeiten und Meilensteine sowie Ressourcen und Verantwortlichkeiten geplant werden. Dies entspricht den zentralen Merkmalen eines Projektplanes. Die integrierte Planung, Kontrolle und Steuerung eines Change-Management-Prozesses kann nur gewährleistet sein, wenn die Maßnahmen aufeinander abgestimmt sind und die Ergebnisfortschritte evaluiert werden können.

---

[48] Zu den Merkmalen von Projekten vgl. Frese (2005), S. 512 f.

Der Zyklus des Change Managements

- 1. Phasen inhaltlich spezifizieren
- 2. Akteure identifizieren
- 3. Erfolgsfaktoren Wollen, Können, Handlungsrahmen für alle Phasen und alle Akteure identifizieren
- 4. Instrumente/Maßnahmen für alle Phasen und alle Akteure bestimmen
- 5. Projekt-/Maßnahmenplan erstellen
  - Zeiten und Ressourcen planen
  - Verantwortlichkeiten festlegen
  - Meilensteine definieren
- 6. Durchführung

7. Evaluierung, Feedback

→ Spezieller Plan des Change Managements eines spezifischen Veränderungsprozesses

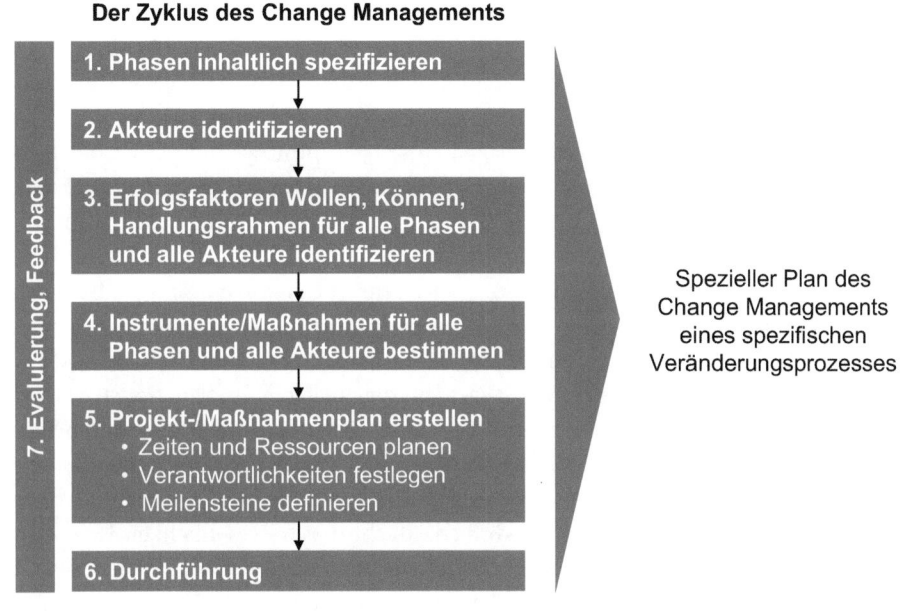

Abb. 4.3 Der Zyklus des Change Managements[49]

4.3.6 Maßnahmen durchführen, evaluieren und steuern

Die geplanten Maßnahmen müssen durchgeführt und der erstellte Projektplan umgesetzt werden. Die Durchführung kann sich dabei auf alle möglichen Beteiligten erstrecken und ist nicht nur auf die „Macher" beschränkt. Auf Basis der Projekt- bzw. Maßnahmenpläne sind anschließend Evaluierungen durchzuführen. Soll-/Ist-Abweichungen führen zu entsprechenden Veränderungen in der Umsetzung der Maßnahmen, um eine verbesserte Zielerreichung zu gewährleisten (Feedback) oder zur Anpassung der Zielgrößen (Feed forward). Allerdings erstreckt sich die Evaluierung nicht nur auf die Durchführung, sondern auf alle Phasen des Change-Management-Zyklus (vgl. Abbildung 4.3).

4.4 Zusammenfassung und Ausblick

Im Rahmen dieses Beitrags konnte gezeigt werden, dass Change Management eine wichtige Controlleraufgabe ist. Es wurde auf Basis eines akteursbezogenen Change-Management-Ansatzes ein (akteursbezogener) Change-Management-Zyklus vorgestellt, der es

---

[49] Quelle: Eigene Darstellung

dem Controller ermöglicht, ein maßgeschneidertes, d. h. effektives und effizientes Management von Veränderungsprozessen vorzunehmen. Dabei wurde verdeutlicht, dass Change Management im Kern die Anwendung von Macht bedeutet, die sich aus verschiedenen Quellen speist. Auf die Nutzbarkeit dieser Machtquellen durch Controller müssen die Instrumente des Change Managements abgestimmt werden. Der Controller kann eher auf informelle Machtmittel zurückgreifen als auf formell legitimierte Macht. Legitimierte Macht kann er nur mittelbar über Führungskräfte nutzen, wenn er ein Rollenbild ausfüllt, das dem eines Business Partners oder internen Consultants entspricht. Macht durch Expertenstatus kann der Controller sehr gut einsetzen, da er durch sein exklusives Methodenwissen häufig über einen ausgeprägten Expertenstatus verfügt. Auch Informationen kann der Controller als Machtquelle sehr gut ausschöpfen, da er häufig über einen großen Bestand nicht allgemein zugänglicher Informationen verfügt oder diese erzeugen kann. Von besonderer Bedeutung ist zudem die Macht durch Persönlichkeit, die nicht nur als originäre Machtquelle eine große Rolle spielt, sondern sie ist vor allem wichtig, um den Status als Business Partner zu sichern und damit Macht durch Legitimation mittelbar nutzen zu können. Macht durch Persönlichkeit ist zudem relevant, um die potenziell vorhandene Expertenmacht ausschöpfen zu können. Damit ist die Wirksamkeit des Controllers im Change Management stark von seiner Persönlichkeit abhängig.

Da die Dynamik der Unternehmensumwelt wohl erhalten bleibt und sich die Rollenbilder eines modernen Controllers immer stärker durchsetzen, ist davon auszugehen, dass Change Management die Controller in der Zukunft stark beschäftigen wird. Hier werden sowohl die Vertreter der Controllingforschung wie auch der Controllingpraxis ihre Bemühungen noch intensivieren müssen, um insbesondere das Instrumentarium für ein geeignetes Change Management auszubauen. Zudem wird die Controller Community vor allem für die hohe Bedeutung des Themas zu sensibilisieren sein.

4.5 Literatur

[1] Bach, S./Bilgeri, A./Brettel, M./Grothe, M./Langer, C./Miller, A./Schäffer, U./Weber, J. (2002): Grundmodell einer dynamischen Theorie ökonomischer Akteure, European Business School Working Paper on Management Accounting & Control No. 1, Oestrich-Winkel.
[2] Beckhard, R./Harris, R. T. (1987): Organizational Transitions: Managing Complex Change, Second Edition, Reading, Massachusetts a. o.
[3] Bennis, W. G./Benne, K. D./Chin, R. (1989): The Planning of Change, Fort Worth, Texas.
[4] Brettel, M./Endres, J./Plag, M./Weber, J. (2002): Gedanken zu einer Theorie des Veränderungsmanagements, WHU-Forschungspapier Nr. 89, Vallendar.
[5] Capgemini Consulting (Hrsg.) (2010): Change Management Studie 2010 – Business Transformation – Veränderungen erfolgreich gestalten, Berlin.

4.5 Literatur

[6] Chandler, A. D. (1962): Strategy and Structure – Chapters in the History of the Industrial Enterprise, Cambridge, Mass. und London.
[7] Doppler, K./Lauterburg, L. (2005): Change Management – Den Unternehmenswandel gestalten, Frankfurt a. M., New York.
[8] Etzioni, A. (1969): Elemente einer Makrosoziologie. In: Zapf, W. (Hrsg.) (1969): Theorien des sozialen Wandels, Köln und Berlin, S. 147–176.
[9] French, J. R. P./Raven, B. H. (1959): The bases of social power. In: Cartwright, D. (Hrsg.) (1959): Studies in social power, Ann Arbor, S. 150–167.
[10] Frese, E. (2005): Grundlagen der Organisation, 9. Auflage, Wiesbaden.
[11] Goretzki, L. (2012): Rollenwandel der Controller zum Business Partner – Erkenntnisse aus der qualitativen Controllerforschung. In: ZfCM – Zeitschrift für Controlling & Management, 1/2012, S. 64–66.
[12] Goretzki L./Weber, J. (2012): Die Zukunft des Business Partners – Ergebnisse einer empirischen Studie zur Zukunft des Controllings. In: ZfCM – Zeitschrift für Controlling & Management, 1/2012, S. 22–28.
[13] Horváth (2011): Controlling, 12., vollständig überarbeitete Auflage, München.
[14] Kirsch, W./Esser, W.-M./Gabele, E. (1979): Das Management des geplanten Wandels von Organisationen, Stuttgart.
[15] Kleingarn, H. (1997): Change Management: Instrumentarium zur Gestaltung und Lenkung einer lernenden Organisation, Wiesbaden.
[16] Kotter, J. P. (2008): Das Unternehmen erfolgreich erneuern. In: Harvard Business Manager, April 2008, S. 140–151.
[17] Kühl, S. (2011): Vorsicht, Statistik!. In: Harvard Business Manager, Juni 2011, S. 96–99.
[18] Lewin, K. (1947a): Frontiers in Group Dynamics: Concept, Method and Reality in Social Science, Sozial Equilibria and Social Change. In: Human Relations, 1947, Vol. 1, S. 5–41.
[19] Patrick L., Alan B., Gib C. and Paul M. (2011): Busting three common myths of change management, London u. a.
[20] Picot, A./Freudenberg, H./Gaßner, W. (1999): Maßgeschneidertes Management von Wandel, München.
[21] Plag, M. (2007): Veränderungsmanagement in Bundesministerien – Eine empirische Untersuchung auf Basis multipler Fallstudien, Wiesbaden.
[22] Plag, M./Brettel, M. (2001): Flexible Gestaltung des Veränderungsmanagements. In: VOP – Verwaltung, Organisation, Personal, 11/2001, S. 12–15.
[23] Raven, B. H. (1965): Social Influence and Power. In: Steiner, I. D./Fishbein, M. (Hrsg.): Current Studies in Social Psychology, New York, S. 371–382.
[24] Rosenstiel, L. von/Molt, W./Rüttinger, B. (1995): Organisationspsychologie, 8., überarbeitete und erweiterte Auflage, Stuttgart.
[25] Sandt, J./Weber, J. (2011): Controlling und Change Management – Aufgaben der Controller in Veränderungsprozessen, Weinheim.
[26] Schäffer, U./Weber, J. (2012): Zukunftsthemen des Controllings. In: Controlling – Zeitschrift für erfolgsorientierte Unternehmenssteuerung, Heft 2, 2012, S. 78–84.
[27] Schreyögg, G./Noss, C. (2000): Von der Episode zum fortwährenden Prozeß – Wege jenseits der Gleichgewichtslogik im Organisatorischen Wandel. In: Schreyögg, G./Conrad, P. (Hrsg.) (2000): Organisatorischer Wandel und Transformation, Wiesbaden, S. 33–62.
[28] Seidenschwarz, W. (2003): Steuerung unternehmerischen Wandels, München.
[29] Staehle, Wolfgang (1999): Management: Eine verhaltenswissenschaftliche Perspektive, 8. Auflage, überarbeitet von Conrad, Peter und Sydow, Jörg, München.

[30] Tichy, N. M. (1983): Managing Strategic Change: Technical, Political and Cultural Dynamics, New York etc.
[31] Weber, J. (2002): Einführung in das Controlling, 9. Auflage, Stuttgart.
[32] Weber, J./Schäffer, U. (2011): Einführung in das Controlling, 13. Auflage, Stuttgart.
[33] Weber, M. (1972): Wirtschaft und Gesellschaft – Grundriß einer verstehenden Soziologie, Nachdruck der Erstausgabe zum 50. Jahrestag des Erscheinens der Erstausgabe, Tübingen.
[34] Witte, E. (1973): Organisation für Innovationsentscheidungen: Das Promotoren-Modell, Göttingen.
[35] Wolf, J. (2011): Organisation, Management, Unternehmensführung, 4. Auflage, Wiesbaden.

5

Die Rolle des Controllers im Restrukturierungsprozess: Neue Schwerpunkte und Aufgaben?

Harry Henningsen

5.1	Ausgangspunkt – Controlling in turbulenten Zeiten	65
5.1.1	Das Unternehmen in der Restrukturierung	65
5.1.2	Unternehmen und Kapitalmarkt	69
5.1.2.1	Renditen in der Real- und Finanzwirtschaft	69
5.1.3	Die „exogene" Finanzkrise	71
5.1.3.1	Eigenkapitalquote	71
5.1.3.2	Verwässerung der Finanzierungsformen	72
5.1.3.3	Mezzanines Kapital	72
5.1.3.4	Portfolio-Optik	74
5.2	Die Instrumente des Controllers in der Restrukturierung	77
5.2.1	Der Shareholder Value	77
5.2.2	Die Kapitalkosten	78
5.2.3	Die Finanzierungsstruktur	79
5.2.4	Die Rolle der Rating-Agenturen	81
5.2.5	Maßnahmen in der finanzwirtschaftlichen Krise	81
5.2.6	Restrukturierung als Aufgabe des Controllers	84
5.2.7	Unternehmenswertorientiertes Controlling in der Krise	85
5.3	Adressaten eines Krisencontrollings	86
5.3.1	Die Akteure in der Krise	86
5.3.2	Der Controller als Krisen-Berater	88
5.3.3	Implikationen des modifizierten deutschen Insolvenzrechts für den Controller	90
5.4	Thesen zur Rolle des Controllers als Berater im Restrukturierungsprozess	93
5.5	Literatur	95

5.1 Ausgangspunkt – Controlling in turbulenten Zeiten

5.1.1 Das Unternehmen in der Restrukturierung

Der Terminus Restrukturierung ist ein weiter und wenig präziser Begriff und reicht einerseits von operativen Restrukturierungen, also etwa dem Reengineering von Prozessen oder anderen strukturellen Änderungen, bis hin zu umfassenden, tiefgreifenden

Sanierungsprogrammen, die bei einem Unternehmen in der Krise erforderlich werden: Einem Unternehmen „in der Krise" wird eine klassische Restrukturierung bzw. Sanierung auferlegt, deren Elemente bzw. Maßnahmenprogramme sich aus einem detaillierten Sanierungskonzept ergeben. Es besteht in der Regel sowohl aus leistungswirtschaftlichen als auch aus finanzwirtschaftlichen Programmen bzw. Maßnahmenpaketen[1]. Häufig bedingen beide einander; sie sind deshalb eng miteinander verschränkt.

Eine solche klassische Unternehmenskrise entwickelt sich in den meisten Fällen über einen längeren Zeitraum und wird durch Insider, wie etwa den Controller, andere qualifizierte Mitarbeiter oder die Arbeitnehmervertretung schon früh identifiziert, aber durch den CFO oder durch die Unternehmensleitung häufig nicht wahrgenommen oder verdrängt und deshalb manchmal spät (oder zu spät) bekämpft. Aufgrund der bestehenden Informationsasymmetrien erfahren die Gesellschafter und Fremdkapitalgeber häufig erst spät von der Tatsache, dass das Unternehmen in einer Krise steckt.

Das Ablaufschema einer „klassischen" Krise geht von einer weitgehend festen Sequenz aus, und die mehr oder weniger fest definierten Krisenstadien werden in relativ langen Zeiträumen quasi automatisch durchschritten, wenn nicht frühzeitig Gegenmaßnahmen eingeleitet werden. Die Krise beginnt meist mit einer „qualitativen" ersten Krisenphase, in der Unstimmigkeiten unter den Stakeholdern in Bezug auf die langfristige(n) Produkt-Markt-Strategie(n), die anzustrebende Wertschöpfung etc. entstehen. Daraus wird im Laufe der Monate oder Jahre eine quantitativ messbare Produkt-Absatz-Ertragskrise (GuV-Rechnung verschlechtert sich), auf die schließlich eine Liquiditätskrise folgt. Damit rückt eine Insolvenz in den Bereich des Möglichen.

Im Sinne einer Früherkennung bzw. -warnung kann der Controller als „best informierter" Insider spätestens dann die Krise erkennen, wenn die qualitative Krise („Strategie stimmt nicht") auch erste Spuren im Zahlenwerk hinterlässt.

Charakteristisch für dieses unten dargestellte Krisenablaufschema ist, dass bei einer Früherkennung der klassischen Krise noch genügend Zeit für ein (pro)aktives Vorgehen seitens des Unternehmens zur Verfügung steht – entsprechendes Krisenbewusstsein vorausgesetzt.

Die zugrundeliegende Strategiekrise indiziert, dass die Ursachen in den meisten Fällen im leistungswirtschaftlichen Bereich (also im Feld: Strategie-Produkte-Märkte-Kunden-Bezug etc.) zu suchen sind, wobei sich häufig mehrere Fehlentwicklungen in ihrer Wirkung potenzieren.

Ein unabdingbares, kurzfristiges Oberziel während dieses Prozesses ist stets die Sicherung oder schnelle Wiederherstellung einer ausreichenden Liquidität durch ein Bündel von Restrukturierungsmaßnahmen, da andernfalls eine (positive) Fortbestehensprognose im Sinne eines „Going Concern" des Unternehmens nicht gewährleistet ist.[2]

---

[1] So ist etwa im (deutschen) IDW-Standard ES 6 die Vorgehensweise bei der Definition von Sanierungsprogrammen umfassend beschrieben.
[2] Vgl. dazu International Accounting Standards, IAS 1.25-26, IAS 10.14-16.

5.1 Ausgangspunkt – Controlling in turbulenten Zeiten

[Diagramm: Stakeholder-/Strategiekrise → Produkt/Absatzkrise → Ertragskrise → Liquiditätskrise → Insolvenz]

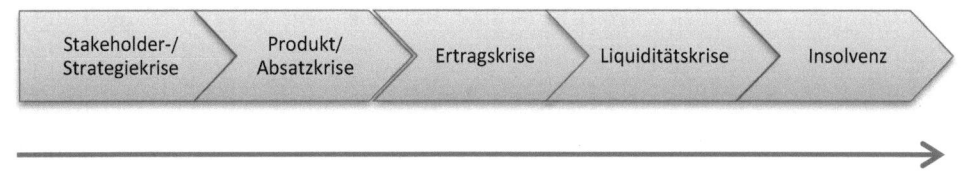

Abb. 5.1 Krisenschema A: Die „klassische" Krise   Zeit (meist ein bis drei Jahre)

Die parallel zu dem nach nationalen oder IAS-Regelungen vorzubereitenden Jahresabschluss zu erstellende Fortbestehensprognose (als umfassende Liquiditätsprognose) hat somit nicht nur Auswirkungen auf die Testierbarkeit der Wertansätze der Bilanz (nämlich dann, wenn kein „Going Concern" gegeben ist), sondern diese kann ganz generell als Instrument gesehen werden, die Liquiditätsentwicklung des Unternehmens in verschiedenen Szenarien zu analysieren und zu „stressen".

Ebenfalls ist separat stets die Überschuldungssituation des Unternehmens zu prüfen, wobei etwa die diesbezüglichen strengen deutschen Regeln zurzeit gelockert[3] interpretiert werden, um vor allem mittelständischen Firmen trotz Finanzkrise ein Überleben zu ermöglichen, jedenfalls solange die erforderliche Liquidität gesichert ist.

Bei der Erstellung der Fortbestehensprognose, die in der Krise das wichtigste Controllinginstrument darstellt, werden in einem umfassenden Ansatz nicht nur die Entwicklung der (kumulierten) Liquidität aus dem operativen Tagesgeschäft, sondern auch die Liquiditätsab- und -zuflüsse aus Investitionen/Desinvestitionen sowie auch aus Finanzierungsaktivitäten berücksichtigt. Ebenfalls muss ergänzend der Liquiditätsbedarf, der sich aus dem Sanierungskonzept ergibt, also aus der Umsetzung eines ganzen Bündels von finanz- und/oder leistungswirtschaftlichen Sanierungsmaßnahmen, berücksichtigt werden.

In diesem Zusammenhang ist es auch erlaubt, mit Gläubigern über Moratorien etc. zu verhandeln, wobei seitens des Unternehmens gegebene (Zahlungs-)Zusagen eingehalten werden müssen, weil andernfalls Straftatbestände vorliegen können. Die so erstellte Prognose ist nach herrschender Meinung in Deutschland in der Regel für das laufende und das folgende Geschäftsjahr zu erstellen, somit ist sie identisch mit einer kurz- bzw. mittelfristigen Kapitalflussrechnung einschließlich der Berücksichtigung von Krisenmaßnahmen.

Die Erstellung einer Fortbestehensprognose setzt zudem das Vorhandensein einer integrierten Unternehmensplanung voraus, die durch die Krisenmaßnahmen bzw. das Sanierungspaket entsprechend zu modifizieren ist. Eine Stand-alone-Liquiditätsplanung (also ohne Integration in die Gesamtplanung) ist grundsätzlich zwar auch möglich, ist

---

[3] Zur Überschuldung als Insolvenzantragsgrund gemäß § 19 II Insolvenzordnung (D): „Überschuldung liegt dann vor, wenn das Vermögen des Schuldners die bestehenden Verbindlichkeiten nicht mehr deckt, es sei denn, die Fortführung des Unternehmens ist nach den Umständen überwiegend wahrscheinlich."

aber mit großen Unsicherheiten behaftet und ihre Reichweite (also der Planungshorizont) ist eingeschränkt und beträgt nur einige Wochen oder bestenfalls Monate.

Parallel zur Restrukturierung, die zur Abwendung bzw. Bekämpfung der klassischen „leistungswirtschaftlichen" Krise erforderlich ist und die immer auch finanzwirtschaftliche Implikationen hat, gibt es aber auch ein weites Spektrum rein finanzwirtschaftlich orientierter Restrukturierungsprozesse, das in den letzten Jahren eine Eigendynamik entwickelt hat und sich nicht nur auf Krisenunternehmen bezieht.

Der ursprüngliche Impetus für diese Art von Restrukturierungen war es, den Marktwert, etwa von breit diversifizierten konglomeraten Konzernstrukturen, schnell zu steigern, indem durch „Zerschlagung" großer Einheiten der sogenannte „Conglomerate Discount"[4] beseitigt wurde. Die am Kapitalmarkt präsenten Akteure haben davon extrem stark und schnell profitiert, vor allem weil finanzwirtschaftliche Maßnahmen und Transaktionen nicht so „träge" wie fast alle realwirtschaftlichen Vorgänge ablaufen und somit ganz generell schnellen Profit versprechen.

Die Chance, weitgehend losgelöst von realwirtschaftlichen Prozessen „schnelle" Renditen auf Seiten der Finanzmarktakteure zu generieren, führte zu einer breiten Ausdifferenzierung der Finanzindustrie mit einer Vielzahl neuer Akteure (Investmentbanken, Hedge Fonds als Schattenbanken, Private-Equity- und Venture-Capital-Gesellschaften, Pensionsfonds, Rating-Agenturen, Versicherungsgesellschaften, Staatsfonds).

Mit neuen, das Unternehmen in seiner Gesamtstruktur verändernden Maßnahmen, wie etwa Equity Carve-out, Spin-off, Split-off etc. wurden zunächst Großunternehmen in kleinere Einheiten aufgeteilt bzw. zerschlagen, was vom Kapitalmarkt jeweils prompt in Form von Wertsteigerungen honoriert wurde bzw. wird.[5]

Weil dieser für die klassischen M&A-Abteilungen der Banken extrem lukrative Markt des Zerlegens von konglomeraten Konzernstrukturen und auch der ehemals lukrative Markt für Börsengänge (IPOs) weitgehend ausgetrocknet sind, wurde und wird permanent eine Vielzahl von neuen Produkten entwickelt, die für die Financial Community auch zukünftig Höchstrenditen versprechen.

Hierhin gehört beispielsweise das kaum noch überschaubare und in hoher Blüte stehende Feld des „Financial Engineering", dessen Produkte kontinuierlich aus dem angelsächsischen Raum auf den Kontinent diffundieren.[6] Die „Targets" sind hierbei auch größere Mittelständler und KMU. Parallel dazu entwickelte sich auch auf „operativer" finanzwirtschaftlicher Ebene das unüberschaubare Feld der Bonds, Swaps, Derivate, Forwards, Futures etc. mit den jeweiligen Chancen und hohen Risiken.

Zusätzlich haben die klassischen Akteure, also die Banken, seit 2004 ff. „innovative" mezzanine Finanzierungs-Produkte (PREPS etc.) an den Mittelstand ausgereicht (ausgereichtes Volumen in D > 6 Milliarden Euro) und dadurch geholfen, eigentlich notwen-

---

[4] Vgl. dazu die Ergebnisse der Studie: Stern Stewart Research, 2008.
[5] Vgl. Achleitner, A.-K./Wahl, S., 2003, S. 22 ff.
[6] Die zeigt etwa die Agenda der „2. International Conference of the Financial Engineering and Banking Society", London (Juni 2012).

dige Restrukturierungen zu verzögern, weil sie nur als „Architekten" und Vermittler auftraten und die Risiken an die Finanzmärkte weiterreichten, ohne eine sonst immer erforderliche gründliche Rating-Prozedur, Prüfung des Geschäftsmodells etc. durchzuführen.

5.1.2 Unternehmen und Kapitalmarkt

5.1.2.1 Renditen in der Real- und Finanzwirtschaft

Ein Grunddilemma deutscher, aber ebenso auch schweizerischer und österreichischer Unternehmen ist klar zu erkennen:

Die in (produzierenden) Unternehmen realwirtschaftlich zu realisierenden Ergebnisse sind, in Relation zu den Erwartungswerten des zunehmend internationalisierten Kapitalmarktes, viel zu gering. Umsatz- und korrespondierende Eigenkapitalrenditen bewegen sich in den allermeisten Branchen im einstelligen Prozent-Bereich, und der Controller weiß, dass deutliche Steigerungen dieser wichtigen Kennzahlen nur in permanentem und zähem Ringen mit dem Wettbewerb über signifikante Wettbewerbsvorteile hart erarbeitet werden müssen.[7]

Die vielzitierte Schumpeter'sche Metapher von „Herr und Hund" trifft nicht mehr zu. Diese Metapher wird wie folgt zitiert[8]:

> „Ein Herr (die Realwirtschaft) geht mit seinem Hund (die Finanzwirtschaft) spazieren. Der Herr schreitet behäbigen Schrittes, wenngleich nicht immer mit konstanter Geschwindigkeit, voran. Der Hund jedoch springt vor, bleibt zurück, überholt wieder seinen Herrn und ab und zu folgt er dem eigenen Instinkt mehr als seinem Herrn. Doch am Ende des Spazierganges zeigt sich, dass sie beide denselben Weg genommen haben und zur gleichen Zeit daheim angekommen sind."

Die Fortschreibung dieser Metapher in die heutige Zeit hinein führt wohl dazu zu konstatieren, dass der Hund den Herrn beißt, dieser dadurch in arge Nöte gerät und sich des Hundes kaum zu erwehren weiß. Stirbt der Herr an den Bissen, so sucht sich der Hund einen neuen Herrn, den er mit Sicherheit auch findet.

Gleichwohl ist der in dieser Metapher zum Ausdruck gebrachte simple Sachverhalt, dass – bei langfristigem Betrachtungshorizont – die an die Finanzwirtschaft zu zahlenden Renditen/Zinsen (im weitesten Sinne) nicht höher sein können als die leistungs-/realwirtschaftlich erwirtschafteten Renditen, evident.

Die heute generell völlig überhöhten Renditeerwartungen kann der Controller nicht erfüllen bzw. sicherstellen; eine fatale Folge ist die Tendenz, dass das Unternehmen aus

---

[7] Postulierte Eigenkapitalrenditen von 25 % bei einer Eigenkapitalquote von nur 8 % sind in der Realwirtschaft, jedenfalls in Mitteleuropa, völlig exotisch.
[8] Fundstelle für diesen interessanten Passus bei: Spreemann, K., o. J., S. 11; in diesem Beitrag wird resümiert, dass finanz- und realwirtschaftliche Renditen nur schwach zusammenhängen.

dem Cash Flow überhöhte Ausschüttungen generieren muss, die mittel- und langfristig den Substanzerhalt gefährden, oder im Zuge eines Leveraged Buy-out schwer an der angehängten Schuldenlast zu tragen hat. Angemessene Gewinn-Thesaurierungen bzw. die Bildung stiller Reserven werden unmöglich.[9]

Das hat zur Folge, dass vor allem auch mittelständische Unternehmen sich zunehmend mit vom Aktienmarkt als dem „Maß aller Dinge" determinierten Renditeerwartungen, neuen Entwicklungen am Kapitalmarkt, dessen Akteuren sowie angebotenen finanzwirtschaftlichen Innovationen auseinandersetzen müssen. In Unternehmen einschließlich der KMU (aber auch in anderen Wirtschaftssubjekten wie Städten und Gemeinden) werden sowohl auf der Aktiv- als auch auf der Passivseite der Bilanz (oder auch „Off Balance") auf Anraten der Finanziers neue komplexe Finanzprodukte und -konstruktionen eingesetzt werden, deren Eigenschaften, Risiken und Chancen schwer einschätzbar sind.[10]

Für die Unternehmen birgt diese Entwicklung eine Reihe von Herausforderungen, auf die sie sich gut vorbereiten sollten:

> Neben das Risiko, in eine bei entsprechender Sensibilisierung weitgehend vorhersagbare, sozusagen leistungswirtschaftlich induzierte Krise zu geraten (Krisenschema A), tritt das weitere Risiko, dass das Unternehmen in die exogene finanzwirtschaftliche Krise (Krisenschema B, siehe unten) gerät, verursacht durch die „naive" Anwendung der neuen komplexen Finanzprodukte im Unternehmen, ohne vorher die jeweils inhärenten Chancen/Risiken, Erträge/Aufwendungen und Liquiditätseffekte ausreichend zu prüfen.

Unvorhersehbare Entwicklungen innerhalb der Financial Community, also quasi Branchenrisiken, verstärken die ohnehin vorhandenen Finanzprodukt-Risiken, etwa indem international agierende Großbanken sich ohne Vorwarnung aus langfristigen, stabilen Finanzierungskontrakten zurückziehen mit der Begründung, „dass das jeweilige Land nicht mehr im strategischen Fokus stehe". Das trifft dann die Realwirtschaft mit voller Wucht.[11]

Solche bestandsgefährdenden Entwicklungen bzw. Verhaltensweisen können geradezu idealtypisch als Ansoff'sche Diskontinuitäten[12] bezeichnet werden. Das sind plötzlich

---

[9] Die traditionelle HGB-Rechnungslegung ermöglichte die Bildung stiller Reserven, während die angelsächsische Tradition des „True & Fair View" solche Reserven ablehnt.
[10] Beispiel: In Deutschland wurden Städte und Gemeinden bzw. deren Kämmerer („Controller") mit Cross-Border-Leasing-Produkten, Hebelprodukten etc. in unabsehbare finanzielle Risiken gedrängt.
[11] So hat eine international tätige Großbank vor der Finanzkrise „Borrowing-Base-Kredite" zur Finanzierung des Umlaufvermögens ausgereicht; diese wurden wegen „Strategieänderung" der Bank nach der Krise gekündigt, sodass die betroffenen Firmen in bestandsgefährdende Finanzierungsprobleme gerieten.
[12] Dazu der „Klassiker": Drucker, P., 1969.

und völlig unerwartet auftretende Bedrohungen im Unternehmensumfeld, die kaum oder gar nicht prognostizierbar sind. Zudem sind sie von der realwirtschaftlichen Entwicklung des Unternehmens weitgehend abgekoppelt und treffen das mittelständische Unternehmen so schnell, dass kaum noch Reaktionszeit, wie etwa in der klassischen Krise, vorhanden ist. Der hohe Handlungsdruck ergibt sich dabei auch aus den zu beachtenden insolvenz- und strafrechtlichen Regelungen.

Der Controller als betriebswirtschaftlicher Navigateur muss sich also im finanzwirtschaftlichen Unternehmensumfeld mit diesen „Megatrends" auseinandersetzen[13], die schnell in die „exogene" finanzwirtschaftliche Krise führen können: Das macht seine Aufgaben deutlich komplexer. Es liegt in der Verantwortung des Controllers, solche bestandsgefährdenden Fehlentwicklungen frühzeitig aufzuzeigen.

5.1.3 Die „exogene" Finanzkrise

5.1.3.1 Eigenkapitalquote

Ein Grundübel ist sowohl bei der klassischen Krise als auch bei der exogenen Finanzkrise in diesem Zusammenhang, dass es keine Regel gibt, nach der die Eigenkapitalquote als zentrale, vom Controller zu steuernde Größe optimiert werden kann:

Einerseits steht die Verwirrung stiftende These von Modigliani-Miller von der „Irrelevanz der Kapital-Struktur"[14] im Raum, andererseits ist in realen Krisensituationen die Kapitalstruktur höchst relevant, indem etwa dringend erforderliche Anschlussfinanzierungen unter Hinweis auf eine nicht ausreichende Eigenkapitalquote abgelehnt werden.

Häufig führt die exzessive Ausnutzung des Leverage-Effekts in Verbindung mit dem sogenannten TaxShield dazu, dass der Verschuldungsgrad von der Geschäftsführung, gestützt durch die Gesellschafter, bewusst weit über ein akzeptables Maß erhöht wird, auch wenn der Controller dagegen Widerstand leistet.[15] Das Kapitalstrukturrisiko wird regelmäßig unterschätzt. Hinzu kommt, dass die Versteuerung von thesaurierten Gewinnen international unterschiedlich geregelt ist; so sind diese beispielsweise in Deutschland zu versteuern.

Im Ergebnis führt dies dazu, dass die Eigenkapitalquoten von produzierenden Unternehmen, gerade auch im Mittelstand, viel zu gering sind; in der Krise führt das sehr schnell zu einer Bestandsgefährdung, weil in der Krise die stets eingeforderten Finanzierungsbeiträge der (Alt-)Gesellschafter nicht geleistet werden können (oder die Gesellschafter dazu nicht bereit sind).

---

[13] Das traditionelle Tagesgeschäft des Controllers, also etwa die Erstellung von Soll-Ist-Vergleichen mit entsprechenden Handlungsempfehlungen, wird tendenziell zugunsten dieser Themen vernachlässigt; es ergibt sich in vielen Unternehmen einen Kapazitätsengpass.
[14] Vgl. Modigliani-Miller-Theoreme: Modigliani F./Miller, M., 1958, S. 261 ff.
[15] Die Frage nach einer „optimalen" Eigenkapitalquote für produzierende Unternehmen ist nicht generell zu beantworten, während Eigenkapitalquoten (Diskussion um die „Kernkapitalquote" etc). für Banken einer internationalen, rigiden Reglementierung unterliegen.

Die Einführung von „Thin Capitalization-Rules", also von staatlichen Regulierungen im Sinne von Mindest-Eigenkapitalquoten nicht nur für Banken und Versicherungen, sondern auch für leistungswirtschaftliche Unternehmen, würde dem Controller sehr helfen, die Eigenkapitalquote auf ein „befriedigendes Maß" zu heben. Ergänzend könnte die Steuerpflicht bei der Bildung von Rücklagen solange aufgehoben werden, bis eine branchen- und unternehmensabhängige „befriedigende" Quote (analog zur Regelung für gesetzliche Rücklagen bei deutschen Aktiengesellschaften) erreicht ist.

Diese Eigenkapitalklemme bzw. -not erkennend und ausnutzend haben einige Finanzintermediäre, Banken und Schattenbanken vielfältige, höchst komplexe Produkte entwickelt und angeboten, die die identifizierten Finanzierungslücken beheben sollen.

5.1.3.2 Verwässerung der Finanzierungsformen

Die jahrzehntelang geltende, klare Rollenverteilung bzw. Separation zwischen Eigen- und Fremdfinanzierungsformen verschwimmt. Die starke Zunahme von mezzaninen Finanzierungen, von Gesellschafter-Fremdfinanzierungen und auch die sogenannte risikoadäquate Preispolitik für klassische Fremdfinanzierungen der Banken und Sparkassen führen insgesamt zu höheren Kapitalkosten, stark erhöhten Informationsbedürfnissen und -kosten (im Sinne von Investor Relations), hohen Transaktionskosten und anderen Unwägbarkeiten.

In einer Finanzkrise ergeben sich aus den völlig unterschiedlichen Interessen, Zeithorizonten und Sicherheitspositionen der verschiedenen Finanziers weitere Risiken, die krisenbeschleunigend bzw. -verschärfend wirken. Eine zur kurzfristigen Stabilisierung der Lage erforderliche Abstimmung und Kooperation, etwa in Form der früher üblichen Poolbildung der fremdfinanzierenden Banken, ist nicht mehr möglich, wenn etwa mehrere komplexe mezzanine Kontrakte mit einer Reihe von Finanziers abgeschlossen wurden mit divergierenden Bedingungen (Covenants).

5.1.3.3 Mezzanines Kapital

Zur Behebung der generell zu geringen Eigenkapitalquote im Mittelstand haben sich mezzanine, eigenkapitalersetzende Finanzierungsprodukte bzw. -strukturen in der letzten Dekade in D-A-CH etabliert, die vor der Finanzkrise großzügig ausgereicht wurden. Die Akzeptanz bei den unterfinanzierten und an Eigenkapitalmangel leidenden Mittelständlern war, der Not gehorchend, vorhanden, weil auf anderem Wege die erforderlichen Investitionen und das Working Capital nicht darstellbar waren.

Ein häufig auftretendes Phänomen ist im Zusammenhang mit mezzaninen Finanzprodukten, dass extrem ehrgeizige Kredit(neben)-Bedingungen, also Covenants als Umsatz- oder Ertragsziele, von mezzaninen Finanziers formuliert werden. Die Unternehmen akzeptieren diese leichtfertig (oder der Not aufgrund der Kreditklemme gehorchend); der Controller wird meist nicht zu Rate gezogen. Diese (über-)ehrgizigen Covenants werden manchmal verfehlt, und die mezzaninen Finanziers haben dann häufig das Recht zur schnellen Kündigung oder erhalten Anteile am Eigenkapital; die sich bei Kündigung ergebenden Finanzierungs- und Liquiditätslücken können in der kurzen zur Verfügung stehenden Reaktionszeit nicht geschlossen werden.

Somit können – auch bei Unternehmen auf einem stabilen Wachstumspfad – unabdingbare Investitionen nicht erfolgen, das erforderliche Working Capital steht nicht zur Verfügung, das Rating verschlechtert sich, die Kapitalkosten steigen, die Liquidität sinkt und Zahlungsunfähigkeit sowie Überschuldung drohen.

Solche Verträge enthalten manchmal bei Nicht-Erreichen auch die Klausel, dass Eigenkapital-Anteile dem mezzaninen Finanzier übertragen werden müssen, sodass man diesbezüglich von einer „kalten" Enteignung bzw. einem erzwungenen Verkauf des Unternehmens durch das Nicht-Erreichen von Covenants sprechen kann. Infolgedessen können sich die Eigentumsstrukturen sehr schnell ändern.

Als Beispiel: Weitgehend unbemerkt von der Öffentlichkeit spielt sich seit über einem Jahr eine „Subprime"-Krise in Deutschland ab. Vor der Finanzkrise wurden von Großbanken komplexe Mezzanine-Produkte bzw. -Finanzierungen dem Mittelstand zur Erhöhung der EK-Quote zu relativ günstigen Konditionen angedient mit dem Nachteil, dass diese endfällig zu tilgen waren bzw. sind.

A priori war im Moment des Ausreichens dieser Finanzierungen eigentlich klar, dass durch eine solche Endfälligkeit ein extremes Risiko für das Unternehmen entstand. Da solche Konstruktionen gern angenommen wurden, ergaben bzw. ergeben sich bei der Rückzahlung extreme Probleme, weil die zur Tilgung erforderliche Liquidität in der Regel nicht akkumuliert werden kann – die Liquiditätsausstattung des Mittelstands ist ein Dauerproblem.

Es wird versucht, dieses Problem durch Prolongation und Umschuldung zu lösen, was aber zur Folge hat, dass der ursprünglich definierte Zinssatz für diese Produkte, der bei 7 bis 10 % p. a. lag, auf 15 bis 18 % p. a. angehoben wird. Die Kapitalkosten steigen damit auf ein kaum noch zu erwirtschaftendes Niveau.

Wenn eine positive Fortbestehensprognose (als „Going-Concern"-Prämisse) ohnehin schon knapp ausfällt, können diese Zinsverpflichtungen in Verbindung mit den gestreckten Tilgungen sehr schnell zur Insolvenz führen[16], oder es wird im letzten Moment, quasi als „Verzweiflungstat", ein Verkauf des Unternehmens geplant, um die Insolvenz abzuwenden. Ein solcher „Distressed-M&A"-Prozess hat in der Regel gravierende Folgen für das Unternehmen, dessen Führungsteam (einschließlich Controller), die (Alt-)Eigentümer als Shareholders und das gesamte Stakeholder-Umfeld.

In der Unternehmenspraxis hat sich gezeigt, dass der Controller in der Rolle als rationalitätssichernde Instanz[17] im Unternehmen in diese Finanzierungsverhandlungen meist gar nicht involviert wurde, weil er als „Bedenkenträger" gilt und somit möglicherweise verhindert hätte, dass die hochwillkommene, aber „toxische" Liquiditätszuführung erfolgt wäre.

---

[16] Daraus resultiert bzw. resultierte eine flächendeckende Insolvenzgefährdung, die sogar die Politik auf den Plan gerufen hat. Vgl. Fälligkeit Standard Mezzanin, Januar 2011.
[17] Die Rationalitätssicherungsfunktion des Controllings betont insbesondere Jürgen Weber, z. B. in: Weber, J., 2004.

5.1.3.4 Portfolio-Optik

Aufgrund der Mechanismen der Kapitalmärkte, kleine Finanzierungseinheiten zusammenzufassen und möglichst zu bündeln (Securitization), um sie handelbar zu machen, ergibt sich automatisch, dass das individuelle Unternehmen mit seinen Erfordernissen, Chancen und Risiken und seinen spezifischen Problemen keine Relevanz mehr hat.

In einem Portfolio geht es nicht mehr um das einzelne Unternehmen als Element des Portfolios, sondern nur das Portfolio „an sich" mit seinen synthetischen, statistisch-quantitativen Eigenschaften ist von Bedeutung.

Die entsprechenden, von den Finanzinvestoren gern verwendeten Kennzahlen wie

- Sharpe Ratio[18] („Überrendite" als die Rendite einer Investition, die den risikofreien Zinssatz überschreitet, in Abhängigkeit vom Risiko) und
- Jensen's Alpha[19] (realisierte Rendite vs. prognostizierte Rendite)

basieren immer auf einem Anlage-Portfolio und vernachlässigen eine idiographische, das Besondere des jeweiligen Unternehmens herausstellende Sichtweise.

Damit geht für die Finanziers der Blick auf die jeweiligen unternehmensindividuellen Chancen und Risiken des Unternehmens verloren.[20] Die Qualität der Beziehungen zu den Finanzierungspartnern des Unternehmens wird entpersönlicht und verschlechtert sich rapide. Vertrauen wird durch permanentes Rating und „Beteiligungscontrolling" ersetzt.

Andererseits weiß der Controller am besten um die leistungswirtschaftlichen, manchmal nur eingeschränkt oder noch gar nicht quantifizierbaren Stärken und Chancen eines Unternehmens, die die eigentlichen langfristigen Erfolgspotenziale darstellen; er kann dieses Wissen aber mangels Interesse bzw. Nachfrage bei den Finanziers nicht positiv im Sinne des Unternehmens einsetzen.

In historischer Perspektive ergaben sich die klassische Rolle und auch Stärke einer Hausbank daraus, dass das Unternehmen dem jeweiligen langjährigen Firmenkundenbetreuer gut bekannt war. Das Vertrauenskapital auf beiden Seiten war regelmäßig groß, und auch wenn sich zukünftige Effekte noch nicht durchgängig quantifizieren ließen, begleitete die Bank das Unternehmen in guten wie in schlechten Zeiten und half dem Unternehmen (und seinem Controller) auch bei kurzfristig und unerwartet sich ergebendem Finanzierungsbedarf.

Alle wichtigen finanzwirtschaftlichen Entscheidungen für Unternehmen wurden, vor allem in nicht-börsennotieren KMU, über viele Jahrzehnte gern abseits der Öffentlichkeit in kleiner, vertraulicher Runde mit der Hausbank getroffen. Dem Wettbewerb blieb die Finanzierungsstruktur weitestgehend verborgen; diesbezügliche Wettbewerbsvor- und -nachteile wurden nicht offenbart, zumal auch die Jahresabschlüsse von nicht-börsennotierten Firmen nicht veröffentlicht werden mussten.

---

[18] Vgl. Sharpe, W., 1994, S. 49 ff.
[19] Vgl. Jensen, M., 1968, S. 389 ff.
[20] Vgl. dazu Lhabitant, F., 2003, insbesondere Kapitel 3 und 4, in denen es unter „Return and Risk. Statistics" bzw. „Risk-Adjusted Performance Measures" ausschließlich um statistische Messgrößen geht.

5.1 Ausgangspunkt – Controlling in turbulenten Zeiten

Risiko?
- Unsichere Finanzierungsstruktur, Kreditklemme, Unterfinanzierung?
- Alternative Finanzierungsmöglichkeiten vorhanden? Hausbank?
- Kreditkündigung bzw. -nichtverlängerung trotz guten operativen Geschäfts?
- „Maturity Wall": endfällige Kredite, keine Rückzahlung möglich?
- Risikoinventar vorhanden?
- Brechen von Covenants zu erwarten? Toxische Produkte Aktiv-/Passivseite?

Aktionen?
- Notreserven vorhanden? Nachfinanzierung durch Gesellschafter?
- Finanzielle „Reichweite" ausreichend?
- Drohende Zahlungsunfähigkeit? Prüfung der Going-Concern-Prämisse
- Zahlungsunfähigkeit? (Drei-Wochen-Insolvenzantragsfrist in D)
- Überschuldungsprüfung? Drohende oder eingetretene Überschuldung?
- M&A-Not-Prozess anstoßen? Sale-and-Lease-Back? Asset-Verkauf?

Folgen?
- Insolvenzantragspflicht oder -recht?
- Insolvenzverfahren mit anschl. Asset Deal oder Erhalt des Rechtsträgers?
- Debt-Equity-Swap vor oder in Insolvenz?
- Rettung in letzter Minute möglich?

⟶ Zeit (meist nur einige Monate oder Wochen)

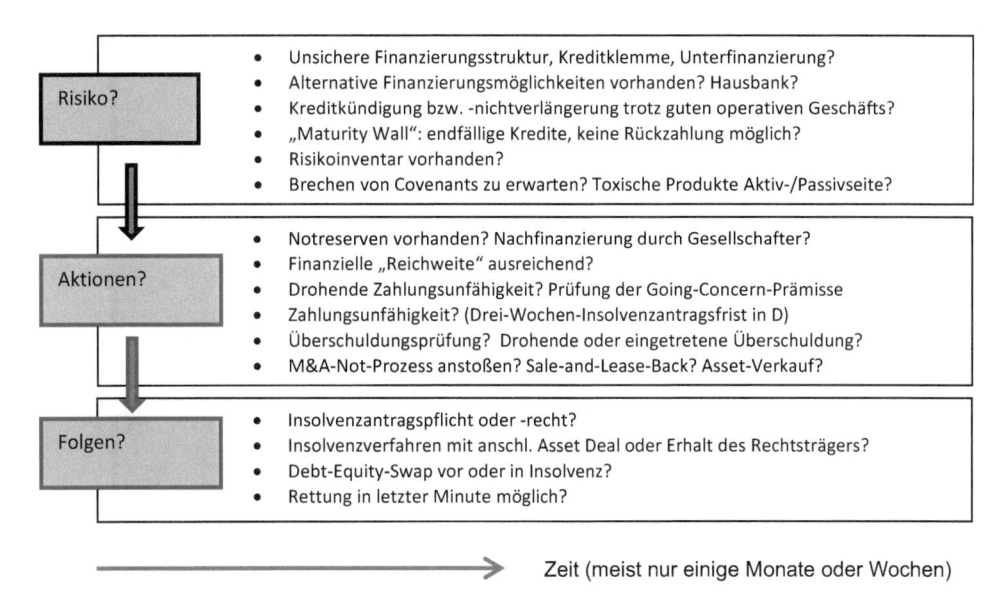

Abb. 5.2 Krisenschema B: exogene finanzwirtschaftliche Krise

Diese Hausbankfunktion ist schon vor der Finanzkrise erodiert, sodass von einer langfristig vertrauensvollen Zusammenarbeit zwischen Unternehmen und Hausbank nicht mehr die Rede sein kann. In dem Portfolio-Blick der neuen Finanziers spielen persönliche Kontakte und Verbundenheit zum Unternehmen keine Rolle mehr.

Damit ergibt sich das Schema aus Abbildung 5.2 für eine finanzwirtschaftliche Krise, das unter Umständen innerhalb weniger Wochen durchschritten wird und möglicherweise in der Insolvenz wegen drohender oder akuter Zahlungsunfähigkeit endet.

Die Ursachen für diese Krise liegen also nicht in einer mangelhaften Markt-Produkt-Strategie, unzureichenden Prozessen oder operativen Versäumnissen, sondern darin begründet, dass eine gründliche finanzwirtschaftliche Risiko-Analyse vor dem Abschluss eines „toxischen" Finanzkontraktes nicht durchgeführt wurde. Hierzu zählt natürlich auch die Aufnahme eines mezzaninen Kredites.

Das durch den Controller und den CFO gesteuerte Unternehmen sitzt in diesem Spannungsfeld am kürzeren Ende, denn die überlebenswichtige Liquiditätsversorgung hängt von den Entscheidungen der Kapitalmarktakteure ab, sodass es nicht nur Kreditklemmen gibt, die in typischen Expansionsphasen auftreten, sondern auch in Situationen, in denen etwa revolvierende Standard-Finanzierungen nicht mehr verlängert werden sollen, etwa weil das Rating vorgeblich zu schlecht ist.

Hinzu kommt, dass die impliziten Schadenswirkungen von komplexen Finanzkonstruktionen vom Controller ohne detaillierte Kenntnisse der juristischen Rahmenbedingungen und Normen etc. nicht beurteilt werden können.

	Leistungswirtschaftliche Krise	**Finanzwirtschaftliche Krise**
Vorwarnzeit	in der Regel 2 bis 3 Jahre	nur Monate oder Wochen
Frühwarnung	gegeben, spätestens wenn Ertragskrise evident wird	kaum möglich, aber: Analyse der Liquiditäts-„Reichweite" in Bedrohungsszenarien; finanzwirtschaftliche Risiko-Inventur
Bedrohungsgrad	je nach Krisenstadium	bestandsgefährdend
Handlungsmöglichkeiten	großes Spektrum bei frühzeitigem Erkennen im leistungs- und finanzwirtschaftlichen Bereich	schnelle Generierung von Liquidität und alternativen Finanzierungsquellen; Ausstieg, wenn juristisch möglich
Sofortmaßnahmen	1. Liquiditätssicherung 2. Abwendung Überschuldung 3. Wiederherstellung Ertragskraft	Schließung der Liquiditäts- bzw. Finanzierungslücke; ggf. Beantragung von Staatshilfe
Verantwortlichkeit Controller	ja, in Zusammenarbeit mit CFO bzw. den haftenden Geschäftsführern	dto.; ggf. Einbindung der Gesellschafter/Eigentümer so schnell wie möglich
Sanierungsprogramm	Bündel von Maßnahmen, z. B. wie in IDW ES 6 (D) enthalten	einzelfallabhängig, kein Standardprogramm möglich; Rettung meist durch „alte" Gesellschafter oder „neue" Gesellschafter als Kapitalerhöhung bzw. (Teil-)Verkauf

Abb. 5.3 Leistungswirtschaftliche vs. exogene finanzwirtschaftliche Krise

Charakteristisch für eine exogene Finanzkrise ist zudem, dass eine positive Fortbestehensprognose (die aus juristischen Gründen unverzichtbar ist) mit dem geforderten Planungshorizont entweder gar nicht oder nur „bedingt" erstellt werden kann; die Zahl der Prämissen wird größer und innerhalb des kurzen zur Verfügung stehenden Zeitraums ist die Validität der (kurzfristigen) Planungsprämissen meist nicht nachweisbar.

Das mindert die Qualität der Planung und schränkt ihre Plausibilität bzw. Glaubwürdigkeit so weit ein, dass sie nicht mehr als Basis, etwa für Banken im Rahmen der geltenden Gesetze und Regelungen für eine Finanzierung „in der Krise", herangezogen werden kann.

Auf der Seite der finanzmarktorientierten Investoren führt eine erkennbare finanzwirtschaftliche Krise auch dazu, dass das Unternehmen zur „Handelsware" degradiert wird: Wenn absehbar wird, dass die leistungswirtschaftlichen Prozesse die Renditeerwartungen nicht erfüllen können, tritt die vorgeplante Exit-Strategie in Kraft: Das Unternehmen wird, hoch verschuldet[21], mit guter Equity-Story weiterverkauft.[22] Deshalb sind Geschäftsleitung, CFO und Controller geneigt, Gewinn-Ausschüttungen über ein verträgliches Maß hinaus zu akzeptieren oder sogar vorzuschlagen, um einen unkalkulierbaren Exit zu verhindern. In diesem Zusammenhang wird der Cash Flow zum beherrschenden Maßstab, der Jahresüberschuss ist zu „schmal".

Ein weiterer Sachverhalt verstärkt die tendenziell zu hohe Ausschüttungspolitik: Da erwirtschaftete Renditen immer auch mit eingegangenen Risiken des Unternehmens korrespondieren müssen[23], ergibt sich das Risiko-Dilemma des Controllers: Die gängigen Kapitalmarktmodelle gehen immer davon aus, dass die unternehmensspezifischen, nicht systematischen Risiken jeweils über Portfolios wegdiversifiziert werden können; sie spielen mithin aus der Sicht des Kapitalmarktes keine Rolle. Der Controller muss sich aber im Tagesgeschäft immer auch mit den individuellen Risiken „seines" Unternehmens auseinandersetzen, die die kapitalmarktorientierten Investoren aufgrund ihrer Portfolio-Optik ignorieren, und entsprechende Vorsorge treffen und also Finanz- bzw. Liquiditätsreserven über Innen- bzw. Selbstfinanzierung bilden.

Da fast alle finanzwirtschaftlichen Investoren nicht auf ein eigenes Controlling verzichten, ergibt sich daraus ein permanenter Konflikt des Unternehmenscontrollers (Ziel: Thesaurieren) mit dem Beteiligungscontroller (Ziel: Ausschütten) des finanzierenden Hedge Fonds oder Private-Equity-Hauses.

5.2 Die Instrumente des Controllers in der Restrukturierung

5.2.1 Der Shareholder Value

Seit dem Erscheinen des Rappaport'schen Bestsellers ist die Maxime der Unternehmenswertmaximierung durch Generierung von Übergewinn (also: Soll-Rendite > WACC) auch in den Mittelstand diffundiert. Dies führt dazu, dass Kapitalmarktmodelle, wie etwa das CAPM, deren statistische Annahmen, Aussagen und Erkenntnisse bestenfalls als „umstritten" bezeichnet werden können, ungeprüft in ganze mittelständisch geprägte Branchen übernommen werden. Die „Messlatte" in Bezug auf für Investoren zu generierende Renditen wird dadurch extrem hoch; andere Faktoren, wie etwa mühevoll zu entwickelnde Produktstrategien, Marktpräsenz in neuen Märkten sowie auch Pro-

---

[21] Im Rahmen des gängigen Leveraged-Buy-Out-Ansatzes.
[22] IPOs/Börsengänge als Exit sind durch den Zusammenbruch des Neuen Marktes vor rund zehn Jahren in Verruf geraten; der Schaden wirkt nach.
[23] Risk-Reward-Trade-Off: Je höher das eingegangene Risiko, desto höher ist die geforderte Rendite, wobei die nachvollziehbare Quantifizierung dieses offensichtlichen Zusammenhangs in der Praxis große Schwierigkeiten bereitet.

duktinnovationen, die das langfristige Überleben des Unternehmens sicherstellen, werden vom Kapitalmarkt, da noch nicht voll quantifizierbar, ignoriert.

Die Tatsache, dass dieses Potenzial im Unternehmen vorhanden ist, wird immer erst ex post bei Akquisitionen als aktivierungsfähiger „Goodwill" transparent. Aufgabe des Controllers muss es daher in solchen Situationen sein, die noch nicht voll quantifizierbaren, langfristig aber wertsteigernden Komponenten des Wissenskapitals herauszuarbeiten und aktiv zu „promoten". Insofern kommt ihm auch in seinem Tagesgeschäft bei den vielfältigen Kontakten zu potenziellen Finanziers und Investoren die Aufgabe zu, Investor Relations zu betreiben, obwohl dies nicht zu seinen Kernaufgaben zählt.

5.2.2 Die Kapitalkosten

In Verbindung mit dem Shareholder Value steht die Frage nach der korrekten Ermittlung der Kapitalkosten, weil über den Kapitalkostensatz das Risiko einer Unternehmensbeteiligung oder auch eines Investitionsprojektes in eine erwartete Rendite des Unternehmens transformiert wird. Kapitalkosten sind somit einerseits Benchmark und andererseits auch als Diskontierungszinssatz „Werttreiber" für die zukünftig zu erwartenden Erträge oder Cash Flows. Insofern dienen sie auch als „Filter" in dem Sinne, dass nur jene Investitionen überhaupt durchgeführt werden, deren Renditen über den – eigentlich immer projektspezifisch zu definierenden Kapitalkosten – liegen.

Insgesamt besteht Grund für die These, dass die verwendeten Kapitalkosten (empirisch feststellbare Bandbreite von etwa 10 % bis hin zu 16 bis 18 % p. a.) zu hoch sind mit der Folge, dass eigentlich sinnvolle, weil wertsteigernde Investitionen unterlassen werden. Die Hauptgründe für die Überschätzung der Kapitalkosten liegen in folgenden Punkten[24]:

1. Die Eigenkapitalkosten, die bei Heranziehung der (historischen) Aktienrenditen über lange Zeiträume berechnet werden, liegen bei 12 bis 15 % p. a. und damit weit über dem aufgrund der Fundamentaldaten anzusetzenden Erwartungswert. Als realistischer Schätzer wäre ein Wert von nominal 8 % bzw. real 5 bis 6 % anzusetzen.[25] Dieses Phänomen ist schon seit langem als „Equity Premium Puzzle"[26] bekannt.
2. Die Kapitalkostensätze auf Basis des CAPM zeigen bestenfalls die Einschätzung des Kapitalmarktes in Bezug auf die Risiken des Unternehmens und unterstellen, dass der Kapitalmarkt über die gleichen Informationen wie die Unternehmensführung bzw. der Controller verfügt. Ebenfalls spielen unternehmensspezifische Risiken außer dem Kapitalstrukturrisiko keine Rolle.

---

[24] Vgl. zu dem überhöhten Ansatz der Kapitalkosten: Gleißner, W., 2006, S. 71 ff.
[25] Schätzer ergibt sich aus der Summe aus Dividendenrendite + erwartetem Wirtschaftswachstum + realem Wirtschaftswachstum.
[26] Erstmalig beschrieben wurde dieses bis heute in der Forschung aktuelle „Rätsel" von Mehra, R./Prescott, E. C., 1985, S. 145–161.

Stattdessen sollte der Kapitalkostensatz aus dem individuellen Risikoprofil des Unternehmens oder einer Investition hergeleitet werden. Fremdkapitalkosten sollten um die Insolvenzwahrscheinlichkeit bereinigt werden, da die vertraglichen Fremdkapitalzinssätze wegen der Insolvenzwahrscheinlichkeit immer über den echten Fremdkapitalkosten liegen. Zum Beispiel wird bei einem BB-Rating von einer Ausfallwahrscheinlichkeit von 2 % ausgegangen.

Mithin: Da die Messlatte zu hoch hängt, werden Unternehmen (oder Projekte) mit zu hohen Kapitalkosten beaufschlagt, die damit im Urteil der externen Investoren als „Underperformer" mit häufig entsprechend negativen Konsequenzen klassifiziert werden. Gerade auch risikoarme Investitionen etc. werden möglicherweise nicht durchgeführt mit der Folge, dass das Unternehmen nur noch hochriskante Projekte verfolgt und deswegen scheitern kann.

5.2.3 Die Finanzierungsstruktur

In einer Unternehmensumwelt im Rahmen eines perfekten Kapitalmarktes, ohne Informations- und Transaktionskosten, ohne Distress- bzw. Insolvenzkosten, ohne asymmetrische Informationen und ohne Ertragsteuern ist die Finanzierungsstruktur des Unternehmens nach Modigliani/Miller irrelevant.[27]

Umgekehrt gilt heute: In realen Unternehmen ist die Finanzierungssituation, insbesondere die Kapitalstruktur, wichtiger denn je. Da der Controller keine generell gültige und eindeutige Antwort auf die Frage nach der optimalen (Ziel-)Kapitalstruktur haben kann, kommt der vorausschauenden, individuellen, und möglichst krisensicheren Gestaltung der Finanzierungs- und Kapitalstruktur bei ausreichendem „Financial Slack" eine ganz entscheidende Bedeutung zu: Jener kann etwa durch offene oder verdeckte Bildung stiller Reserven aufgebaut werden, wobei leider die Rechnungslegungsnormen diese Optionen immer mehr einschränken.

Durch eine steigende Eigenkapitalquote wird – ceteris paribus – die Höhe der (kalkulatorischen) Distress-Kosten reduziert. Die schwierige Quantifizierung der Distress-Kosten wurde etwa in USA versucht mit dem Ergebnis, dass diese vor der eingetretenen Insolvenz ca. 5 % des Unternehmenswertes und im Falle eines durchgeführten Insolvenzverfahrens bis zu 31 % des Unternehmenswertes betragen können.[28]

Die bei einem bestimmten Verschuldungsgrad auftretenden Distress-Kosten können eingeteilt werden in:

- direkte Kosten finanzieller Anspannung, wie etwa Beratungsgebühren, Kosten für Interims-Manager,
- höhere Risikoprämien bei Zinsen und mezzaninen Finanziers, höhere Versicherungsprämien seitens der Warenkreditversicherer bei den Lieferanten, die diese an das Unternehmen weitergeben.

---

[27] Vgl. Modigliani, F./Miller, M., 1958, S. 261 ff.
[28] Vgl. Korteweg, A. G., 2007, S. 15 ff.

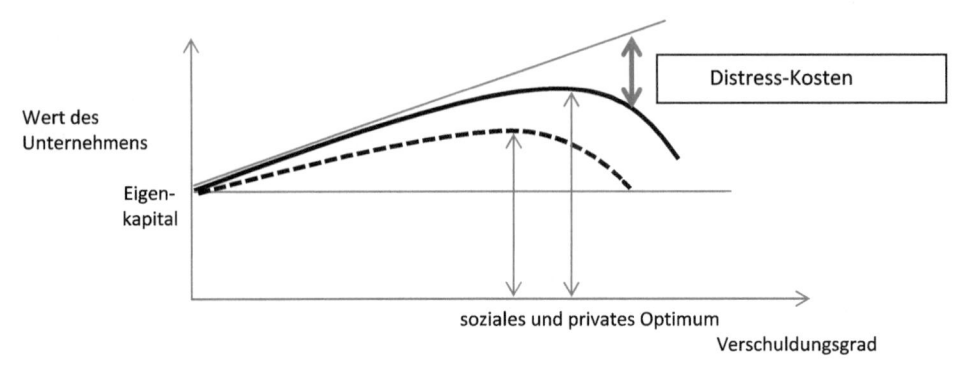

Abb. 5.4 Trade-Off zwischen Tax Shield, Verschuldung und Financial Distress

Zu den indirekten Kosten finanzieller Anspannung gehören etwa auch folgende Aspekte:

- Fehlende, weil nicht mehrfinanzierbare Roh-, Hilfs- und Betriebsstoffe sowie Fertigwaren führen zu Produktionsausfällen bzw. Kundenverlust.
- Die Inputpreise von Zulieferern steigen, Verhandlungen binden die Kapazität des Managements und des Controllers.
- Qualifizierte Mitarbeiter verlassen das Unternehmen, neue Mitarbeiter können nicht rekrutiert werden.

Zu den Distress-Kosten im weiteren Sinn gehören auch der mögliche Totalverlust des Eigenkapitals sowie der Verlust der wirtschaftlichen Autonomie eines Unternehmens im Falle der Insolvenz.

Da Management und Controller auch im Financial Distress den Eigentümern gegenüber verantwortlich sind, sind sie grundsätzlich bestrebt und verpflichtet, den Marktwert des Eigenkapitals (Equity Value) zu erhöhen bzw. zu erhalten. Im Falle von Financial Distress kann dieses Ziel dem Ziel der Maximierung des (Gesamt-)Unternehmenswertes (Entity Value) widersprechen, da Gläubiger im Falle einer Insolvenz zuerst bedient werden. Wenn der Gesamtwert des Unternehmens unter den Wert der Verbindlichkeiten sinkt (also beim Ausweis eines nicht durch Eigenkapital gedeckten Fehlbetrages), liegt es im Interesse der Eigentümer, die nichts mehr zu verlieren haben, dass das Unternehmen in riskante Projekte investiert, damit der Eigenkapitalwert wieder schnell steigt. Die Durchführung solcher hochriskanten Projekte liegt nicht im Interesse der Fremdkapitalgeber, also der Gläubiger, weil möglicherweise bei folgender Insolvenz die „Masse" dadurch weiter geschmälert wird.

Ebenfalls wird manchmal, wie oben bereits dargestellt, trotz akuter Finanzkrise eine zu große Rendite ausgeschüttet, sodass Gläubiger auf diese Weise benachteiligt werden.[29]

---

[29] Vgl. zu den Kosten des financial distress: Wruck, K. H., 1990, S. 419 ff.

5.2.4 Die Rolle der Rating-Agenturen

Die Rating-Prozesse, denen Unternehmen unterworfen sind, sind wenig transparent. Rückfragen nach den Prozeduren etc. werden bei den „Big Three" der Branche regelmäßig nicht beantwortet bzw. mit dem Hinweis beantwortet, dass „Rating an Art, not a Science" sei.

Das totale Versagen der Rating-Systeme im Vorfeld der US-Immobilienkrise ist ein starkes Signal dafür, die Verlässlichkeit von Rating-Systemen generell in Frage zu stellen. Im mittelständischen Bereich ist zu konstatieren, dass Auskünfte über das Zustandekommen von Ratings von den einschlägigen Agenturen bzw. auch den selbst „ratenden" Banken und Sparkassen nicht erteilt werden, sodass sich der Eindruck verfestigt, dass Rating über eine „Black Box" ein willkommenes Instrument zur generellen Verteuerung von Finanzierungen bzw. zu deren Verweigerung ist. Das Ergebnis des Rating-Prozesses wird zwar meistens dem Unternehmen mitgeteilt, die Prozeduren sind aber nicht transparent oder angemessen.[30]

Positiv interpretiert dienen die Rating-Agenturen dem Kapitalmarkt als Disziplinierungsmechanismus für Unternehmen und damit als Effizienzsteigerungsmittel; bei kritischer Betrachtung können die durch Rating-Abstufungen und -Fehler ausgelösten Kredit-Verteuerungen und -kündigungen zur Zerstörung leistungsfähiger industrieller Strukturen führen, zumal das Ausfallrisiko wesentlich gar nicht vom Rating „an sich", sondern von der Besicherungssituation des jeweiligen Finanziers abhängt.

Der Controller muss also nolens volens mit „seinen" Rating-Agenturen, soweit möglich, „Investor-Relations"-Gespräche führen, um nicht nachvollziehbare Rating-Urteile zu verhindern.

Paradoxerweise ist die Bereitschaft von Banken, auch bei schlechtem Rating in der Krise zu helfen, generell stärker, wenn eine sorgfältige Prüfung der Sicherheitensituation ergibt, dass das Volumen an werthaltigen Sicherheiten nur gering ist, sodass bei einer Insolvenz der Schaden für die finanzierende(n) Bank(en) sehr groß wäre.

5.2.5 Maßnahmen in der finanzwirtschaftlichen Krise

Ein wichtiges und grundlegendes Instrument zur Steuerung des Unternehmens ist die Erstellung einer integrierten Planungsrechnung, bestehend aus Bilanz, GuV und Kapitalflussrechnung.

In Deutschland besteht generell eine Pflicht zur Unternehmensplanung de lege lata nur eingeschränkt[31]. Allerdings ist eine solche in Bezug auf Unternehmen, die in der Krise stecken, zwingend zu erstellen und ein Sanierungskonzept muss eine integrierte

---

[30] Als Beispiel für die Willkür kann die Umstellung des Verfahrens bei Standard & Poor's beim Rating von Pensionsrückstellungen im Jahr 2003 dienen, die zur sofortigen Verschlechterung des Ratings des Thyssen-Krupp-Konzern führte; vgl. dazu: Gerke, W./Pellens, B., o. J.
[31] Vgl. hierzu: Groß, P./Amen, M., 2003, S. 1161–1180.

Planungsrechnung einschließlich aller Prämissen enthalten.[32] Sie ist regelmäßig von großem Nutzen.

In einem Worst-Case-Szenario kann im Sinne einer Risiko-Inventur die sich ergebende Liquiditätsunterdeckung ermittelt werden, wenn beispielsweise Kredite gekündigt werden sollen oder Kreditlinien zurückgefahren werden müssen.

Handlungsmöglichkeiten können ergänzend dargestellt und quantifiziert werden; dabei ist zunächst an das klassische Instrumentarium zu denken, das auch in der leistungswirtschaftlichen Krise verwendet wird:

> Hebung stiller Reserven, Verkauf nicht-betriebsnotwendigen Vermögens, Verkauf von Tochtergesellschaften, Freisetzung gebundener Liquidität über Working Capital Management, Kapitalerhöhung über bestehende oder neue Gesellschafter, Factoring, Leasing, Sale-and-Lease-Back-Leasing, Bürgschaften von staatlichen Stellen oder Lieferanten/Kunden etc.

Alle Maßnahmen stehen unter der Nebenbedingung, dass sie schnell umgesetzt werden müssen, um das Unternehmen für die (Alt-)Eigentümer zu retten.

Ergänzend sollte immer auch die Werthaltigkeit der den Gläubigern eingeräumten Sicherheiten geprüft werden, weil unter Umständen bei un- oder schlechtbesicherten Gläubigern eine gewisse Bereitschaft besteht, Finanzierungen doch weiterzuführen, wenn in einem Insolvenzszenario (also Worst Case) ein Totalausfall der Forderung drohen sollte.

Besondere Bedeutung – als Teil der Planungsrechnung – kommt der Erstellung einer detaillierten operativen Liquiditätsplanung zu; dabei können die Regelungen zur Kapitalflussrechnung[33] gemäß IAS 7 herangezogen werden, die zwischen den Cash Flows aus der

(a) betrieblichen Tätigkeit und denjenigen
(b) aus Investitions- und Finanzierungstätigkeit

unterscheiden, wobei alle nicht-zahlungswirksamen Transaktionen konsequent ausgeblendet werden.[34]

In der Unternehmenspraxis ist zu beobachten, dass dieses Tool, auch durch den Controller, viel zu wenig genutzt wird. Die Prognose der kurz- oder mittelfristigen Liquiditätsentwicklung als Mittel der Existenzsicherung des Unternehmens in turbulenten Zeiten erfolgt erst dann, wenn schon die Insolvenz droht.

---

[32] Vgl. den Standard IDW S 6.
[33] Die Regelung in IAS 7.6-52 bietet eine auch für die Krisenpraxis geeignete Basis zur Erstellung einer Kapitalflussrechnung.
[34] Vgl. IAS 7.43-44.

Integrierte Unternehmensplanung einschließlich finanzwirtschaftlichem Worst-Case-Szenario	zur Identifizierung sich ergebender Finanzierungslücken
Fortbestehensprognose	zu erstellen als Liquiditätsprognose über integrierte Unternehmensplanung
Überschuldungsstatus	zu prüfen a) unter Zugrundelegung einer positiven Fortbestehensprognose b) unter Zerschlagungsgesichtspunkten, wenn keine positive Fortbestehensprognose möglich ist
Eigenkapitalquote	ggf. schnelle Kapitalerhöhung? Debt-Equity-Swap (freiwillig?)
Aufdeckung (stiller) Reserven	Hebung?
Working Capital Management	Schnelle Liquiditätsfreisetzung
Leasing, Sale-and-Lease-Back-Leasing	Schnelle Liquiditätsfreisetzung
Staat	Bürgschaften?

Abb. 5.5 Maßnahmen in der finanzwirtschaftlichen Krise

Die Relevanz dieses Tools ergibt sich insbesondere auch daraus, dass die kurzfristige Cash-Flow-Entwicklung die Resultante aus allen wesentlichen unternehmerischen Aktivitäten darstellt.

Mögliche Finanzierungslücken (im Sinne einer Bedrohungsanalyse) sollten in einem Worst-Case-Szenario diagnostiziert werden, sobald die (Roh-)Planungsdaten verabschiedet und eingefroren wurden.

Ein Grund für die empirisch festzustellende Vernachlässigung dieses Tools im Planungs- und Entscheidungsprozess mag darin liegen, dass die Aufgaben der Liquiditätsplanung und -steuerung häufig als sehr operativ und kurzfristig angesehen werden und nicht dem Controller, sondern (vor allem in größeren Unternehmen und in normalen Situationen) dem Treasurer zugeordnet sind. Zudem wird die Liquidität nicht „integriert" geplant, sondern strategische Planungssysteme verzichten häufig auf eine detaillierte und quantifizierte Prognose der Zahlungsmittelströme unter der (meist impliziten) Annahme, dass quasi automatisch die erforderliche Liquidität, etwa im Rahmen von konzerninternen Cash-Pooling-Systemen, zur Umsetzung der Strategie vorhanden ist.

Zudem wird eine Kapitalflussrechnung, wenn von der Unternehmensgröße her erforderlich, als originäre Komponente des Jahresabschlusses gesehen, ist dann also als Ex-post-Darstellung eher von historischem Interesse.

5.2.6 Restrukturierung als Aufgabe des Controllers

Im Rahmen des mit der Globalisierung einhergehenden „Finance Turns" muss der Controller seine Rolle(n) neu definieren, um die ihm zugedachten Aufgaben als „betriebswirtschaftliches Gewissen" des Unternehmens weiterhin erfüllen zu können. Dabei sind derzeit erhebliche Kompetenzlücken festzustellen, die sich auf die folgenden Bereiche erstrecken:[35]

1. Unzureichende Kenntnis des Kapitalmarktes, seiner neuen Akteure und der dort stattfindenden permanenten Produktinnovationen mit einer Fülle komplexer Finanzprodukte (Derivate etc.)
2. Mangelhafte Kenntnis der dem Kapitalmarkt zugrundeliegenden Theorien, wie etwa CAPM[36], Theorien über die optimale Kapitalstruktur, Arbitrage-Pricing-Theorie usw.
3. Mangelnder bzw. nicht vorhandener persönlicher Kontakt zu den agierenden Personen des Kapitalmarktes
4. Mangelnde Kenntnis der Rolle und Bedeutung der Finanzintermediäre, wie Rating-Agenturen, deren Urteilen auch der Mittelstand unterworfen ist und die ggf. die Kapitalkosten drastisch erhöhen oder gar dazu führen, dass wichtige Investitionen als Voraussetzungen langfristigen Wachstums nicht finanziert werden können

Weitere Gründe für die derzeit zu konstatierende Kompetenzlücke des Controllers in Bezug auf finanzwirtschaftliche Entwicklungen/Bedrohungen und damit auch zur Vermeidung einer exogenen finanzwirtschaftlichen Krise liegen in folgenden Sachverhalten:

1. Historisch hat sich das Controlling, zumindest in Mitteleuropa, aus dem internen Rechnungswesen, also der Kosten- und Leistungsrechnung, entwickelt und war deshalb immer stark nach innen in Richtung „Entscheidungsunterstützung für die Geschäftsführung" orientiert. Externe finanzwirtschaftliche Entwicklungen und Diskontinuitäten spielten kaum eine Rolle, sondern es ging etwa bei den im „klassischen" WEG-Symbol[37] veranschaulichten und zusammengefassten Größen um kontinuierlich zu entwickelnde betriebswirtschaftliche, interne Steuerungsinstrumente.
2. Die Finanzierungsbeziehungen des Unternehmens waren über viele Jahre bzw. Jahrzehnte stabil; der Finanzierungsbedarf wurde zuverlässig nur über wenige Partner, insbesondere über die Hausbank, abgewickelt. Es bestand also keine Notwendigkeit, sich intensiv mit den Schnittstellen zum Kapitalmarkt zu befassen.

---

[35] Die Hoffnungen bzw. Erwartungen, dass sich die Kapitalmarktentwicklungen zurückdrehen lassen („Roll Back"), sind wohl Illusion.
[36] Zu diesen Konzepten gehören beispielsweise: das Capital-Asset-Pricing-Modell, die Thesen von Modigliani-Miller zur Irrelevanz der Kapitalstruktur bei einem perfekten Kapitalmarkt, die Arbitrage-Pricing-Theorie (APT), die quantitativen Modelle zur Unternehmensbewertung und zum Shareholder Value usw.
[37] Vgl. dazu die umfangreichen Interpretationen und Konkretisierungen dieses von A. Deyhle eingeführten „Logos", etwa in den diversen Veröffentlichungen des Internationalen Controller Vereins, ICV e. V., Gauting b. München, wo es um die Ausbalancierung der jeweils zu konkretisierenden klassischen Größen Wachstum, Entwicklung und Gewinn geht.

3. Darüber hinaus gibt es auch das Problem, dass alle mit Finanzierung verbundenen Überlegungen und Aktivitäten auf der nächsthöheren Hierarchiestufe durch den CFO, der CEO, den Vorstand oder auch die Gesellschafter „monopolisiert" werden, sodass der Controller in diese Prozesse gar nicht eingebunden wird. Nach landläufiger Meinung soll der Controller „Investor Relations" nicht betreiben, obwohl ein enger Kontakt zur Financial Community zur frühzeitigen Erkennung und Abwendung von Financial Distress eigentlich notwendig wäre.
4. Das Tagesgeschäft lastet den Controller meist voll aus, sodass letztlich immer auch ein Kapazitätsproblem in Bezug auf die Aneignung von konkretem, krisenbezogenem und kapitalmarktorientiertem Wissen vorhanden ist. Weitere Herausforderungen ergaben sich auch aus der häufigen Änderung von Regulierungen und Vorschriften (z. B. Sarbanes-Oxley-Act oder das deutsche Kontrag-Gesetz, Einführung BilMoG) oder aus der Einführung komplexer EDV-Systeme, sodass häufig die Motivation zur Beschäftigung mit finanzwirtschaftlichen Themen nicht vorhanden war oder ist.

Da sich die Prioritäten in der Krise (klassisch oder finanzwirtschaftlich) ändern, muss ggf. das Tagesgeschäft vernachlässigt werden.

5.2.7 Unternehmenswertorientiertes Controlling in der Krise

Grundsätzlich sind heute ertrags- bzw. cash-flow-orientierte Methoden der Unternehmensbewertung etabliert und „State of the Art".

Das grundlegende Verständnis des Controllers für diese gängigen Instrumente der Unternehmensbewertung sollte nicht darüber hinwegtäuschen, dass die Ermittlung eines neutralen, also intersubjektiv nachvollziehbaren Unternehmenswertes in der Krise auf große methodische Barrieren stößt:

Einerseits sind etwa die diskontierten kumulierten freien Cash Flows bzw. Erträge bei Krisenunternehmen eher gering, zudem ist der anzuwendende Diskontierungszinssatz aufgrund des extrem hohen Risikos hoch. Ebenfalls wird eine Unternehmensbewertung für das Unternehmen „wie es steht und fällt" erstellt, sodass die möglicherweise anstehenden, gravierenden finanz- oder leistungswirtschaftlichen Restrukturierungswirkungen und -aufwendungen nicht berücksichtigt werden dürfen.

Dies führt regelmäßig dazu, dass die (Alt-)Eigentümer dem Controller Illoyalität vorwerfen, wenn sich aus der von ihm mitgetragenen oder erstellten Rechnung ein zu geringer Unternehmenswert ergibt. Ältere, substanzwertorientierte Methoden der Bewertung helfen auch nicht weiter.

Die eigentlich elementare Steuerungsgröße „Unternehmenswert" lässt sich also in der Krise mangels Methodik auf Seiten der (Alt-)Gesellschafter (also der potenziellen Verkäufer) systematisch nicht ermitteln, sondern der Wert/Übernahmepreis des Unternehmens bei „Distressed M&A" (ergo: Notverkauf) ergibt sich aus den Angeboten des Marktes, also der darauf spezialisierten Hedge Fonds etc. mit den Pre- und Post-Money-Bewertungsmodellen.

5.3 Adressaten eines Krisencontrollings

5.3.1 Die Akteure in der Krise

Die Verhältnisse und die Rollen der Akteure können sich infolge einer exogenen Finanzkrise schnell ändern; zudem verschiebt sich unverhofft die Grenze zwischen Fremdkapital-, Mezzaninen- und Eigenkapitalgebern, etwa durch Nichterfüllung von Covenants mit anschließenden, massiven juristischen Folgen. So werden plötzlich durch einen unerwarteten Debt-Equity-Swap aufgrund des Nichterfüllens von Covenants „Betroffene" zu „Beteiligten" bzw. zu „Unternehmern" mit unvorhersehbaren Folgen für den Controller (und natürlich auch für die „alte" Geschäftsführung).

Insofern ist der Controller, insbesondere auch in der Finanzkrise, mit einer Vielzahl von neuen Akteuren konfrontiert, deren Absichten, Interessenlagen und Einflussmöglichkeiten er nur schwer einschätzen kann (Abbildung 5.6).

Spätestens in der akuten Liquiditätskrise werden externe Consultants, meist auf Druck der Fremdfinanziers/Banken eingeschaltet, die mit der Erstellung eines umfassenden Sanierungsgutachtens (siehe oben) beauftragt werden und die über „Empfehlungen" eine implizite, interimistische faktische Geschäftsführung im Auftrag der Banken ausüben, vor der sich diese wegen des dadurch drohenden unfreiwilligen Debt-Equity-Swaps hüten müssen.

In diesem Prozess hat der Controller lediglich eine „dienende" Rolle als Lieferant der quantitativen Ist-Daten, die dann von den Beratern interpretiert und/oder modifiziert werden. Die betriebswirtschaftliche Interpretationskompetenz wird ihm abgesprochen, und erfahrungsgemäß ist sein betriebswirtschaftlicher Sachverstand nicht gefragt, weil er automatisch zur Kategorie der „Verursacher der Krise" (also Mittäter) gerechnet wird, selbst wenn er die entsprechenden Warnungen vor einer zu geringen Eigenkapitalquote etc. laut und vernehmlich ausgesprochen haben sollte.

Eine Solidarität mit der (meistens bald abgelösten) alten Geschäftsführung kostet ihn ggf. den Job, sodass er eigentlich nur als Wendehals im Unternehmen überleben kann. Wenn aber die alte Geschäftsführung und/oder die alten Eigentümer wider Erwarten (was gar nicht so selten ist) nicht abgelöst bzw. ersetzt werden, dann schieben diese die Schuld bequem auf den Controller mit entsprechenden Folgen.

Der seit einigen Jahren häufig anzutreffende Chief Restructuring Officer (CRO) wird meistens über die Fremdfinanziers und die ihnen als Erfüllungsgehilfen dienenden Consultants etabliert und ersetzt den „alten" CFO und/oder den „alten" CEO. Da dieser unter enormem Erfolgsdruck steht, führt dies häufig zu unerfüllbaren Anforderungen und unrealistischen Zielsetzungen an das Controlling bzw. den Controller, und der Schuldige ist, bei einem Scheitern der Sanierungsbemühungen durch den CRO, leicht gefunden.

Destruktive Konflikte zwischen CRO und Controller kommen deshalb in der Praxis immer wieder vor, zumal ein „mangelhaftes" Controlling fast immer (auch in der exogenen finanzwirtschaftlichen Krise) als wesentliche Krisenursache identifiziert wird.

5.3 Adressaten eines Krisencontrollings

Abb. 5.6 Die Akteure in der finanzwirtschaftlichen Krise

Der Spagat zwischen divergierenden Interessen verschärft sich in „Distressed-M&A"-Situationen, indem über Stärken und Schwächen des Unternehmens, Zukunftsperspektiven, Maßnahmen, Kaufpreisvorstellungen und sonstige Konditionen völlig kontroverse Vorstellungen herrschen.

Auch für das Insolvenzverfahren (als eigentlich zu vermeidender Worst Case) sieht etwa das in 2012 in Deutschland in Kraft getretene ESUG-Gesetz vor, dass Debt-Equity-Swaps zur Rettung von Unternehmen als Sonderform von Distressed-M&A auch im Insolvenzverfahren ermöglicht werden, sodass die Zahl der gewollten Debt-Equity-Swaps deutlich zunehmen wird.[38]

Die derzeit vorhandenen Controllingkonzeptionen bieten kaum Orientierungspunkte: In allen gängigen Controllingkonzeptionen[39] ist durchgehend eine ganz enge Kooperation mit der Unternehmensführung erforderlich. Die implizite Annahme ist, dass die Kompetenzen klar getrennt sind zwischen Eigentümern/Aktionären und Geschäftsführung/Vorstand, etwa wie in einer deutschen AG. Der Controller ist damit unmittelbar der Geschäftsführung verantwortlich und nicht den Eigentümern oder den Mezzaninen- und Fremdfinanziers und auch nicht dem CRO, der manchmal nur als „Nebengeschäftsführer" ohne klar definierte organschaftliche Verantwortung etabliert wird, sich aber meist in der Rolle als echter Geschäftsführer sieht.

---

[38] Vgl. ESUG: Gesetz zur weiteren Erleichterung der Sanierung von Unternehmen (2012).
[39] Zu diesen Ansätzen gehören: der informationsorientierte, der koordinationsorientierte und der rationalitätssichernde Controlling-Ansatz (in Deutschland auf akademischer Seite etwa vertreten durch Thomas Reichmann, Peter Horvath und Jürgen Weber).

Daraus ergeben sich die Fragen:

1. Wie geht der Controller mit seinem Insiderwissen um?
2. Wie beantwortet er die häufig direkt an ihn gestellten Informationswünsche vor dem Hintergrund, dass diese möglicherweise von den neuen Eigentümern oder anderen Finanziers gestellt werden, wenn der Eigentumsübergang juristisch noch nicht vollzogen ist und wenn er befürchtet, dass er bei Nichterfüllen der Wünsche nach vollzogenem Eigentumsübergang gefeuert wird?

Die Geschäftsführungskompetenzen werden damit schleichend ausgehöhlt; es findet teilweise faktische Geschäftsführung über ein Bündel von kaum durchschaubaren Covenants und subtile Drohungen seitens der Finanzakteure statt, sodass der Controller sich schnell „zwischen allen Stühlen" wiederfindet.

Der Controller wird von den externen Finanzakteuren häufig als (gefügig zu machende) passive Informationsquelle angesehen, die durch allerlei Versprechungen und Drohungen zu beeinflussen ist; eine Steuerungsfunktion wird ihm nicht zuerkannt, weil alle wesentlichen (Finanz-)Parameter extern durch den Beteiligungscontroller interpretiert werden und wichtige Entscheidungen dadurch von außen determiniert werden. Außerdem sind häufig nur die Parameter relevant, die sehr kurzfristig (d. h. im Laufe einiger Monate) zu einem Vorteil für die Finanziers führen können.

Die Forderung nach völliger Transparenz für die Stakeholders und für die Finanzintermediäre kann für den Mittelstand in D-A-CH nicht die Lösung sein, da es evident ist, dass die Wettbewerbsstärke des Mittelstandes auch davon abhängt, dass nicht alle (finanz- und leistungswirtschaftlichen) Fakten, Planungen etc. permanent und sofort (also quasi als Ad-hoc-Mitteilungen) veröffentlicht werden. Das finanzwirtschaftlich vollständig transparente Unternehmen bildet wohl die Vision für Eigen- und Fremdkapitalgeber und für Finanzintermediäre, obwohl andererseits klar ist, dass „totale" Transparenz in Bezug auf Unternehmen nicht per se erstrebenswert ist, weil diese letztlich in einem auf nachhaltigen Wettbewerbsvorsprüngen beruhenden marktwirtschaftlichen System den Wettbewerb unmöglich macht bzw. zerstört.[40] Die Schaffung einer neuen Balance zwischen der im gesellschaftlichen Megatrend liegenden Forderung nach Transparenz und dem völlig berechtigten Interesse des Unternehmens nach Schutz wettbewerbsrelevanter (finanzwirtschaftlicher) Daten zum Aufbau von Alleinstellungsmerkmalen ist erforderlich.

5.3.2 Der Controller als Krisen-Berater

Der Controller ist gezwungen, sich mit einer Vielzahl von neuen, finanzwirtschaftlichen Methoden auseinanderzusetzen, die allesamt nicht die leistungswirtschaftliche Rendite erhöhen.

---

[40] Vgl. hierzu: Artikel von Han, B.-C., 2012, S. 1–5.

5.3 Adressaten eines Krisencontrollings

Seine Rolle als Berater und Coach des CFO oder der Geschäftsleitung in finanzwirtschaftlich turbulenten Zeiten lässt sich am besten über eine (nicht vollständige) Darstellung der Herausforderungen definieren:

1. Finanzierungskontrakte werden nicht ausgereicht, schnell gekündigt oder nicht verlängert ohne Rücksicht auf die Konsequenzen für das Unternehmen und ergeben dadurch „Financial Distress". Zudem werden durch die Mischformen der Finanzierung die unternehmerische Verantwortung und die Verantwortung der Eigentümer verwässert.
2. In der exogenen finanzwirtschaftlichen Krise wird das für erforderliche (Re-)Finanzierungen zur Verfügung stehende Zeitfenster kürzer.
3. Die Finanzierungsstruktur wird unübersichtlich, das Management der unterschiedlichen Gesellschafter bzw. Gläubiger wird extrem aufwändig. Die divergierenden Interessen der verschiedenen Finanziers sind zudem nur schwer auf eine Linie zu bringen und zu koordinieren, also zu „poolen", um die Verhandlungen in Krisensituationen zu erleichtern.
4. Finanzierungen werden schwieriger und teurer, auch in prosperierenden Unternehmen und Branchen. Neue Finanzierungen werden kaum noch ausgereicht („Kreditklemme"), weil das klassische „Kleingeschäft" mit den KMU und mit „langweiligen" Krediten nicht die schnellen Renditen des Investmentbanking ermöglicht.
5. Der Finanzierungshorizont wird insgesamt kurzfristiger und erfordert deshalb mehr Aufmerksamkeit durch den Controller und den CFO.
6. Die Finanziers mischen sich verdeckt über Covenants in die Geschäftsführung ein und bereiten so einen gewollten „Distressed-M&A-Prozess" vor.
7. Die Finanziers müssen quasi permanent und in Echtzeit mit Informationen gefüttert werden, sodass der Druck auf den Controller steigt.
8. Klassische Banken verstecken sich hinter den (weitgehend unregulierten) und von ihnen finanzierten Ersatz-Banken, wie etwa den Hedge Fonds.
9. Die Finanzindustrie versteckt sich hinter ihren eigenen Rating-Systemen, um Kreditkosten auch bei voll dinglich besicherten Krediten nach oben zu treiben. Die eigentlich für die Kreditinstitute geschaffenen Regeln wie Basel II und Basel III treffen in ihren Wirkungen auch die finanzierten Unternehmen und wirken wie Brandbeschleuniger, indem sie die Finanzierungen verteuern oder unmöglich machen.
10. Bei über Private Equity finanzierten Unternehmen besteht die Gefahr, Opfer eines schnellen M&A-Deals zu werden, der im Rahmen der Exit-Strategie durchgeführt wird.
11. Der typische Private-Equity-Finanzierer und auch Hedge Fonds blicken durch die Portfolio-Brille auf das Unternehmen: Eigentümlichkeiten und Besonderheiten, die eigentlich jedes erfolgreiche Unternehmen auszeichnen, fallen durch dieses Raster; damit fällt die Möglichkeit weg, die jeweilige besondere Situation als Einzelfall, sozusagen idiographisch, darzustellen und zu erklären.

Die Frage der erzwungenen und regelmäßigen Offenlegung der gesamten finanzwirtschaftlichen Position eines Unternehmens durch den Controller, beispielsweise im Rahmen des monatlichen Reportings, wird viel zu wenig thematisiert: Die totale Transparenz führt möglicherweise zu Wettbewerbsnachteilen, gerade auch weil die finanzwirtschaftliche Situation und die Planungsdaten eines KMU eigentlich schützenswerte und vertrauliche Informationen enthalten. So sind Banken und Private-Equity-Finanziers häufig auch bei Wettbewerbern engagiert mit entsprechenden Effekten.

Andererseits ist die Interpretation der gelieferten Daten meist vertraulich, sodass es kein Feedback in Bezug auf subjektive Einschätzungen und Bewertungen der unterschiedlichen Systeme gibt, aber auch die Ergebnisse der vorgeblich „objektivierten" Rating-Systeme, mit denen Banken, Sparkassen, PE-Häuser etc. arbeiten, sind nicht nachvollziehbar.

Zu den Absurditäten des Ratings gehört es überdies, dass dinglich voll besicherte Kredite, bei denen also das Ausfallrisiko des Kreditgebers bei „Null" liegt, überhaupt geratet werden. Dies geschieht wohl vor allem deshalb, um die Kreditkosten in die Höhe treiben zu können.

5.3.3 Implikationen des modifizierten deutschen Insolvenzrechts für den Controller

Trotz intensiver Bemühungen lässt sich eine Insolvenz in bestimmten Konstellationen nicht abwenden. Die akute Krise wird wegen des Vorliegens von Insolvenzgründen, also drohender Zahlungsunfähigkeit, eingetretener Zahlungsunfähigkeit und/oder eingetretener Überschuldung (wenn die Zahlungsfähigkeit nicht sichergestellt ist) zur Insolvenz.[41]

Mit der Insolvenzbeantragung war in der Vergangenheit häufig ein schwerwiegender „Makel" für Geschäftsführung, Management und den/die Controller verbunden. Der Reputationsverlust der Akteure des insolventen Unternehmens bei Gläubigern und Kunden war regelmäßig hoch. Zugleich drohte ein totaler „Kontrollverlust" wegen des jeweils eingesetzten (vorläufigen) Insolvenzverwalters, dessen Verhalten und Entscheidungen aufgrund seiner persönlichen Logik unberechenbar waren.

Insolvenzanträge wurden deshalb spät oder „zu spät" gestellt, sodass Handlungsoptionen aufgrund fehlender Zeit und verbrauchter finanzieller Reserven nicht mehr in ausreichendem Maße vorhanden waren.

Das führte auch für die Gläubiger als Stakeholders, deren Forderungen letztlich durch ein Insolvenzverfahren (unabhängig von der konkreten Ausgestaltung des Verfahrens als Regelinsolvenz oder Insolvenzplanverfahren) bestmöglich realisiert werden sollten, zu unbefriedigenden Verhältnissen. Die Wertvernichtung zu deren Lasten war in den meis-

---

[41] Zurzeit liegt der IDW ES 11 als Entwurf vor, in dem das Vorliegen von Eröffnungsgründen konkretisiert und operationalisiert wird.

ten Fällen zu hoch und nicht akzeptabel. Mit dem Ende des Unternehmens war häufig gleichfalls auch ein Totalverlust der Arbeitsplätze verbunden.

Diese Schwächen der deutschen Insolvenzordnung sollen durch das am 01.03.2012 in Kraft getretene ESUG-Gesetz[42] behoben werden. Die Absicht des Gesetzgebers war es, in Deutschland eine neue Insolvenzkultur zu schaffen: Die Fortführung des insolventen Unternehmens soll erleichtert, dessen Arbeitsplätze sollen, soweit möglich, erhalten werden.

Der Leitgedanke dieses Verfahrens könnte lauten: „Saniere dich selbst".[43]

Das Oberziel der Insolvenzordnung (§ 1 InsO) hat sich durch das ESUG aber nicht geändert, denn letztlich soll weiterhin die bestmögliche „Quote" für die Gläubiger, also die Minimierung ihres Schadens, ermöglicht werden.

Erste Erfahrungen zeigen, dass die Modifikationen der Insolvenzordnung durch das ESUG in Bezug auf

- Stärkung der Eigenverwaltung,
- Einrichtung eines Schutzschirmverfahrens und
- Stärkung der Gläubigerrechte und -autonomie

auch die Aufgaben und Rollen des Controllers im (insolventen) Unternehmen verändern werden.

a) „Bescheinigung" und Schutzschirmverfahren

Zur Beantragung eines Insolvenzplanverfahrens als „Schutzschirmverfahren" ist die Vorlage einer „Bescheinigung"[44] erforderlich, zu deren konkreter Ausgestaltung es mittlerweile einen eigenen Standard gibt.[45] Diese Bescheinigung eines externen Gutachters muss im Wesentlichen Aussagen darüber enthalten, dass einerseits eine Zahlungsfähigkeit noch nicht eingetreten ist (sondern nur droht) und dass andererseits eine Sanierung des Unternehmens „nicht offensichtlich aussichtslos" ist. Das Schutzschirmverfahren erlaubt dann dem Unternehmen in (vorläufiger) Eigenverwaltung unter der Aufsicht eines „Sachwalters" innerhalb eines Zeitraums von drei Monaten einen detaillierten Insolvenzplan als Sanierungsplan vorzulegen. Es bleibt in diesem Zeitraum frei von Vollstreckungsmaßnahmen seitens der Gläubiger.

Während dieses Zeitraums ist der Controller in mehrfacher Hinsicht gefordert:

---

[42] Vgl. die Änderungen der Insolvenzordnung (InsO) durch das ESUG, „Gesetz zur weiteren Erleichterung der Sanierung von Unternehmen"; die wesentlichen Regelungen sind am 01.03.2012 in Kraft getreten.
[43] Vgl. den Artikel in der Financial Times Deutschland, FTD, v. 09.01.2012.
[44] Bescheinigung gemäß § 270b Abs. 1 Satz 3 der Insolvenzordnung (InsO).
[45] Vgl. IDW-Standard S 9 (gültig seit 2014).

Er muss unter hohem Zeitdruck mit großer Sorgfalt die erforderliche Liquiditätsvorschau[46] vorbereiten und dem Gutachter zur detaillierten Prüfung vorlegen; Maßnahmen zur kurzfristigen Verbesserung der Liquidität können ebenfalls entwickelt und einbezogen werden. Dadurch gelingt möglicherweise der Nachweis, dass die Zahlungsunfähigkeit nicht bereits eingetreten ist (wobei nur maximal 10 der fälligen Verbindlichkeiten nicht bedient werden dürfen) und dass für einen angemessenen Zeitraum die Liquidität gesichert ist.

Gleichfalls muss der Controller die zentrale Aussage, dass die Sanierung des Unternehmens „nicht offensichtlich aussichtslos ist", durch entsprechende betriebswirtschaftliche und leistungswirtschaftliche Analysen, die er in Zusammenarbeit mit dem CFO und der Geschäftsführung rechtzeitig vor der Antragstellung durchführt, stützen.

Das Unternehmen erstellt also (auch mit externer Hilfe, wenn das interne Know-how und die personelle Kapazität zu gering sind) frühzeitig die Eckdaten für ein Sanierungskonzept nach seinen eigenen Vorstellungen. Diese Eckdaten können dann umgehend in ein Sanierungs-(Grob)-Konzept einfließen, das der Gutachter zu bewerten hat, damit er zu einer fundierten Aussage über die Sanierungsaussichten gelangen kann.

b) Eigenverwaltung

Die Bestrebungen, das insolvente Unternehmen in Eigenverwaltung fortzuführen, werden durch das ESUG gestützt; die Geschäftsführung bleibt, ggf. verstärkt durch einen erfahrenen CFO/CRO, im Amt, und das insolvente Unternehmen behält seine Autonomie und kann selbstständig (unter der Kontrolle eines Sachwalters) weiter disponieren, also z. B. seine Produktion ohne Unterbrechungen fortsetzen, indem es die notwendigen Roh-, Hilfs- und Betriebsstoffe weiterhin autonom ordert.

Ebenfalls bleibt das interne und externe Rechnungswesen „selbstständig"; die eigene Rechnungslegungs- und Buchführungspflicht bleibt bestehen.

Bei der Erstellung des Insolvenzplanes ist die Mitarbeit des Controllers sowohl beim „Darstellenden Teil" (dem eigentlichen Sanierungskonzept gemäß § 220 InsO) als auch beim „Gestaltenden Teil", der gemäß § 221 InsO die Eingriffe in die Rechte der Gläubiger festlegt, erforderlich.

Zur Beschleunigung bietet sich auch an, einen sogenannten „Prepackaged Plan" vorzubereiten, d. h. bei Antragstellung ist der Insolvenzplan schon (fast) fertig und wird dem zuständigen Gericht vorgelegt.

Das Sanierungs(fortschritts)controlling erhält bei Eigenverwaltung einen besonderen Stellenwert; auch bei diesen Aufgaben ist der Controller gefordert und versorgt den CFO/CRO und den Gläubigerausschuss mit allen relevanten Informationen, z. B. durch 14-tägiges Reporting.

---

[46] Als umfassender Leitfaden zur Erstellung einer Liquiditätsplanung kann generell der Standard IDW PS 800 dienen; die „Reichweite", also der Zeithorizont der Finanz-/Liquiditätsplanung ist nicht klar definiert, sollte aber den Zeitraum umfassen, der erforderlich ist, bis das Unternehmen seine Insolvenzverpflichtungen voll erfüllt hat.

Das Controlling in der Insolvenz muss funktionieren und basiert auf dem von der Gläubigerversammlung genehmigten Insolvenzplan und auf einer umfassenden Unternehmensplanung, die alle „ordentlichen" und „außerordentlichen" (= insolvenzbedingten) Effekte berücksichtigt und quantifiziert.

c) Gläubigerautonomie/Kommunikation
Der Stärkung der Gläubigerrechte kommt im Rahmen des ESUG eine hohe Bedeutung zu. Dazu kann frühzeitig ein Gläubigerausschuss eingerichtet werden, der „autonom" z. B. über die Person des (vorl.) Verwalters/(vorl.) Sachwalters und auch über die Einrichtung einer Eigenverwaltung entscheiden kann.

Deshalb sollte das Unternehmen frühzeitig, also schon einige Wochen vor Insolvenzantragstellung, mit den wesentlichen Gläubigern Gespräche führen, um sie für die angestrebte Lösung zu gewinnen und um sie nicht durch die Antragstellung völlig zu überraschen. Der Controller sollte dazu die entsprechende quantitative Datenbasis liefern und auch, entsprechende Fachkenntnis vorausgesetzt, frühzeitig Szenario-/Vergleichsrechnungen aus der Sicht der Gläubiger vorbereiten.

Diese haben den Zweck, die Vorteilhaftigkeit einer Insolvenzplanlösung (ggf. in Eigenverwaltung mit/ohne Schutzschirmverfahren) gegenüber den Alternativen

- Liquidation (= Ende bzw. Auflösung des Unternehmens) und
- übertragende Sanierung (Übertragung der überlebensfähigen Teile des Unternehmens auf einen neuen Rechtsträger) aus der **Sicht der Gläubiger**

darzulegen.

5.4 Thesen zur Rolle des Controllers als Berater im Restrukturierungsprozess

Angesichts der oben dargestellten Entwicklung ist von folgenden Implikationen für die Arbeit des Controllers auszugehen:

1. Die mit Corporate Finance verbundenen (Mega-)Trends sind für den Controller und die betroffenen KMU klassische Diskontinuitäten im Sinne Ansoffs: Sie sind kaum vorhersagbar und treffen das Unternehmen meist zu wenig vorbereitet, dafür aber mit voller Wucht. Mit dem diffusen Terminus „Kreditklemme" sind diese Trends nur unzureichend beschrieben.
Auch leistungswirtschaftlich eigentlich gesunde Unternehmen können durch finanzwirtschaftliche Entwicklungen bzw. Entscheidungen quasi „über Nacht" in Restruk-

turierungssituationen geraten, die schnell zu Liquiditätsproblemen führen können[47], wenn die Finanziers aufgrund divergierender Interessen ihre Engagements reduzieren oder gar aufkündigen oder eine dringend benötigte Expansionsfinanzierung verweigern.
2. Damit wird das Management der finanzwirtschaftlichen Herausforderungen im Rahmen der vom Controller wahrzunehmenden Aufgaben viel anspruchsvoller und komplexer.
3. Auf das Management der (Mega-)Trends in der Corporate Finance ist der Controller nicht ausreichend vorbereitet. Ihm fehlt vor allem das Insiderwissen in Bezug auf Schnittstellen der Corporate Finance mit dem Kapitalmarkt, sodass er nicht auf Augenhöhe mit den Akteuren agieren und verhandeln kann.
4. Die Toolbox des Controllers zur Abwehr der finanzwirtschaftlichen Diskontinuitäten ist noch nicht ausreichend mit Instrumenten zur Gegensteuerung gefüllt. Insgesamt muss die Abhängigkeit von volatilen, unberechenbaren Finanzmärkten reduziert werden.
5. Innovative Finanzierungsformen zwischen den Unternehmen des Mittelstandes unter Umgehung und/oder Ausschaltung der Kapitalmarktakteure (beispielsweise „Kreditgenossenschaften") sind ebenfalls zu entwickeln.
6. Ein „Financial Slack", also tendenziell eine Überfinanzierung, kann die Folgen finanzwirtschaftlicher Bedrohungen abmildern und zumindest Zeit kaufen, die erforderlich ist, um etwa den Ausfall einer mezzaninen Finanzierung auszugleichen.
7. Bei nicht-abwendbarer Insolvenz wird der Controller, gerade auch in der möglichen Eigenverwaltung des fortgeführten, insolventen Unternehmens in Folge des ESUG, noch wichtiger als bei „normalem" Geschäftsverlauf ohne Insolvenz. Für diese Aufgaben ist er derzeit wenig qualifiziert und nicht ausgebildet.
8. Der Controller wird von der Geschäftsführung, aber auch von den Gesellschaftern zu wenig in Corporate-Finance-Themen eingebunden und ist durch das Tagesgeschäft, also durch die Beschäftigung mit den „klassischen", eher leistungswirtschaftlich orientierten Aufgaben, ausgelastet. Es existiert derzeit ein gravierendes Kapazitäts- und Kompetenzproblem im Controlling.

Der desaströse Zustand der produzierenden Industrie in Großbritannien – trotz vorgeblich exzellent funktionierender Kapitalmärkte und Finanzierungsinstrumente – mag als Menetekel für Mitteleuropa gelten – in einem globalisierten leistungswirtschaftlichen Wettbewerb muss dem Schumpeter'schen Herrn wieder absolute Priorität eingeräumt werden; Finanzwirtschaft hat in diesem Kontext eine dienende Funktion und darf kein Selbstzweck sein.

Dieser Maxime sollten sich alle Controller verpflichtet fühlen. Die Frage der operativen Verantwortung des Controllers in schwierigen Umbruchsituationen stellt sich vor dem Hintergrund der oben genannten Herausforderungen stets neu.

---

[47] Liquiditätsprobleme sind quasi automatisch mit den Tatbeständen der „drohenden" oder der „akuten" Zahlungsunfähigkeit verbunden, die auch in Österreich und der Schweiz eine Insolvenz auslösen.

5.5 Literatur

[1] Achleitner, A.-K./Wahl, S. (2003): Corporate Restructuring in Deutschland, Sternenfels.
[2] Drucker, P. (1969): The Age of Discontinuity, New York, USA.
[3] ESUG: Gesetz zur weiteren Erleichterung der Sanierung von Unternehmen, veröffentlicht am 13.12.2011 im Bundesgesetzblatt, Jahrgang 2011, Teil I Nr. 64.
[4] Fälligkeit Standard Mezzanin, Herausforderung für den Mittelstand? Studie im Auftrag des Bundesministeriums für Wirtschaft und Technologie, PricewaterhouseCoopers, ohne Ort, Januar 2011.
[5] Gerke, W./Pellens, B. (o. J.): Pension provisions, pension funds and the rating of companies, Bochum und Nürnberg.
[6] Gleißner, W. (2006): Notwendigkeit zukunftsorientierter und planungskonsistenter Kapitalkosten. In: Globalisierung und Wirtschaftswachstum mittelständischer Unternehmen (Tagungsband XV, Universität Rostock), S. 71–80.
[7] Groß, P./Amen, M. (2003): Rechtspflicht zur Unternehmensplanung? in: Die Wirtschaftsprüfung, Nr. 21, S. 1161–1180.
[8] Han, B.-C. (2012): Transparent ist nur das Tote. In: Zeit-Online, 12.1.2012, S. 1–5.
[9] Horvath, P. (2009): Controlling, München.
[10] Institut der Wirtschaftsprüfer e. V. (2011): IDW-Standard S 6: Anforderungen an die Erstellung von Sanierungskonzepten, Stand: 20.08.2012, IDW Standard PS 800: Beurteilung eingetretener oder drohender Zahlungsunfähigkeit bei Unternehmen, Stand: 06.03.2009, IDW ES 11: Beurteilung des Vorliegens von Insolvenzeröffnungsgründen, Stand: 20.6.2014.
[11] Jensen, M. (1968): The Performance of Mutual Funds in the Period 1945–1964. In: Journal of Finance, 23(2), S. 389–416.
[12] Korteweg, A. G. (2007): The Cost of Financial Distress across Industries, Research Paper, Stanford, USA.
[13] Lhabitant, F. (2003): Hedge Funds, Chichester, England.
[14] Mackenzie, B./Coetsee, D./Njikazawa, T./Chamboko, R./Colyvas, B. (2012): Interpretation and Application for International Accounting Standards, Hoboken, NJ, USA.
[15] Mehra, R./Prescott, E. C. (1985): The Equity Premium: A Puzzle, Journal of Monetary Economics 15(2), S. 145–161.
[16] Modigliani, F./Miller, M. (1958): The Cost of Capital. In: The American Economic Review, No 48, S. 261–297.
[17] Stern Stewart Research, Vol. 36 (2008): Vom Conglomerate Discount zum Management Added Value, o. Verf., München.
[18] Sharpe, W. (1994): The Sharpe Ratio. In: Journal of Portfolio Management, S. 49–58, Fall 1994.
[19] Spreemann, K. (o. J.): Rendite und Wirtschaftsentwicklung, St. Gallen, Schweiz.
[20] Weber, J. (2004): Einführung in das Controlling, 10. Auflage, Stuttgart.
[21] Wruck, K. H. (1990): Financial Distress, reorganization, and organizational efficiency, Journal of Financial Economics, Vol. 27, S. 419–444.

6 Die Rolle des Controllings im Wandel der Sourcing-Funktion

Prof. Dr. Sören Dressler

6.1	Einleitung	97
6.1.1	Neue Anforderungen an die Sourcing-Funktion	98
6.1.2	Ziel und Vorgehen des Beitrags	99
6.2	Begriffliche Abgrenzung und methodische Grundlagen	100
6.2.1	Neues Verständnis der Wertschöpfungstiefe	100
6.2.2	Fokus auf Kernkompetenzen	101
6.2.3	Das klassische und moderne Verständnis der Sourcing-Funktion	102
6.2.4	Die Rolle des Controllings im Sourcing-Prozess: (Neu-)Erfindung des Einkaufscontrollings	103
6.3	Herausforderungen für das Sourcing von Dienstleistungen	104
6.3.1	Vergleich: Sourcing von physischen Gütern vs. Dienstleistungen	105
6.3.2	Shared Services und Business Process Outsourcing	107
6.3.3	Globales Sourcing von Service-Leistungen	111
6.4	Entwicklung eines Konzepts für die Controlling-Unterstützung des Sourcing-Prozesses	112
6.4.1	Die Rolle des Controllings im Wandel der Sourcing-Funktion	113
6.4.2	Baselining & Benchmarking	113
6.4.3	Entwicklung eines Preismodells für Serviceleistungen	116
6.4.4	Performance Tracking des Outsourcers durch Key Performance Indicators	118
6.5	Zusammenfassung und Ausblick	120
6.6	Literatur	121

6.1 Einleitung

Sourcing-Entscheidungen werden zunehmend komplexer. Für die Beschaffung erfolgskritischer Rohstoffe, Materialien oder Komponenten ist mittlerweile eine eigene Disziplin entstanden, das strategische Beschaffungsmanagement bzw. Strategic Sourcing. Durch die zunehmende Differenzierung von Wertschöpfungsketten entstehen aber auch neue Herausforderungen für das Sourcing: Waren es früher vornehmlich physische Güter, die im Fokus der Beschaffungsaktivitäten standen, so ist zunehmend die Beschaffung von Dienstleistungen von zentraler Bedeutung. Dabei werden nicht nur vor- und nachgelagerte Wertschöpfungsaktivitäten verstärkt extern beschafft, wie beispielsweise die Inbound-Logistik, das Distributions- oder das Kunden- und Beschwerdemanagement. Auch klassische Unterstützungsprozesse wie das Finanz- und Rechnungswesen, das Personalwesen oder die IT sind längst nicht nur interne Services. Immer häufiger wird auch für diese Art von Dienstleistungen ein externer Partner gewählt, der diese Prozesse partiell, aber auch als umfassende End-to-End-Prozesse übernimmt. Für die Unternehmen entsteht hieraus eine erhebliche Herausforderung: die Identifikation und Auswahl geeigneter Partner sowie die vertragliche Bindung und Organisation der Zusammenarbeit mit diesen. Die Anforderungen an das Sourcing von strategischen Dienstleistungen sind folglich häufig deutlich höher und komplexer als bei der Beschaffung von rein physischen Gütern, da eine viel engere Verzahnung mit den unternehmensinternen Prozessen erforderlich ist und diese Einkaufsentscheidungen nicht regelmäßig, sondern oftmals nur in unregelmäßigen Intervallen erfolgen. Der klassische Einkauf mit seinem Fokus auf die Versorgung der Produktionsprozesse ist mit diesen Herausforderungen zumeist überfordert – das Controlling ist im Wandel der Sourcing-Funktion gefordert.

6.1.1 Neue Anforderungen an die Sourcing-Funktion

Die klassische unternehmerische Einkaufsfunktion hat sich in den vergangenen zwei Dekaden grundlegend verändert. Aus dem einfachen Einkäufer von vorwiegend physischen Produkten für den Produktionsprozess sind mitunter höchst strategisch agierende Sourcer geworden. Unter Anwendung von Volumenbündelung und Benchmarks werden heutzutage strategische Partnerschaften geschlossen, die eine wesentlich engere Verzahnung der vertikalen Wertkette erlauben und neben Kostenvorteilen auch die Umsetzung moderner Supply-Chain-Konzepte wie Just-in-Time oder Kanban unterstützen.[1] Bei produktivem Material oder Komponenten liegen die Vorteile auf der Hand: Durch die Zusammenarbeiten mit einigen wenigen sogenannten bevorzugten Lieferanten (preferred Suppliers) entfällt der fortlaufende Aufwand, den jeweils besten Bieter identifizieren zu müssen, Qualitätsstandards zu sichern und sich gegen Lieferantenausfall absichern zu müssen. Zudem sind die Abstimmung und Integration in den jeweiligen Produktionsprozess einfacher und Optimierungspotenziale können effektiver realisiert werden.[2] Das Strategic Sourcing hat sich oftmals als Kernkompetenz zum Managen der Schnittstelle zwischen Produktion und externen Lieferanten etabliert.

Es hat lange gedauert, bis sich in den Unternehmen die Erkenntnis durchgesetzt hatte, dass eine dedizierte Einkaufsfunktion mit strategischer Ausrichtung sinnvoll ist. Die produzierenden Bereiche haben in der Vergangenheit lieber ihr Material selber beschafft. Hier hat sich die Funktionstrennung bewährt. Die Produktion produziert, der Einkauf

---

[1] Vgl. Orths, H., 2003, S. 78 ff. und Wassermann, O./Schwarzer, M., 2012, S. 22.
[2] Vgl. Orths, H., 2003, S. 128 f.

beschafft. Eine ähnliche Diskussion findet sich heute bei der Beschaffung indirekter Güter oder Fremdleistungen. Auch hier würden die produzierenden Bereiche gern selbst entscheiden, wer als Dienstleister z. B. Wartungsarbeiten, Bereitstellung von IT oder Logistik-Services übernehmen soll. Nur langsam setzt sich die Erkenntnis durch, dass spezialisierte Einkäufer durchaus in der Lage sind, signifikante Optimierungspotenziale umzusetzen, ohne den Produktionsprozess in irgendeiner Art und Weise zu beeinträchtigen. Heutzutage gibt es in großen Konzernen sogar spezialisierte Einkäufer für Luftfracht oder etwa Reinigungsdienste.

Dass mittlerweile Verwaltungsprozesse, wie z. B. die Kreditorenbuchhaltung oder die Lohn- und Gehaltsabrechnung, partiell aber auch vollumfänglich durch externe Dienstleister realisiert werden, ist zum Teil an einigen Einkaufsorganisationen fast unbemerkt vorbeigezogen. Der Einkauf hat seine Stärken ohne Zweifel bei großvolumigen und immer wieder kehrenden Beschaffungsprozessen. Einkaufsentscheidungen, die ad hoc oder nur in relativ langen Zeitabständen getroffen werden und zudem mit hoher Komplexität verbunden sind, werden deshalb in der Regel von den Fachbereichen vorangetrieben. Der Einkauf bleibt oftmals inhaltlich unbeteiligt und wird lediglich bei den formalen Themen, wie z. B. der Vertragsgestaltung, mit eingebunden. Diese Entscheidungsstruktur ist typisch für das sogenannte Business Process Outsourcing (BPO) bei dem Unterstützungsprozesse inklusive der erforderlichen IT oder Teile davon an externe Dritte vergeben werden.[3]

Die Rolle des Einkaufscontrollings ist in der Folge neu zu definieren. Während das Einkaufscontrolling in der Beschaffung von Produktionsgütern eher ein ausgeprägtes Technikverständnis benötigt, stehen beim Einkaufscontrolling für BPO-Dienstleistungen eher Prozessverständnis, IT-Fachwissen und Change-Management-Aspekte wie Kommunikation oder Eskalationsmanagement im Vordergrund.

6.1.2 Ziel und Vorgehen des Beitrags

Im Folgenden wird auf die unterstützende Funktion des Controllings im Kontext der Beschaffung von administrativen Servicedienstleistungen im Rahmen von BPO-Projekten eingegangen. Ziel dieses Beitrags ist es, ein Anforderungsprofil sowie eine Toolbox für das moderne Einkaufscontrolling im Serviceumfeld zu entwerfen.

Im weiteren Verlauf des Beitrags wird zunächst die Bedeutung der richtigen Wertschöpfungstiefe in den Mittelpunkt gerückt. Die Fremdvergabe von Verwaltungsprozessen hat insbesondere durch die Konzentration auf Kernkompetenzen in seinen Ausmaßen in den vergangenen Jahren erheblich an Bedeutung gewonnen. Des Weiteren wird das begriffliche Gerüst spezifiziert, da BPO als solches vom unternehmenseigenen

---

[3] Anmerkung: Unter BPO versteht man in der Literatur die Vergabe eines gesamten Geschäftsprozesses (vgl. Mayer, A. G./Söbbing, T., 2004, S. 29 f.). In der Praxis findet der Begriff aber schwerpunktmäßig Anwendung bei der Vergabe von administrativen Prozessen sowie auch bei Teilprozessen (vgl. Dressler, S., 2007, S. 71).

Shared Service zu differenzieren ist. Unternehmen, die intern bereits Skaleneffekte bei der Wahrnehmung administrativer und IT-technischer Aufgaben realisieren können, sind durchaus in der Lage, eigene Serviceeinheiten zu bilden – die meisten großen Konzerne realisieren dies auch sehr erfolgreich und bieten mitunter ihrerseits diese Dienstleistungen externen Dritten an. Schließlich werden die Methoden und Tools sowie Anforderungen an das Controlling dargestellt und analysiert. Hierbei wird anhand praktischer Beispiele illustriert, wie das Controlling für bessere Transparenz in der Beschaffung, aber auch Steuerung einer Service-Dienstleistung sorgen kann.

6.2 Begriffliche Abgrenzung und methodische Grundlagen

Die Einkaufsfunktion hat sich gewandelt – und folglich die des unterstützenden Einkaufscontrollings. Die Wertschöpfungstiefe spielt hierbei eine besondere Rolle, weshalb dieser Aspekt zuerst aufgegriffen werden soll. Im Weiteren erfolgt eine Auseinandersetzung mit dem Begriff der Kernkompetenzen. Kernkompetenzen dienen zumeist als Richtlinien, welche Produkte und Dienstleistungen extern beschafft werden und welche im Unternehmen erstellt werden. Die sich wandelnde Sourcing-Funktion und die daraus erwachsenden Anforderungen an das Controlling schließen die Betrachtung der methodischen Grundlagen ab.

6.2.1 Neues Verständnis der Wertschöpfungstiefe

In den 20er Jahren des vergangenen Jahrhunderts haben die Ford Motor Companies noch eine Fertigungstiefe von stellenweise über 90 % gehabt. Alles, was Ford glaubte selbst günstiger zu produzieren, wurde im Haus erbracht bzw. wieder zurückgeholt[4]. Dabei hat Ford selbst sogar explizit ausgeschlossen, z. B. in das Reifengeschäft einzusteigen, obwohl phasenweise die gesamten Reifen für Ford-Fahrzeuge im eigenen Haus produziert wurden. Im Zuge der weiterführenden Spezialisierung hat sich diese Praxis bis heute massiv verändert. Fahrzeuge wie z. B. der Smart werden mit Fertigungstiefen von weniger als 10 % durch den Original Equipment Manufacturer (OEM) erstellt[5]. Wertschöpfungstiefe ist folglich keine frei gestaltbare Größe mehr: Spezialisierungs- und Skaleneffekte determinieren die Kostenposition und folglich ist der Zukauf zumeist die günstigere Variante.

Das Verständnis der Wertschöpfungstiefe aus den produzierenden Bereichen lässt sich analog auf die unternehmerischen Serviceprozesse übertragen.[6] Wichtige interne Investitionen wie z. B. für Rechenzentren, Scanning- oder digitale Ablage- und Archivie-

---

[4] Vgl. Ford, H., 1988, S. 42 f.
[5] Vgl. Schweins, R., 2003, S. 1.
[6] Vgl. Wildemann, H., 2010, S. 7.

rungssysteme rentieren sich erst ab einer bestimmten Größenordnung, weshalb kleinere und mittlere Unternehmen gezwungen sind, auf die externe Lösung, d. h. den spezialisierten Anbieter, zurückgreifen.

6.2.2 Fokus auf Kernkompetenzen

Ein weiterer Aspekt, der Wertschöpfungstiefen von Großunternehmen schrumpfen lässt, ist die Konzentration auf Kernkompetenzen. Unternehmen wie Daimler setzen massiv auf Forschungs- und Entwicklungskompetenz und Qualität, Unternehmen wie Procter & Gamble oder Nike stellen ihre Marketing- und Branding-Kompetenzen in den Vordergrund. Alle anderen unternehmerischen Prozesse werden als strategisch weniger relevant erachtet und zum Teil massiv reduziert und in die Hände spezialisierter Lieferanten und Dienstleister gelegt. Logistik-Dienstleister wie DHL oder UPS übernehmen in diesem Zuge stellenweise sogar die innerbetriebliche Logistik, Unternehmen wie Nike nehmen den Laufschuh quasi gar nicht mehr selbst in die Hand, sondern lassen ihn bei ihren zumeist in Asien ansässigen Zulieferern fertigen. Selbst ein Unternehmen wie Porsche lässt das Modell Boxter durch den Dienstleister Valmet in Finnland endassemblieren. Von Porsche selbst kommen nur noch der Motor, die wesentlichen Entwicklungsleistungen und das Branding[7]. Die Erkenntnis, dass man eben nicht alles selbst und zudem auch noch besser können muss als spezialisierte Dienstleister, stellt die bisherige Sichtweise, Kernprozesse auf keinen Fall fremd zu vergeben, in Frage.

Umso logischer erscheint es da, insbesondere bei den Unterstützungsprozessen, über eine Fremdvergabe nachzudenken.[8] Allerdings sind viele dieser Prozesse eng mit dem eigentlichen Geschäftszweck verbunden bzw. ermöglichen diesen überhaupt erst. Ohne eine funktionierende IT sind Unternehmen heutzutage nicht funktionsfähig, die Finanz- und Human-Ressource-Prozesse sind zwingende Voraussetzung, um unternehmerisch agieren zu können. Die Bereitschaft, diese Prozesse in fremde Hände zu geben, fällt somit – ganz zur Überraschung der Anbieter-Branche – wesentlich geringer aus, als vor 15 Jahren noch gemutmaßt. De facto gibt es kaum große Konzerne, die gesamthaft IT, Finanzen oder HR an externe Dritte vergeben haben. Das Outsourcing vollumfänglicher Geschäftsprozesse ist mehr Fiktion als Realität. Zumeist finden sich partielle Prozesslösungen, um Teilprozesse mit hohen Transaktionsvolumina, z. B. Gehaltsabrechnungen, Lieferantenbuchhaltung oder den IT Help Desk, durch spezialisierte Dritte, im Regelfall mit höherer Effizienz, wahrnehmen zu lassen. Obgleich es sich bei diesen Prozessen nicht um Kernkompetenzen handelt, fällt das Loslassen schwer bzw. werden die Herausforderungen, die vielfältigen Schnittstellen, stabil und sicher zu managen sowie prozessual zu integrieren, als zu groß gesehen, um in größerem Umfang ein Outsourcing-Projekt umsetzen zu können. Das theoretische Outsourcing-Modell wird wohl somit auch in Zukunft eher die Ausnahme als die Regel bilden.

---

[7] Vgl. valmet.com
[8] Vgl. Brown, D./Wilson, S., 2005, S. 37

```
                    Strategisches Management
                    Forschung & Entwicklung
                    Personalwirtschaft (HR)
                    Finanz- und Rechnungswesen
                    Informationstechnologie
                    Sonstige Verwaltungsfunktionen
```

Zulieferer → Einkauf / Einkauf Transakt. / Inbound-Logistik / Operations / Outbound-Logistik / Vertr. Unterstützung / Vertr. Marketing → Kunden

☐ Unternehmensinterne Prozesse
▨ Outsourcing-Prozesse

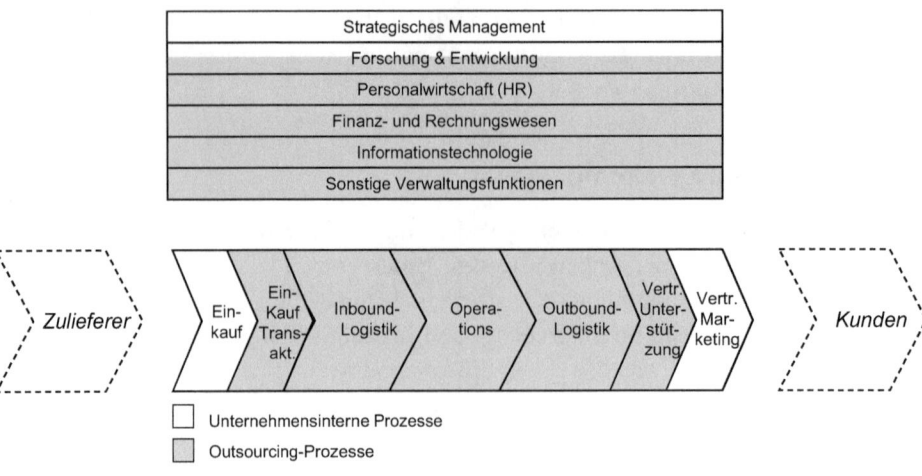

Quelle: Dressler, S., 2007, S. 66

Abb. 6.1 Das theoretische Outsourcingmodell

Dennoch verbleibt das Argument der Leistungssteigerung durch Konzentration auf das Kerngeschäft. Selbst ohne dass gesamtprozessspezifische oder gar prozessübergreifende Outsourcing-Lösungen in absehbarer Zeit massiv an Bedeutung gewinnen werden, so verändert schon heute das partielle Outsourcing administrativer Servicedienstleistungen erheblich das Anforderungsprofil des Einkaufs und des unterstützenden Controllings.

6.2.3 Das klassische und moderne Verständnis der Sourcing-Funktion

Wie in vielen anderen Unternehmensbereichen haben sich auch im Einkauf Anglizismen ausgebreitet, wie z. B. der Begriff des „Sourcing". Sourcing als Begriff greift bewusst weiter als der klassische Einkaufsbegriff, da Sourcing die Dimension der Beschaffung abdeckt und nicht nur die bloße Realisierung der Einkaufstransaktion, die am besten mit dem englischen Begriff „to procure" zu übersetzen wäre. Sourcing umschreibt in diesem Sinne das Beschaffungsmanagement und sieht somit den Einkäufer viel stärker in seiner Rolle als pro-aktiven Versorger der produzierenden Bereiche als nur in der den Einkauf Ausführenden.

In diesem Kontext hat sich die Aufgabe des Beschaffungsmanagements oder Sourcings entscheidend weiterentwickelt im Vergleich zum klassischen Einkauf.

Die moderne Sourcing-Funktion

- bündelt Volumina und drängt somit auf Standardisierung,
- sucht pro-aktiv nach Materialsubstitutionen im Sinne der verbesserten Kosteneffizienz,
- ist eng mit den produzierenden Bereichen verbunden, um zeitnah Versorgungsengpässe identifizieren und beheben zu können,

- behält Materialbestände im Auge und sorgt für kapitalkostenoptimierte Lagerbestände,
- entwickelt gemeinsam mit den produzierenden Bereichen angemessene Supply-Chain-Konzepte, wie z. B. Just-in-Time,
- unterstützt die Produktion in der Bestimmung des optimalen Materialeinsatzes,
- führt regelmäßig Benchmarking-Untersuchungen durch, um potenzielle Kosteneffizienzen früh erkennen und umsetzen zu können,
- hat einen globalen Beschaffungsfokus,
- kennt, überwacht und analysiert fortwährend die Beschaffungsmärke und potenziellen Lieferpartner,
- ist strategisch ausgerichtet, insbesondere bei der Identifikation und Auswahl strategischer Lieferpartner,
- versteht sich als wertschöpfender Dienstleister der Bedarfsträger, insbesondere der produzierenden Bereiche.[9]

Neben den oben genannten Weiterentwicklungen des Einkaufs, die vor allem durch stärkere Wettbewerbsintensitäten auf den Märkten in den vergangenen zwei Dekaden erforderlich geworden sind, hat sich zudem die spezifische Controllingfunktion des Einkaufscontrollings herausgebildet.[10] Da klassische Einkäufer mit den neuen Anforderungen häufig überfrachtet waren und besonders betriebswirtschaftliche Fragen nur unzureichend abdecken konnten, haben sich Controller in der Unterstützung des Einkaufs bewährt. Ob in der Berechnung von Kapitalkosteneffekten und Kosteneffizienzen, der Identifikation von Einsparpotenzialen, dem Benchmarking oder der Entwicklung von Preismodellen: Das Controlling stellt eine wichtige Beratungs- und Unterstützungsfunktion für den strategischen Einkauf dar, ohne die kaum ein Einkäufer heute gerne in die Beschaffung erfolgskritischer Materialen, Komponenten oder Fremddienstleitungen gehen möchte.

6.2.4 Die Rolle des Controllings im Sourcing-Prozess: (Neu-)Erfindung des Einkaufscontrollings

Das Controlling wird allgemeinhin als interne betriebswirtschaftliche Beratungsfunktion der unternehmerischen Entscheidungsträger verstanden.[11] In diesem Sinne werden die Einkaufsverantwortlichen durch das Controlling zielführend unterstützt. Seit Ende der 1980er Jahre hat sich zunehmend die Spezialfunktion des Einkaufscontrollings etabliert, da der Einkauf zu häufig um „jeden Preis" den Anforderungen des produzierenden Bereichs nachgegeben hat, um drohende Produktionsausfälle abzuwenden.[12] In den meis-

---

[9] Vgl. Wildemann, H., 2010, S. 16; Kerkhoff, G., 2005; S. 37 ff. und Orths, H., 2003, S. 78 ff., 128 und 143.
[10] Vgl. Wildemann, H., 2007, 16 f. und 19.
[11] Vgl. BVBC, 2011, S. 53.
[12] Vgl. Katzmarzyk, J., 1988, S. 5 f.

ten Fällen sicherlich mit großem Erfolg, gehören doch Lieferengpässe heutzutage eher zu den Ausnahmefällen. Betriebswirtschaftlich betrachtet sind derart getriebene Beschaffungsentscheidungen recht häufig alles andere als optimal. Nur zu verständlich, dass Unternehmensleitungen in schrumpfenden Märkten den Einkäufern gern das Controlling zur Seite stellen, das permanent um die Auslotung von Kostenvorteilen bemüht ist. Einkäufer werden bei der Zusammenarbeit mit ihren Lieblingslieferanten hinterfragt und somit wird auch ein wichtiger Beitrag zur Compliance geleistet. Insbesondere der letztgenannte Aspekt ist ein Verdienst des Einkaufscontrollings, das mit stärkerer Formalisierung gleichwohl eine verbesserte Objektivität in den Beschaffungsprozess einfließen lässt.

Zudem ist das Controlling heute stärker strategisch orientiert, wenn es um Beratungsunterstützung von Entscheidungsträgern geht. Das Controlling drängt nicht ohne Weiteres auf den günstigsten Bieter, wenn dieser aus anderen Beweggründen nicht der optimale Partner des Unternehmens ist. Langfristige Partnerschaftserwägung, Zugang zu kritischen Rohstoffen oder technologisch führenden Komponenten, Eintritt in künftige Zielmärkte oder etwa kulturelle Kompatibilität sind nur einige Beispiele, die das strategische orientierte Sourcing-Controlling im Toolkit vorhalten sollte. So gesehen ist eine Symbiose des „Strategic Sourcings" mit dem strategisch agierenden Einkaufscontrolling durchaus sinnvoll.

6.3 Herausforderungen für das Sourcing von Dienstleistungen

Die oben beschriebene strategische Sourcing-Funktion adressiert in erster Linie sowohl in Praxis und Theorie die Belange der Beschaffung von direktem und indirektem Material für produktive Prozesse. Bei erster Betrachtung ist dies nicht weiter verwunderlich, bedenkt man, dass im produzierenden Gewerbe der Anteil der administrativen und allgemeinen Kosten in einem Zielbereich von weniger als 10 % vom Umsatz liegen sollte.[13] Demnach liegt der Großteil der Kosten im fertigenden Bereich und folglich liegen dort die größten Einsparpotenziale. Könnte man meinen. Allerdings sind hierbei ebenfalls gewisse Einschränkungen zu berücksichtigen: Viele Eingangsstoffe werden auf Weltmärkten gehandelt, die Preise sind gar nicht so flexibel verhandelbar, da helfen auch Volumenbündelung oder strategische Partnerschaften nicht weiter. Zudem ist die technologische Abhängigkeit so hoch, dass der Lieferantenwechsel bei kritischen Komponenten nicht so ohne Weiteres realisiert werden bzw. nur mit qualitativen Einschränkungen erfolgen kann. Bei der Beschaffung von Fertigungsmaterial fällt weiterhin ins Gewicht, dass Substitutionsentscheidungen durchaus zu Veränderungen in der Kostenstruktur führen können: Minderwertigere Materialen ziehen zum Teil erhöhten Ausschuss bzw. Nacharbeiten nach sich und so gesehen führt Letzteres lediglich zu einer Verschiebung

---

[13] Vgl. Wildemann, H., 2007, S. 5.

der Kostenstrukturen (geringere Materialkosten bei steigenden Lohn- bzw. Maschinenkosten) und nicht zwangsläufig zu einer absoluten Kostensenkung. Weiterhin begrenzend im Hinblick auf die Kosteneffizienz von Beschaffungsentscheidungen wirkt der möglicherweise auftretende Markteffekt. Nachlassende Qualität und Funktionalität von Produkten aufgrund kostengünstigerer, aber nicht so leistungsfähiger Materialien schrecken Kunden ab, beeinträchtigen die Kundenloyalität und beschädigen das Image. Die Folge sind Umsatzeinbrüche, die bereits durch das Fällen suboptimaler Beschaffungsentscheidungen induziert werden. Alles in allem sind im direkten und indirekten Fertigungsbereich die Kosteneinsparungen endlich, der anhaltende Wettbewerbsdruck in vielen Märkten hat überdies bereits die meisten Kosteneinsparungsoptionen mehrfach kritisch durchleuchten lassen. Weitere Einsparungen sind ggf. nur unter Inkaufnahme der oben genannten Effekte zu realisieren und führen somit nicht zum angestrebten Ergebnis, Gewinne bzw. Renditen zu verbessern. Zwangsläufig sind Einkaufsorganisationen deshalb gefordert, die Kostenpositionen für Dienstleistungen kritischer zu bewerten und vor allem Dienstleistungen aus dem nicht-fertigungsnahen Bereich ins Auge zu fassen. Einsparpotenziale in diesem Bereich haben nämlich kaum Auswirkungen auf die Produktivität der Fertigung, die Qualität und das Image der Produkte und somit in den seltensten Fällen Einfluss auf die Umsatzseite. Beschaffungsentscheidungen für Dienstleistungen sind folglich unmittelbar ergebnisrelevant.

Im weiteren Verlauf dieses Kapitels soll deshalb auch das Sourcing von Dienstleistungen, insbesondere im Bereich der unternehmerischen Unterstützungsprozesse, im Mittelpunkt stehen. Zunächst wird eine systematische Differenzierung zu physischen Gütern dargelegt, bevor auf die Besonderheiten des Sourcings von Dienstleistungen im globalen Kontext eingegangen werden soll.

6.3.1 Vergleich: Sourcing von physischen Gütern vs. Dienstleistungen

Der Trend, Fertigungstiefen zu reduzieren, ist nach wie vor ungebrochen. Getrieben vom Wunsch nach mehr Flexibilität und der damit einhergehenden Reduktion von Fixkosten sind Unternehmen permanent darum bemüht, die Stufen der Fertigungstiefe an Zulieferer zu verlagern, von denen sie sich bei eigener Wahrnehmung wenig Wettbewerbsvorteile versprechen. Die zunehmende Spezialisierung entlang der Wertschöpfungskette erhöht zwar prinzipiell die Economies of Scale und Flexibilität der Beteiligten, andererseits steigt natürlich die Abhängigkeit von den Zulieferern. Konnten früher mit hoher Fertigungstiefe die Zulieferer von Rohmaterial z. B. noch relativ schnell und problemlos gewechselt werden, geht das heute beim Zulieferer ganzer Komponenten und Bauteile nicht mehr so einfach. Der Lieferant, häufig mit einem entsprechenden Rahmenvertrag ausgestattet, wird zum erfolgskritischen Partner dessen Auswahl, Verlässlichkeit und technologische Kompetenz zu wichtigen Erfolgsfaktoren werden. In den deutschen Vorzeigeindustrien wie z. B. dem Automobil- und Maschinenbau, aber auch in der Elektronikbranche oder dem Anlagenbau haben sich die Lieferketten von direktem und indirektem Material sowie der Roh-, Hilfs- und Betriebsstoffen über die vergangenen Jahrzehnte heraus geformt und etabliert. Kaum ein großer Player, der nicht über jahrelange Lieferbeziehungen zu Lieferanten bestimmter Materialien, Bauteile und Komponenten verfügt. Man kennt sich innerhalb der Branchen, kennt die Stärken und Schwächen der jeweiligen Partner und arbeitet vieler Orten vertrauensvoll zusammen. Lediglich das Einkaufscontrolling stört in diesem Beziehungsmanagement zuweilen mit dem permanenten Drang, Kostenersparnisse identifizieren zu wollen. Im Ergebnis werden gerade hierdurch die Lieferketten immer wieder hinterfragt und neu konstruiert, was grundlegend ein gesunder Prozess ist. Im Grundsatz wird das Gefüge der etablierten Partner auf beiden Seiten aber nicht verschoben, auch wenn der eine oder andere hidden Champion im globalen Sourcing-Ansatz aus Ostasien oder Lateinamerika den Sprung auf die Liste der preferred Suppliers schafft.[14] Meist handelt es sich um hochinnovative Bieter, die aufgrund der technologischen Kompetenz den Sprung auf die Lieferantenliste der Global Player schaffen – aber auch nur dann, wenn der technologische Vorsprung eindeutig ist, die finanzielle Stabilität – und somit Lieferfähigkeit des Partners – als gesichert gilt und ausreichend positive Referenzen vorliegen. Lediglich für kaum erfolgskritische Güter dominiert das Primat der Kosten: Hier ziehen die globalen Sourcer fast permanent um den Globus, ständig auf der Suche nach einem noch kostengünstigeren Lieferanten, wobei sie aber zumeist nur noch in den Schwellenländern fündig werden. Bei eindeutig kostengetriebenen Sourcing-Entscheidungen steht zwar auch die Lieferfähigkeit ganz oben auf der Liste der Auswahlkriterien. Noch wichtiger wiegt das Argument eines möglichen Ersatzlieferanten, der mit ähnlicher Kostenstruktur in nur kurzer Zeit Teile des oder das gesamte Liefervolumen des Low-Cost-Lieferanten übernehmen kann. Die Entscheidungsmuster in der Beschaffung von physischen Gütern sind somit recht eindeutig und klar.

Demgegenüber verläuft das Sourcing von Dienstleistungen grundlegend anders. Bei einfachen, vorwiegend lokal bezogenen Dienstleistungen wie z. B. Reparatur- oder Reinigungsarbeiten bzw. der Bewirtschaftung von Grünflächen verläuft die Beschaffung zum Teil gänzlich am Einkauf vorbei. Das Facility Management oder lokale administrative Kräfte sorgen für Auswahl und Einkauf dieser Art von Dienstleistungen. Mit zunehmender Komplexität, steigendem Einkaufsvolumen und überregionalen Beschaffungsmöglichkeiten nimmt die Beteiligung der Einkaufsabteilung zu, obgleich das Facility Management bzw. die Fachabteilung (z. B. beim Bezug von Wartungsarbeiten) vorwiegend die Beschaffung vorantreibt. Lediglich bei landesweiten oder landesübergreifenden Beschaffungsverträgen mit größeren Beschaffungsvolumina überwiegt der Einfluss des Einkaufs. Aufgrund der Heterogenität und Unregelmäßigkeit der Dienstleistungsbeschaffung ist der Einkauf bedeutend weniger eingebunden als bei der Beschaffung physischer Güter für die Fertigungsprozesse. Der Einkauf und insbesondere das Einkaufscontrolling können aber auch nicht in gleichem Umfang Prinzipien wie Volumenbündelung, Benchmarking oder strategisches Partnerschaftsmanagement bei der Beschaffung von Dienstleistungen einbringen und werden deshalb nicht eingebunden oder

---

[14] Vgl. Kerkhoff, G., 2005, S. 145 f.

lediglich mit der formalen Abwicklung der Beschaffung (z. B. Vertragsmanagement) betraut. Darüber hinaus steht bei Dienstleistungen wesentlich häufiger eine Make-or-Buy-Bewertung der Sachverhalte an, als dies bei physischen Gütern der Fall ist. Ob z. B. eine Wartung, Reinigung oder Bearbeitung von Bauteilen (z. B. Beschichtung) mit Bordmitteln zu bewerkstelligen ist, vermag der Einkauf nur eingeschränkt zu bewerten und wird deshalb in der folgenden Beschaffungsumsetzung (Buy) nicht involviert. Bei hochkomplexen Dienstleistungen aus bestimmten Fachabteilungen wird das Einbeziehen des Einkaufs bewusst vermieden, da die fachlichen Anforderungen zum einen sehr hoch und spezifisch sind und zum anderen die Mitwirkung des Einkaufs eher kontraproduktiv wirken könnte. Die Dienstleistungen, die dem Business Process Outsourcing zugeordnet werden können, zählen hierzu wie z. B. IT Services (z. B. Betrieb von Rechenzentren, Application Management, Betreuung von IT Help Desks), die Durchführung von Finanzprozessen, die Abwicklung der Lohn- und Gehaltsabrechnung oder die Kundenbetreuung. Die Heterogenität der Prozesse, der jeweilige spezifische Prozess-Scope der Fremdvergabe, die Intransparenz der Anbieter-Märkte und die jeweils erforderliche Make-or-Buy-Bewertung durch die Fachabteilung führen zur eindeutigen Dominanz der Fachabteilungen in der Durchführung der Beschaffungsentscheidung. Doch bereits an dieser Stelle sei darauf hingewiesen, dass häufig Fachabteilungen in der Bewertung von BPO-Entscheidungen überfordert sind und diese Entscheidung oftmals fälschlicherweise in Richtung „Make" beeinflussen bzw. suboptimale Beschaffungsentscheidungen treffen. Das Ausgrenzen des Einkaufs und insbesondere der Analytik des Einkaufscontrollings führen nicht selten zu unstrukturierten und sachlich wenig fundierten Beschaffungsentscheidungen oder zum Verzicht auf eine externe Beschaffung.

Zusammenfassend lässt sich feststellen, dass insbesondere in der Unterstützung des Sourcings von Dienstleistungen das Controlling mit seiner hohen analytischen Kompetenz und strukturierten Vorgehensweise einen erheblichen Wertbeitrag leisten kann. In einer Phase, in der das Outsourcen von Dienstleistungen für viele Unternehmen ein noch bei Weitem nicht voll ausgeschöpftes Potenzial darstellt, ist ein spezialisiertes Einkaufscontrolling für den Dienstleistungsbereich am besten geeignet, um die Fragestellung Make-or-Buy verlässlich zu beantworten. Im Fall einer Make-Entscheidung ist das Einkaufscontrolling weiterhin gefordert, die Performance des internen Dienstleisters zu bewerten und mit dem externen Markt zu benchmarken. Im Falle der Buy-Entscheidung sollte es das Controlling sein, das den Auswahlprozess strukturell und aus betriebswirtschaftlicher Sicht unterstützen sollte und analog zur internen Dienstleistung ein permanentes Performance-Monitoring ermöglicht.

6.3.2 Shared Services und Business Process Outsourcing

Der Vergleich von Shared Services zum Business Process Outsourcing spiegelt exakt die oben genannte Make-vs.-Buy-Diskussion wider. Erfolgt die Wahrnehmung einer administrativen Dienstleistung durch eine unternehmenseigene Service-Einheit spricht man von einem Shared Service oder sogar einem Shared Service Center (SSC). Wird die

Dienstleistung von einem externen Partner größtenteils bis vollumfänglich erbracht, handelt es sich um ein Business Process Outsourcing (BPO). Mit der Begrifflichkeit des Process Outsourcings soll zum Ausdruck gebracht werden, dass nur bei sogenannten End-to-End-Prozessen von BPO gesprochen wird. Kleine Prozessbestandteile oder nur einzelne Aktivitäten zählen somit nicht zum BPO, hier handelt es sich eher um ein sogenanntes Outtasking. Allerdings sind weder Literatur noch Praxis einheitlich in der Anwendung der Begrifflichkeiten.

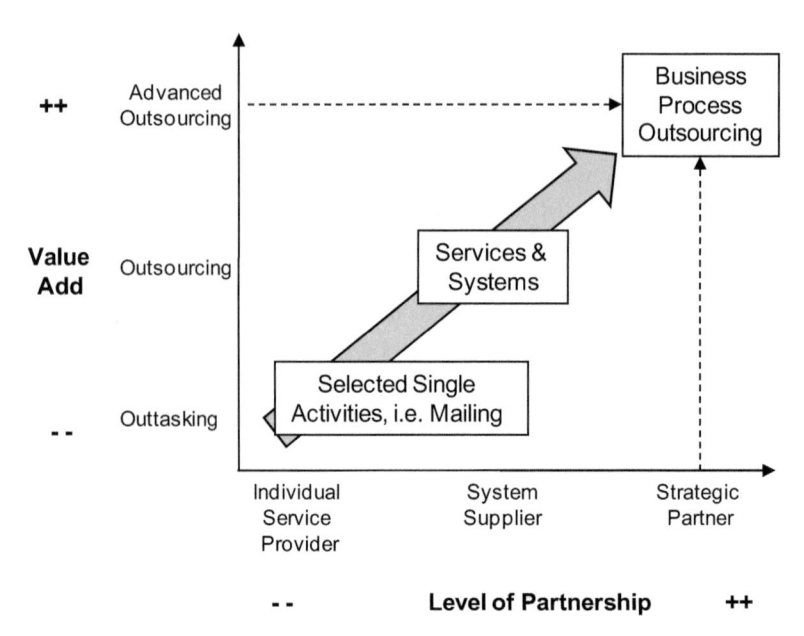

Abb. 6.2 Partnerschaftsmodelle beim Outsourcing

Idealerweise spricht man von einem BPO, wenn der externe Dienstleister als strategischer Partner wahrgenommen wird. Das heißt, er übernimmt einen gesamthaften administrativen Prozess über einen längeren Zeitraum und ist gemeinsam mit seinem Klienten um kontinuierliche Prozessoptimierung bemüht. Wie bereits angedeutet, wird der Begriff BPO in der Praxis allerdings schon für wesentlich lockere Partnerschaften mit begrenztem Aufgabenumfang angewendet, bei denen es sich eher um Outtasking-Lösungen handelt.

Bei der definitorischen Abgrenzung des Shared-Service-Begriffs haben sich in der Literatur bestimmte Attribute etabliert. Autoren wie Bergeron beispielsweise fordern einen semiautonomen Status der Serviceeinheit, die auf Basis einer partnerschaftlichen Strategie ihren Dienstleistungsauftrag wahrnimmt.[15] Camphausen und Rudolf ergänzen diesen Aspekt um den internen Kundenfokus, d. h. Empfänger der Shared-Service-Leistungen, werden als Kunden und nicht nur als reine Leistungsempfänger charakterisiert.[16] Mit zunehmender Etablierung des Shared-Service-Konzepts insbesondere bei der Wahrnehmung transaktionaler, d. h. einfacher und repetitiver Verwaltungsaufgaben wird zum Teil in der Literatur von Accounting oder Reporting Factories gesprochen.[17] Hiermit wird der Aspekt der Konsolidierung und Standardisierung in den Mittelpunkt gerückt. Zusammenfassend wird von Shared Services gesprochen, wenn eine unternehmensinterne Serviceeinheit administrative Unterstützungsaufgaben wahrnimmt, die Leistungsempfänger in einem Kundenverhältnis betrachtet und somit kontinuierlich um ein aus Sicht beider Partner vernünftiges Preis-Leistungs-Verhältnis bemüht ist. Die Beziehung zwischen Serviceeinheit und internem Kunden ist idealerweise vertraglich geregelt inklusive eines Preismechanismus sowie etwaiger Pönalen bei gravierenden Leistungsverfehlungen. Das Shared Service Center sollte hierzu eine unabhängig agierende Einheit mit klar definierten Managementstrukturen sein. Ziel des Shared Services ist es, eine administrative betriebliche Unterstützungsdienstleistung im Hinblick auf Kosten, Qualität, Prozess- und Durchlaufzeiten als wettbewerbliche Alternative zur Outsourcing-Lösung den internen Leistungsempfängern anbieten zu können.

Insbesondere aufgrund der wettbewerblichen Positionierung gegenüber BPO-Lösungen haben einige Shared Service Center bereits den unternehmensinternen Kundenkreis um externe Kunden erweitert und sind somit zu BPO Providern avanciert. Die BPO-Anbieter Hewlett Packard und Accenture haben z. B. ihre eigenen Shared Services soweit ausgebaut, dass der Service als Dienstleistung am externen Markt angeboten wird und heute der externe Markt eine wesentlich gewichtigere Rolle spielt als das eigene Shared Service Center. General Electric hat eines seiner eigenen Shared Service Center (GECIS = GE Capital International Services) immer weiter zu einem BPO-Anbieter ausgebaut. Schlussendlich wurde GECIS umfirmiert zu der eigenständigen Gesellschaft Genpact und an eine Investorengruppe veräußert. Aus dem vormals unternehmenseigenen Service Center wurde somit ein wettbewerblich agierender, unabhängiger BPO Anbieter.

Für das Sourcing ergeben sich aus dieser Konstellation eine Reihe von Herausforderungen. Es ist nicht nur die grundlegende Frage Make-vs.-Buy, die eben nicht eindeutig aus Einkaufssicht geklärt werden kann. Administrative Unterstützungsprozesse können recht komplex gestaltet sein und für manche Sub-Prozesse sind externe Dienstleister möglicherweise besser geeignet, für andere nicht. Gegebenenfalls gibt es sogar Konstellationen, bei denen mehrere externe Dienstleister in einen Prozess eingebunden werden können, wie das nachstehende Beispiel eines Procurement-to-Pay(P-2-P)-Prozesses illustriert.

---

[15] Vgl. Bergeron, B., 2002, S. 2.
[16] Vgl. Camphausen, C. v./Rudolf, A., 2001, S. 82.
[17] Vgl. Michel, U., 2006, S. 443.

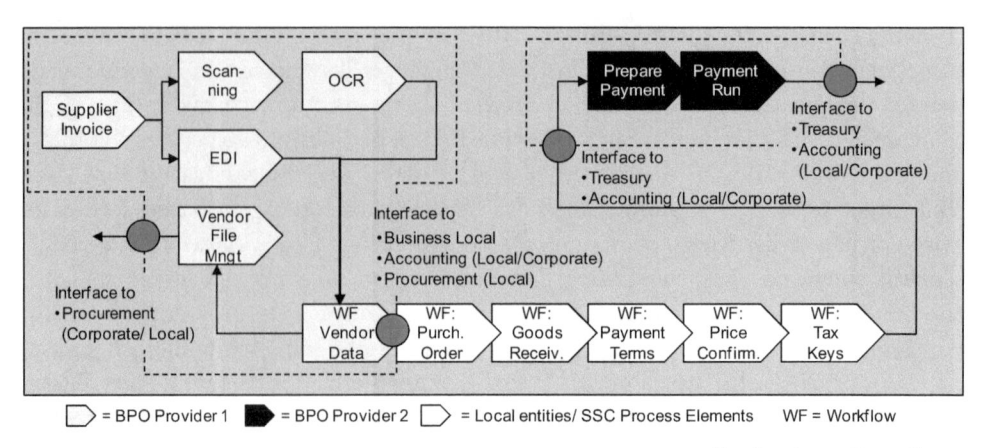

Abb. 6.3 Beispiel: BPO-Optionen im P-2-P-Prozess

In diesem Prozessmodell ist der BPO Provider 1 dafür verantwortlich, die Rechnungen physisch bzw. in digitalem Format anzunehmen, zu prüfen und aufzubereiten, damit die Rechnungsinformationen in den unternehmensinternen Genehmigungsprozess des Unternehmens eingespeist werden können. Nachdem alle Genehmigungen und steuerlichen Prüfungen abgeschlossen sind, werden die Rechnungsdaten einem anderen BPO Provider zur Verfügung gestellt, der schließlich die Zahlungsabwicklung vornimmt. Dieser Prozess ist somit eher ein Make-**and**-Buy, wobei sogar noch unterschiedliche Buy-Partner beteiligt sind.[18] Dieses Prozessmodell ist durchaus typisch für administrative Unterstützungsprozesse. Die Zergliederung der Prozesse mit partieller Vergabe an externe oder interne Dienstleister wird dabei als Process Carve-Out bezeichnet. Allerdings ist die Ausprägung, ob und wenn ja, welche Prozesselemente fremd vergeben werden, ob ein oder mehrere externe Partner eingebunden und wie die Arbeitsteilung zwischen Shared Service und lokalen Unternehmenseinheiten (den internen Kunden) gehandhabt wird, immer unternehmensindividuell gestaltet. Aspekte wie verfügbares Know-how intern wie extern, Kosten und die Bereitschaft zur Outsourcing-Lösung spielen eine gewichtige Rolle. Zudem muss das Unternehmen in der Lage sein, die komplexen Prozessschnittstellen zu den Dienstleistern friktionsarm und effizient handhaben zu können.

Die klassische Sourcing-Funktion stößt bei der Beschaffung derart komplexer Serviceleistungen an ihre Grenzen. Der Einkauf kennt die einzelnen administrativen Prozesse nicht im Detail und kann infolgedessen eine Sourcing-Lösung nicht voll umfänglich bewerten. Ebenso entzieht es sich in der Regel der Kompetenz des Sourcings, eine Make-vs.-Buy-Bewertung vorzunehmen, schon allein weil häufig interne Kostenstrukturen nicht in der Form aufbereitet zur Verfügung stehen, um sie mit den externen Angeboten

---

[18] Vgl. Oecking, C./Kaulen, S., 2008, S. 56 f.

6.3.3 Globales Sourcing von Service-Leistungen

Für international agierende Unternehmen ist das globale Sourcing von direktem und indirektem Material häufig zu einer gängigen Praxis geworden. Die Supply Chain besteht aus einer globalen Gruppe von Zulieferern, die sich als verlässliche Partner bewährt haben und zumeist einen lokal bedingten Kostenvorteil in die Lieferbeziehung einbringen können. Häufig haben sich in Niedriglohnländern bestimmte Industrie-Cluster gebildet, in denen sich Tochtergesellschaften globaler Player niederlassen und von der lokalen Präsenz nationaler Zulieferer profitieren. So hat sich z. B. in der Tschechischen Republik ein Cluster von Automobilzulieferern oder in China ein Cluster von Zulieferern der Elektronikindustrie („weiße Ware") herausgebildet.

Auch im Angebot von Service-Dienstleistungen zeigt sich mittlerweile ein Globalisierungstrend. Zwar könnten viele Service-Dienstleistungen aufgrund moderner Kommunikationsmittel tatsächlich von einigen wenigen Standorten wahrgenommen werden. In diesem Sinne hat sich ja insbesondere Indien als Dienstleisterland für jegliche Belange im IT-Sektor in der vergangenen Dekade etabliert.[19] Allerdings hat sich gezeigt, dass die Servicebereitstellung aus nur einem weltweiten Servicecenter aufgrund regionaler Besonderheiten erhebliche Nachteile mit sich bringt, wie z. B. die sprachliche, die zeitliche und kulturelle Distanz. In der Folge hat sich der BPO-Dienstleistermarkt zum einen stark lokal fragmentiert und es findet sich eine kaum noch überschaubare Fülle lokaler Dienstleister für Services wie z. B. Accounting, Payroll, Customer Support oder IT in den osteuropäischen, indischen, chinesischen, philippinischen und lateinamerikanischen Metropolen, in denen globale und wesentliche nationale Player Dependancen unterhalten. Zum anderen haben die großen globalen BPO Provider Netzwerke von Servicecentern etabliert, um die regionalen Belange ihrer Klienten befriedigen zu können – und so finden sich in den üblichen Nearshore- und Offshorestandorten eine Vielzahl sogenannter Delivery Center der etablierten Anbieter.[20] Auf der Suche nach immer neuen attraktiven Standorten für BPO- und SSC-Dienstleistungen werden zunehmend Exoten in Betracht bezogen: Die nordafrikanischen Metropolen standen bereits vor dem arabischen Frühling im Fokus von SSC-/BPO-Vorhaben genauso wie Standorte in Vietnam, Indonesien oder die westafrikanische Region. Die permanente Suche nach dem Offshoring Wunderland scheint somit noch ungebrochen, obgleich realistischer Weise konstatiert werden muss, dass die erforderliche Konstellation von verfügbarem Know-how bei geringen Arbeitskosten und angemessener politischer Stabilität in den meisten Standorten nicht in vergleichbarem Ausmaß zu Osteuropa, Indien, China oder Lateinamerika

---

[19] Vgl. Kerkhoff, G., 2005, S. 83.
[20] Vgl. Nicklisch, G./Borchers, J./Krick, R./Rucks, R., 2008, S. 12 ff.

mittelfristig zu finden sein dürfte.[21] In den Jahren bis 2012 war in diesem Zuge die Ostukraine ein häufig in Erwägung gezogener Standort für Servicecenter. Durch die Öffnung der Ukraine nach der Orange Revolution im Jahr 2004 stellte sich die Konstellation von niedrigen Arbeitskosten und hoher Technik- und IT-Kompetenz in weiten Teilen der Bevölkerung in größeren Städten wie Donezk, Dnipropetrowsk und Charkiw als hochattraktiv dar. Glücklicherweise haben die meisten Unternehmen aufgrund der instabilen politischen Lage auf Investitionen in diese Regionen in Servicecenter verzichtet – angesichts der aktuellen Krisensituation die richtige Entscheidung.

Für das Sourcing erwachsen zusätzlich aus der Globalisierung des Dienstleistungsangebots weitere Herausforderungen. Die Zusammenarbeit mit nur wenigen global agierenden Serviceanbietern ist nur dann sinnvoll, wenn auf weitgehend standardisierte Prozesse gegriffen werden kann. Diese interne Voraussetzung zu schaffen ist bei sehr dezentral agierenden Unternehmen häufig eine massive Herausforderung. Eine stark regional fragmentierte Prozesslandschaft des Unternehmens behindert den BPO-Anbieter in der effizienten Leistungserbringung, weshalb die Kosten an dieser Stelle steigen. Die Alternative wäre die Zusammenarbeit mit relativ kostengünstigeren lokalen Anbietern, die wiederum nicht in der Lage sind ein globales Serviceangebot zur Verfügung zu stellen und ein hohes Professionalitätsniveau zu garantieren. Zudem sind die lokalen Anbietermärkte kaum überschaubar und die potenziellen Partner nur schwer identifizierbar und schwer vergleichbar. In diesem Spannungsfeld aus lokalen Prozessspezifika, den Anforderungen der Fachabteilung im Hinblick auf Standardisierung und Prozessqualität sowie der Möglichkeit mit lokalen und/oder globalen Dienstleister arbeiten zu können, ist das klassische Sourcing überfordert.

6.4 Entwicklung eines Konzepts für die Controlling-Unterstützung des Sourcing-Prozesses

Die bisherigen Ausführungen haben deutlich unterstrichen, dass die klassische Sourcing-Funktion bei der Beschaffung von Service-Dienstleistungen an ihre Grenzen stößt. Der Einkauf von BPO-Services unterscheidet sich grundlegend von der Beschaffung direkter und indirekter Materialien und Komponenten für physische Fertigungsprozesse. Neben der erhöhten Komplexität gilt es, Fragen, wie soll überhaupt outgesourced und, wenn ja, dann was, an wen und an welche Standorte zu adressieren. Hierzu sind Insiderwissen bezüglich der betroffenen Prozesse sowie tiefergehende Kosten-, Qualitäts- und Volumeninformationen erforderlich. Im Weiteren wird skizziert, wie ein gezieltes Einkaufscontrolling für Dienstleistungen ausgestaltet sein sollte, um die neuen Anforderungen an den Sourcing-Prozess zielgerichtet unterstützen zu können.

---

[21] Vgl. Balderas, I., 2009, S. 8; siehe zu den Lieferanten-/Länderrisiken auch Wildemann, H., 2010, S. 86.

6.4.1 Die Rolle des Controllings im Wandel der Sourcing-Funktion

Das Controlling spielt eine wichtige Rolle im Sourcing. Die analytische Kompetenz und der stringente betriebswirtschaftliche Fokus des Controllings haben vielen Unternehmen geholfen, Optimierungspotenziale in der Beschaffung physischer Güter zu realisieren. Aufgrund der vielfältigen Herausforderungen an die Beschaffung von Service-Dienstleistungen erscheint es dringend geboten, die Controlling-Kompetenzen zu nutzen. Der Einkauf allein ist latent überfordert, der Komplexität und Vielschichtigkeit der Beschaffung von BPO-Services gerecht zu werden. Auf der einen Seite sind umfassende Kenntnisse über die unternehmensinternen Prozesse erforderlich, um die Fremdvergabe bzw. Etablierung eines SSC identifizieren und bewerten zu können. Auf der anderen Seite muss sichergestellt sein, dass die BPO- bzw. SSC-Lösung integriert und über effektives Schnittstellenmanagement vernünftig gesteuert werden kann. Weiterhin steht eine betriebswirtschaftliche Bewertung an: Inwieweit können Kostenersparnisse realisiert werden, ohne die erforderliche Prozessqualität gefährden zu müssen? Abschließend ist die strategische Frage der Auswahl der geeigneten Partner zu beantworten. Sollte ein interner Dienstleister in Anspruch genommen werden oder ein externer Partner? Soweit eine externe Komponente vorgesehen wird, sollte ein globaler Player oder ein Netzwerk kleinerer lokaler Partner bevorzugt werden? Alle diese Fragen haben erhebliche betriebswirtschaftliche Implikationen, die der Einkauf und die betroffenen Fachabteilungen zumeist nicht allein lösen können. Das Controlling in seiner Beratungs- und betriebswirtschaftlich-objektiven Moderationsfunktion ist ideal für diese Aufgabe geeignet.

6.4.2 Baselining & Benchmarking

Die erste Herausforderung bei der Bewertung der Sourcing-Entscheidung für eine Service-Dienstleistung ist die Schaffung eines Vergleichsmaßstabs. Um die Verlagerung eines Business-Prozesses bzw. Teile davon in ein SSC oder zu einem BPO-Partner verlässlich bewerten zu können, sind zunächst die Kosten- und Mengengerüste des betroffenen Prozesses sauber abzugrenzen und zu identifizieren. Geschäftsprozesse sind oftmals nicht standardisiert und jedes Unternehmen legt im Wesentlichen nach eigenen Belangen die aufbau- und ablauforganisatorischen Rahmenbedingungen fest. Demnach werden die Prozesse auf unterschiedliche organisatorische Einheiten (Abteilungen, Arbeitsgruppen, Teams) aufgeteilt, wie es zur Abwicklung am dienlichsten erscheint. Kein Unternehmen folgt in der Prozessdefinition der Maßgabe, diesen Prozess ganz oder partiell später einem Service-Anbieter zu übertragen.[22] In der Folge gilt es, den betroffenen Prozess aus dem Unternehmensgefüge heraustrennen zu können, um Kosten, Mengenvolumina, eingebundenen Mitarbeiterkapazitäten sowie zu spezifizierende Schnittstellen zu identifizieren. Am besten lässt sich die Herausforderung am Beispiel eines

---

[22] Vgl. Globerman, S./Vining, A. R., 2006, S. 4.

stark vereinfachten Procurement-to-Pay(P-2-P)-Prozesses darstellen: Dieser Prozess läuft klassischerweise über eine Vielzahl organisatorischer Einheiten, wie unten beispielhaft dargestellt:

- Bestellauslösung (Abteilung: Einkauf)
- Wareneingang (Abt.: Warenannahme)
- Rechnungseingang/Digitalisierung/Dokumentenmanagement (Abt.: Poststelle)
- Rechnungsprüfung Lieferantendaten (Abt.: Einkauf)
- Rechnungsprüfung sachlich und rechnerisch (Abt.: Kreditorenbuchhaltung)
- Fehleridentifikation und Korrektur (Abt.: Kreditorenbuchhaltung)
- Rechnungsbuchung (Abt.: Kreditorenbuchhaltung)
- Freigabe (betroffene Fachabteilungen)
- Zahlungsanweisung (Abt.: Zahlungsverkehr)

Mit Ausnahme der Freigabe stellen die oben genannten Prozesselemente die typische administrative Unterstützung im Rahmen des P-2-P-Prozesses dar, die in unterschiedlichen organisatorischen Einheiten des Rechnungswesens und Einkaufs bearbeitet werden. Die folgende Tabelle stellt die in diesem Beispiel aufgenommenen Ressourcen dar, die an diesem Prozess beteiligt sind. Um eine derartige Aufstellung anfertigen zu können, ist zunächst eine umfassende Prozessanalyse erforderlich. Damit werden alle beteiligten Einheiten und Personen identifiziert und schließlich die jeweilige kapazitative Mitwirkung eingeordnet. Da in den meisten Unternehmen keine detaillierte prozessspezifische Zeiterfassung vorliegt, können diese Werte häufig nur über Mitarbeiterinterviews und Stichproben erhoben und im Rahmen von Plausibilitätsprüfungen verifiziert werden.

	Mitarbeiter		P-2-P Prozesselemente (in Mitarbeiterkapazitäten = MAK)								Summe (MAK)
Nr.	Name	Abteilung	Bestellauslösung	Wareneingang	Rechnungseingang	Rechnungsprüfung Lieferanten	Rechnungsprüfung sa./rechn.	Fehler-ident. u. Korrektur	Rechnungsbuchung	Zahlungsanweisung	
1.	NN	Einkauf	1,00								1,00
2.	NN	Einkauf	0,80								0,80
3.	NN	Einkauf				0,40				0,10	0,50
4.	NN	Warenannahme		1,00							1,00
5.	NN	Warenannahme		1,00							1,00
6.	NN	Poststelle			1,00						1,00
7.	NN	Poststelle			0,50						0,50
8.	NN	Kreditorenbuchhaltung							1,00		1,00
9.	NN	Kreditorenbuchhaltung							0,80	0,20	1,00
10.	NN	Kreditorenbuchhaltung					1,00				1,00
11.	NN	Kreditorenbuchhaltung					0,30		0,50		0,80
12.	NN	Kreditorenbuchhaltung					0,50	0,20	0,30		1,00
13.	NN	Kreditorenbuchhaltung			0,30		0,50			0,20	1,00
14.	NN	Kreditorenbuchhaltung					0,20	0,60	0,20		1,00
15.	NN	Kreditorenbuchhaltung						0,60		0,40	1,00
16.	NN	Kreditorenbuchhaltung							1,00		1,00
17.	NN	Kreditorenbuchhaltung			0,20				0,80		1,00
18.	NN	Kreditorenbuchhaltung				0,10	0,10	0,20	0,60		1,00
19.	NN	Controlling					0,40				0,40
20.	NN	Hauptbuch							0,40	0,20	0,60
21.	NN	Zahlungsabwicklung								1,00	1,00
22.	NN	Zahlungsabwicklung								0,40	0,40
		Summe (MAK)	1,80	2,00	2,00	0,70	3,40	3,00	3,80	2,30	19,00

Quelle: eigene Darstellung

Abb. 6.4 Beispiel: P-2-P-Prozessbewertung

Ein Outsourcing-Projekt der Kreditorenbuchhaltung z. B. hätte wahrscheinlich zunächst die 10,80 Mitarbeiterkapazität (MAK) der Abteilung Kreditorenbuchhaltung in den Fokus genommen. Bei genauer Prozessanalyse zeigt sich aber, dass insgesamt 22 Personen aus sieben unterschiedlichen Abteilungen am P-2-P-Prozess beteiligt sind, was im obigen Beispiel 19,0 MAK entspricht. Einzelne Mitarbeiter stellen zum Teil keine 100 % Mitarbeiterkapazität zur Verfügung, da sie entweder nur part-time beschäftigt sind oder Leistungen in anderen Prozessen erbringen, die möglicherweise zur Bewertung des Prozesses P-2-P unerheblich sind. Ebenso werden Kapazitäten aus anderen Abteilungen für den P-2-P-Prozess erbracht, die erst bei genauer Analyse identifiziert werden können. Im obigen Beispiel betrifft dies die Unterstützung des Hauptbuchs im Prozesselement Rechnungsbuchung oder des Controllings im Element Rechnungsprüfung. Bei der Bewertung der einzelnen Prozesselemente fällt auf, dass die Rechnungserfassung und Digitalisierung nicht nur den 1,5 MAK der Abteilung Poststellen entspricht, sondern in Summe 2,0 MAK, da Mitarbeiter aus der Kreditorenbuchhaltung diesen Prozessschritt abteilungsübergreifend unterstützen. Ebenso fällt auf, dass sich die Zahlungsanweisung nicht nur auf 1,4 MAK der Abteilung Zahlungsabwicklung beschränkt, sondern insgesamt 2,3 MAK diesen Schritt unterstützen. Nur mit dieser controllingtypischen Präzision lassen sich die Outsourcing-Potenziale korrekt bewerten. Fachabteilungen, die sich gegen Shared Services oder BPO stemmen, sind häufig um eine Verwässerung der Datenlage bemüht, um die dezentrale interne Serviceerbringung positiver bewerten zu lassen.

So wie im obigen Beispiel der P-2-P-Prozess erfasst und abgegrenzt wurde, ist dies für alle organisatorischen Einheiten erforderlich, in denen dieser Prozess erbracht wird. In diesem Sinne ist der sogenannte Baselining Cube zu füllen, der die Voraussetzungen für ein zielführendes Benchmarking darstellt. Nur wenn alle Mitarbeiterkapazitäten und Kosten, die einem Prozess und allen relevanten Prozesselementen zugeordnet werden können, erfasst und bewertet sind, ist ein Benchmarking und somit eine objektive SSC/BPO-Bewertung möglich.

Bei der kostenseitigen Bewertung administrativer Prozesse stehen die Arbeitskosten im Mittelpunkt. Verwaltungsprozesse werden vornehmlich durch unmittelbare Arbeitsleistung der Mitarbeiter erbracht und somit sind Gehalts- und Personalnebenkosten die gewichtigsten Kostentreiber. Zusätzlich sind die vielfältigen Kosten zu berücksichtigen, die die Arbeitsfähigkeit der Mitarbeiter sicherstellen, wie z. B. IT, Telekommunikation und Büroraum. Die IT- und Technologiekosten spielen mit zunehmender Automatisierung von Verwaltungsprozessen eine immer bedeutsamere Rolle. Aufbau und Pflege aufwändiger ERP-Systeme oder Investitionen in Digitalisierungs-Technologien wie Scanner oder Optical-Character Recognition (OCR) lassen den IT- und Technologiekostenblock in manchen Fällen fast so hoch wie den Personalkostenblock werden.

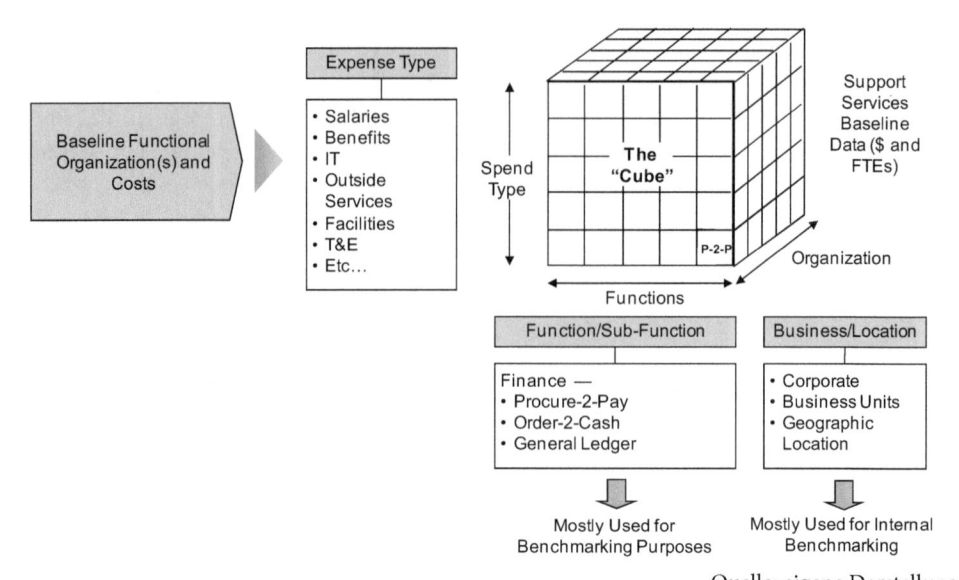

Abb. 6.5 Der Baselining Cube

Quelle: eigene Darstellung

6.4.3 Entwicklung eines Preismodells für Serviceleistungen

Ist die Entscheidung für eine SSC- oder BPO-Lösung gefallen, gilt es, auf Basis der im obigen Abschnitt analysierten Kostenstrukturen ein faires Preismodell zu entwerfen und umzusetzen. Die Preisbestimmung für administrative Dienstleistungen ist nicht unumstritten. Mit zunehmender Komplexität und Heterogenität der Serviceleistung fällt die Bestimmung der Kosten- und somit der Preistreiber immer schwerer. In der Praxis haben sich stückbasierte Preismodelle deshalb auch vorwiegend für transaktionale, d. h. wiederkehrende, standardisierte Prozesse mit relativ gut identifizierbaren Leistungsmengen etabliert. Infolgedessen werden wissensbasierte Prozesse in der Regel auf Basis von Fixpreisen bzw. aufwandsbasiert in Rechnung gestellt. Zu dieser Gruppe zählen z. B. Controlling & Reporting-Services, Research oder Beratung. Die Preissetzung für standardisierte Services erfolgt demgegenüber vorwiegend anhand der bearbeiteten Leistungsmengen. Hierzu zählen Servicedienstleistungen wie z. B. die Bearbeitung von Eingangs- und Ausgangsrechnungen, die Bearbeitung von IT Tickets, die Entgegennahme und Durchführung von Kundentelefonaten, die Bearbeitung von Kundenbeschwerden oder Service Requests und die Erstellung von Lohn- und Gehaltsabrechnungen.

Während BPO-Anbieter ein funktionsfähiges Preissystem zur Verfügung stellen müssen, fällt es vielen SSCs heutzutage immer noch schwer, ein einheitliches Preissystem umzusetzen. Da es sich um konzerninterne Leistungsverflechtungen handelt, wird häufig die eindeutige Preisermittlung nicht hoch genug priorisiert. Eine Studie (siehe unten) aus dem Jahr 2008 zeigt, dass der sogenannte transaktionale Preismechanismus, d. h. Preis pro Leistungsmenge, bei SSCs lediglich in 10 % der Fälle zum Einsatz kommt, während BPO-Anbieter bereits ca. 1/3 ihrer Services mit transaktionalen Preisen bewerten müssen.

Abb. 6.6 Eingesetzte Preismechanismen von SSCs. (Quelle: Dressler, S./Huisman, J./v. Rooij, M., 2008)

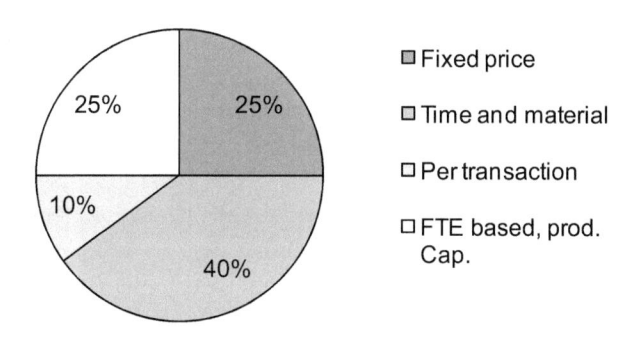

- Fixed price — 25%
- Time and material — 25%
- Per transaction — 40%
- FTE based, prod. Cap. — 10%

Im Rahmen dieser Studie wurde festgestellt, dass SSCs und BPO-Anbieter in den meisten Fällen eine Kombination von unterschiedlichen Preisverfahren einsetzen. Um den Abrechnungsaufwand einfach zu halten, aber auch um die wissensbasierten Aspekte besser berücksichtigen zu können, wird am häufigsten auf ein Festpreismodell in Verbindung mit einer transaktionalen Preislogik zurückgegriffen. Bei einer rein transaktionsmengenbasierten Preissetzung verbleibt sonst ein relativ hohes Risiko beim Service-Anbieter. In den Fällen, in denen die Bearbeitungsmengen zurückgehen oder phasenweise sogar gänzlich ausfallen, würde der Preis konsequenterweise sinken bzw. sogar auf Null fallen. Da der Dienstleister sein Auslastungsrisiko begrenzt wissen möchte, einigt man sich recht häufig auf ein Basisvolumen, dass in jedem Fall durch den Leistungsempfänger zu kompensieren ist. Gewisse Schwankungen um dieses Basisvolumen werden toleriert und ziehen keinerlei Preisänderungen nach sich. Volumenänderungen über oder unter die vereinbarte Toleranzgrenze führen zu Anpassungen. Diese Toleranzbereiche werden „Dead Bands" genannt und geben somit diesem Preismodell seinen Namen.

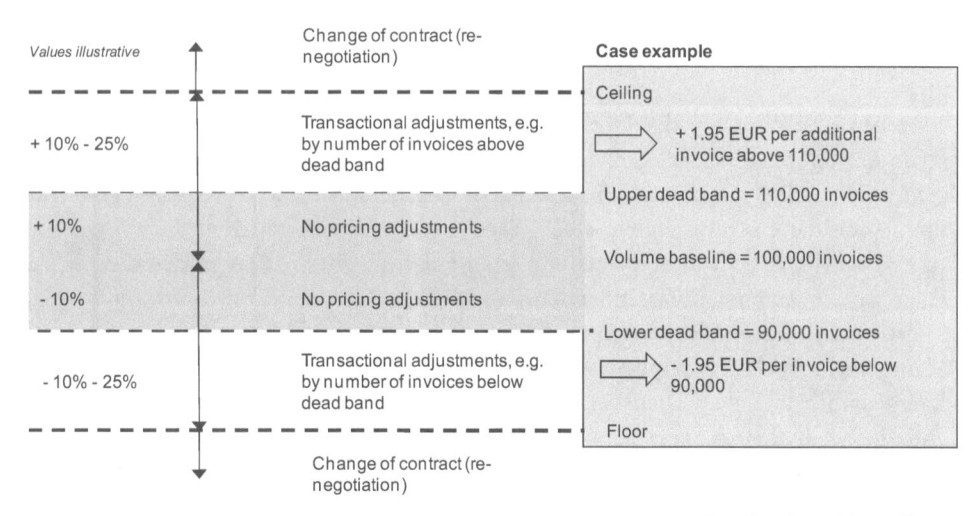

Quelle: eigene Darstellung

Abb. 6.7 Beispiel eines Dead-Band-Pricing-Modells

In diesem Beispiel eines transaktionalen Preissystems wird ein auf die Menge von 100.000 Eingangsrechnungen basierter Festpreis festgelegt, der in einem Schwankungsintervall von +/– 10.000 Rechnungen bestehen bleibt. Lediglich Mehr- oder Minderrechnungen über dieses Intervall hinaus führen zu stückbezogenen Anpassungen. Die Vorteile dieses Systems liegen auf der Hand. Im Prinzip ist ein mengenabhängiger Preis zugrunde gelegt worden, der in vereinfachter Abrechnung als pauschaler Festpreis je Abrechnungsperiode in Rechnung gestellt wird. Innerhalb des Schwankungsintervalls muss das Unternehmen nicht um Leistungsengpässe oder Zusatzkosten fürchten. Der Dienstleister hat eine verlässliche Grundlage zur Kapazitätsplanung und muss erst bei Unterauslastung außerhalb der unteren Schwankungsbreite um anderweitige Auslastung seiner Ressourcen sorgen. Das Controlling kann im Rahmen der Preisverhandlungen auf Grundlage dieses Basismodells noch weitere Szenarien durchspielen, wie z. B. Erhöhungen/Reduzierungen des Durchschnittspreises pro Rechnung außerhalb der Schwankungsbreiten zur optimierten Aufteilung der Risiken.

6.4.4 Performance Tracking des Outsourcers durch Key Performance Indicators

Neben seiner Mitwirkung bei Baselining, Benchmarking und dem Preismodell sollte das Controlling bei der Gestaltung der Performance Indicators bei Aufbau und Betrieb einer SSC-/BPO-Lösung intensiv mit eingebunden werden bzw. diese maßgeblich vorantreiben. Bereits in den Phasen der Vertragsverhandlung und der Spezifizierung der künftigen Zusammenarbeit ist die Definition geeigneter Messkriterien erforderlich, um das Funktionieren der künftigen Zusammenarbeit vernünftig nachhalten zu können.[23] Zum einen ist dies unumgänglich zur Pönalisierung bzw. Incentivierung von Leistungsverfehlungen bzw. Leistungsübererfüllungen. Zum anderen ist das kontinuierliche Performance-Monitoring eine zwingende Voraussetzung zur fortwährenden Optimierung der Prozesse.

Insbesondere im Zug der Optimierung sind SSCs und Outsourcing-Center zunehmend um optimale Betriebsgrößen bemüht, was dazu führt, dass Serviceeinheiten von mehreren hundert Mitarbeitern insbesondere bei großen Konzernen die Regel geworden sind. Auch die entsprechenden BPO Center an den osteuropäischen Standorten sind zumeist mit mehreren hundert bis mehreren tausend Mitarbeitern ausgestattet. In der Folge ist der Aufbau umfassender Managementstrukturen und Steuerungssysteme als Selbstzweck in diesen Einrichtungen unumgänglich. Die Entwicklung eines Performance Management Tools erfüllt zwei Zwecke: Leistungskenndaten zur Ausgestaltung der Zusammenarbeit zwischen Dienstleister und Unternehmen können bereitgestellt werden und die Steuerung der Einheit an sich anhand zielführender Indikatoren wird ermöglicht.

---

[23] Vgl. Brown, D./Wilson, S., 2005, S. 133.

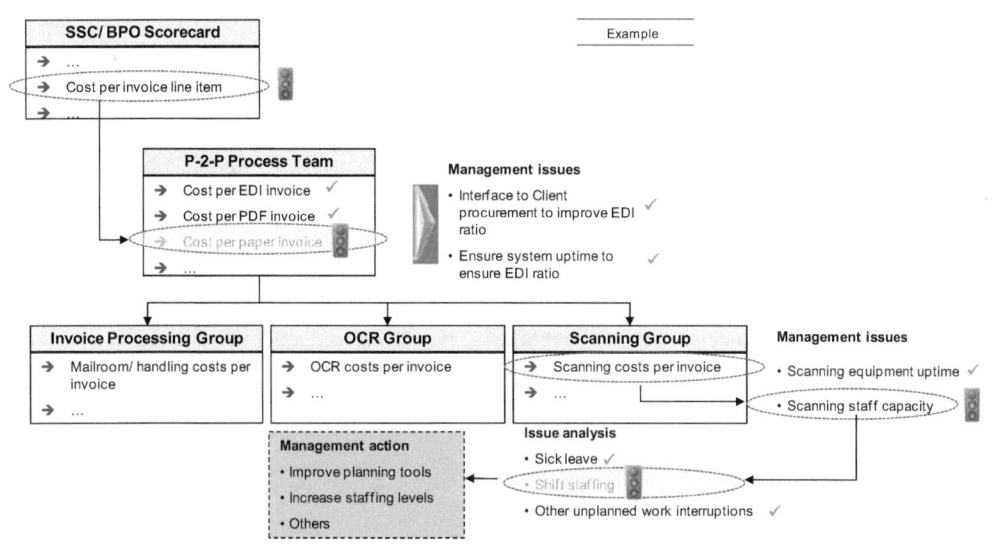

6.4 Entwicklung eines Konzepts für die Controlling-Unterstützung des Sourcing-Prozesses

Abb. 6.8 Beispiel für Performance Tracking im P-2-P-Prozess

Quelle: eigene Darstellung

Der Aufbau eines Performance-Tracking-Systems folgt dabei idealerweise der Struktur zum Aufbau einer Balanced Scorecard. Das heißt, es gilt, Indikatoren aus unterschiedlichen Bereichen zu definieren, um ein ausgewogenes Bild der Leistungserbringung zu erhalten. In diesem Sinne sind sowohl Kosten- als auch Prozesskennzahlen zu identifizieren und diese um Kennzahlen zur Bewertung der Kundenseite als auch der internen Kompetenz zu ergänzen. Weiterhin sollte die Scorecard-Logik über die unterschiedlichen Managementebenen des SSC-/BPO-Centers kaskadiert werden, was bedeutet, die Indikatoren sind so anzuordnen, dass die Messung auf den betroffenen Ebenen bei gleichzeitiger Aggregation der Indikatoren auf Gesamt-SSC-/BPO-Ebene möglich ist. In Abbildung 6.8 ist dies erneut beispielhaft an einem Kostenindikator für den P-2-P-Prozess illustriert.

Im oben skizzierten Beispiel werden als SSC-weiten Indikator die Kosten pro Buchungszeile der Eingangsrechnung erfasst und konsequenterweise auf der SSC Balanced Scorecard dargestellt. Auf der Ebene der zuständigen P-2-P-Prozessteams zeigen sich bereits mögliche Abweichungsquellen, was in diesem Beispiel die papierbasierten Rechnungen betrifft. Auf der darunter liegenden Bearbeitungsebene können Abweichungen weiter spezifiziert werden, was in diesem Fall auf Probleme im Scannen der Rechnungen hinweist. Die weiterführende Analyse zeigt, dass die Verfügbarkeit von Personal zum Scannen den kostentreibenden Engpass verursacht hat, worauf schließlich mit einer verbesserten Kapazitätsplanung reagiert werden kann. In dieser Logik können alle relevanten Abweichungsursachen bis auf SSC/BPO-Managementebene verfolgbar ausgewiesen werden. Die Mitwirkung bzw. Federführung des Controllings bei Aufbau und Gestaltung eines solchen Performance-Management-Systems ist unabdingbar, da das Controlling am ehesten in der Lage ist, die Ursachen-Wirkungs-Ketten quantitativ zu bewerten und somit auch die Intervalle zur Identifikation wesentlicher Abweichungen zu spezifizieren. Wie im obigen Beispiel anhand von Ampeln dargestellt, ist es nämlich extrem wichtig nur die Abweichungen an das Management zu berichten, die einer Management Action bedürfen. Ein Performance-Management-System, das zur Fehleridentifikation und -beseitigung unmittelbar auf den betroffenen Ebenen führt, ist wesentlich effizienter und effektiver. Information Overflow ist aufgrund der Komplexität einer SSC/BPO-Dienstleistung ein zentrales Problem im Management von SSCs oder BPO-Centern.

Eine Balanced Scorecard wie im folgenden Beispiel dargestellt, ist durchaus ausreichend, um einen Servicedienstleister umfassend bewerten und steuern zu können.

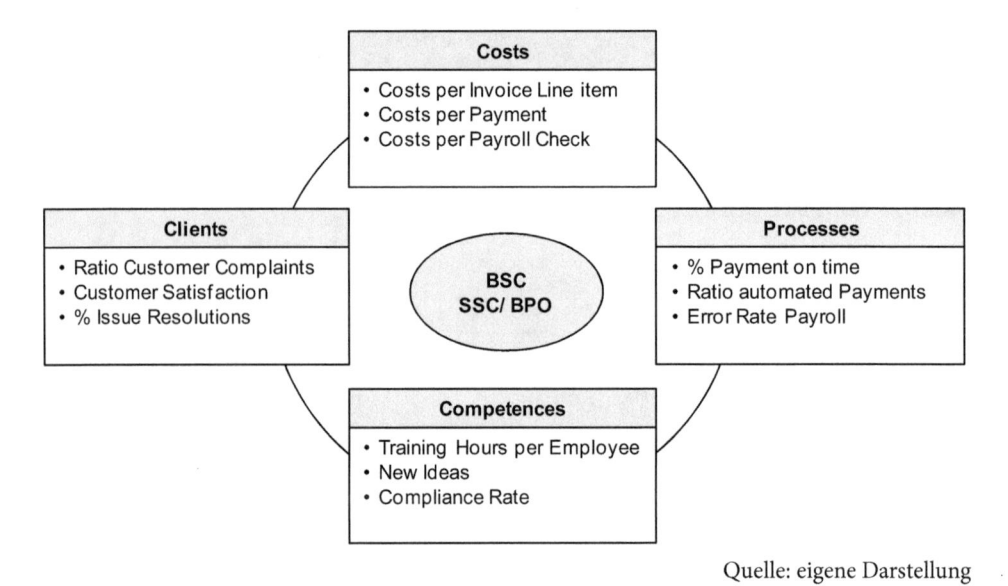

Costs
- Costs per Invoice Line item
- Costs per Payment
- Costs per Payroll Check

Clients
- Ratio Customer Complaints
- Customer Satisfaction
- % Issue Resolutions

BSC SSC/BPO

Processes
- % Payment on time
- Ratio automated Payments
- Error Rate Payroll

Competences
- Training Hours per Employee
- New Ideas
- Compliance Rate

Quelle: eigene Darstellung

Abb. 6.9 Beispiel eine Balanced Scorecard für ein SSC/BPO-Center

Voraussetzung zur Nutzung der obigen Scorecard ist die Definition von Zielwerten sowie das Herunterbrechen der Kennzahlen und Zielwerte auf die nachfolgenden Ebenen der Prozessbearbeitung. Auch bei dieser Aufgabe kann das Controlling als ein wirkungsvoller Partner im Sourcing von Dienstleistungen eingebunden werden.

6.5 Zusammenfassung und Ausblick

Das Controlling mit seinen Tools und seiner analytischen Schärfe hat sich im Sourcing-Prozess etabliert. Im zunehmend wichtiger werdenden Beschaffungsprozess für administrative Unterstützungsprozesse ist das Controlling bislang noch nicht so stark vertreten. Überhaupt stellt die Beschaffung von Service-Dienstleistungen als eine komplexe, wenig strukturierte Aufgabe eine Herausforderung für den Einkauf dar. Services sind heterogener, Einkaufsentscheidungen werden nicht regelmäßig, sondern häufig ad hoc oder in sehr unregelmäßigen, situativ bestimmten Abständen erforderlich. Zudem erfordert die Akquisition einer Service-Dienstleistung umfassende Kenntnis der internen Prozesslandschaft, welche zumeist nur unzureichend hinsichtlich der Kosten und Mengenvolumina sowie Mitarbeiterkapazitäten erfasst ist. Das klassische Sourcing ist hier ohne Zweifel überfordert und auf die zielführende Unterstützung aus dem Controlling angewiesen.

In dem vorliegenden Beitrag wurde beispielhaft ein Methoden-Toolkit dargestellt, mit dem das Controlling in der Bewertung der Shared-Service- bzw. Outsourcing-Option unterstützen kann. Ein verlässliches Baselining als Voraussetzung für das Benchmarking und den intern vs. extern Vergleich ist hierzu erforderlich. Weiterhin gilt es, erbrachte Leistungsmengen eines Dienstleister mit einem nachvollziehbaren Preissystem zu bewerten und schlussendlich ein Performance Monitoring des Dienstleisters zu ermöglichen.

Das Einkaufscontrolling steht sicherlich erst am Anfang der Entwicklung der spezifischen Controllingmethoden für das Sourcing von Dienstleistungen. Dennoch können die in diesem Beitrag vorgestellten Tools als Basis für die Weiterentwicklung eines geschlossenen Controllingkonzeptes gesehen werden. Die zunehmende Standardisierung, Zentralisierung und Fremdvergabe von Business-Prozessen werden auch künftig dafür sorgen, dass gewichtiger Controlling-Support in diesem Spannungsfeld erforderlich ist. Das Controlling mit seinen analytischen Kompetenzen sowie Stärken in Aufbereitung und Reporting relevanter Daten wird hier in Zukunft als Partner des Einkaufs unerlässlich sein.

6.6 Literatur

[1] Balderas, I.: The Myth oft he Offshoring Wonderland. In: https://www.dressler-partner.com/downloads/The_Myth_of_the_Offshoring_Wonderland.pdf, 2009 (Abruf am 07.02.2012).
[2] Bergeron, B.: Essentials of Shared Services, New Jersey, USA 2002.
[3] Mayer, A. G./Söbbing, T.: Outsourcing leicht gemacht – Muss man denn alles selber machen?, Frankfurt/M. 2004.
[4] Brown, D./Wilson, S.: The Black Book of Outsourcing, Hoboken, NJ, USA 2005.
[5] Bundesverband der Bilanzbuchhalter und Controller e. V. (BVBC), Seminarplaner 2012, Bonn 2011.
[6] Camphausen, C. v./Rudolf, A.: Shared Services – profitabel für vernetzte Unternehmen. In: Harvard Business Manager, 23. Jg., 2001, Nr. 1, S. 82–94.
[7] Dressler, S.: Shared Services, Business Process Outsourcing und Offshoring, Wiesbaden 2007
[8] Dressler, S./Huisman, J./van Rooij, M.: Charging Methodologies of Shared Services and BPO Providers. In: http://www.ssonetwork.com/charging-methodologies-of-shared-services-and-bpo/3808-6-A, 2008 (Abruf am 07.02.2012).

[9] Globerman, S./Vining, A. R.: The Outsourcing Decision: A Strategic Framework. In: Barrar, P./Gervais, R. (Hrsg.), Global Outsourcing Strategies, Burlington, UK 2006.
[10] Ford, H.: Today and Tomorrow, Special Edition of Ford's 1926 Classic, Cambridge, Massachusetts, USA 1988.
[11] Katzmarzyk, J.: Einkaufs-Controlling in der Industrie (Dissertation Georg-August-Universität Göttingen), Frankfurt/M. 1988.
[12] Kerkhoff, G.: Zukunftschance Global Sourcing, Weinheim 2005.
[13] Michel, U.: Der Finanzbereich im Umbruch. In: Controlling, 18. Jg. Heft 8/9, 2006, S. 439–445.
[14] Nicklisch, G./Borchers, J./Krick, R./Rucks, R.: IT-Near- und Offshoring in der Praxis, Heidelberg 2008.
[15] Oecking, C./Kaulen, S.: Von ITO zu Business Process Outsourcing im Einkauf. In: Oecking, C./Jahnke, R., Weber, M. (Hrsg.), Innovationen im Outsourcing, 2008, S. 45–60.
[16] Orths, H.: Einkaufscontrolling als Führungsinstrument, Gernsbach 2003.
[17] Schweins, R.: http://www.wiwo.de/unternehmen/fertigungstiefe-der-hersteller-sinkt-weiter-automobilzulieferer-verfeinerte-methode/4797690.html, 2003, Abruf am (29.11.2011).
[18] Valmet Corporate Website, http://www.valmet-automotive.com/automotive/cms.nsf, (Abruf am 29.11.2011).
[19] Wassermann, O./Schwarzer, M.: Das intelligente Unternehmen, Berlin Heidelberg 2012.
[20] Wildemann, H.: Einkaufscontrolling –Leitfaden zur Messung von Einkaufserfolgen, München 2007.
[21] Wildemann, H.: Global Sourcing – Leitfaden zur Erschließung internationaler Beschaffungsquellen, München 2010.

Der Controller als Lean Manager

Dr. Bodo Wiegand

7.1	Nur eine Idee – oder eine Chance?	123
7.1.1	Das heutige Rollenverständnis	123
7.1.2	Lean Cost Management	125
7.1.3	Die sechs Erfolgsfaktoren zur nachhaltigen Einführung von Lean Management	132
7.1.3.1	Erfolgsfaktor 1: Planung des Erfolges	133
7.1.3.2	Erfolgsfaktor 2: Commitment der Führung	138
7.1.3.3	Erfolgsfaktor 3: Vorbildfunktion der Führung	140
7.1.3.4	Erfolgsfaktor 4: Mindset verändern	140
7.1.3.5	Erfolgsfaktor 5: Ganzheitlicher Ansatz	142
7.1.3.6	Erfolgsfaktor 6: Nachhaltigkeit durch Messbarkeit	145
7.2	Der Controller als Lean Manager	146

7.1 Nur eine Idee – oder eine Chance?

7.1.1 Das heutige Rollenverständnis

Vor 1½ Jahren haben wir einen Workshop abgehalten und den Wertstrom in einem Unternehmen aufgezeichnet. Jede Funktion hatte eine eigene Bahn, auf der die einzelnen Tätigkeiten vermerkt wurden, die diese Funktion zur Abwicklung des Auftrages beigetragen hat. Natürlich hatte auch das Controlling eine sogenannte „Schwimmbahn". Da der Beitrag des Controllings darin bestanden hat, retrospektiv aufzulisten, was gut und nicht so gut gelungen war, daraus aber keine Handlungsfelder für die Zukunft abgeleitet wurden, war der Beitrag des Controllings einfach nur *Waste – Verschwendung*.

In solchen Fällen kleben wir auf diese Tätigkeiten rote Punkte. Der Controller war entsetzt und fühlte sich benachteiligt, in seiner Aufgabe falsch verstanden und außerdem Lean – was sollen wir damit?

Danach sollte ich beim CFO (Chief Financial Officer) antreten zum Rapport, der mir dann prompt erklärte, wie wichtig denn der Controller sei und überhaupt, ohne Controlling geht gar nichts.

Die Frage, was er persönlich, respektive seine Abteilung, zur Wertschöpfung im Sinne des Kundennutzen beiträgt, verblüffte ihn und blieb erst einmal unbeantwortet. Angriff schien ihm damals die beste Verteidigung. „Wieso Kundennutzen, wir sind das Controlling und nicht die Produktion. Ohne uns klappt sowieso nichts", kam es wie aus der Pistole geschossen. Mir war damals nicht danach klein beizugeben, sondern nach Gegenangriff. „Der Controller guckt ins Kielwasser, um das Schiff zu steuern, und trägt absolut nichts dazu bei, die Wertschöpfung zu unterstützen", führte ich aus. Nun, das war der Moment des Rausschmisses, dachte ich wenigstens. Doch es kam anders. Vier Stunden später hatte ich einen neuen Termin und vier Wochen danach die Idee für ein Kennzahlensystem, das die Wertschöpfung unterstützen konnte.

Heute ist er einer der größten Lean-Fans, den ich kenne. Was war passiert?

Als Werkleiter zweier großer Werke eines großen deutschen Stahlkonzerns belieferten wir unter anderem die Automobilindustrie mit den unterschiedlichsten Teilen. Irgendwann kam ich von einer Einkaufsverhandlung bei einem großen Automobilwerk zurück und sollte die Preise bei einem sonst immer hervorragend laufenden Teil senken, weil ein Mitbewerber günstiger anbieten konnte. Was nicht sein konnte; wenigstens sagte dies mein Gefühl als Ingenieur. Wir hatten die bessere Fertigungstechnologie und absolut keine Probleme in der Fertigung oder mit der Qualität. Der Betriebswirt in mir schaute sich daraufhin natürlich die Kalkulation genauer an. Unser Controller gab den väterlichen Rat, doch auf den Preis einzugehen. Wir hätten dann zwar nicht die Vollkosten, aber den Deckungsbeitrag; wäre ja immer noch sehenswert. Nun hasse ich Deckungsbeiträge. Sie verstecken, verschleiern, wiegen in Sicherheit und führen einen ganz schnell auf die falsche Fährte. Ich wollte wissen, was Sache ist. Was das für ein Zuschlag war, wie die Gemeinkosten aufgeteilt waren, was das für Vertriebs- und Qualitätskosten waren. Ich wollte die ganze Wahrheit. Produktkalkulation schien plausibel, was die Fertigungskosten anging. Trotzdem wollte ich wissen, was das für ein Maschinenstundensatz war und warum auf dieses Produkt Qualitätskosten und Vertriebskosten aufgebrummt wurden, wo doch nachweislich keine Qualitätskosten anfielen und der Vertrieb auf die jährlichen Verhandlungen in den unterschiedlichen Automobilkonzernen begrenzt war. Acht Wochen und viele Stunden Diskussionen später dauerte es, bis das Controlling alle Zahlen je Produkt aufgelistet und die Zuschläge wenigstens einigermaßen an der Realität und dem Wertschöpfungsstrom entlang verteilt waren. Es war noch keine Prozesskostenrechnung, aber ein zarter Anfang schien uns gelungen. Wonach sich zuerst einmal blankes Entsetzen auf den Gesichtern breit machte und Ratlosigkeit um sich griff. Die annähernd ursachengerechte Verteilung der Qualitätskosten zeigte plötzlich Produkte rot, die bisher als beispielhaft galten. Der Vertrieb konzentrierte sich anscheinend auf Produkte mit schlechten Margen und die Gemeinkosten waren immer noch pauschal verteilt, ohne gewisse Zuordnung zu den Produkten. Nur durch Zufall haben wir dann noch herausgefunden, dass die Maschinenstundensätze nicht der Realität entsprachen, sondern so verteilt worden waren, dass Produkte mit schlechten Margen subventioniert und gute Produkte auf der anderen Seite mit höheren Maschinenstundensätzen belastet wurden.

Als ich dem Controller diese kleine Geschichte erzählt hatte, fing er an zuzuhören. In unserer wettbewerbsgeprägten Welt brauchen wir keine zahlenverliebten, im Nebel stochernden Controller mit scheinbarem Genauigkeitsanspruch, sondern wir brauchen Controller, die den Wertschöpfungsprozess unterstützen. Die den Nebel lichten und die richtigen Prioritäten setzen, die den Führungskräften und Mitarbeitern vor Ort aufzeigen, ob das und das etwas gebracht hat, ob der eingeschlagene Weg richtig ist, ob die Maßnahme erfolgsversprechend ist oder nicht. Wir brauchen Controller, die Transparenz erzeugen und das auf jeder Ebene, in jedem Bereich und in jeder Funktion. Wir brauchen Controller, die Lokomotiven sind bei der Beseitigung von Verschwendung, die nicht aufhören, Verschwendung aufzuzeigen, die wissen, wie man die Effizienz und die Effektivität steigert. Die das Ohr am Kundenwunsch haben und nicht aufhören, den Kundennutzen und die Vermeidung von Verschwendung in das Denken und Fühlen, also in die DNA der Organisation einpflanzen und in den Mindset der Mitarbeiter nachhaltig verankern. Wir brauchen den Controller als Lean Manager – und das dringend.

7.1.2 Lean Cost Management

Bevor wir die Aufgaben und die Rollen des „neuen" Controllers beschreiben, müssen wir noch auf das ureigenste Gebiet des Controllers, die Kostenrechnungssysteme selbst eingehen. „Viele Workshops – tolle Resultate – aber kein messbares Ergebnis", so sieht häufig die Bilanz von zunächst vielversprechend gestarteten Optimierungsprojekten aus, mit denen die Leistungsfähigkeit und die Effizienz eines Produktionssystems gesteigert werden sollte.

Auch die Einführung von Lean Management mit dem Ziel, die Abläufe effizienter zu gestalten, die Wettbewerbsposition des Unternehmens zu stärken, Wachstum zu generieren und Arbeitsplätze zu sichern, stellt die Akteure – nicht anders als bei anderen Veränderungsprojekten auch häufig vor das Problem, die Erfolge messbar aufzuzeigen.

Liegt dies daran, dass die Optimierungsmaßnahmen nicht gefruchtet haben und die Effizienz nicht gesteigert worden ist, oder etwa daran, dass man dies im Controlling herkömmlicher Art nicht feststellen konnte?

Eine Firma, die Lean-Management-Methoden einsetzt, zielt darauf ab, effiziente Prozesse zu gestalten und Verschwendung in der Wertschöpfung zu vermeiden. Dafür bietet Lean Management verschiedene Ansätze und Methoden, die erfolgreich in der Produktion ebenso wie in indirekten Bereichen genutzt werden.

Neben diesen Veränderungen entlang der Wertschöpfungskette erfordert Lean Thinking auch für die Kostenrechnung ein Umdenken, da klassische Verfahren die Vorteile des Lean Managements regelmäßig nicht widerspiegeln. Ansatzpunkte zur Optimierung werden eher verdeckt, als dass sie Handlungsbedarf aufzeigen.

So fördert die Logik des Gemeinkostenzuschlags den Aufbau von Beständen, da auch unverkauften Produkten Gemeinkosten zugerechnet und die Bestände mit diesem Wert aktiviert werden. Folglich motiviert die Kostenrechnung dazu, Bestände aufzubauen, während es beim Lean Management darum geht, Bestände als ineffizient und teure Art der Verschwendung abzubauen.

Ebenso gehen die typischen Verschwendungsformen Überkapazität und nicht angemessener Technologieeinsatz in hohen Zuschlagssätzen unter. Werden zudem Umrüstvorgänge als nicht produktive Zeiten minimiert, entsteht eine Tendenz zu größeren Losen, die wiederum nicht „lean" sind, da sie den kontinuierlichen Fluss unterbrechen und die Durchlaufzeit erhöhen. Lean-gerecht ist dagegen häufiges und schnelles Umrüsten, um kleine Lose und hohe Flexibilität zu ermöglichen.

Hier stoßen anscheinend die herkömmlichen Kostenrechnungssysteme an ihre Grenzen. Lean bedeutet, Werte ohne Verschwendung schaffen und das Lean Management wird eingesetzt, um Lean Thinking umzusetzen. Daher ist die Reduktion gegenwärtiger Kosten nicht primäre Zielsetzung. Das Eliminieren von Verschwendung ist nicht reduzierbar auf die Vermeidung von Kosten. Es sind Werte für den Kunden zu schaffen und dabei ist jede Form der Ineffizienz dauerhaft zu verhindern bzw. einzuschränken.

Im Fokus von Lean Management stehen Zukunftsfähigkeit, Flexibilität und Nachhaltigkeit. Diese Ziele werden durch Flussorientierung, Standardisierung und KVP abgesichert.

Leider unterstützen herkömmliche Kostenrechnungssysteme der Standardkostenrechnung mit ihrer differenzierten Zuschlagskalkulation solche Lean-Systeme nicht, denn sie

- verteilt primär die Kosten und hinterfragt sie nicht.
- ist auslastungsorientiert (Menge zählt vor Kundenwunsch).
- arbeitet nach innen gerichtet und nimmt den Kunden und seine Wünsche nicht auf (Umlage von Konventionalstrafen, Garantiezahlungen etc.).
- versucht rückblickend in Richtung Zukunft zu schauen: Man überträgt das, was war, ohne zuvor zu fragen, warum es so war.
- ist auf Stellen bzw. Funktionen bezogen und nicht auf Prozesse ausgerichtet.
- ist der Flexibilität nicht förderlich.
- behandelt Exoten und Renner gleich.
- zeigt die mit Lean Management erzielten Verbesserungen nicht vollständig/(zu) spät/mit falscher Tendenz/gar nicht auf.

Darüber hinaus stoßen traditionelle Kostenrechnungssysteme (bzw. deren Unternehmen) Fehlsteuerungen an, die zu Verschwendung führen. Durch

- die Betonung der Economics of scale, Fixkostendegression, Lerneffekte, etc. Es wird impliziert, dass mehr zu tun auch besser ist. Falsches Kostenträger-Denken
  ⇒ Erhöhter Stückzahl wird per se eine positive Wirkung zugeschrieben.
- die Betrachtung aggregierter Größen (z. B. Summe der Gemeinkosten der Periode)
  ⇒ Keine Information über die Grenzkosten, geringe Entscheidungsunterstützung.
- das Sicherheitsdenken der Manager: Anhäufen von Beständen und Überkapazitäten wird nicht aufgedeckt. Die Systeme zeigen Leerkosten etc. nicht.
  ⇒ Für die Entscheidungen werden die Zusammenhänge nur partiell sichtbar.

7.1 Nur eine Idee – oder eine Chance?

- die Belegung der Prozesse (z. B. das Umrüsten) mit (Opportunitäts-)Kosten, sodass der Anreiz entsteht, diese Kosten selten entstehen zu lassen.
  ⇨ Große Lose erscheinen vorteilhaft.
- das Zuschlagen von Gemeinkosten profitiert der Exot vom Renner (Alimentierung).
  ⇨ Geringe Transparenz und kein Anreiz zur Segmentierung.

Diese offensichtlichen Schwachstellen sollten durch die Entwicklung neuer Kostenrechnungssysteme wettgemacht werden, wie z. B.

- Fehlende Teilkostenbetrachtung: Was trägt das Produkt zur Deckung der Fixkosten bei? ⇨ Deckungsbeitragsrechnung
- Keine detaillierte Abbildung der Kostenverursachung, insbesondere bei den Gemeinkosten: Was treibt die Kosten? ⇨ Prozesskostenrechnung
- Keine Berücksichtigung des Faktors Zeit als Kosteneinflussgröße: Welchen Einfluss hat der Zeitverbrauch? ⇨ Time Driven Activity Based Costing
- Keine Differenzierung in genutzte/ungenutze Kapazität: Welche Ressourcen wurden verbraucht? ⇨ Ressource Consumption Accounting
- Keine Betonung/Aufzeigen des Engpasses: Wo liegen die leistungsbestimmenden Engpässe? ⇨ Throughput Accounting
- Keine Ausrichtung gemäß des Wertstromes: Welche Kosten fallen entlang des Wertstromes an? ⇨ Lean Accounting

Doch beurteilt man diese neueren Kostenrechnungssysteme stellt man fest, dass jedes dieser Systeme auch Schwachstellen beinhaltet und zum Teil erheblichen Mehraufwand und vor allem Umstellung des gesamten bisherigen weitverbreiteten Standardkostensystem bedeuten würde. Wobei die Anforderungen aus Bilanzierungsrichtlinien und Finanzgesichtspunkten noch gar nicht beurteilt sind und einige Systeme als Leitsysteme völlig ausfallen würden.

Wobei es natürlich einem lean-begeisteren Menschen wie mir weh tut, dies über Lean Accounting sagen zu müssen. Doch wenn ich nicht das ganze Unternehmen im Wertstrom abgebildet habe und somit die Generation an Informationen quasi automatisch abläuft, wenn ich die steuerlichen und finanzgesetzmäßigen Anforderungen erfüllen kann, würde ein paralleles Führen dieser Systeme auch wiederum Verschwendung bedeuten und damit nicht wirklich Lean sein. Ein Idealzustand aus Lean-Gesichtspunkten sicher, für neue Unternehmen vielleicht empfehlenswert, doch für ein Unternehmen, was auf dem Weg von einem traditionell ausgerichteten zu einem Lean-Unternehmen ist, keine wirkliche Alternative.

Abb. 7.1 Beurteilung des Lean-Cost-Management-Systems

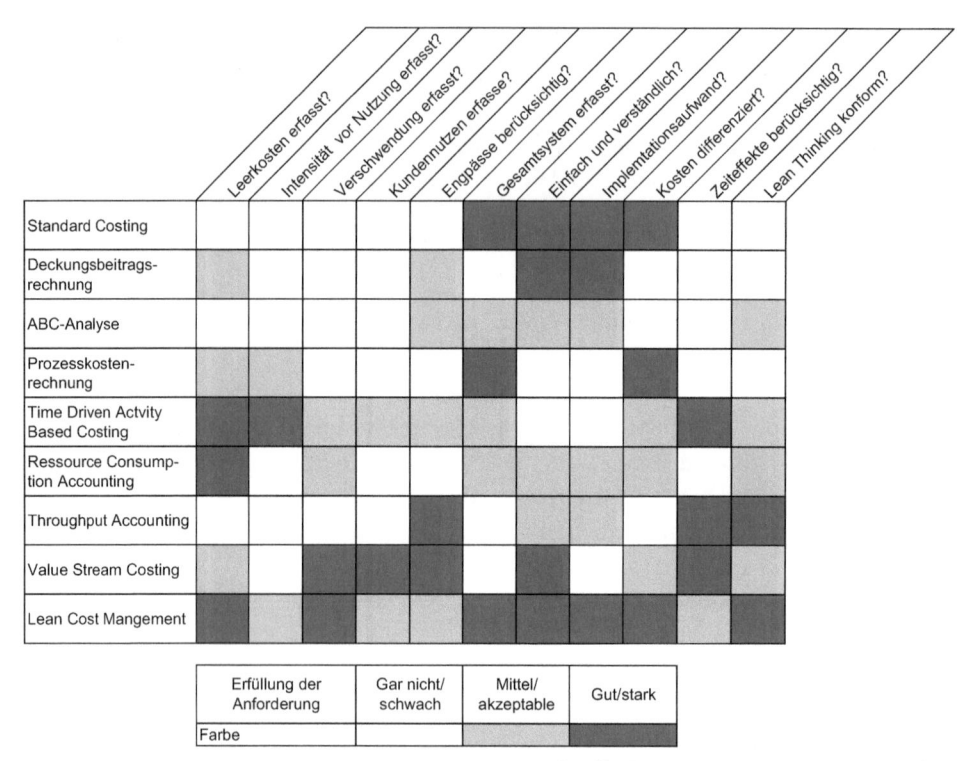

Quelle: Lean Management Institut GmbH

	Leerkosten erfasst?	Intensität vor Nutzung erfasst?	Verschwendung erfasst?	Kundennutzen erfasse?	Engpässe berücksichtigt?	Gesamtsystem erfasst?	Einfach und verständlich?	Implementationsaufwand?	Kosten differenziert?	Zeiteffekte berücksichtig?	Lean Thinking konform?
Standard Costing						D	D	D			
Deckungsbeitragsrechnung	M			M		D		D			
ABC-Analyse				M	M		M		M		M
Prozesskostenrechnung	M	M			D			D			
Time Driven Activity Based Costing	D				M				D	M	
Ressource Consumption Accounting	D										
Throughput Accounting					D					D	M
Value Stream Costing			D			M		M		M	
Lean Cost Mangement	D	D	D	M	D	D	D	D	D	D	M

Erfüllung der Anforderung	Gar nicht/ schwach	Mittel/ akzeptable	Gut/stark
Farbe		M	D

Die Frage lautet also: Wie können wir unser herkömmliches Kostenrechnungssystem tunen, optimieren und verbessern, damit es die Effekte des Lean Managements adaptiert und zu keinen Fehlsteuerungen führt und höhere Transparenz gibt?

Was soll ein System leisten können?

- Maßnahmen im Lean-Kontext mit der richtigen Tendenz ausweisen, d. h. Verbesserungen auch als Verbesserungen aufzeigen
- Selbstverständlich und nachvollziehbar sein
- Auch die weichen, qualitativen Erfolge einer Lean-Initiative greifbar machen
- Nachhaltigkeit erreichbar machen
- Ganzheitliche Sicht anbieten (End to End)
- Sich aus Sicht der Wertschöpfung rechnen

Stellt man die Organisation in einem Lean-Unternehmen und in einem traditionellen Unternehmen gegenüber, sind folgende Unterschiede klar erkennbar:

7.1 Nur eine Idee – oder eine Chance?

Traditionell organisiertes Unternehmen	Organisation im Lean-Unternehmen
Ermittlung des WIP (Work in Process)	Durch kurze Zykluszeiten verliert der WIP an Bedeutung, er sinkt und ist visuell leicht erfassbar
Überwachung der Lagerbestände	Selbstregulation der Lagerbestände durch Zugsteuerung mit definierter Entnahmemenge und Behältergröße
Tracking des Bearbeitungsstandes eines Auftrags	Bearbeitungsstand ist unmittelbar ersichtlich im Pull-System, Reduzierung des PPP-Aufwandes
Erstellen des täglichen Produktionsplanes	Umstecken von Karten in der Heijunka-Box
Auswahl und Zuordnung von Arbeitsaufträgen zu Personen	Standardisierte Arbeitsinhalte, Arbeiten im Team, spätes Zulassen der Varianz, Segmentierung
Fehler- und Ausschussreporting	Selbstorganisierte Kaizen-Aktivitäten in den Fertigungszellen, lokales Visualisieren und Messen
usw.	

Das heißt: Lean Management sorgt für eine realitätsnähere Kostenrechnung.

- Durch den Einsatz des Value Stream Mappings (Wertstromanalyse) werden Zusammenhänge aufgezeigt, die in der Regel vorher unklar waren
  ⇨ Detaillierte Erfassung gelebter Prozesse, Schnittstellen und Kostentreibern.
- Die Analysemethoden des Lean Managements zeigen das tatsächliche Mengen- und Zeitgerüst (z. B. Bestände, Kapazitäten, Prozess-, Warte- und Rückfragezeiten) auf
  ⇨ Wichtiger Beitrag zur Quantifizierung der Ressourcen.
- Gestaltung von Lean-Prinzipien trägt dazu bei, Komplexität zu reduzieren, Strukturen zu vereinfachen sowie die Transparenz zu erhöhen
  ⇨ Das Richtige zu messen gelingt leichter.
- Gestaltung nach Lean-Prinzipien steigert Flexibilität und Lieferfähigkeit
  ⇨ Stärkung der Wettbewerbsposition deckt zusätzliche Kosten ab.

Auf der anderen Seite deckt Lean schonungslos Verschwendung auf und klassifiziert Prozesse nach Handlungen in wertschöpfende (⇨ optimieren), nicht wertschöpfend über notwendig (⇨ verringern) und Verschwendung (⇨ eliminieren), sodass der Gedanke, Kosten nach diesen Kriterien zu unterscheiden, naheliegend erscheint. Untergliedert man noch Verschwendung in die zwei hauptsächlichen Kostentreiber Überkapazität und Ineffizienz, so können wir aus Sicht des Lean Managements Kosten auf vier Arten unterscheiden:

- Kosten, die zur Wertschöpfung benötigt werden,
- Kosten, die zwar notwendig sind, aber eigentlich Verschwendung sind (z. B. der Transport von einer zur anderen Maschine),
- Kosten für ineffiziente Abläufe, die Verschwendung sind (z. B. Zwischenlagern von Material, Nacharbeit),
- Kosten für Überkapazität, wie z. B. Maschine ist nicht ausgelastet.

Integriert man diese Differenzierung der Kosten in unser Standard-Kostenrechnungssystem, so kann man ein effektives Lean-Cost-Management-System aufbauen. Basis dieses Systems bildet die Wertabrechnung. Wertabrechnung wird parallel zur BAB aufgebaut, d. h. die bestehende Kostenrechnung wird fortgeführt und durch eine strukturähnliche Rechnung für die Lean-Effekte ergänzt. Diese bietet für jede Kostenstelle eine zusätzliche Differenzierung der Kosten hinsichtlich Überkapazität (Ü), Ineffizienz (I) und Notwendiger Verschwendung (NV) an.

- Der Kostenanteil Ü kann beispielsweise mit Hilfe von Wertstrom- oder Auslastungsanalysen ermittelt werden und umfasst den Teil der Kosten, der für das Vorhalten nicht genutzter Kapazitäten (Überkapazität) angefallen ist. Dabei sind auch die Sicherheitsbestände zu prüfen.
- Der Kostenanteil I ist etwa durch die Kennzahlen Ausschuss, Doppelarbeit oder Nacharbeit messbar und erfasst die Teile der angefallenen Kosten, die man bei effizienter Nutzung der Ressource nicht benötigt hätte. Dies trifft regelmäßig auch den administrativen Bereich, wenn z. B. vereinbarte Best-Practise nicht eingehalten wird.
- Der Kostenanteil NV unterscheidet sich von I dahingehend, dass er ebenfalls nicht direkt zur Wertschöpfung beigetragen hat, aber gegenwärtig notwendig, also durch Optimierungsmaßnahmen in der Kostenstelle nicht vermeidbar ist. Dieser Fall liegt etwa vor, wenn das gegenwärtige Hallenlayout lange Transportwege bedingt.

Effekte der Lean-Management-Maßnahmen werden in der Reduktion der Summe dieser nicht wertschöpfend eingesetzten Kosten sicht- und damit auch überwachbar. Weiterhin zeigt die Wertabrechnung, welche Veränderungen sich für die Zuschlagssätze ergeben, wenn effizient gearbeitet würde.

Die Wertabrechnung setzt zur Erfassung der Potenziale projektbezogen den sogenannten Werterfassungsbogen (WEB) ein. Der WEB ist damit ein Instrument des Projekt- oder Abteilungsleiters. Er zeigt die Kostenstellen, die im Rahmen eines Projektes involviert sind, und stellt fest, welcher Kostenanteil für I, Ü oder NV angefallen ist. Der WEB sollte daher zu Beginn eines Projektes aufgesetzt und im Zeitverlauf etwa quartalsweise angepasst werden.

Neben dem Werterfassungsbogen setzt das Lean Cost Management den Wertabrechnungsbogen (WAB) ein. Er ist das Instrument des Controllers, bei dem die Effekte der Einzelprojekte konsolidiert zusammenlaufen. Durch Ampelfarben werden die besonders verschwendungsintensiven Bereiche gezeigt: Der WAB hilft somit, Verschwendung dauerhaft zu beobachten und das Multiprojektmanagement zu unterstützen.

Direkte Vorteile eines solchen Wertabrechnungs-Systems sind

- Ganzheitlichkeit:
  - Gesamtsicht für das Controlling (WAB)
  - Einzelsicht für den Projektleiter (WEB)
  - Sekundäreffekte und Rückwirkungen werden nachvollziehbar

- Messbarkeit durch genaueres Klassifizieren der Kosten:
  - Verschwendung wird greifbar in den separaten Potenzialen
  - Fördert das genaue Hinterfragen der IST-Situation
  - Ressourcennutzungsgrad wird übersichtlich aufgezeigt
  - Realisierbarer Angebotspreis, wenn Lean-Potenzial gehoben ist
- Nachhaltigkeit:
  - ausgewiesene Potenziale sind zu heben oder
  - wiederholt zu betrachten
  - Reporting aller Projekte über die WEB schafft Vergleichbarkeit und etabliert einen Standard
- Höheres Kostenbewusstsein:
  - In dem z. B. quartalsweise die Entwicklung der Potenziale im WEB besprochen wird, ist die Konsequenz von Umsetzung oder Nichtumsetzung direkt fassbar.
- Fundierung des Budgetierungsprozesses:
  - Wenn ein Projekt zur Kostenreduzierung in den Beschaffungsprozessen erfolgreich gelaufen ist, können alle Budgets begründet angepasst werden, die den Prozess Beschaffung nutzen ⇨ Transparenz und Nachvollziehbarkeit werden gefördert
- Unterstützung bei der Prozessorientierung:
  - Ein Richtungswechsel: Die Verwendung von Ressourcen in der Ablauforganisation wird hinterfragt, statt die Ausstattung der Stellen in der Aufbauorganisation zu diskutieren
- Einfaches Customizing:
  - Die WEB-/WAB-Struktur kann automatisch, z. B. in SAP generiert oder über eine Datenbank aufgebaut sowie im laufenden Betrieb leicht angepasst werden. Das heißt: Die Wertabrechnung fördert Lean Thinking-Verhalten.

Weitere Vorteile eines Lean Cost Management-Systems sind

- Fortführung des bestehenden Kostenrechnungssystems
- Sinnvolle Ergänzung mit sehr guter Kosten-Nutzen-Relation
- „Sehen lernen" durch den Vergleich zwischen BAB und Wertabrechnung
- Effekte der Lean-Management-Maßnahmen werden in der Reduktion der Summe nicht wertschöpfend eingesetzter Kosten etc. sichtbar
- Ergebnis der Wertabrechnung im Zeitverlauf zeigt die Erfolge auf dem Lean-Weg

Empfehlenswert und für mich eigentlich Voraussetzung zur Einführung eines solchen Systems bildet die möglichst genaue verursachungsgerechte Kostenzuordnung zur Vermeidung von Gemeinkostenzuschlägen oder Umlagen jedweder Art. Ob das mithilfe einer aufwändigen Prozesskostenanalyse oder einfacheren Tätigkeitsstrukturanalysen und/oder qualifizierten Schätzungen gemacht wird, erscheint nicht wirklich kriegsentscheidend. Wichtig ist nur, dass diejenigen befragt werden, die die Kosten verursachen und diese dann knallhart in die vier erwähnten Kostenkategorien eingeteilt werden.

Mit dem Lean Cost Management und der einmalig durchzuführenden verursachungsgerechten Kostenzuordnung aller entstandenen Kosten ist die Basis gelegt für den Start in ein Lean-Unternehmen und ist dem Controller das Werkzeug in die Hand gegeben,

- Lean-Aktivitäten richtig zu beurteilen,
- Maßnahmen im Lean-Kontext mit der richtigen Tendenz auszuweisen, d. h. Verbesserungen auch als Verbesserungen aufzuzeigen,
- verständlicher und für jeden nachvollziehbare Analysen zu liefern,
- aus Sicht der Wertschöpfung Missstände aufzuzeigen,
- qualitative und quantitative Erfolge einer Lean-Initiative greifbar zu machen,
- Engpässe zu identifizieren und
- aus Sicht der Wertschöpfung zu rechnen und zu argumentieren.

7.1.3 Die sechs Erfolgsfaktoren zur nachhaltigen Einführung von Lean Management

Mit dem Lean Cost Management ist das Fundament für den Controller als Lean Manager gelegt.

Bevor wir die Aufgaben und Rollen des „neuen" Controllers besprechen können, muss zuerst geklärt werden, welches denn die Erfolgsfaktoren einer Umgestaltung in ein Lean-Unternehmen sind. Denn entlang dieser Erfolgsfaktoren werden die Aufgaben des „neuen" Controllers definiert und das Verständnis, was ein Lean-Manager ist und was er tun muss, entwickelt. Was sind die sechs Erfolgsfaktoren, um Lean nachhaltig in einem Unternehmen zu implementieren und den Mindset der Menschen zu verändern?

1. Planung des Erfolges
2. Commitment der Führung
3. Vorbildfunktion der Führung
4. Veränderung des Mindsets
5. Ganzheitlicher Ansatz
6. Messen des Erfolges

Diese sechs Erfolgsfaktoren haben sich nach unzähligen Projekten und Jahren intensiver Forschung als die entscheidenden herausgestellt. In der Literatur werden allerdings auch andere Ansätze genannt und angepriesen. So beharren einige auf dem Irrglauben, dass sich der Erfolg von Toyota auf Basis von punktuellen Verbesserungen begründet. Doch dabei wird vergessen, dass Taichi Ohno zuerst das Toyota Produktions System (TPS) entwickelt hat. Dieses Produktionssystem wurde in allen Toyota-Werken installiert und dann in den letzten 40 Jahren Schritt für Schritt punktuell verbessert. Die Basis war demnach ein ganzheitlicher Ansatz (System KAIZEN). Danach erst wurden mit Fluss- und Punkt-KAIZEN das TPS verbessert, verbessert und verbessert.

Basis für die Lean-Philosophie bilden Prinzipien, die von Womack und Jones im Buch Lean Thinking[1] niedergeschrieben wurden und von uns mit dem Prinzip der Standardisierung und Modularisierung von Prozessen und Produkten ergänzt wurden.

1. Der Kunde steht im Mittelpunkt allen Handelns
2. Werte aus Sicht des Kunden identifizieren
3. Die Abläufe fließen lassen
4. Nur dann produzieren, wenn der Kunde es braucht (Pull-Prinzip)
5. Standardisierung und Modularisierung von Produkten und Prozessen
6. Streben nach Perfektion

Darüber hinaus gab es noch weitere Prinzipien, die die Einführung des Toyota-Produktions-Systems unterstützt, begleitet und so erfolgreich gemacht haben.

1. Das Prinzip der Durchdringung: Jeder Mitarbeiter von Toyota wurde und wird bestens ausgebildet und auf seine Aufgaben vorbereitet.
2. Das Null-Fehler-Prinzip: Tritt ein Fehler auf, kann der einzelne Mitarbeiter das Band anhalten. Mit PDCA(Plan, Do, Check, Act)-Verbesserungszyklen und dem A3 als Planungs- und Projekttool wurde dafür gesorgt, dass die Fehler nachhaltig beseitigt wurden.
3. Das Mentor-Mente-Prinzip: Jeder Mitarbeiter bekommt einen Mentor, der für ihn verantwortlich ist (siehe auch Kata von Mike Rother).[2]

7.1.3.1 Erfolgsfaktor 1: Planung des Erfolges

Wettbewerber haben neue Produkte und Technologien, Kunden fordern günstigere Preise oder eine höhere Qualität, Banken geben keine Kredite mehr, der Staat verabschiedet neue Gesetze und Verordnungen – im Unternehmensalltag gibt es viele Gründe dafür, eine Veränderung in großem und kleinerem Umfang anzustoßen und durchzusetzen. Wirtschaft, Gesellschaft und Politik, Technologie und Ökologie – aus allen Feldern erwachsen neue Herausforderungen, die ein Unternehmen zum Reagieren zwingen. Es ist Sache des Managements, Veränderungen anzustoßen und einen Change-Prozess zu initiieren. Das ist der unternehmerische Alltag.

Doch 85 bis 90 % aller Projekte werden nicht zu Ende geführt, unterbrochen, erreichen das Ziel nicht, überschreiten die Zeit, werden anders beendet als sie begonnen wurden und versickern einfach im Biotop der unvollendeten Visionen. Nicht umsonst diagnostizierte der damalige Bundespräsident Herzog in seiner „Ruck-Rede": „Wir haben kein Erkenntnisproblem, sondern ein Umsetzungsproblem". In vielen Organisationen

---

[1] James P. Womack, Daniel T. Jones: Lean Thinking – Ballast abwerfen, Unternehmensgewinne steigern, Campus Verlag, 2004.
[2] Mike Rother: Die Kata des Weltmarktführers – Toyotas Erfolgsmethoden, Campus Verlag, 2009.

sieht es genauso aus. Man kennt die Herausforderungen, oft auch die Maßnahmen. Doch die nachhaltige Umsetzung bleibt unerreicht.

> Projekterfolge planbar zu machen ist das Ziel!

Denn der Blick auf die Praxis zeigt, dass Veränderungsprozesse nicht nach einem Schema ablaufen und nur schwer prognostizierbar sind. Ihr Fortgang ist abhängig von einer Vielzahl von Einflüssen und Rahmenbedingungen, die in jedem Unternehmen unterschiedlich aussehen. Um ihren Verlauf und Erfolg besser planen und abschätzen zu können, wird deshalb eine ganze Bandbreite von Methoden und Tools am Markt angeboten. Sie unterstützen die Akteure dabei, den Wandel zielgerichtet und wirkungsvoll zu steuern – und die Zukunft des Unternehmens zu gestalten. Denn nicht selten entscheidet ein erfolgreicher Wandel zugleich auch über die weitere Entwicklung einer Organisation oder über deren Fortbestand.

Dem Change Management kommt daher zu Recht eine große Bedeutung zu. Dahinter steht vor allem die Frage, wie man einen Veränderungsprozess möglichst zuverlässig zu einem Erfolg führen kann.

Aus der Historie heraus gibt es zwei Glaubensrichtungen, die sich diesem Problem zu nähern und es zu lösen versuchen. Einmal trifft man auf die Gruppe der Methodengläubigen, ein anderes Mal auf die Menschengläubigen. Erstere haben sich aus der stark hierarchisch strukturierten Unternehmenswelt der Vergangenheit entwickelt. Sie haben sich auf die Top-down-Struktur verlassen und nur die Methoden zur Verfügung gestellt. Mit eiserner Faust wurde durchgesetzt, was man als richtig ansah. Die Meinung der Mitarbeiter galt als unwichtig. Wer dies als Manager nicht schaffte, wurde ausgetauscht. Inzwischen hat sich die partizipative Form der Zusammenarbeit vielfach durchgesetzt und damit die „Traditionalisten" vor fast unlösbare Probleme gestellt. Denn in partizipativen Führungskulturen ist die Methode nur Mittel zum Zweck, wohingegen die Überzeugung der Mitarbeiter, ihre Akzeptanz der ausgewählten Methoden und Tools alles entscheidend ist. Das Bemühen, diejenigen, die eigentlich nicht wollen, zu etwas zu bewegen, was sie wollen sollen, hat die „Wie verändere ich Verhalten"-Frage aufgeworfen. Sie rief die Change Manager auf den Plan. Nur – leider verstehen diese wiederum sehr wenig von der Komplexität einer betrieblichen Organisation.

Man hat sich also dem Problem der Veränderung von zwei Seiten genähert. Zum einen Werkzeug-/Methoden-basiert, zum anderen Veränderungs-/Menschen-orientiert. Doch Veränderungsprojekte einseitig – d. h. von der methodischen oder von der Change-Management-Seite – zu betrachten und zu planen reicht nicht aus und wird nicht von Erfolg gekrönt sein. Vielmehr kommt es darauf an, von Beginn an, also schon in der allerersten Planungsphase, die verschiedenen Dimensionen eines solchen Vorhabens zu berücksichtigen. So können die Faktoren, die Einfluss nehmen oder Risiken darstellen, rechtzeitig einkalkuliert werden. Jedoch selbst fortschrittliche Projektmanager, die beide Arten der Annäherung in ihr Veränderungsvorhaben integrieren, mussten feststellen, dass die Erfolgschancen zwar größer wurden, aber der Projekterfolg nicht wirklich sicher war.

Die Kombination aus Methodeneinsatz und ChangeManagement Tools erwies sich zwar durchaus als Chance, die Erfolgsaussichten eines Projektes zu fördern liefert aber tatsächlich keine Garantie für dessen Gelingen.

Das brachte uns auf die Idee, nach der fehlenden Dimension zu suchen, die hier noch eine wichtige Rolle spielt. Und wir fanden sie in der Komplexität!

Diese halten wir für nachhaltig erfolgsrelevant – und dennoch wird sie nicht immer ausreichend beachtet. Zwar muss man auch hier einräumen, dass unvorhersehbare, schwerwiegende Einflüsse jedes Projekt gefährden oder vernichten können. Aber die Risiken können unter Berücksichtigung der Komplexität als dritter Dimension besser eingeschätzt werden.

Sind z. B. nur wenige Mitarbeiter betroffen, kann man mit geringen und meist beherrschbaren Einflüssen rechnen. Ist dagegen ein ganzes Unternehmen Gegenstand der Transformation, ist man gut beraten, wenn man nicht nur mit Störfaktoren von innen, sondern auch von außen rechnet.

Die Relevanz der Komplexität für die Zielerreichung eines Veränderungsprojektes haben wir in der Praxis – in den Unternehmen vor Ort – immer wieder beobachtet, und zwar sowohl in Zusammenhang mit dem Methodeneinsatz als auch in Bezug auf das Change Management. Komplexe Optimierungsprobleme mit weitreichenden Einflüssen auf das gesamte Produktionssystem lassen sich nicht mit einfachen Tools und Werkzeugen lösen, sondern nur durch eine ganzheitliche Betrachtung und Anpassung des Systems. Sollen dagegen lediglich zwei Produktionsschritte logistisch miteinander verbunden werden, reichen einfache Werkzeuge. Die Auswahl der Methoden hängt also erheblich von der Komplexität ab. Genauso sind die Anforderungen an das Change Management in komplexen Organisationsstrukturen viel anspruchsvoller als in überschaubaren Projektumgebungen.

Bereits für sich genommen ist keine der drei Dimensionen leicht handhabbar, spielen doch jeweils eine ganze Reihe von Faktoren hinein. Und durch ihre wechselseitige Abhängigkeit entstehen weitreichende Einflüsse auf ein Veränderungsprojekt. Diese Zusammenhänge transparenter zu machen, als sie es gemeinhin sind, ist Aufgabe des Strategiewürfels. Er zeigt alle drei Dimensionen auf einen Blick und ermöglicht den verantwortlichen Akteuren, ein Projekt vor Beginn von mehreren Seiten zu betrachten. Daraus lassen sich dann wertvolle Schlüsse ziehen für die Konzeption und Umsetzung, um Fehler weitgehend zu vermeiden. Damit hört natürlich die Arbeit während seines Verlaufs nicht auf. Aber über 80 % des Projekterfolges entscheidet sich beim Start des Projektes – mit dem richtigen Konzept auf Basis des Strategiewürfels.

Der hier entwickelte Ansatz für die Projektkonzeption ist für alle Change-Vorhaben gültig, auch für die, die nicht auf Lean-Methoden setzen, um die Optimierungsziele zu erreichen. Denn die Dimensionen eines Veränderungsprojektes bleiben unverändert und unabhängig von den Inhalten des Vorhabens.

Gerade Lean Management aber hat sich als wirkungsvoller methodischer Ansatz erwiesen, um die Wettbewerbsfaktoren der heutigen Zeit – Verfügbarkeit, Qualität, Individualität, Kosten (VQIK) – gleichzeitig zu optimieren. Als systemischer Ansatz ist Lean geeignet, auf eine Organisation in ihrer Gesamtheit angewendet zu werden. Er ermöglicht, die Abläufe für die Leistungserbringung so zu gestalten, dass eine höchstmögliche Effizienz erzielt wird. Zweifellos ist Lean am wirkungsvollsten, wenn das ganze System einbezogen wird, weil dann alle Prozesse – die direkten wie die unterstützenden – eng miteinander verzahnt werden. Für eine zunehmend prozessorientierte Unternehmenswelt geben die Lean-Lösungen genau den richtigen Weg vor. Der Prozessorientierung gehört die Zukunft! Das erkennen weltweit immer mehr Unternehmen und knüpfen an die Erfolgsstory von Lean Management an.

Um ein Lean-Projekt richtig zu konzipieren und auf die jeweiligen Rahmenbedingungen im Unternehmen abzustimmen, gilt es, die drei Faktoren Komplexität, Vorgehensweise und Leadership zu beachten, die eng miteinander verknüpft sind. Mit Hilfe eines dreidimensionalen Koordinatensystems lassen sich die Erfolgsstrategien und Handlungsempfehlungen für jedes Projekt darstellen (siehe hierzu: Die drei Dimensionen der Veränderung[3].

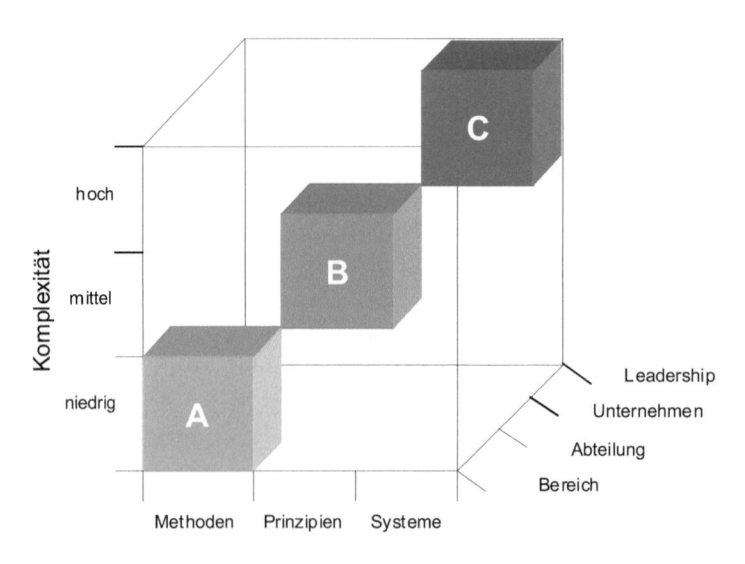

Quelle: Dr. Bodo Wiegand: Die 3 Dimensionen der Veränderung, 2009

Abb. 7.2 Strategiewürfel zur Projektkonzeption

---

[3] Dr. Bodo Wiegand: Die 3 Dimensionen der Veränderung, 2009.

- Bei geringer Komplexität eines Projektes empfiehlt sich der Einsatz von Lean-Methoden auf der Bereichsebene. Dabei sollten die Bereichsverantwortlichen integriert werden und dem Projektleiter ein erfahrener Lean-Experte zur Seite stehen. Als Projektmanagementinstrument reichen z. B. A3-Formulare, PDCA-Zyklen (Plan-Do-Check-Act) und ein entsprechendes Zeitmanagement.
- Bei mittlerer Komplexität gilt es, die Wirkprinzipien zu verändern, um Verbesserungen zu gestalten. Dies erfordert Abstimmung und Zusammenarbeit in einem Projektteam, in dem alle Beteiligten zusammensitzen und das mit Projektmanagement-Methoden geführt wird. Zu benennen ist zudem ein qualifizierter Projektverantwortlicher, der nicht selbst von der Veränderung betroffen ist und der dem Vorstand der Geschäftsführung regelmäßig berichtet.
- Bei komplexen Projekten, von denen das gesamte Unternehmen betroffen ist, muss aus einer ganzheitlichen Sicht gehandelt werden, sodass es umfangreiche Projektstrukturen zu entwickeln gibt. Dazu werden Projektverantwortliche benötigt, die sich ausschließlich um das Gelingen dieses Projektes kümmern, die handwerklich keine Fehler machen, die Entscheidungen objektiv ausarbeiten und vorbereiten und die ggf. Meinungsverschiedenheiten und politische Grabenkämpfe schlichten. Hier sollte eine Qualifikation auf dem Niveau des Lean-Senior-Experts vorliegen.

Des Weiteren ist die Wahl des richtigen Ansatzpunktes für ein Lean-Projekt entscheidend, um einerseits die meisten Effekte zu erzielen und andererseits durch frühzeitige Erfolgsmeldungen für die richtige Motivation der beteiligten Mitarbeiter zu sorgen. Nicht immer ist es sinnvoll, dort anzufangen, wo man die spektakulärsten Erfolge ernten kann, nach dem Prinzip „50 % Rüstzeitreduzierung – kein Problem". Denn es nutzt wenig, wenn die Rüstzeit an einer Maschine reduziert wird, die für den Fertigungsfluss unbedeutend und für das Betriebsergebnis nicht relevant ist.

> Die Mitarbeiter führen und motivieren.

Die Menschen, die in den Organisationen arbeiten, in den Veränderungsprozess einzubeziehen und sie auf dem Weg mitzunehmen, sind der dritte entscheidende Erfolgsfaktor für ein Lean-Projekt. Erfolgreiche Veränderungsprozesse funktionieren erfahrungsgemäß nicht über von oben aufgestülpte Strukturen und Prozesse. Alle Menschen lehnen zunächst jede Form von Veränderungen ab, da sie Unsicherheit und Neues, Unvorhergesehenes bringt, sie also aus der Komfortzone drängt.

Gerade bei Veränderungen, die das gesamte System in Frage stellen, gilt es, die Mitarbeiter mitzunehmen. Nur wenn alle Mitarbeiter begreifen, dass ein solches Projekt für sie und das Unternehmen wichtig ist, lassen sie sich auf Veränderungen ein und werden Teil davon. Um alle beteiligten Mitarbeiter auf das Ziel des Projektes einzuschwören, ist eine detaillierte Projektdramaturgie, d. h. einheitlicher Ablauf, erforderlich.

Kaskadierende Einführung von Lean Management über zwei bis drei Jahre sind eindeutig im Nachteil gegenüber einer gleichzeitigen Einbindung aller Mitarbeiter in den Veränderungsprozess.

Denn die Wahrscheinlichkeit, dass ein Projekt scheitert, steigt mit der Länge des Projektes. Never ending stories bleiben never ending und vermitteln den Mitarbeitern keine Dringlichkeit und geben keine Erfolgserlebnisse. Projekte mit hoher Veränderungsgeschwindigkeit dagegen bieten schnell sichtbare Erfolge und lassen staunen. Sie motivieren, so einem Erfolg nachzuliefern.

Auch ohne das Commitment der Führung, ohne bewusste Leadership wird das Projekt nicht zum Erfolg führen. In diesem Zusammenhang spielt die Schulung der Führungskräfte eine wichtige Rolle.

7.1.3.2 Erfolgsfaktor 2: Commitment der Führung

Eigentlich gehört dieser Punkt in den Bereich Planung des Erfolges, doch ist dieser Punkt so wichtig, dass er als ein eigener Erfolgsfaktor herausgestellt werden muss. Denn ohne das Commitment der Führung lassen sich keine Veränderungen im Unternehmen erreichen. Steht die Führung nicht hinter dem Projekt Lean-Einführung, wird es irgendwann im Verlaufe des Projektes zu einer Eskalation kommen, wahrscheinlich initiiert von Führungskräften, die Lean nicht verstehen wollen und es – aus welchen Gründen auch immer – ablehnen. Greifen dann die Geschäftsführer nicht durch, wird das Projekt und der Wille zur nachhaltigen Veränderungen schwächer und schließlich dazu führen, dass das Projekt auf dem allseits vorkommenden Projektfriedhof landen.

Obwohl Lean von der Mitarbeit der Menschen im Unternehmen vom Shopfloor bis in die Chefetagen gelebt werden muss, ist Lean kein Bottom-up-Ansatz, sondern ein Management-Ansatz. Jede Branche hat ein bestimmtes nach Lean-Gesichtspunkten erfolgreiches Businesssystem nach dem die Unternehmen in dieser Branche arbeiten oder arbeiten sollten. Die Automobil- und Automobilzuliefererindustrie ein anderes als die Prozessindustrie oder Dienstleistungsunternehmen. Das Management hat die Aufgabe, dieses branchenspezifische Produktionssystem auf die Gegebenheiten ihres Unternehmens anzupassen und die Prinzipien, nach dem dieses „Produktionssystem" funktionieren soll, festzulegen.

Aber nicht nur die Prinzipien des Lean Thinkings sind wichtig sondern das Management muss genauso die Führungsprinzipien und die Verhaltensregeln festlegen, nach denen das Unternehmen funktionieren soll. Diese sind genauso wichtig. Bestimmen Sie doch das Miteinander und die Zusammenarbeit untereinander. Sie geben damit Leitlinien und Leitplanken, in denen der Mitarbeiter agieren und eigenverantwortlich handeln kann.

Dies muss top down geschehen und ist die Aufgabe des Managements, bevor ein Projekt initiiert wird.

Bottom up können dann die Lean-Experten daran gehen, die Werkzeuge und Methoden auszuwählen, die diesen Prinzipien Geltung verschaffen können. Den Mitarbeitern werden dann die Methoden und Werkzeuge an die Hand gegeben, um auf Basis ihres

Fachwissens die Prozesse so zu gestalten, dass sie ohne Verschwendung ablaufen und im Rahmen der Leitplanken (Prinzipien) und der Erfüllung des Unternehmenszieles (System) dienen.

Steht die Führung des Unternehmens nicht zu dieser Top-down-/Buttom-up-Vorgehensweise, wird es immer wieder gelingen, das Projekt einer Lean-Einführung gefährlich zu stören und die Ernsthaftigkeit in Frage zu stellen.

Konkrete Ziele sind das A und O eines Veränderungsvorhabens und seiner Aktivitäten. Das gilt für ein Projekt mit Transformationsgrad 1 ebenso wie für größere und komplexere Vorhaben. Ziele sind dabei Sache des Managements, sie werden Top down vorgegeben und müssen mit den jeweiligen Teams abgestimmt werden. Die konkreten Maßnahmen, mit denen sie diese Ziele erreichen wollen, bleiben den Teams überlassen.

Sind die Ziele SMART, unterstützen sie den Veränderungsprozess wirkungsvoll:

S	Specific	Ziele müssen eindeutig definiert sein.
M	Measurable	Ziele müssen messbar sein.
A	Achievable	Ziele müssen erreichbar sein.
R	Relevant	Ziele müssen bedeutsam sein und einen Mehrwert liefern.
T	Timely	Eine Terminvorgabe gehört zu jedem Ziel.

Gerade bei dieser Zieldefinition ist der Controller gefordert. Zum einen kann er errechnen, wie die Zielerfüllung das Unternehmen in der Zukunft beeinflussen wird und damit Minimalziele vorgeben und zum anderen bewusst anspruchsvolle, definierte Ziele so auf die einzelnen Bereiche herunterbrechen, dass sie für die Mitarbeiter erreichbar erscheinen.

Eine Verkürzung der Durchlaufzeiten um 50 % beispielsweise mag zahlenmäßig gewaltig wirken. Aber eine Woche im Vertrieb, zwei Wochen in der Konstruktion und eine Woche in der Fertigung sind für die betroffenen Mitarbeiter eher verständlich.

Eine andere Methode ist es, eine Vision mit anspruchsvollen Zielen zu definieren, z. B. in fünf Jahren wollen wir 30 % wachsen, und diese Ziele dann in Jahresscheiben herunterzubrechen und auf Bereiche zu verteilen. Das heißt: Was musst du erreichen, damit wir unser gemeinsames Ziel erreichen können? Wollen Sie eine wirkliche Veränderung erreichen, müssen Ziele und Visionen so anspruchsvoll sein, dass sie nicht mit einfachen Optimierungsmaßnahmen erreicht werden können.

Nur so werden Sie die Mitarbeiter dazu bewegen, neue Herausforderungen anzunehmen und neue Wege zu gehen.

Die Zieldefinition obliegt dem Management. Der Controller hat die Aufgabe, die langfristigen Auswirkungen auf das Unternehmen sichtbar zu machen und die anspruchsvollen Ziele in Teilziele aufzubrechen, nachvollziehbar und damit messbar zu machen.

7.1.3.3 Erfolgsfaktor 3: Vorbildfunktion der Führung

Eine gute Planung des Projektes und das Commitment der Führung sind die Voraussetzungen für ein erfolgreiches Projekt. Doch ohne die Vorbildfunktion der Führung wird das Projekt scheitern. Denn der wichtigste Teil, die Mitarbeiter auf neue Wege zu führen, ihren Mindset und damit ihr Verhalten zu ändern, wird nicht gelingen, wenn die Führung die aufgestellten Prinzipien und Verhaltensweisen nicht lebt. Wenn die Führung nicht geübt ist, in der Fertigung und/oder Verwaltung Verschwendung zu identifizieren, nicht eingehaltene Standards bei Ordnung und Sauberkeit zu erkennen und Verstöße gegen Umwelt-, Gesundheits-, Sicherheits- und Qualitätsvorschriften direkt zu verfolgen. Die Führungskräfte müssen – wir nennen es dies

> Sehen Lernen

und müssen dann, wenn sie etwas gesehen haben, richtig handeln – wir nennen dies

> Gehen Lernen

Wie muss ich also handeln, wenn ich z. B. eine Zigarette auf dem Boden liegen sehe? Ignoriere ich sie? Hebe ich sie selbst auf? Oder bitte ich einen Mitarbeiter, sie aufzuheben?

Natürlich gehe ich als Führungskraft dort nicht vorbei, hebe sie aber auch nicht auf, sondern bitte den Mitarbeiter sie aufzuheben, denn es ist sein Verantwortungsbereich und damit ist er für Ordnung und Sauberkeit zuständig und wird denjenigen, der die Zigarette dort hingeworfen hat, identifizieren und dafür Sorge tragen, dass dies nicht wieder vorkommt.

Sehen Lernen und **Gehen Lernen** sind Lernprogramme aus unserem interaktiven, multimedialen Lernsystem zur Unterstützung der Führungskräfte in ihrer Vorbildfunktion und zur Ausprägung einer lean-geprägten Verhaltenskultur. Die Vorbildfunktion der Führung ist eine notwendige Voraussetzung für eine Veränderung des Mindsets. Man kann sogar sagen, ohne Commitment der Führung und ohne gelebte Vorbildfunktion des Managements wird kein Projekt erfolgreich sein.

7.1.3.4 Erfolgsfaktor 4: Mindset verändern

Wenn wir uns bei Unternehmen umschauen, die seit mehreren Jahren Lean ernsthaft eingeführt haben, die viel Energie und Aufwand reingesteckt haben, die ein Produktionssystem flächendeckend etabliert haben, dann können wir zwei Phänomene beobachten.

1. Der Lean-Grad eines Unternehmens scheint abhängig vom Manager. Geht er, sinkt der Lean-Grad.
2. Der Lean-Grad scheint an einem Grad angekommen zu sein, der es schwer macht, ihn zu steigern.

Betrachten wir Phänomen 1: Wenn der Lean-Grad mit dem Manager mitwandert, dann hat man eines nicht geschafft: Die Durchdringung der Idee auf allen Unternehmensebenen, d. h. also, man hat den Mindset der Mitarbeiter nicht nachhaltig verändern können.

Schaut man sich diese Unternehmen an, dann stellt man sehr schnell fest, dass die Unternehmen eine Lean-Abteilung etabliert haben, die dann Abgesandte in weiteren Abteilungen bzw. Werken haben. Das Verhältnis der Lean-Experten zur Anzahl der Mitarbeiter, für die er zuständig ist, beträgt meist 1:100 bis 1:300. Aber auch größere Verhältnisse haben wir schon angetroffen. Doch was muss ein Mensch leisten können, den Mindset, das Denken von 300 Mitarbeitern nachhaltig verändern zu können. Dies ist eine Aufgabe, die nicht machbar ist. Nicht umsonst gibt es den Begriff Führungsspanne, diese beträgt im Unternehmen zehn bis 20 Mitarbeiter pro Führungskraft.

Will man die Nachhaltigkeit eines Projektes bzw. einer Veränderung erreichen, muss man einen bestimmten Anteil der Mitarbeiter dafür begeistern, sich auf die Veränderung einzulassen. Zu oft werden die guten alten Gewohnheiten doch wieder aufgenommen, zu häufig wird in den alten Denkschemata weitergearbeitet. Stillstand bedeutet Rückschritt. Nur die Veränderung des Mindsets bei den Mitarbeitern führt zu einem kontinuierlichen Verbesserungsprozess und damit zu einer nachhaltigen Verankerung des neuen Gedankenguts im Unternehmen.

Aus unserer Erfahrung heraus gelingt dies nur, wenn man einen gewissen Teil der Mitarbeiterschaft mitnimmt und sie mit Hilfe von Promotoren anleitet und führt.

Basis unseres erfolgreichen Lean-Einführungsmodells bildet die Ausbildung möglichst aller, mindestens muss aber jeder dritte Mitarbeiters in den Grundlagen des Lean Managements sowie „Was ist Verschwendung?" und „Was ist 5S?" ausgebildet sein. Denn, wenn Menschen nicht wissen, was Lean bedeutet und warum sie etwas verändern sollen, werden sie nicht verstehen und die Gründe, warum etwas anders organisiert werden soll, nicht kennen und damit auch ihr Verhalten nicht verändern. Die Ausbildung aller bildet das Fundament. Das ist aber schwierig, zeitaufwändig und kaum mit kaskadierenden Workshops zu bewerkstelligen. Wir verwenden hierfür unsere Lean-Assistant-Ausbildung auf Basis unseres interaktiven, multimedialen Lernsystems. Wenn die Mitarbeiter ausgebildet sind und in der Lage sind, Verschwendung zu erkennen und 5S anzuwenden, müssen Ideen kanalisiert und aufgenommen werden. Das heißt, sie müssen geführt werden. Dies ist die Aufgabe der Lean Junior Experts, die vorher ausgebildet und auf ihre Aufgaben vorbereitet worden sind.

Im Bereich der Produktion arbeiten wir mit einem Verhältnis von 1:20, d. h. ein Lean Junior Expert auf 20 Mitarbeiter, im indirektem Bereich 1:15 bzw. im komplexen Bereich wie z. B. dem Engineering 1:10. Diese Promotoren verwenden zehn bis 20 % ihrer Zeit darauf mit den zehn bis 20 Mitarbeitern Projekte zu gestalten, die die Effizienz und die Effektivität steigern, die Probleme bewältigen oder Arbeit erleichtern.

Geführt werden zehn Lean Junior Experts von einem Lean-Experten, zehn Lean-Experten wiederum von einem Lean-Senior-Experten, die 100 % ihrer Zeit investieren, um die Projekte zu kanalisieren, zu strukturieren und sie erfolgreich zu gestalten. Das heißt nur durch eine unternehmensweite Durchdringung kann es gelingen, die Ziele des Managements umzusetzen, die Mitarbeiter zu begeistern und damit Nachhaltigkeit zu erzielen.

Schauen wir uns das Phänomen 2 an: Wenn der Lean-Grad anscheinend an eine Grenze stößt, hat dies zum einen mit der Durchdringung, d. h. mit dem Verändern des Mindsets zu tun. Es ist nicht gelungen, einen selbsttragenden Veränderungsprozess zu etablieren. Wie auch, wenn die Promotoren fehlen und der Mindset der alte bleibt. Zum anderen kann es aber auch damit zu tun haben, dass die Produktion lean ist, die anderen Bereiche aber bisher nicht betroffen, nicht lean sind, nicht lean denken. Wenn ich länger für den Auftragabwicklungsprozess brauche als für die Produktion, wenn die Qualitätskontrolle nicht im Kundentakt prüft, wenn ich lean produziere und der Vertrieb dann aus dem Lager verkauft, stoße ich natürlich an Grenzen, die mein Unternehmen nicht weiterkommen lässt.

Denn ich habe gegen zwei Erfolgsfaktoren verstoßen – ich habe nicht ganzheitlich Lean eingeführt und ich habe die Mitarbeiter nicht mitgenommen und den Mindset verändert.

7.1.3.5 Erfolgsfaktor 5: Ganzheitlicher Ansatz

Eine grundlegende Voraussetzung für die erfolgreiche Lean-Einführung bildet natürlich das Verständnis der Methoden und das Wissen, diese im richtigen Umfeld für die richtige Aufgabe einzusetzen.

Hier gibt es leider nur einige wenige Senseis, die Lean wirklich verstanden haben, das optimale unternehmensspezifische Produktionssystem erkennen und darauf aufbauend zielführend vom IST zum SOLL kommen.

Einige haben mit Punkt KAIZEN viele Erfolge feiern können, sicher ein guter Einstieg, aber nur selten wirklich mit durchschlagendem Erfolg verbunden. Viele dieser Anstrengungen sind nach einiger Zeit versandet oder dem Controller zum Opfer gefallen. Denn allzu viele haben z. B. ihre scheinbaren 80 % Rüstzeitreduzierungserfolge gefeiert, doch nicht erkannt, dass dies nur dann ein wirklicher Erfolg ist, wenn diese Maschine im Engpass gestanden hat. Wenn nicht, versandet der Erfolg im Nirgendwo.

Ganzheitlich die Methoden anzuwenden heißt, zuerst auf das System zu schauen, die Prinzipien festzulegen, nach denen das System funktionieren soll, dann z. B. im Produktfluss die Engpässe festzustellen, um dann erst mit Punkt oder Fluss KAIZEN die Engpässe zu beseitigen.

Allerdings führt diese Vorgehensweise bei Projekten im indirekten Bereich, wie z. B. im Engineering, in der Entwicklung oder bei Dienstleistungsunternehmen nicht zum gewünschten Erfolg. Der Grund: Das Produkt der administrativen Bereiche ist die Information. Die ist bekanntlich flüchtig und schwer zu erfassen. Deshalb tun sich viele Unternehmen schwer, solche Projekte erfolgreich zu managen. Hier sind Wissen, Erfahrung und ganzheitliches Denken gefragt und unabdingbar für den Erfolg.

7.1 Nur eine Idee – oder eine Chance?

Basis einer gesamtheitlichen Sicht auf das Unternehmen bildet die Prozesslandkarte, in der die Hauptprozesse, die begleitenden Teilprozesse sowie die darunter angesiedelten Unterstützungsprozesse visualisiert werden. Diese Prozesslandkarte bildet die Basis für eine ganzheitliche Betrachtung und gibt Auskunft darüber, wo an welcher Stelle man ansetzen muss, um die definierten Ziele zu erreichen. Basis der Prozesslandkarte sollten die Wertströme bilden. Hier ist konsequent darauf zu achten, welche – wir nennen es Flughöhe – man bei der Erstellung der Wertströme einhalten muss, z. B. der Haupt- oder der Teilprozesse. Dies wird häufig verwechselt und falsch gemacht.

Das zeigt auch das Beispiel eines Werkes, in dem der Output einer Baugruppe deutlich unter dem potenziellen Leistungsvermögen liegt.

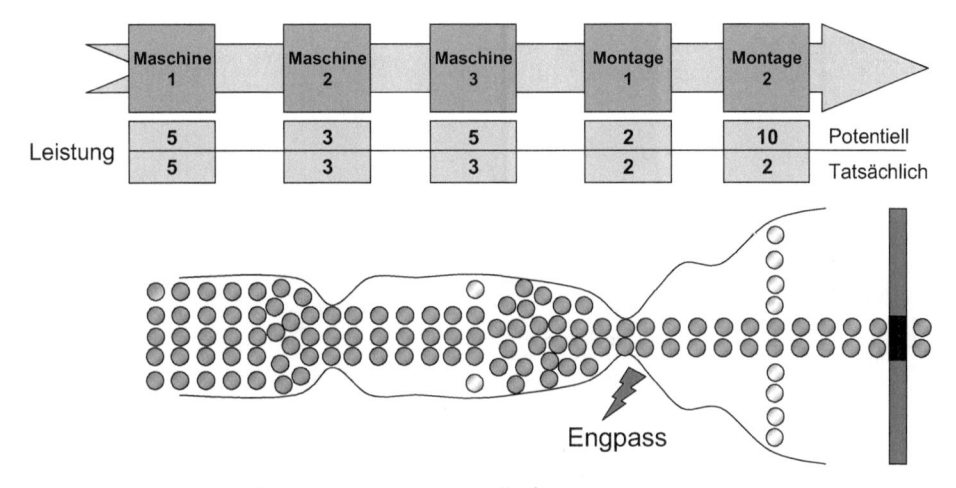

Abb. 7.3 IST-Situation der Baugruppe mit mangelhaftem Output

Beginnt man hier beispielsweise an einer beliebigen Maschine (ein ähnliches Beispiel lässt sich für Verwaltungsprozesse schildern) und senkt die Rüstzeiten um 50 %, so steigt die Produktivität der ausgewählten Anlage. Doch wenn man nicht von Beginn an am Engpass ansetzt, steigt der Output des Bereiches insgesamt nicht.

Nur wenn man bei einem Lean-Projekt wertstromorientiert vorgeht und direkt am Engpass beginnt, kann man die Probleme dort lösen und damit sofort auch die Produktivität der gesamten Produktlinie steigern.

Doch auch dieser Effekt ist nur wirklich hilfreich, wenn die so gewonnenen Kapazitäten für die Wirtschaftlichkeit und Effizienz des gesamten Produktes relevant sind. Braucht man z. B. für die Erstellung eines Produktes drei Komponenten, nutzt es wenig, die Kapazitäten bei einer Komponentenfertigung zu erhöhen. Bei der Suche nach der richtigen Stelle für den Start eines Projektes ist es also wichtig, das gesamte Produktionssystem zu betrachten und nicht einfach irgendwo anzufangen.

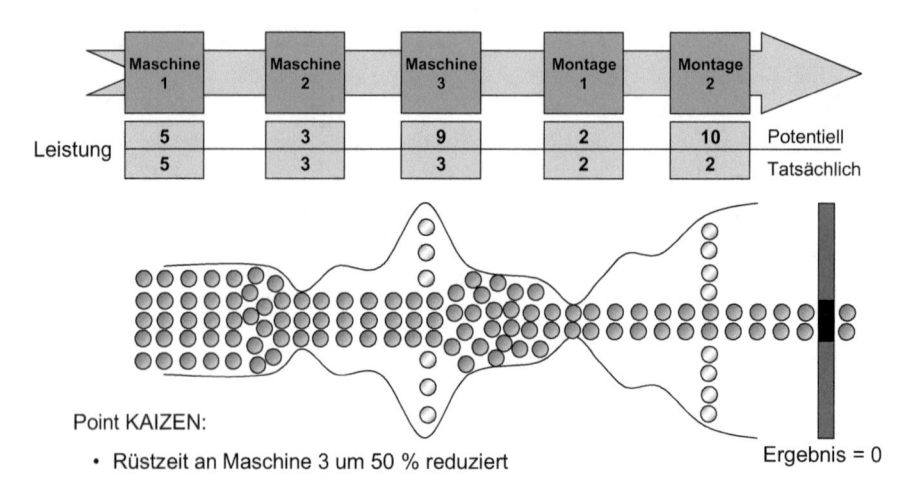

Abb. 7.4 Point-Kaizen reicht nicht aus

Unterstützung für die Identifizierung des richtigen Ansatzpunktes liefert die Darstellung des Wertstroms der Produkte bzw. der Produktgruppen, die im Unternehmen gefertigt werden. Die Abbildung des Wertstroms mit der Methode des Wertstromdesigns zeigt die Abläufe im Produktionssystem in schematischer Form und lässt eventuelle Engpässe sowie die für die Produktionsabläufe wichtigen Elemente erkennen. Mit einem Lean-Projekt sollte dort begonnen werden, wo es für den jeweiligen Produktionsbereich bzw. für das Produktionssystem am wertvollsten ist, wo die größten Stellhebel liegen und wo die Veränderungen die größten Auswirkungen auf die Wirtschaftlichkeit haben.

Wenn zudem nicht nur die Produktion optimiert, sondern das gesamte Unternehmen oder der gesamte Produktbereich ergebnismäßig verbessert und auf den Kunden ausgerichtet werden soll, müssen auch das Engineering, die Arbeitsvorbereitung, Instandhaltung und die gesamte logistische Kette, die Supply Chain, mit betrachtet werden, und zwar nicht nur aus der Produktionssicht, sondern ganzheitlich, d. h. aus Sicht des gesamten Systems. Erst dann ist man in der Lage, die wirklich wichtigen und relevanten Ansatzpunkte zu identifizieren und dann im Interesse des gesamten Unternehmens Lean erfolgreich einzuführen.

Hat man auf Basis dieser Prozesssicht z. B. ein neues Produktionssystem entwickelt, geht es daran, die Projekte zu definieren und dann zu priorisieren, die notwendig sind, die gesetzten Ziele zu erreichen. Bei der Priorisierung der Projekte und auch Festlegung der Abarbeitungsreihenfolge fällt dem Controller die wichtige Aufgabe zu, die wirtschaftlichen Auswirkungen der Projekte zu kalkulieren, die Ziele auf die Projekte herunterzubrechen, deren Auswirkungen z. B. an Investitions- und Ressourcenbedarf zu ermitteln und während der Umsetzungsphase nachzuhalten. Nach der Priorisierung der Projekte werden die Methoden und Werkzeuge ausgewählt, die den Prinzipien, nach dem das Gesamtsystem funktionieren soll, Geltung verschaffen.

7.1.3.6 Erfolgsfaktor 6: Nachhaltigkeit durch Messbarkeit

Nun kommen wir zum ureigensten Gebiet des Controllers, das Messen und die Frage: „Rechnet sich das?"

Was nützt der Erfolg, wenn ich nicht erkenne, dass es erfolgreich war. Das heißt, ich muss messen. Z D F – Zahlen, Daten, Fakten. Genau in der Reihenfolge, aber eben auch nicht nur Zahlen. Wie viele Datenfriedhöfe habe ich schon gesehen? Wie viele Aushänge mit wirren, für den Mitarbeiter nicht nachvollziehbaren Statistiken an irgendwelchen Infoboards entdeckt?

Es gibt keinen größeren Motivationsfaktor als die Verantwortung.

Wie sollen wir aber unsere Verantwortung wahrnehmen können, wenn wir Daten erhalten, die den Erfolg oder Misserfolg unseres Handelns nicht sichtbar machen? Das heißt, Messbarkeit ist absolut notwendig und darf nicht nur auf betriebswirtschaftliche Zahlen beschränkt bleiben, sondern muss auch Daten und Fakten beinhalten, die Stimmung, Mindset oder Geschwindigkeit von Abläufen widerspiegeln wie z. B. Durchlaufzeit. Dies ist nicht immer leicht, absolut notwendig – aber auch machbar.

Für die Verwendung der richtigen Zahlen, Daten, Fakten, gibt es nur ein wirklich wichtiges Statement:

> Sie müssen von mir als Person beeinflussbar sein.

Das heißt von mir als Mitarbeiter vor Ort, von mir als Teamleiter, Angestellter in meiner Abteilung und von mir als Chef. Zahlen, Daten und Fakten, die nicht von der Person beeinflussbar sind, die sie bekommt, sind Datenfriedhöfe, motivieren nicht und sind pure Verschwendung.

Hier ist der ganze Controller gefordert. Hier geht es nicht um BWAs, Bilanzen und BABs, sondern um Menschen und deren Aufgaben. Es muss gelingen, diesen Menschen die richtigen Zahlen und Daten zu geben, damit sie erkennen können, was wichtig ist, und damit sie entscheiden können, was richtig ist.

Das heißt, das Aufgabengebiet des Controllers hört nicht beim Rechnungswesen heutiger Art auf, sondern er muss Zahlen, Daten und Fakten zur Verfügung stellen, die die Ziele des Unternehmens auf die unterschiedlichen Führungsebenen herunterbrechen, sie lebbar und gestaltbar machen. Basis hierfür bildet zum einen das Lean Cost Management mit der Wertabrechnung, zum anderen die Kreativität des Controllers, dem es gelingen sollte, seine Kunden im Wertschöpfungsprozess mit diesen für Lean relevanten Zahlen, Daten und Fakten zu unterstützen. Nur hierdurch werde ich es schaffen, den Mindset der Mitarbeiter zu verändern, die vorgegebenen Ziele erreichen und das Unternehmen in ein Lean-Unternehmen zu verwandeln. Denn „die heutige Situation ist immer die Schlechteste" und Nachhaltigkeit und kontinuierliche Verbesserung nur dann zu erreichen, wenn ich am messbaren Erfolg das Erreichte festmachen und die nächste Stufe der Veränderung anstrebe.

7.2 Der Controller als Lean Manager

Schauen wir zurück auf den Controller, der seine Aufgabe darin sieht, die Zahlen von links nach rechts und von rechts nach links zu drehen und Auswertungen nach Auswertungen zu machen, ohne die Wertschöpfung für die Mitarbeiter vor Ort zu unterstützen, für den Kunden wertvolles zu erarbeiten.

Die Rolle des Controllers könnte jedoch einen großen Wertbeitrag für das Unternehmen bilden, wenn der Controller sich auf das Denken in Effizienzen einlässt, mit der Einführung eines Lean Cost Managements einen Wertbeitrag liefert und versucht, die Wertschöpfung in den zentralen Fokus seiner Arbeit zu stellen. Qualifizieren für diese Rolle kann er sich,

- indem er seinen Bereich als Vorbild effizient, kundenorientiert und nach Lean-Gesichtspunkten gestaltet,
- indem er ein wertorientiertes Rechnungswesen mithilfe des Lean Cost Managements und auf eine ursachengerechte Kostenverteilung achtet,
- indem er die Prozesskostenrechnung einsetzt,
- indem er sich für ein effizientes, wertschöpfungsorientiertes Verwalten einsetzt und der Führer dieses Projektes wird,
- indem er den wertschöpfenden Bereichen Zahlen, Daten und Fakten zur Verfügung stellt, die denen auf jeder Leitungsebene die Möglichkeit gibt, die richtigen Schlüsse zu ziehen, die Erfolge sichtbar zu machen und Fehlentscheidungen vorzeitig zu erkennen,
- indem er seine Qualifikationen als Lean-Manager unter Beweis stellt und das Lean-Projekt führt und verantwortet,
- indem er beweist, dass er die Erfolgsfaktoren zur erfolgreichen Abwicklung von Lean-Projekten beherrscht und die gegenseitigen Wechselwirkungen erkennt.

Voraussetzung für all dies ist natürlich die Führungsfähigkeit des Menschen. Denn der Lean Manager ist vor allem erst ein Menschenführer und -begleiter. Die Methoden und Werkzeuge sind Mittel zum Zweck. Sie unterstützen die Veränderung. Verändern muss sich aber der Mensch in seiner Denk- und Handlungsweise. Denn es gilt, die Kundenbrille aufzusetzen, ob interner oder externer Kunde, denn alle Arten der Produktion dienen nur einem: der Erfüllung des Kundenwunsches.

Eine weitere Voraussetzung scheint selbstverständlich, ist es aber nicht. Der Lean Manager muss die Lean-Philosophie begriffen und verstanden haben. Er muss verstanden haben,

- dass Rüstzeitverbesserungen nicht zur Effizienzsteigerung, sondern zur Steigerung der Flexibilität genutzt werden sollten,
- dass mehr Instandhaltungsaufwand nicht unbedingt Verschwendung ist, sondern für die Einhaltung des Kundentaktes erforderlich ist oder
- dass die wichtigste Kennzahl in einem Unternehmen die Durchlaufzeit oder die Verfügbarkeit sein kann.

7.2 Der Controller als Lean Manager

Das heißt, die Aufgabe des Lean-Managers in den Unternehmen ist vakant. Bisher hatte diese Position meist der Verantwortliche für die Wertschöpfung, z. B. der Produktionsleiter. Doch das Unternehmen auf diese Managementphilosophie auszurichten bedarf es weiterreichende Talente. Nicht nur Kenntnis über die Wertschöpfung, auch Kenntnisse über Strategie und Strategieprozesse, über Ziele, Visionen und deren Durchsetzung, über Informationen und Kenntnisse über Kundenwert und Unternehmenswert. Hier könnte der Controller als Mittler zwischen den Welten, als Unterstützer und Helfer, als Mensch und Begleiter, als Initiator und Prozessverantwortlicher eine Rolle übernehmen, die aufbauend auf dem Messen des Erfolges das Unternehmen auf dem Weg der Veränderung unterstützt und damit den Weg weist.

> Er muss sich nur trauen.

Umfassende Beratung: Neue Herausforderungen für das Controlling

8

Dr. Jörg Scheffner und Kim-Mai Pham Duc

8.1	Einleitung	150
8.2	Der rollenbasierte Organisationsansatz im Controlling	150
8.2.1	Anforderungen an die Controllingfunktion	150
8.2.2	Grundlagen des rollenbasierten Organisationsansatzes im Controlling	151
8.2.3	Herausforderungen im Projekt	152
8.2.4	Fazit	153
8.3	Aktuelle Weiterentwicklungen in der operativen Unternehmenssteuerung	153
8.3.1	Heutige Herausforderungen	153
8.3.2	Unternehmensweite Harmonisierung der Kosten- und Ergebnisrechnung	155
8.3.2.1	Projektbeispiel aus der chemischen Industrie	155
8.3.2.2	Herausforderungen im Projekt	156
8.3.3	Fazit	157
8.4	Effekte basierte Planung	158
8.4.1	Heutige Herausforderungen in der Planung	158
8.4.2	Das Konzept Effekte basierte Planung	158
8.4.3	Herausforderungen im Projekt	159
8.4.4	Fazit	160
8.5	Mobile Reporting	160
8.5.1	Warum Mobile Reporting?	160
8.5.2	Klassische Reporting-Werkzeuge vs. Mobile Reporting	161
8.6	Green Controlling	162
8.6.1	Begriffsabgrenzung Green Controlling	162
8.6.2	Bedeutung und Relevanz von Green Controlling in der Beratung	162
8.6.3	Erste Schritte in Richtung Green Controlling	163
8.7	Zusammenfassung und Ausblick	163
8.8	Literatur	164

8.1 Einleitung

Über die letzten Jahre sind die Anforderungen an das Controlling stetig gestiegen: effiziente Prozesse, Gewährleistung höchster Transparenz, schlanke Organisationen – um nur ein paar Schlagworte zu nennen. Diese Anforderungen setzen das Controlling unter Druck, sich nachhaltig weiterzuentwickeln und damit auch den Controllingberater, in diesen Themenfeldern umfassende Beratungsleistung anzubieten.

Vor diesem Hintergrund sollen im vorliegenden Beitrag aktuelle Herausforderungen im Controlling dargestellt werden. Zudem wird aufgezeigt, welche Lösungsansätze es als Antwort auf diese Herausforderungen gibt und wie diese in Projekten erfolgreich umgesetzt werden können. Der Fokus liegt hierbei auf folgenden Themen: Der rollenbasierte Organisationsansatz des Controllings (Kapitel 8.2), aktuelle Weiterentwicklungen in der operativen Unternehmenssteuerung (Kapitel 8.3), Effekte basierte Planung (Kapitel 8.4), Mobile Reporting (Kapitel 8.5) sowie Green Controlling (Kapitel 8.6).

8.2 Der rollenbasierte Organisationsansatz im Controlling

8.2.1 Anforderungen an die Controllingfunktion

Controllingprozesse sind vor allem in großen Unternehmen meist komplex und involvieren eine Vielzahl an Beteiligten. Dabei wird das Controlling selbst schon seit einigen Jahren dazu aufgefordert, seine Dienstleistungen so effizient wie möglich zu erbringen. Dies bedeutet, dass Controllingprozesse möglichst schlank zu gestalten sind. Das Aufwand-Nutzen-Verhältnis für Controllingleistungen muss gerechtfertigt sein. Dazu zählt auch, dass die Aufbauorganisation des Controllings den Anforderungen an eine möglichst hohe Effizienz und Effektivität gerecht wird. Dabei sollen nicht nur Kosten reduziert, sondern auch Qualitätssteigerungen erreicht werden. Vor diesem Hintergrund haben in den vergangenen Jahren bereits einige Unternehmen die Anstrengungen unternommen, gleichartige Prozesse und Tätigkeiten zu bündeln und sogenannte Shared Service Center aufzubauen, welche sich vor allem auf die Erbringung von transaktionalen Dienstleistungen spezialisieren, während die zentrale Controllingabteilung die wertschöpfenden Aufgaben wahrnimmt. Diese Rollenteilung im Controlling lässt sich noch weiter ausprägen. Die folgenden Kapitel beschreiben diesen Ansatz einer rollenbasierten Controllingorganisation sowie die Herausforderungen im Projekt bei der Einführung einer derart ausgestalteten Aufbauorganisation.

8.2.2 Grundlagen des rollenbasierten Organisationsansatzes im Controlling

Die Aufbauorganisation des Controllings muss das Geschäftsmodell des Unternehmens reflektieren. Um unter diesen Umständen Controllingleistungen effizient und effektiv erbringen zu können, müssen Controllingaktivitäten je nach Charakter und Bedarf gebündelt werden. Dadurch werden nicht nur Skaleneffekte realisiert, sondern auch Standardisierung und Qualitätssteigerungen gefördert. Verantwortlichkeiten müssen genau definiert und eine enge Zusammenarbeit zwischen Management und Controlling muss sichergestellt werden.

Der rollenbasierte Organisationsansatz des Controllings erfüllt genau diese Anforderungen. Controllingtätigkeiten werden gemäß bestimmten definierten Rollen klassifiziert und prozessübergreifend gebündelt. Im Normalfall beinhaltet die rollenbasierte Controllingorganisation drei Controllingrollen: Richtlinien, Design & Produktion, Beratung (vgl. Abbildung 8.1).

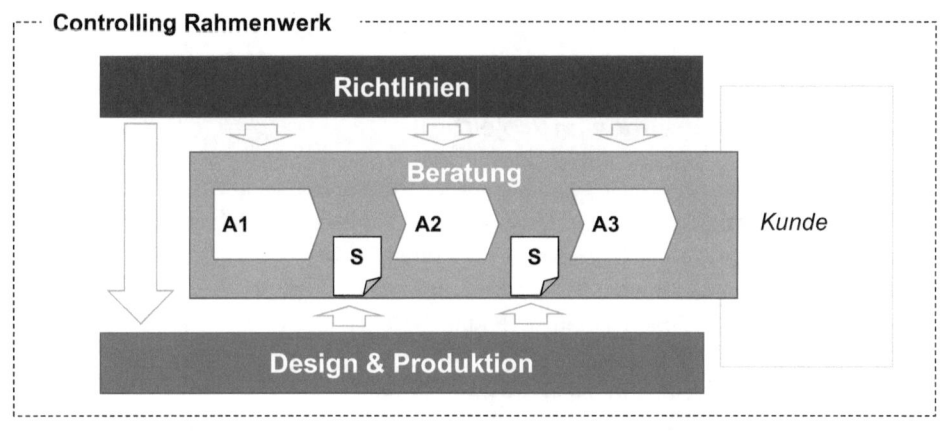

Quelle: Horváth & Partners, eigene Darstellung

Abb. 8.1 Prinzip der rollenbasierten Controllingorganisation

Durch die Trennung der Controllingrollen kann ein hoher Standardisierungsgrad selbst in großen Unternehmen erzielt werden. Eine Controllingeinheit (meist das zentrale Controlling) ist für die Vorgabe von unternehmensweit gültigen Standards, Richtlinien, Methoden und Templates verantwortlich (Rolle Richtlinien). Ziel ist das Erreichen von Konsistenz durch unternehmensweit gültige Standards und Richtlinien.

Die Tätigkeiten, welche im Rahmen von transaktionalen Standardprozessen anfallen (wie beispielsweise die Erstellung von Berichten) werden durch die Rolle Design & Produktion wahrgenommen. Meist erfolgt die Bündelung dieser Tätigkeiten idealerweise unternehmensweit in Shared Service Centern. Hier werden die größten Skaleneffekte erzielt. Ziel ist die Steigerung von Effizienz durch Ressourcenkonsolidierung und Standardisierung der Leistungserbringung. Voraussetzung hierfür ist ein hoher Standardisierungs- und Automatisierungsgrad der Prozesse, d. h. das Arbeiten mit einem unternehmensweit integrierten IT-System ist hier ein wesentlicher Erfolgsfaktor. Dabei ist es vorteilhaft, Design & Produktion auf Gruppenebene anzusiedeln.

Aufgabe des Business Partners (Rolle Beratung) ist die Beratung des Managements. Durch die eindeutige Trennung der Controllingrollen kann der Controller seine Aufgabe als Business Partner für das Management durch den klaren Fokus auf Geschäftsanalyse und Entscheidungsunterstützung wahrnehmen. Business Partner werden dabei in den einzelnen dezentralen Unternehmensbereichen eingesetzt, um die direkte Unterstützung des Managements vor Ort sicherzustellen.

Verantwortungen werden somit nicht mehr für einen gesamten Prozess vergeben (sogenannte End-to-end-Verantwortung), sondern nur für bestimmte Teile eines Controllingprozesses (vgl. Müller/Schmidt, 2011, S. 85, [4]). Als Beispiel soll der Planungsprozess betrachtet werden: Die Verantwortung für die Erstellung der Planungsrichtlinien, die Prozesskoordination, die Aufbereitung der Planzahlen und die Planungsberichterstattung sowie die Beratung des Managements liegt nicht in einer Hand, sondern wird durch mehrere Verantwortliche (Rollen) übernommen.

8.2.3 Herausforderungen im Projekt

Die Einführung einer rollenbasierten Controllingorganisation ist grundsätzlich nicht von der Unternehmensgröße abhängig. Dennoch sind vor allem in kleineren Unternehmen meist nicht die Kapazitäten für eine saubere Aufteilung der einzelnen Rollen auf unterschiedliche Mitarbeiter gegeben. Hier gilt es abzuwägen, welcher Ausprägungsgrad der Rollentrennung für die Organisation am besten geeignet ist.

Wie bei allen unternehmensübergreifenden Vorhaben ist es wichtig, die Unterstützung des Managements für die neue organisatorische Ausrichtung des Controllings zu haben. Teilweise können Entscheidungen nur durch das Top-Management getroffen und durchgesetzt werden, da bei einer grundlegenden Neueinteilung der Verantwortlichkeiten oftmals die einzelnen Führungskräfte ihren derzeitigen Verantwortungsbereich nicht aufgeben wollen und somit der organisatorischen Neuentwicklung entgegen stehen.

Auch ist das im Unternehmen vorhandene Qualifikationsprofil der Controllingmitarbeiter zu berücksichtigen. Genauso wie nicht jeder Mitarbeiter für die Rolle des Business Partner geeignet ist, ist nicht jeder Controller dazu bereit, alleinig Zahlen für das Berichtswesen in einem Shared Service Center aufzubereiten.

Kommunikation und Change Management sind somit ein wichtiger Faktor für den Erfolg von organisatorischen Veränderungen. Nur durch eine umfassende Kommunikation der zu erwartenden Änderungen, das Schaffen eines Verständnisses der Vorteile und des Nutzens der Veränderungen sowie ein transparentes Heranführen der Mitarbeiter an die zukünftige organisatorische Ausrichtung und den sich damit ändernden Umfang des eigenen Tätigkeitsfeldes kann eine Akzeptanz im Unternehmen geschaffen werden und der erwartete Erfolg realisiert werden.

8.2.4 Fazit

Die Entwicklung der Rolle des Controllers zum Business Partner des Managements ist bereits in vollem Gange. Damit der Controller diese Rolle einnehmen kann, ist es wichtig, die Voraussetzungen hierfür zu schaffen. Der Mitarbeiter, der diese Rolle einnimmt sollte sich nicht mit der aufwändigen Aufbereitung von Zahlen oder Prozesskoordination beschäftigen, sondern den Fokus seiner Tätigkeiten auf die Geschäftsanalyse und die Entscheidungsunterstützung des Managements legen können. Die Aufbauorganisation des Controllings muss diesen Bedarfen gerecht werden.

8.3 Aktuelle Weiterentwicklungen in der operativen Unternehmenssteuerung

8.3.1 Heutige Herausforderungen

Die Kosten- und Ergebnisrechnung ist ein wesentliches Instrument der operativen Unternehmenssteuerung und liefert für das Management die Informationsbasis für wichtige Entscheidungen. Die Ziele der Kosten- und Ergebnisrechnung sind (vgl. Hofmann, 2011, S. 254, [2]):

- Schaffung von Kosten- und Ergebnistransparenz
- Schaffung der Informationsbasis zur Entscheidungsunterstützung des Managements
- Aufzeigen von Ansatzpunkten zur Kostensteuerung und -senkung
- Planung und Budgetierung

Wie eine Blitzumfrage des Horváth & Partners CFO-Panels mit 135 teilnehmenden Unternehmen im November 2011 gezeigt hat, ist eine allgemeine Zufriedenheit mit dem kostenrechnerischen Instrumentarium und den daraus gelieferten Informationen bereits gegeben. Allerdings werden weiterhin Handlungsbedarfe identifiziert, die Unternehmen dazu veranlassen, die unternehmenseigenen Prinzipien und Instrumente der Kosten- und Ergebnisrechnung stetig weiterzuentwickeln und auszubauen. Vor allem in den Bereichen klar definierter Prozessablauf, Aufwand-Nutzen-Relation und Standardisierung/Vergleichbarkeit werden Verbesserungspotenziale gesehen (vgl. Abbildung 8.2). Von den an der Umfrage teilnehmenden Unternehmen wurden größtenteils fehlende unternehmensweite einheitliche Vorgaben und Richtlinien als Grund für die mangelnde Standardisierung genannt.

Wie zufrieden sind Sie generell mit den in Ihrem Unternehmen gewonnenen kostenrechnerischen Informationen hinsichtlich der folgenden Kriterien?

Kriterium	nicht zufrieden	zufrieden
Klare Definition der operativen Prozesse und der daraus gewonnenen kostenrechnerischen Informationen	33	34
Aufwand-Nutzen-Relation	25	44
Standardisierungsgrad/Vergleichbarkeit	21	52
Verursachungsgerechtigkeit	20	56
Überleitungsmöglichkeit der Wertansätze	18	60
Steuerungsrelevanz	16	63
Datenqualität	14	65
Analysemöglichkeiten	14	75
Aktualität/Verfügbarkeit	10	83

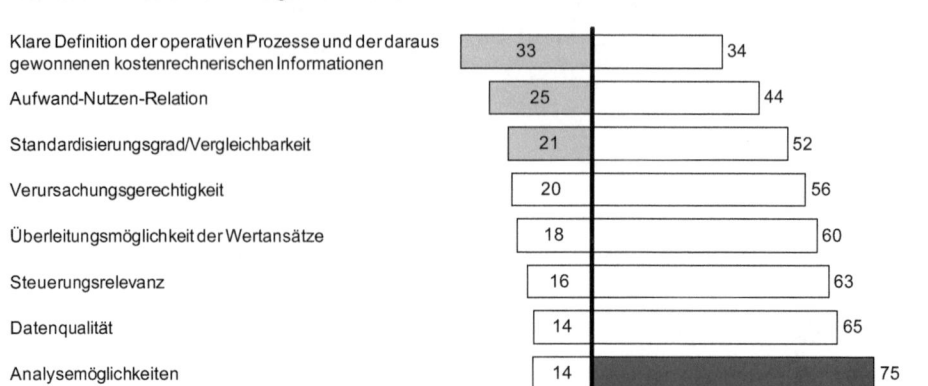

Quelle: Blitzumfrage Horváth & Partners CFO-Panel November 2011

Abb. 8.2 Wie zufrieden sind Sie generell mit den in Ihrem Unternehmen gewonnenen kostenrechnerischen Informationen hinsichtlich der folgenden Kriterien? (Angaben in %)

Dies beginnt mit fehlenden Regelwerken für einheitliche Nomenklaturen und reicht bis zur fehlenden Richtlinienkompetenz für eine zentrale Stelle, die verantwortlich für die zentrale Erarbeitung und Weiterentwicklung von kostenrechnerischen Methoden, Standards, Tools und Templates ist (vgl. Kapitel 8.2). Zudem werden deutliche Standardisierungspotenziale insbesondere hinsichtlich der Vereinheitlichung der Werteflusslogiken und der Harmonisierung der zu Grunde liegenden Stammdaten gesehen. Die Kosten- und Ergebnisrechnung zeichnet sich größtenteils durch eine hohe Komplexität hinsichtlich der vorhandenen Methoden und Prozessvarianten aus. Eine Reduzierung dieser Komplexität ist allerdings unabdingbar, wenn die Aufwand-Nutzen-Relation für die Ermittlung von kostenrechnerischen Informationen angemessen sein soll. Außerdem werden im Prozess zur Gewinnung von relevanten Daten der Kosten- und Ergebnisrechnung oftmals viele IT-Systeme eingesetzt, sodass hier keine systemseitige Datenkonsistenz gegeben ist. Folge sind unterschiedliche Datengrundlagen und aufwändige Datenabgleiche. Daher werden zukünftig verstärkt Bestrebungen verfolgt, die Datenqualität im Hinblick auf Transparenz und Nachvollziehbarkeit bezüglich ihrer Generierung zu verbessern. Die Anzahl der verwendeten IT-Systeme soll reduziert werden und der Einsatz von BI-Systemen rückt in den Vordergrund.

Im Folgenden sollen anhand eines Projektbeispiels aus der chemischen Industrie beispielhaft Ansatzpunkte zur unternehmensweiten Harmonisierung der Kosten- und Ergebnisrechnung aufgezeigt werden.

8.3.2 Unternehmensweite Harmonisierung der Kosten- und Ergebnisrechnung

8.3.2.1 Projektbeispiel aus der chemischen Industrie

Best Practice in der Kosten- und Ergebnisrechnung ist die unternehmensweite Harmonisierung und Standardisierung unternehmensweit geltender Richtlinien, der vorliegenden Stammdaten sowie der Mengen- und Werteflüsse unter Einbindung von integrierten IT-Systemen.

Aufgrund der aktuellen Situation und zukünftigen Entwicklungen hat der Chemiegroßkonzern ein Projekt mit folgenden Zielen ins Leben gerufen:

- Steigerung des Markterfolgs durch höhere Transparenz in der Kunden- und Produktprofitabilität
- Bereitstellung von empfängerorientierten steuerungsrelevanten Informationen
- weniger Komplexität und höhere Informationsqualität durch ein harmonisiertes Kostenrechnungssystem
- höhere Akzeptanz durch eine konzernweite einheitliche Sprache in der Kosten- und Ergebnisrechnung

Im ersten Schritt wurden Gestaltungsrichtlinien definiert, welche die Grundlage für die Ausgestaltung der konzernweit durchgängigen Kosten- und Ergebnisrechnung bildeten:

- In der Ergebnisrechnung wird das Kostenverursachungsprinzip verfolgt.
- Die flexible Plankostenrechnung mit Standardkostenmethode und verantwortungsbezogener Zuweisung von Abweichungen ist die führende Methodik.
- Eine direkte Zuweisung von Kosten ersetzt pauschale Kostenschlüsselungen.
- Die Trennung in variable (proportionale) und fixe Kosten erfolgt bezogen auf die Outputmenge.
- Ein Fixkostencontrolling erfolgt auf Basis von Daten des Profit Center Accountings nach Gesamtkostenverfahren.
- Alle Controllingobjekte dürfen nur gemäß ihres ursprünglichen Verwendungszwecks genutzt werden.

Darauf aufbauend wurde ein konzernweites harmonisiertes Konzept der Kosten- und Ergebnisrechnung erarbeitet (vgl. Abbildung 8.3). Wesentliche kostenrechnerische Bestandteile dieses Konzeptes sind die Definition von einheitlichen Werteflüssen, die Erarbeitung eines einheitlichen Kalkulationsschemas, die Differenzierung zwischen fixen und variablen Kosten, die Definition der einheitlichen Vorgehensweise zur Ermittlung von Abweichungen sowie die Festlegung möglicher Abweichungskategorien, die Festlegung der Vorgehensweise zur Bildung von Leistungsarten zur Kostenstellentarifermittlung sowie die Methodik zur Verrechnung von Produktionsgemeinkosten.

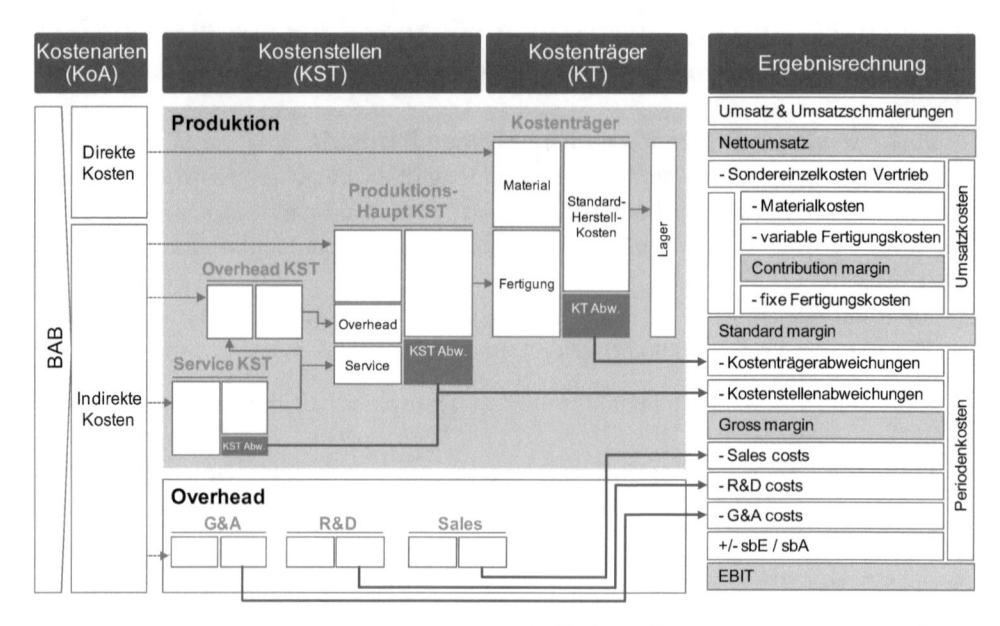

Quelle: Horváth & Partners, eigene Darstellung

Abb. 8.3 Grundmodell der Kosten- und Ergebnisrechnung

Aus der Ergebnisrechnung lassen sich konkrete Informationen zur Steuerung der einzelnen Einheiten ableiten. Daher war es wichtig für die Ergebnisrechnung ein konzernweit gültiges Ergebnisschema anhand von zuvor festgelegten Gestaltungskriterien zu definieren, welches gleichzeitig die Besonderheiten der einzelnen Geschäftseinheiten berücksichtigt.

Um eine erfolgreiche Steuerung nach Ergebnisobjekten (beispielsweise Kunde, Produkt) zu ermöglichen, wurden Verantwortlichkeiten für die einzelnen Ergebnisobjekte klar definiert. Zudem wurde festgelegt, bis zu welcher Stufe des Ergebnisschemas die einzelnen Ergebnisobjekte ausgewiesen werden sollen. Anhand dieser Zahlen werden zukünftig die einzelnen Verantwortlichen konzernweit einheitlich gesteuert. Die Vergleichbarkeit von Leistungen ist nun gegeben.

8.3.2.2 Herausforderungen im Projekt

Das Vorhandensein einer einheitlichen Systemlandschaft, einheitlicher Mengen- und Werteflüsse sowie einheitlicher Prozesse ist ein Idealbild, welches in vielen Unternehmen eher einem Wunschtraum gleicht als der Realität. Grund hierfür ist oftmals eine historisch gewachsene Unternehmensorganisation. Allerdings kann auch ein Mangel an zentralen Vorgaben zu einer hohen Heterogenität in Bezug auf die in der Kosten- und Ergebnisrechnung etablierten IT-Systeme, Prozesse oder angewandten Methoden führen. Aus diesem Grund werden Projekte zur Harmonisierung der Kosten- und Ergebnisrechnung ins Leben gerufen.

Bei dem Vorhaben, die Kosten- und Ergebnisrechnung zu harmonisieren, ist es daher wichtig, Steuerungsgrößen, Mengen- und Werteflüsse sowie die eingesetzten IT-Systeme integriert zu betrachten. Zudem muss die Grundlage für die Generierung von aussagekräftigen Informationen geschaffen werden – eine unternehmensweit harmonisierte Datenbasis. Die Definition eines einheitlichen Verständnisses der zu Grunde liegenden Stammdaten ist daher ein wesentlicher Bestandteil der konzeptionellen Phase.

Außerdem muss in der konzeptionellen Arbeit berücksichtigt werden, dass unterschiedliche Business Units unterschiedliche Geschäftsmodelle verfolgen können. Im Falle des Unternehmens aus der chemischen Industrie existierten sogar innerhalb einer Business Unit mehrere Geschäftsmodelle. Es muss also ein einheitliches Ergebnisschema entwickelt werden, welches die geschäftseinheitenspezifischen Anforderungen oder regionalen Besonderheiten (oftmals sind die Regionen nicht an der Projektarbeit beteiligt) berücksichtigt. Hierbei ist nicht die Erarbeitung des Zeilenschemas der Ergebnisrechnung die Herausforderung, sondern vielmehr die Definition der Werteflüsse und wie diese in die Ergebnisrechnung eingehen.

Um die ehrgeizigen Projektziele in kurzer Zeit zu erreichen, ist es zudem wichtig, eine geeignete Projektvorgehensweise zu wählen. Hier bietet sich ein vorschlagsgetriebener Beratungsansatz an. In diesem Fall ist es Aufgabe des Beraters, konzeptionelle Vorschläge eigenständig unter Berücksichtigung der definierten Grundsätze und unternehmensspezifischen Anforderungen zu erarbeiten. Diese werden dann mit den jeweiligen Kundenverantwortlichen diskutiert, abgestimmt und entschieden.

Die wesentliche Herausforderung besteht meist allerdings darin, die Beteiligten auf eine gemeinsame Richtung einzuschwören und diese während der Projektlaufzeit aufrecht zu erhalten. Daher ist die frühzeitige Definition von einheitliche Leitplanken bzw. Guiding Principles anhand derer das Konzept entwickelt wird, ein wesentlicher Erfolgsfaktor. Weichen im Laufe der Projektarbeit Diskussionen zu weit von den definierten Leitplanken ab, hat man die Möglichkeit, durch nochmaliges Aufzeigen der gemeinsam festgelegten Grundsätze, die einzelnen Akteure wieder auf das gleiche Ziel zu fokussieren. Es muss ein hohes Commitment seitens des Top-Managements und der Beteiligten eingefordert werden. Nur dadurch kann die Akzeptanz der neu entwickelten kostenrechnerischen Standards und der damit in Zukunft gewonnenen steuerungsrelevanten Informationen sichergestellt werden.

8.3.3 Fazit

Eine harmonisierte Datenbasis, einheitliche Werteflüsse, eine standardisierte Methodik der Kosten- und Ergebnisrechnung sowie die Integration der eingesetzten IT-Systeme sind Voraussetzung für den Erhalt von aussagekräftigen steuerungsrelevanten Informationen aus der Kosten- und Ergebnisrechnung. Ein unternehmensweit einheitliches Kosten- und Ergebnisrechnungskonzept ist somit unabdingbar für die Analyse der Unternehmensperformance und der daraus abgeleiteten Maßnahmen zu Steuerung des Unternehmens seitens des Managements.

8.4 Effekte basierte Planung

8.4.1 Heutige Herausforderungen in der Planung

Die Planung ist ein wesentliches Instrument des Controllings. Sie ist notwendig, um Unsicherheit und Risiko der Zukunft zu bewältigen und trägt wesentlich zur Koordination der Unternehmensprozesse bei (vgl. Horváth & Partners, 2006, S. 58–59, [3]). Zentrales Ziel ist die Schaffung von Transparenz, damit die Unternehmensführung fähig ist durch den Vergleich der Planzahlen mit aktuellen Ist-Zahlen, steuerungsrelevante Entscheidungen zu treffen.

Doch stellt man sich als Controller, der mit der Gestaltung, Koordination und Durchführung der Planung beauftragt ist, oftmals die Frage, ob der Aufwand der im Planungsalltag hinter den Planungsaufgaben steckt, gerechtfertigt ist, um das Ziel, die Schaffung von Transparenz, zu erreichen. Rechtfertigt der Nutzen den Aufwand wenn man bedenkt, dass der Nutzen oftmals aufgrund der schlechten Qualität der Planzahlen und der hohen Komplexität des Planungsprozesses fraglich ist.

Am Planungsprozess Beteiligte identifizieren häufig einen oder sogar mehrere der folgenden Aufwandstreiber als Schwachstellen des eigenen Planungsprozesses:

- Der Planungsprozess ist zu lang.
- Es sind zu viele Personen am Planungsprozess beteiligt.
- Der Planungsprozess zeichnet sich durch komplexe Strukturen und Prozesse aus.
- Die Planung unterliegt einem zu hohen Detaillierungsgrad.
- Es gibt zu viele Abstimmungsrunden.
- Die Qualität der Planung (Planzahlen) ist mangelhaft.
- Im Planungsprozess wird eine Vielzahl an Planungssystemen eingesetzt.

Im Folgenden soll das Konzept der Effekte basierten Planung vorgestellt werden, welches, aufbauend auf drei einfachen Prinzipien, den identifizierten Schwachstellen in der Planung entgegenwirkt und somit Effizienz und Qualität der Planung erhöht.

8.4.2 Das Konzept Effekte basierte Planung

Die Effekte basierte Planung ist eine Deltaplanung und basiert auf den folgenden drei Prinzipien: vereinfachen, fokussieren, integrieren (vgl. Abbildung 8.4).

Im Sinne der Deltaplanung werden Plan und Forecast im Wesentlichen aus Vergangenheitswerten abgeleitet. Es werden nur noch besonders steuerungsrelevante Entwicklungen und Geschäftsvorfälle – die sogenannten Effekte – manuell geplant.

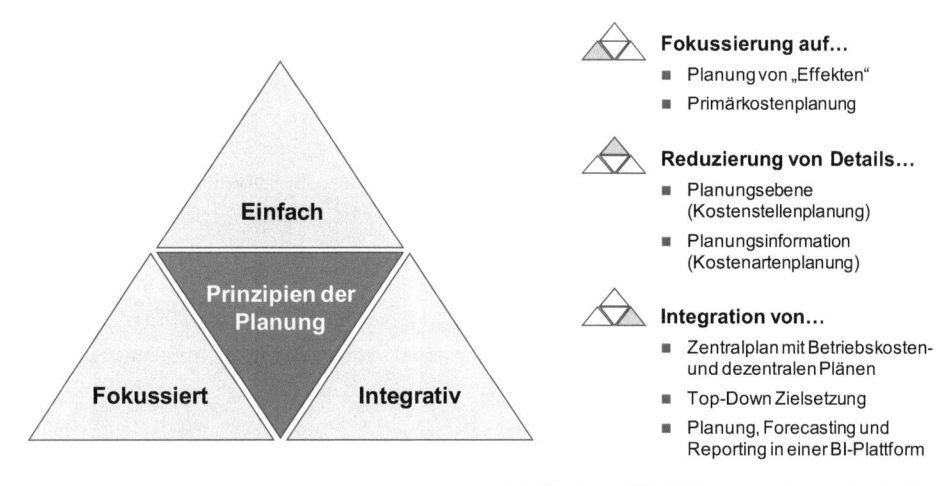

8.4 Effekte basierte Planung

Prinzipien der Planung
- Einfach
- Fokussiert
- Integrativ

Fokussierung auf…
- Planung von „Effekten"
- Primärkostenplanung

Reduzierung von Details…
- Planungsebene (Kostenstellenplanung)
- Planungsinformation (Kostenartenplanung)

Integration von…
- Zentralplan mit Betriebskosten- und dezentralen Plänen
- Top-Down Zielsetzung
- Planung, Forecasting und Reporting in einer BI-Plattform

Quelle: Horváth & Partners, eigene Darstellung

Abb. 8.4 Prinzipien der Effekte basierten Planung

Dem Begriff Effekt liegt dabei folgende Definition zugrunde: Ein Effekt

- ist ein Sachverhalt, der eine zukünftige oder aktuelle Maßnahme, Handlung, Konsequenz oder einen Geschäftsvorfall widerspiegelt.
- hat einen signifikanten Einfluss auf die Primärkosten und Ausgaben (nicht Nettoumsatz) innerhalb eines definierten Referenzzeitraums.
- kann unterschiedliche Planungsobjekte, Geschäftseinheiten oder Legaleinheiten betreffen.
- ist das Bindeglied zwischen Planung, Forecast, Reporting und dem Steuerungsprozess eines Unternehmens in Bezug auf die anfallenden Kosten im Geschäftsablauf.

Ein Effekt ist beispielsweise die vorübergehende Beschäftigung von zwei Entwicklungsmitarbeitern für ein Forschungsprojekt. Aber auch die Versicherungszahlung für einen Unfall, der sich im letzten Jahr ereignet hat, kann einen Effekt darstellen, den es zu planen gilt.

Effekte fokussieren somit die Organisation auf das übergreifende Management von Maßnahmen und ersetzen eine aufwändige Kostenstellenplanung.

8.4.3 Herausforderungen im Projekt

Die Effekte basierte Planung wird meist im Rahmen eines generellen Projektes zur Optimierung des Planungsprozesses sowie der Planungsinhalte eingeführt. Im Folgenden soll allerdings nur auf die spezifischen Herausforderungen bei der Einführung der Effekte basierten Planung eingegangen werden.

Die größte Herausforderung ist das Schaffen von Akzeptanz für die Umsetzung der Effekte basierten Planung, da die Planung nicht der herkömmlichen Planungslogik folgt, sondern ein radikal neuer Ansatz angewendet wird. Daher ist zu beachten, dass Kommunikation und Change Management eine große Rolle spielen. Mitarbeiter müssen darin geschult werden, wie bei der Effekte basierten Planung vorzugehen ist. Es muss verstanden werden, dass im Rahmen der Planung nicht das Budget geplant und verhandelt wird, sondern durchzuführende Maßnahmen. Zudem müssen sich Mitarbeiter an den geringeren Detaillierungsgrad und die neue Planungsweise gewöhnen und diese akzeptieren. Sind die Mitarbeiter nicht bereit, die Änderungen anzunehmen, entsteht Unzufriedenheit und es besteht die Gefahr, dass eine Schattenplanung aufgebaut wird.

Weitere Herausforderungen verbergen sich in der Erarbeitung des inhaltlichen, prozessualen und technischen Lösungsansatzes. Hier stellt sich die Frage, wie Effekte identifiziert, gesammelt und abgestimmt werden können. Zudem ist festzulegen, wie der Lebenszyklus (Planung, Forecast, Ist-Reporting) eines Effektes auszugestalten ist. Diese Fragen müssen im Rahmen der Projektarbeit eindeutig beantwortet und Prozesse sowie Verantwortlichkeiten müssen klar definiert sein. Nur so kann sichergestellt werden, dass die Vorteile der Effekte basierten Planung vollkommen ausgeschöpft werden können.

8.4.4 Fazit

Es ist wichtig, das Gleichgewicht zwischen Aufwand und Nutzen in der Planung zu finden. Dies kann je nach Unternehmen unterschiedlich sein. Die Effekte basierte Planung bietet die Möglichkeit, auf Unternehmensspezifika einzugehen ohne einen ungerechtfertigten hohen Aufwand dafür im Planungsprozess zu fordern. Der Fokus der Planung liegt nicht auf der Planung von Budgetzahlen, sondern auf der Planung von Maßnahmen und Geschäftsvorfällen, welche zum Budget führen und relevant für die Unternehmenssteuerung sind. Die Planungsdauer kann reduziert werden, da eine aufwändige Kostenstellenplanung entfällt. Der Planungsaufwand wird verringert, da Budget- und Forecastzahlen aus Vergangenheitswerten abgeleitet werden und sich somit der Aufwand hauptsächlich aus der Planung von zu realisierenden Maßnahmen ergibt.

Die Effekte basierte Planung eignet sich insbesondere für Unternehmen, die zentrale und regionale Entscheidungsstrukturen haben. Allerdings genauso für Unternehmen, die ihre Planung verschlanken und auf das Wesentliche fokussieren möchten.

8.5 Mobile Reporting

8.5.1 Warum Mobile Reporting?

Smartphones sind aus dem heutigen Berufsleben nicht mehr wegzudenken. Auch Tablets finden vermehrt Einsatz in den Top-Management-Ebenen. Warum sollte also nicht auch das Controlling auf die Trends der mobilen Informationsgesellschaft reagieren und die daraus entstehenden Vorteile nutzen? Vor allem im Bereich Reporting können die technologischen Entwicklungen dazu genutzt werden, Berichte und Informationen einfach und schnell bereitzustellen. Wie eine Umfrage auf der 6. Horváth & Partners Fachkonferenz Reporting gezeigt hat, bereiten sich immer mehr Unternehmen darauf vor, zukünftig, vor allem für das Top-Management, Mobile-Reporting-Lösungen einzusetzen.

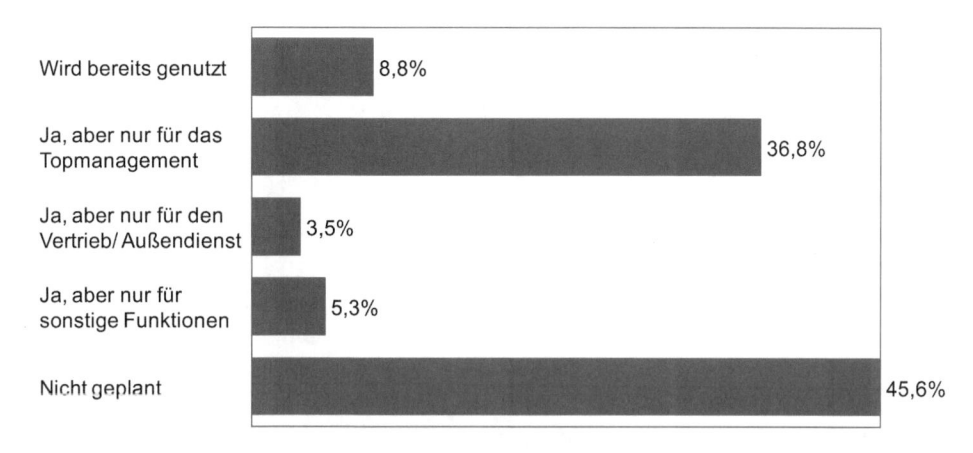

Wird bereits genutzt	8,8%
Ja, aber nur für das Topmanagement	36,8%
Ja, aber nur für den Vertrieb/Außendienst	3,5%
Ja, aber nur für sonstige Funktionen	5,3%
Nicht geplant	45,6%

Quelle: TED-Umfrage auf der 6. Horváth & Partners Fachkonferenz Reporting

Abb. 8.5 „Planen Sie in naher Zukunft „Mobile Reporting" einzuführen?"

Durch Mobile Reporting können Informationen und Berichte jederzeit und an jedem Ort zur Verfügung gestellt werden. Da die Bedienung von Smartphones und Tablets meist intuitiv ist, ist auch das Abrufen von Berichten intuitiv für die Berichtsempfänger möglich. Das Durchklicken von komplexen Pfaden in den verwendeten IT-Systemen entfällt. Reports können in Echtzeit aktualisiert, analysiert und weiterentwickelt werden.

8.5.2 Klassische Reporting-Werkzeuge vs. Mobile Reporting

Im Gegensatz zum klassischen Reporting bieten Mobile-Reporting-Lösungen eine Reihe von Vorteilen, wenn Informationen schnell zur Verfügung stehen sollen. So zeichnen sich klassische Reporting-Werkzeuge meist durch eine hohe Komplexität aus. Um zu einem Bericht zu gelangen, sind häufig viele Schritte notwendig, ggf. sogar unter Eingabe mehrerer Passwörter. Mobile-Reporting-Lösungen zeichnen sich dagegen durch einen einfacheren Zugang zu Informationen aus. Die intuitive Bedienung erleichtert das Aufrufen von Berichten. Es können unternehmenseigene Apps für das Abrufen von Berichten programmiert werden. Zudem können durch Mobile-Reporting-Lösungen eigene Analysen ohne großen Aufwand in ausgewählten Datenräumen durchgeführt werden. Informationen sind also überall und zu jeder Zeit mit geringem Aufwand verfügbar.

Mobile Reporting wird das klassische Reporting in naher Zukunft nicht ersetzen. Allerdings besteht die Anforderung, insbesondere dem Top-Management, Informationen zeitnah und in zusammengefasster Form zur Verfügung zu stellen. Dazu bietet Mobile Reporting die besten Voraussetzungen.

8.6 Green Controlling

8.6.1 Begriffsabgrenzung Green Controlling

Was ist Green Controlling? Handelt es sich hierbei um einen anhaltenden Trend im Controlling oder nur um eine aktuelle Modeerscheinung? Veränderte Marktbedingungen wie eine steigende Nachfrage nach „grünen" Produkten sowie steigende Ressourcenpreise und strengere gesetzliche Anforderungen fordern Unternehmen dazu auf, ökologische Aspekte in ihre ökonomischen Betrachtungen mit einzubeziehen. Dies führt zur Notwendigkeit des Green Controlling. Unter Green Controlling ist ein Teilsystem des Controllings zu verstehen, das die Koordinationsfunktion um ökologische Aspekte erweitert (vgl. Stehle, 2011, S. 478, [6]). Die ökologische Perspektive muss in die vorhandenen Controllingprozesse, -instrumente und -methoden integriert werden, denn nur so kann sichergestellt werden, dass die Unternehmensführung ökologische Aspekte in ihren ökonomischen Entscheidungen einbeziehen kann (vgl. Benkendorff/Stehle/Wiedmer, 2011, S. 2, [1]).

Die Aufgabe des Controllings ist es dabei nicht, „grüne" Daten zu erzeugen. Das Green Controlling befasst sich wie das klassische Controlling mit der Aufbereitung, Analyse und Darstellung der durch die operativen Einheiten des Unternehmens generierten Informationen für die Unternehmensführung und stellt somit die Transparenz in Bezug auf ökologische Sachverhalte sicher. Im Rahmen des Reportings werden so beispielsweise ökologische Daten und Kennzahlen als Basis für eine ökologisch integrierte Unternehmenssteuerung berichtet (vgl. Benkendorff/Stehle/Wiedmer, 2011, S. 3, [1]).

8.6.2 Bedeutung und Relevanz von Green Controlling in der Beratung

Aufgrund der wie oben dargelegt steigenden Anforderungen an Unternehmen, sich nachhaltig und ökologisch zu verhalten, nimmt auch die Bedeutung des Green Controlling stetig zu. Vor diesem Hintergrund sind Beratungen dazu aufgefordert, auch in diesem Bereich ihren Kunden umfassende Beratungsdienstleistungen anzubieten. Die Bandbreite der Beratungsthemen bewegt sich hierbei zwischen dem einfachen Aufzeigen der Notwendigkeit der Umsetzung eines Green Controllings bis hin zu Themen der Integration von ökologischen Aspekten in die Controllingprozesse und -systeme. Im Folgenden seien einige Beispiele von Beratungsfeldern im Green Controlling genannt:

- Integration von „grünen" Aspekten in die vorhandenen Steuerungssysteme und -instrumente
- Definition von ökologischen Kennzahlen
- Gestaltung eines Green Management Reportings: Integration von ökologischen Daten und Kennzahlen in das Reporting
- Aufbau einer ökologisch integrierten Investitionsbeurteilung
- Einführung eines Green Target Costing

8.6.3 Erste Schritte in Richtung Green Controlling

Möchte ein Unternehmen eine erste Positionsbestimmung des Status Quo und möglicher Entwicklungspotenziale im Green Controlling vornehmen, ist die Durchführung eines Green Controlling Audits zu empfehlen. Durch das Audit werden Stärken und Schwächen identifiziert und Handlungspotenziale aufgezeigt. Das Audit erfolgt in drei Schritten:

1. Informationserhebung
2. Benchmark-basierte Analyse
3. Ableitung von Handlungsempfehlungen und Umsetzungsplanung

Im Rahmen der Informationserhebung werden die bereits bestehenden Initiativen und Aktionsfelder im Green Controlling gesammelt. Zudem werden die Anforderungen der internen Kunden an ein Green Controlling identifiziert. Dies geschieht idealerweise durch fragebogengestützte Interviews mit den möglichen Empfängern von Green-Controlling-Leistungen sowie betroffenen Mitarbeitern im Controlling. Im zweiten Schritt werden die erhobenen Informationen ausgewertet und an Best Practice Beispielen gespiegelt. Der Status Quo wird mit den Anforderungen der Empfänger verglichen. Dadurch erhält man einen umfassenden Überblick über den Reifegrad der bestehenden Green-Controlling-Aktivitäten und kann Handlungsbedarfe ableiten, um die Lücke zwischen der Ist-Situation und den geforderten Anforderungen zu schließen. Die abgeleiteten Handlungsbedarfe werden anschließend priorisiert. Daraus lässt sich eine Umsetzungsroadmap erstellen, welche die Basis für die Realisierung von Green-Controlling-Weiterentwicklungsmaßnahmen ist. Nur ein systematisch abgeleitetes Green Controlling garantiert eine umfassende Unternehmenssteuerung, welche die Integration der ökologischen in die ökonomische Dimension sicherstellt.

8.7 Zusammenfassung und Ausblick

Obwohl der Fokus des vorliegenden Beitrags auf den State-of-the-Art-Trends im Controlling liegt, darf nicht vergessen werden, dass in vielen Unternehmen noch der Handlungsbedarf besteht, zunächst die grundsätzlichen Controllinginstrumentarien zu optimieren. Es ist also die Aufgabe des Controllingberaters, den Kunden in seinem aktuellen Entwicklungsstadium abzuholen und ihn bestmöglich auf die Erfüllung der zunehmenden Anforderungen, die an ein schlankes und qualitativ hochwertig arbeitendes Controlling gestellt werden, vorzubereiten. Er unterstützt die Entscheidungsträger des Controllings dabei, in die Rolle des Business Partners hineinzuwachsen.

Dabei dürfen zukünftige Entwicklungen natürlich nicht außer Acht gelassen werden. Der Controllingberater steht also vor der Herausforderung, sich stets mit aktuellen Trends und Entwicklungen im Controlling zu beschäftigen, bereits bestehende Controllinginstrumente konsequent weiterzuentwickeln sowie neue Lösungsansätze für aktuelle Herausforderungen zu identifizieren und diese als Trendsetter in die Welt des Controllings einzuführen.

8.8 Literatur

[1] Benkendorff, Wolf-Gerrit/Stehle, Alexander/Wiedmer, Samuel (2011): Green Controlling – neue Herausforderungen im Controlling, http://www.arbeitshilfen.ch/Thema/Finanzen/404-Green-Controlling (16.01.2012).

[2] Hofmann, Niko (2011): Operative Kosten- und Ergebnisrechnung erfolgreich(er) anwenden – Klare Steuerungskonzepte und deren praktische Umsetzung im ERP-System. In: Horváth, Péter (Hrsg.): Exzellentes Controlling, exzellente Unternehmensleistung – Best Practice und Trends im Controlling, Schäffer-Poeschel Verlag, Stuttgart, S. 253–273.

[3] Horváth & Partners (Hrsg.) (2006): Das Controlling-Konzept – Der Weg zu einem wirkungsvollen Controllingsystem, 6. Auflage, Deutscher Taschenbuch Verlag, München.

[4] Müller, Michael/Schmidt, Holger (2011): Effizienz bleibt wichtig – Unterstützung der Steuerung wird wichtiger. In: Gleich, Ronald/Klein, Andreas (Hrsg.): Der Controlling-Berater, Bd. 17, Challenge Controlling 2015, Haufe-Lexware, Freiburg, S. 75–94.

[5] Scheffner, Jörg (2008): Industrialisierung des Controllings. In: Der Controlling-Berater, Heft 5/2008, Rudolf Haufe Verlag GmbH & Co. KG, S. 637–657.

[6] Stehle, Alexander (2011): Green Controlling. In: Controlling-Zeitschrift für erfolgsorientierte Unternehmenssteuerung, 23. Jg., Heft 8/9, Verlage C. H. Beck/Vahlen, München, S. 478–479.

Legal Controlling – Rechtliches Risikomanagement für den Controller

9

Dr. Markus Bösiger und Dr. Philipp Engel

9.1	Einleitung	166
9.1.1	Controlling und Recht	166
9.1.1.1	Bedeutung und Funktion des Rechts im Unternehmensalltag	166
9.1.1.2	Legal Controlling als rechtliches Risikomanagement	167
9.1.1.3	Ziele des Beitrags und Inhaltsübersicht	167
9.1.2	Themenabgrenzung zu verwandten Gebieten	168
9.1.2.1	Corporate Governance	168
9.1.2.2	Internes Kontrollsystem (IKS)	168
9.1.2.3	Due Diligence	169
9.2	Grundbegriffe und Prozessübersicht	169
9.2.1	Inhalt und Bezugspunkt des Risikobegriffs	169
9.2.1.1	Der Risikobegriff im engeren Sinn	169
9.2.1.2	Chancen und Risiken im weiteren Sinn	170
9.2.1.3	Geschäftssachverhalte als Bezugspunkt von Chancen und Risiken	170
9.2.2	Strukturmodell der vier Controllingbereiche	171
9.2.2.1	Rechtliche Rahmenbedingungen	171
9.2.2.2	Rechtsbeziehungen	171
9.2.2.3	Marktposition	172
9.2.2.4	Organisationsverfassung	172
9.2.2.5	Schematische Darstellung des Strukturmodells	173
9.2.3	Drei-Phasen-Modell	174
9.2.3.1	Sollzustand	174
9.2.3.2	Störfaktoren	174
9.2.3.3	Mittel und Maßnahmen	174
9.2.3.4	Praktische Anwendung	175
9.2.4	Legal Audit (1. Hauptprozess des Legal Controlling)	175
9.2.4.1	Identifikation von Chancen und Risiken	176
9.2.4.2	Bewertung von Chancen und Risiken	176
9.2.4.3	Aufgabenumschreibung als Resultat des Legal Audit	177
9.2.5	Legal Risk Management (2. Hauptprozess des Legal Controlling)	177
9.2.5.1	Controllingkonzept	178
9.2.5.2	Controllingprozess	179

9.3	Legal Controlling in den einzelnen Controllingbereichen	181
9.3.1	Rechtliche Rahmenbedingungen	181
9.3.1.1	Erfassung und Bewertung von Chancen und Risiken	181
9.3.1.2	Maßnahmen zur Steuerung des Risikoverlaufs	182
9.3.1.3	Beobachtung des Risikoverlaufs	184
9.3.2	Rechtsbeziehungen	184
9.3.2.1	Erfassung und Bewertung von Chancen und Risiken	184
9.3.2.2	Maßnahmen zur Steuerung des Risikoverlaufs	187
9.3.2.3	Beobachtung des Risikoverlaufs	188
9.3.3	Marktposition	190
9.3.3.1	Erfassung und Bewertung von Chancen und Risiken	190
9.3.3.2	Maßnahmen zur Steuerung des Risikoverlaufs	191
9.3.3.3	Beobachtung des Risikoverlaufs	193
9.3.4	Organisationsverfassung	193
9.3.4.1	Erfassung und Bewertung von Chancen und Risiken	193
9.3.4.2	Maßnahmen zur Steuerung des Risikoverlaufs	195
9.3.4.3	Beobachtung des Risikoverlaufs	196
9.4	Schlussbemerkung	196
9.5	Literatur	197

9.1 Einleitung

9.1.1 Controlling und Recht

9.1.1.1 Bedeutung und Funktion des Rechts im Unternehmensalltag

Die Bedeutung des Rechts für den Unternehmensalltag ist evident. Jede unternehmerische Initiative, jede neue Idee oder Innovation führt zwangsläufig zu rechtlichen Implikationen. Es gibt keinen Wirtschaftsprozess, welcher nicht gleichzeitig auch einen rechtlich relevanten Vorgang darstellt.

Für den Controller, der in seiner Funktion mit der Sicherung von unternehmerischen Chancen und der Kontrolle von Risiken beauftragt ist[1], spielt das Recht eine zentrale Rolle. In Bezug auf die Unternehmung wirkt das Recht sowohl unterstützend wie auch limitierend. Einerseits wird die Unternehmung bei der Verfolgung ihrer Interessen durch die Behelfsmittel des Rechts unterstützt. Andererseits wird sie in ihrer Bewegungsfreiheit limitiert, indem sie sich stets innerhalb der Schranken der Rechtsordnung bewegen muss, anderenfalls mit Sanktionen gerechnet werden muss.

---

[1] Zum Risikomanagement durch den Controller vgl. etwa Peters/Pfaff, Controlling, Wichtigste Methoden und Techniken, 2. Auflage, Zürich 2008, S. 184 ff.

9.1.1.2 Legal Controlling als rechtliches Risikomanagement

Risikomanagement versteht sich als Geschäftsprozess zur Identifikation und Bewertung unternehmerischer Chancen und Risiken sowie zur dauerhaften Steuerung des Risikoverlaufs.[2] Als solches erfüllt es eine Controllingfunktion, indem das unternehmerische Risikoprofil permanent beobachtet und bei Planabweichungen korrigierend auf den Risikoverlauf eingewirkt wird.

Das Legal Controlling[3] ist ein wesentlicher Bestandteil dieses zentralen Geschäftsprozesses, wobei es hier insbesondere um die rechtlichen, aber auch um organisatorische Aspekte des Risikomanagements geht.

Das Risikomanagement kann grundsätzlich in zwei Teilaspekte aufgeteilt werden. Einerseits geht es um den Entscheid, welche Chancen verfolgt und welche Risiken eingegangen werden (strategisches Risikomanagement), andererseits gilt es die verfolgten Chancen möglichst gut zu sichern und die in Kauf genommenen Risiken zu kontrollieren (operatives Risikomanagement).

Sowohl das strategische als auch das operative Risikomanagement setzen eine Identifikation und Bewertung der Chancen und Risiken voraus. Erkannte und bewertete Chancen und Risiken bilden beim strategischen Risikomanagement die Grundlage für den Risikoentscheid, beim operativen Risikomanagement die Basis für die Auswahl der Mittel und Maßnahmen zur Beeinflussung des Risikoverlaufs.

Das Legal Controlling im hier verstandenen Sinn bewegt sich ausschließlich auf der Ebene des operativen Risikomanagements. Es geht mithin nicht um die Frage, welche Chancen verfolgt und welche Risiken eingegangen werden sollen, sondern vielmehr darum, wie die Unternehmung die Chancen auf dem eingeschlagenen Weg optimal sichert und Risiken wirkungsvoll kontrolliert.

Die oben erwähnte Doppelfunktion des Rechts manifestiert sich beim Legal Controlling in zweifacher Hinsicht: In seiner limitierenden Funktion entspricht das Recht dem zu erreichenden *Zielzustand*[4]. In seiner unterstützenden Funktion stellt es Rechtsbehelfe zur Verfügung, welche als *Mittel* zur Steuerung des Risikoverlaufs dienen.

9.1.1.3 Ziele des Beitrags und Inhaltsübersicht

Mit dem vorliegenden Beitrag soll dem Leser ein Hilfsmittel in die Hand gegeben werden, das ihn bei der Sicherung von Chancen und der Kontrolle von Risiken unter rechtlichen Gesichtspunkten unterstützt.

---

[2] Die Literatur zum Risikomanagement ist ausgesprochen weitläufig. Für viele: Schneck, Risikomanagement: Grundlagen, Instrumente, Fallbeispiele, Weinheim 2010; Diederichs, Risikomanagement und Risikocontrolling, 3. Auflage, München 2012; Wildemann, Risikomanagement, Leitfaden zur Umsetzung eines Risikomanagement-Systems für die wertorientierte Steuerung von Unternehmen, 11. Auflage, München 2012.

[3] Im Gegensatz zum Risikomanagement wird Legal Controlling in der Literatur kaum behandelt. Eine der wenigen Abhandlungen findet sich etwa bei Staub, Legal Management, Management von Recht als Führungsaufgabe, 2. Auflage, Zürich 2006, S. 61 ff.

[4] Vgl. im Einzelnen unten, 9.3.1, *Rechtliche Rahmenbedingungen*.

Nach der Klärung einiger Grundbegriffe werden Struktur- sowie Prozessmodelle für ein wirksames Legal Controlling aufgezeigt. Es folgen zudem Hinweise, wie das Risikoprofil in vier definierten Controllingbereichen erfasst, bewertet und in seinem Verlauf gesteuert werden kann.

9.1.2 Themenabgrenzung zu verwandten Gebieten

9.1.2.1 Corporate Governance

Unter dem Begriff der Corporate Governance versteht man die Gesamtheit der auf die Gesellschafterinteressen ausgerichteten Grundsätze, die unter Wahrung von Entscheidungsfähigkeit und Effizienz auf der obersten Unternehmensebene Transparenz und ein ausgewogenes Verhältnis von Führung und Kontrolle anstreben[5].

Gemeinsamkeiten zwischen Corporate Governance und Legal Controlling bestehen insbesondere im nachstehend dargestellten Controllingbereich der Organisationsverfassung. Verfügt eine Unternehmung über eine gute Organisationsverfassung, wird auch den Belangen der Corporate Governance Genüge getan.

9.1.2.2 Internes Kontrollsystem (IKS)

Das IKS umfasst alle von der Geschäftsleitung angeordneten Vorgänge, Methoden und Maßnahmen zur Sicherstellung von Effektivität und Effizienz der Geschäftätigkeit, der Verlässlichkeit der Rechnungslegung und der Einhaltung der anwendbaren Rechtsnormen („Legal Compliance").[6]

Wie beim IKS ist die „Legal Compliance" auch beim Legal Controlling ein zentrales Anliegen[7]. Zudem sind die Zielsetzungen der beiden Disziplinen insoweit deckungsgleich, als das Legal Controlling mittels des rechtlichen Risikomanagements und das IKS mittels Sicherstellung von Effektivität und Effizienz der Geschäftätigkeit eine Steigerung des Unternehmenswertes bezwecken. Mit einem angemessenen Legal Controlling sind auch die Anliegen eines IKS weitgehend abgedeckt.

---

[5] Weiterführende Literatur zur Corporate Governance: Kraus, Die Auswirkung von Corporate Governance und Nachhaltigkeit auf den Unternehmenserfolg: Eine Betrachtung im Kontext der wertorientierten Unternehmensführung, Lohmar 2011; Metten, Corporate Governance: Eine aktienrechtliche und institutionenökonomische Analyse der Leitungsmaxime von Aktiengesellschaften, Diss., Wiesbaden 2010; Hilb, Integrierte Corporate Governance, Ein neues Konzept zur wirksamen Führung und Aufsicht von Unternehmen, 5. Auflage, Berlin 2013. Vgl. für die Schweiz auch Swiss Code of Best Practice for Corporate Governance (abrufbar unter http://www.economie suisse.ch/).

[6] Zum Begriff des IKS nach schweizerischen Recht vgl. Pfaff/Ruud, Schweizer Leidfaden zum Internen Kontrollsystem (IKS), 6. Auflage, Zürich 2013, S. 19 ff.; weitere Darstellungen zum Thema IKS: Bungartz, Handbuch Interne Kontrollsysteme (IKS), Steuerung und Überwachung von Unternehmen, 4. Auflage, Berlin 2014; Rautenstrauch/Hunziker, Internes Kontrollsystem: Perspektiven der Internen Kontrolle, 2. Auflage, Zürich 2012.

[7] Vgl. unten, 9.3.1, *Steuerung des Risikoverlaufs im Bereich der Rechtlichen Rahmenbedingungen*.

9.1.2.3 Due Diligence

Due Diligence[8] bezeichnet die detaillierte und systematische Analyse unternehmerischer Daten mit dem Ziel, ein unverfälschtes Gesamtbild über die Lage der Unternehmung zu erlangen[9].

Beim Legal Controlling leisten die stichtagsbezogene Aufnahme von Chancen und Risiken („Legal Audit"[10]) sowie die Steuerung des Risikoverlaufs („Legal Risk Management"[11]) nicht nur Gewähr, dass das unternehmerische Risikoprofil stets bekannt ist, sondern als solches auch laufend optimiert wird. Wer im Sinne der nachstehenden Ausführungen ein griffiges Legal Controlling betreibt, erleichtert die Durchführung einer allfälligen Due Diligence und schafft gute Voraussetzungen für das Erreichen eines positiven Analyseresultats.

9.2 Grundbegriffe und Prozessübersicht

9.2.1 Inhalt und Bezugspunkt des Risikobegriffs

9.2.1.1 Der Risikobegriff im engeren Sinn

Die systematische Erfassung von Chancen und Risiken und die darauf basierende Steuerung des Risikoverlaufs setzt zwingend ein klares Verständnis des Risikobegriffs[12] voraus. Wer sich der anforderungsreichen Aufgabe zur weitsichtigen Identifikation von Geschäftsrisiken stellt, muss genau wissen, wonach zu suchen ist.

Unter *Risiko* wird hier ein sich auf den Unternehmenswert negativ auswirkender Zustand oder ein mögliches Ereignis verstanden, bei dessen Eintritt die Substanz der Un-

---

[8] Weiterführende Literatur zur Due Diligence: Berens/Brauner/Strauch/Knauer, Due Diligence bei Unternehmensakquisitionen, 7. Auflage, Stuttgart 2013; Hofmann/Nothardt, Logistics due diligence: Analyse-Bewertung-Anlässe-Checklisten, Berlin 2009; zur *rechtlichen* Due Diligence vgl. insbesondere: Höhn, Einführung in die rechtliche Due Diligence, Zürich/Basel/Genf 2003.
[9] Als organisiertes und institutionalisiertes Verfahren zur kritischen Prüfung finanzieller, rechtlicher und organisatorischer Belange eines Unternehmens kommt die Due Diligence insbesondere im Zusammenhang mit Verkaufs- oder Fusionstransaktionen zur Anwendung (vgl. z. B. Forstmoser/Meier-Hayoz/Nobel, Schweizerisches Aktienrecht, Bern 1996, § 57 N 56).
[10] Vgl. unten, 9.2.4, Legal Audit (1. Hauptprozess des Legal Controlling).
[11] Vgl. unten, 9.2.5, Legal Risk Management (2. Hauptprozess des Legal Controlling).
[12] Die Literatur zum Begriff „Risiko" ist ebenso reichhaltig wie der Variantenreichtum zur Begriffsdefinition. Eine fundierte Analyse des Risikobegriffs mit einer umfassenden Darstellung der einschlägigen Literatur findet sich bei Jonen, Andreas, Semantische Analyse des Risikobegriffs. In: Lingnau, Beiträge zur Controlling-Forschung, Kaiserslautern 2006 (abrufbar als Beitrag Nr. 11 unter http://www.Controlling-Forschung.de). Die vorliegend von den Autoren vorgeschlagene Begriffsdefinition ist auf die Unternehmenspraxis ausgerichtet und reduziert das Phänomen „Risiko" bewusst auf eine einfache Formel.

ternehmung geschmälert und/oder ihre Ertragskraft reduziert wird. Risiken sind mithin für die Unternehmung schädliche Zustände oder Ereignisse.

Mit dem Begriff *Chance* kann demgegenüber ein sich auf den Unternehmenswert positiv auswirkender Zustand bzw. ein mögliches Ereignis umschrieben werden, bei dessen Eintritt die Substanz der Unternehmung vergrößert und/oder ihre Ertragskraft gestärkt wird. Chancen sind also für die Unternehmung nützliche Zustände oder Ereignisse.

Zwischen Chance und Risiko besteht eine Korrelation: Der zeitgerechte Zahlungseingang ist ein nützliches Ereignis und damit eine Chance, der Zahlungsverzug ein schädlicher Zustand, also ein Risiko. Dem Eintritt eines erwarteten nützlichen *Ereignisses* als Chance steht also praktisch immer der schädliche *Zustand* des Ausbleibens des Ereignisses als Risiko gegenüber und umgekehrt. In diesem Sinne umschreiben Chance und Risiko dasselbe Phänomen aus einem anderen Betrachtungswinkel.

9.2.1.2 Chancen und Risiken im weiteren Sinn

Bei einem erweiterten Begriffsverständnis geht es bei der Identifikation von Chancen und Risiken allerdings nicht nur um die nützlichen oder schädlichen Ereignisse, welche den Unternehmenswert *direkt* erhöhen oder beeinträchtigen, sondern auch um die Zustände und/oder Ereignisse, welche der eigentlichen Realisierung der Chance bzw. dem Risikoeintritt *zeitlich vorgelagert* sind.

Etwas vereinfachend können die nützlichen oder schädlichen Ereignisse und Zustände am Ende der Kausalkette, welche den Unternehmenswert direkt verändern, als Chancen und Risiken im engeren Sinn, die in der Kausalkette vorgelagerten Zustände und Ereignisse als Chancen und Risiken im weiteren Sinn bezeichnet werden.[13]

9.2.1.3 Geschäftssachverhalte als Bezugspunkt von Chancen und Risiken

Unter praktischen Gesichtspunkten ist das Bezugsfeld der Identifikation von Chancen und Risiken über den einzelnen Zustand, das einzelne Ereignis bzw. den Kausalverlauf hinaus zusätzlich zu erweitern. Dies ist deshalb angezeigt, weil es im Unternehmensalltag letztlich um die Beurteilung von *Geschäftssachverhalten* insgesamt geht, welche in der Regel aus einem ganzen Bündel von Zuständen, möglichen Ereignissen oder parallelen Kausalverläufen bestehen. Solche Geschäftssachverhalte können tatsächlicher Natur (z. B. Geschäftsprozess) oder aber rechtlicher Natur sein (z. B. Lizenzvertrag). In Frage kommen dabei sowohl bestehende, angestrebte wie auch zu vermeidende Geschäftssachverhalte. Bei der Identifikation von Chancen und Risiken lautet die Frage, welche nützlichen oder schädlichen Zustände und möglichen Ereignisse in ihrem Zusammenspiel auf diese Geschäftssachverhalte einwirken bzw. potenziell einwirken könnten.

---

[13] So kann etwa die Nichtdeklaration steuerbarer Erträge als ein Risiko im weiteren Sinn, die Aufdeckung des Sachverhalts durch die Steuerbehörde und die Auferlegung von Straf- und Nachsteuern als Risiko im engeren Sinn verstanden werden.

9.2.2 Strukturmodell der vier Controllingbereiche

Die rechtsrelevanten Belange einer Unternehmung weisen im Einzelfall individuelle Züge auf und weichen je nach Industriesektor und Branche stark voneinander ab. Es stellt sich daher die Frage, wie ein allgemeingültiges Modell zur systematischen Erfassung des Risikoprofils einer Unternehmung aussehen könnte. Das im Folgenden vorgestellte Modell unterscheidet vier Controllingbereiche[14], welche sich auf jede Unternehmung anwenden lassen.

9.2.2.1 Rechtliche Rahmenbedingungen

In diesem Controllingbereich ist die Gesamtheit aller Rechtsnormen von Interesse, welche als rechtliche Rahmenbedingungen von außen auf die Unternehmung einwirken und sie zu einem bestimmten Verhalten verpflichten. Solche Normenkomplexe sind etwa das Steuerrecht, das Umweltrecht, das Wettbewerbsrecht, das Kapitalmarktrecht etc.[15]

Jede Unternehmung hat je nach Branche und Marktleistung ihr eigenes, gerade für sie relevantes rechtliches Umfeld. Der Verstoß gegen Bestimmungen der relevanten Normenkomplexe stellt für die Unternehmung ein Risiko dar, da er Sanktionen und Prozesse auslösen kann, welche unternehmerische Ressourcen binden, ohne gleichzeitig eine Wertschöpfung zu generieren.

Der im Controllingbereich der rechtlichen Rahmenbedingungen anzustrebende Sollzustand besteht in der Sicherstellung der Kongruenz der aus den limitierenden Normen abgeleiteten Verhaltensvorgaben und dem tatsächlichen Verhalten der Unternehmung. Mit der Inkongruenz zwischen dem, was die Unternehmung tun muss und dem, was sie tut, entsteht ein risikobehafteter Zustand, indem die Gefahr der Intervention einer Instanz als dem zu vermeidenden Risikoereignis im engeren Sinn provoziert wird.

9.2.2.2 Rechtsbeziehungen

Als zweiter Ansatzpunkt kommt die Summe aller bestehenden und potenziellen Rechtsbeziehungen der Unternehmung in Betracht. Allgemein kann festgestellt werden, dass überall dort, wo von der Unternehmung eine Geschäftsbeziehung unterhalten wird, notwendigerweise auch eine Rechtsbeziehung – oder präziser – eine Vertragsbeziehung besteht.

---

[14] Das hier vorgeschlagene Strukturmodell orientiert sich an funktionalen Aspekten des Rechts. Rechtliches Risikomanagement kann auch anhand anderer Kriterien strukturiert werden, so etwa aufgrund einer Kombination von Rechtsgebieten und Unternehmensbereichen (vgl. dazu Staub, S. 112 ff.).

[15] Im Controllingbereich der rechtlichen Rahmenbedingungen sind in erster Linie Bestimmungen des öffentlichen Rechts von Bedeutung. Ausnahmsweise können auch privatrechtliche Normenkomplexe relevant sein, z. B. das Sportverbandsrecht: Verletzt ein Fußballclub etwa Transferbestimmungen, kann dies eine Intervention der zuständigen Verbandsinstanzen auslösen, welche sich direkt auf den Unternehmenswert des Sportclubs auswirkt und damit ein Risiko im hier verstandenen Sinn darstellt.

Der in diesem Controllingbereich anzustrebende Sollzustand besteht in der optimalen Gestaltung der Geschäfts- und Vertragsbeziehungen. Konkret geht es um die Sicherstellung einer *positiven Leistungsbilanz*[16] in jeder einzelnen dieser Vertragsbeziehungen.

Im Controllingbereich der Rechtsbeziehungen interessieren zudem auch die potenziellen Rechtsbeziehungen der Unternehmung. Solche können sich im Bereich der Haftungsrisiken ergeben. Zu denken ist etwa an potenzielle Forderungen Dritter aufgrund der Produkthaftpflicht.

Der anzustrebende Sollzustand hinsichtlich dieser sich aus den Normen des Haftpflichtrechts ergebenden potenziellen Rechtsbeziehungen besteht darin, unternehmerische Zustände zu schaffen, welche die Gefahr der Erfüllung eines Haftungstatbestandes an sich oder die Haftungsfolgen für den Fall des Eintritts eines Haftungstatbestandes minimieren.

9.2.2.3 Marktposition

Jede Unternehmung erlangt ihre Marktposition aufgrund spezifischer Leistungs- oder Wertetreiber. Diese Wertetreiber sind die Erfolgsfaktoren, welche die Unternehmung von ihren Mitbewerbern abheben und dafür sorgen, dass sie im Konkurrenzkampf besteht. Zu nennen sind etwa exklusive Bezugs- oder Vertriebskanäle, Standortvorteile, Know-how, Immaterialgüterrechte etc.

Im Controllingbereich der Marktposition stellt sich die Frage, ob die unternehmerischen Wertetreiber unter Berücksichtigung der rechtlichen Grundordnung und der bestehenden internen Schutzdispositionen hinreichend abgesichert sind oder ob hierfür zusätzliche organisatorische und rechtliche Maßnahmen ergriffen werden müssen.

Der im Bereich der Marktposition anzustrebende Sollzustand besteht in der Erlangung und Aufrechterhaltung jener Zustände, welche die Wertetreiber in ihrem Bestand sichern und in ihrer Wirkung für die Unternehmung optimieren.

9.2.2.4 Organisationsverfassung

Während die drei vorstehenden Controllingbereiche gewissermaßen die Außenwelt der Unternehmung betreffen, geht es hier um deren Innenleben. Von einer guten Organisationsverfassung kann dann gesprochen werden, wenn die Unternehmung in der Lage ist, rasch qualitativ gute Entscheidungen zu treffen und diese Entscheidungen rasch und gut umzusetzen.

---

16 Der von den Autoren im vorliegenden Kontext verwendete Begriff der positiven Leistungsbilanz orientiert sich an einem funktionalen Vertragsverständnis. Die positive Leistungsbilanz ergibt sich bei einer plangemäßen und effizienten Geschäftsabwicklung, indem beide Parteien den von ihnen angestrebten ökonomischen Zielzustand erreichen (Prinzip der beidseitigen Bedürfnisbefriedigung). Vgl. zum Vertragszweck auch Fischer/Brägger, Vertragsgestaltung und Vertragsmanagement: Einführung in die Kautelarjurisprudenz – Allgemeiner Teil, Zürich 2010, S. 17 ff.

Die genannten unternehmerischen Kernfähigkeiten können sowohl durch organisatorische Unzulänglichkeiten wie auch durch Spannungen innerhalb von oder zwischen den verschiedenen Organebenen beeinträchtigt werden.

Der Sollzustand im Controllingbereich der Organisationsverfassung besteht mithin in der Sicherstellung und Wirkungsoptimierung jener Zustände, welche rasches und gutes Entscheiden bzw. Umsetzen von Entscheidungen ermöglichen, bzw. der Minimierung der Eintretenswahrscheinlichkeit und/oder Eintretenswirkung von Ereignissen, welche diese Fähigkeiten beeinträchtigen können.

9.2.2.5 Schematische Darstellung des Strukturmodells

In Abbildung 9.1 sind die vier Controllingbereiche im Spannungsfeld von Chancen und Risiken vereinfachend dargestellt. Die limitierende und unterstützende Funktion des Rechts sowie einzelne Rechtsgebiete sind beispielhaft im Sinne einer Orientierungshilfe aufgeführt.[17]

Quelle: eigene Darstellung

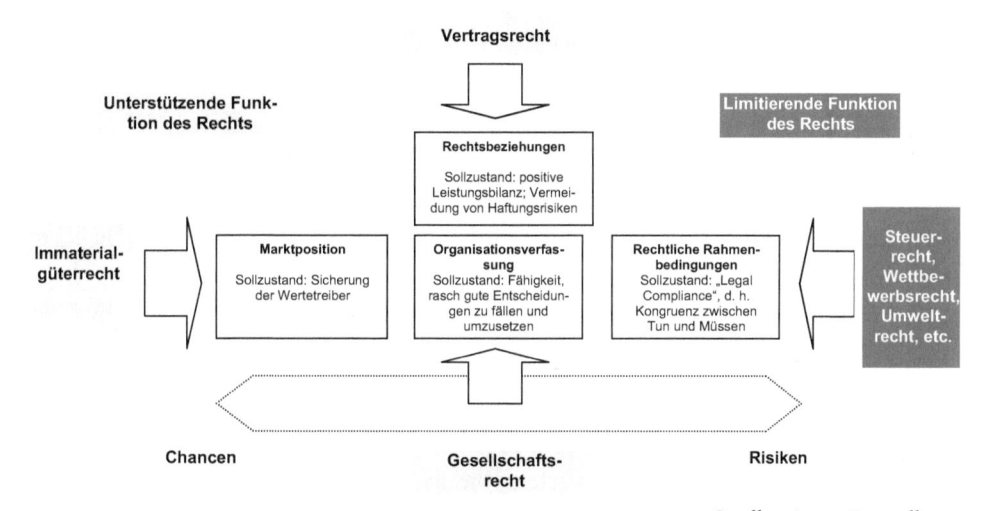

Abb. 9.1 Strukturmodell der vier Controllingbereiche

---

[17] Die Darstellung in Abb. 9.1 ist stark vereinfachend. So können sich beispielsweise auch im Bereich der rechtlichen Rahmenbedingungen Chancen ergeben (z. B. gute Steuerplanung). Ferner gibt es Rechtsbereiche, welche sowohl limitierenden als auch unterstützenden Charakter haben können: Das wettbewerbsrechtliche Verbot von Marktmachtmissbrauch ist für die betroffene Wirtschaftsunternehmung limitierend, für die Unternehmen auf der Marktgegenseite indessen unterstützend.

9.2.3 Drei-Phasen-Modell

Das Drei-Phasen-Modell (auch „3PM")[18] beschreibt einen simplen dreistufigen Denkprozess (vgl. Abbildung 9.2). Dieser beginnt in einer ersten Phase mit der möglichst präzisen Umschreibung eines bestimmten Sollzustandes. In der zweiten Phase wird danach gefragt, welche Störfaktoren das Erreichen des Sollzustandes beeinträchtigen könnten. In der dritten Phase geht es darum, Mittel und Maßnahmen zu bezeichnen, mit welchen der Eintritt der Störfaktoren verhindert oder deren Wirkung reduziert werden können.

Phase 1	Phase 2	Phase 3
Sollzustand	**Störfaktoren**	**Maßnahmen**
Welches ist der angestrebte Sollzustand?	Welche Störfaktoren könnten das Erreichen des angestrebten Sollzustandes gefährden?	Welche Maßnahmen können gegen die Eindämmung der Störfaktoren ergriffen werden?

Quelle: eigene Darstellung

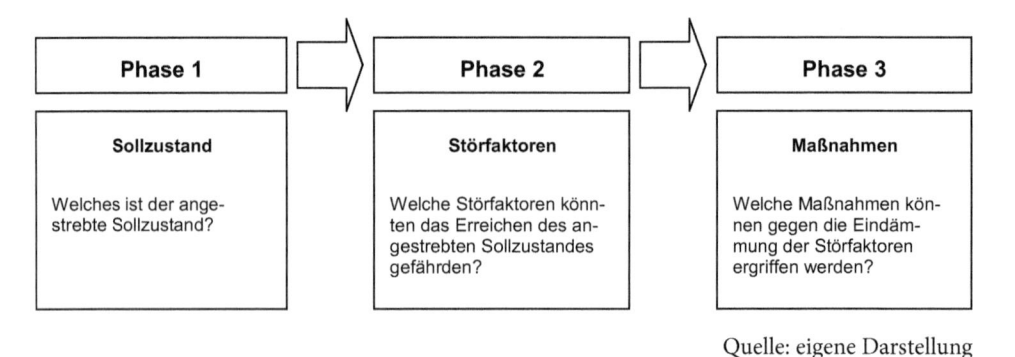

Abb. 9.2 Drei-Phasen-Modell

9.2.3.1 Sollzustand
Beim Sollzustand kann es sich um einen bestehenden, um einen angestrebten nützlichen oder um einen zu vermeidenden schädlichen Zustand handeln. Die Umschreibung des Sollzustandes muss kurz und sehr präzise sein. Eine klare Vorstellung über die einzelnen Sachverhaltselemente des Sollzustandes erleichtert das Erkennen von Störfaktoren.

9.2.3.2 Störfaktoren
Bei der Ermittlung der Störfaktoren geht es um das Erkennen von Zuständen und Ereignissen, welche die Sicherung des bestehenden, das Erreichen des angestrebten oder die Vermeidung des befürchteten Sollzustandes beeinträchtigen könnten.

Die Störfaktoren sind möglichst umfassend aufzulisten. Es empfiehlt sich die Anwendung der Technik des Brainstorming. Das Ziel besteht darin, nicht nur die naheliegenden, sondern auch die weniger offensichtlichen Störfaktoren zu ermitteln.

9.2.3.3 Mittel und Maßnahmen
Mit den Mitteln und Maßnahmen werden jene Faktoren bezeichnet, mittels welcher der Eintritt von Störfaktoren vermieden bzw. deren Wirkung reduziert werden kann. Bei

---

[18] Das 3PM wurde von den Autoren im Rahmen verschiedener Lehraufträge entwickelt und wird von ihnen sowohl in ihrer praktischen anwaltlichen Tätigkeit als auch in Semesteraufgaben mit den Studenten erfolgreich angewandt.

den Mitteln und Maßnahmen geht es vor allem um die vom Recht in seiner unterstützenden Funktion bereitgestellten Rechtsbehelfe. Hinzu kommen freilich auch organisatorische Maßnahmen.

9.2.3.4 Praktische Anwendung

So simpel das Prinzip des Denkprozesses ist, so anforderungsreich kann die gewinnbringende Umsetzung in der Praxis sein. Es ist entscheidend, die Logik des Denkprozesses stringent anzuwenden. So dürfen im Sollzustand z. B. nicht Elemente erscheinen, die als Mittel und Maßnahmen in den Bereich der dritten Denkphase gehören. Der Sollzustand ist die präzise Sachverhaltsbeschreibung eines *ökonomisch* nützlichen bzw. eines zu vermeidenden schädlichen Zustandes. Zu den Störfaktoren gehören nur Zustände oder Ereignisse, welche den Sollzustand und nur gerade diesen gefährden könnten. Die Mittel und Maßnahmen haben sich mit derselben zwingenden Sachlogik exakt auf die Störfaktoren zu beziehen.

Eine erste wichtige und hier besonders interessierende Anwendung besteht im Zusammenhang der Antizipation der Zukunft als einer der Herausforderungen des Risikomanagements. Das Prozessmodell erleichtert dank seinem strukturierten Denkansatz das Erkennen auch weniger naheliegender Ereignisse und Kausalverläufe.[19]

Das Prozessmodell ist zudem auch im Zusammenhang mit der Bewertung der Chancen und Risiken hilfreich. Aus der Auflistung von Maßnahmen ergibt sich nämlich die Fragestellung nach den in der Unternehmung ggf. bereits bestehenden Maßnahmen zur Risikokontrolle, welche bei der Bewertung der identifizierten Chancen und Risiken zu berücksichtigen sind.

Eine weitere Anwendungsmöglichkeit besteht bezüglich dem Verhandeln und Abschließen von Verträgen. So können aus den im dritten Arbeitsschritt ermittelten Mitteln und Maßnahmen die wichtigen anzustrebenden Vertragspunkte abgeleitet werden, welche den Vertragsverhandlungen von Beginn weg die gewünschte Richtung geben.

Das Prozessmodell kann schließlich im Zusammenhang mit dem Projektmanagement angewandt werden. Dank seiner simplen Arbeitsanordnung zwingt es zur Vereinfachung und hilft, bei komplexen Aufgabenstellungen das Wesentliche zu erkennen.

9.2.4 Legal Audit (1. Hauptprozess des Legal Controlling)

Die Erfassung des Risikoprofils ist die auf einen bestimmten Zeitpunkt bezogene Identifikation und Bewertung aller unternehmerischen Chancen und Risiken. Es geht hier im Einzelnen darum,

---

[19] Zur Eruierung nicht naheliegender Ereignisse und Szenarien kann auf die zahlreichen Kreativitätstechniken wie etw. Brainstorming, Mindmapping, morphologische Methode, Synektik etc. verwiesen werden. Das hier vorgeschlagene 3PM steht insbesondere hinsichtlich dessen Phase 2 in der Nähe des Brainstormings.

- Chancen und Risiken zu identifizieren,
- sie bezüglich Beständigkeit und Wirkung (Zustände) bzw. Eintretenswahrscheinlichkeit und Eintretenswirkung (Ereignisse) zu bewerten,
- um schließlich hinsichtlich der besonders wichtigen Chancen und großen Risiken Handlungsbedarf aufzuzeigen und eine entsprechende Aufgabenumschreibung vorzunehmen.

9.2.4.1 Identifikation von Chancen und Risiken

Die Antizipation der Zukunft ist die wohl größte Herausforderung des Risikomanagements überhaupt. Ausgehend von der oben vorgenommenen Begriffsdefinition geht es bei der Identifikation von Chancen und Risiken um die gedankliche Vorwegnahme von risikorelevanten Kausalverläufen, Zuständen und Ereignissen.

Typische Zustände oder häufige Ereignisse sind naturgemäß leicht vorauszusehen. Die eigentliche Schwierigkeit liegt darin, untypische, nicht naheliegende Zustände und Ereignisse in die Betrachtung mit einzubeziehen. Das Ziel muss darin bestehen, den Betrachtungshorizont zu erweitern und das nicht Offensichtliche zu antizipieren.

Insgesamt geht es bei der Identifikation von Chancen und Risiken darum, dass risikorelevante häufige Zustände und Ereignisse katalogisiert und nicht leicht voraussehbare seltene Zustände und Ereignisse anhand bestimmter Denktechniken ermittelt werden.[20]

9.2.4.2 Bewertung von Chancen und Risiken

Die Größe einer Chance bzw. eines Risikos entspricht einerseits der Beständigkeit und dem Wirkungsgrad eines bestehenden Zustandes auf den Unternehmenswert und andererseits dem mathematischen Produkt von Eintretenswahrscheinlichkeit und Eintretenswirkung risikorelevanter Ereignisse.[21] Einfach ausgedrückt sind große Chancen in Bezug auf Beständigkeit und Wirkungsgrad besonders nützliche Zustände oder bezüglich Eintretenswirkung nützliche Ereignisse mit hoher Eintretenswahrscheinlichkeit. Umgekehrt sind große Risiken besonders schädliche Zustände oder schädliche Ereignisse mit hoher Eintretenswahrscheinlichkeit.

Eigentliches Ziel der Bewertung von Chancen und Risiken ist der Nachweis von *Handlungsbedarf*, der dann angezeigt ist, wenn die bestehenden Mittel zur gewünschten Steuerung des Risikoverlaufs als unzureichend erscheinen, d. h. wichtige Chancen ungenügend gesichert und Risiken ungenügend kontrolliert werden. Bei der Bewertung von Chancen und Risiken sind deshalb die im Unternehmen bereits getroffenen Dispositionen in die Betrachtung mit einzubeziehen.

---

[20] Mittels des oben beschriebenen Strukturmodells der vier Controllingbereiche wird die Aufgabe insofern vereinfacht, als man sich in der Breite der komplexen Unternehmensrealität an einem Muster orientieren kann. Zur Erleichterung der Identifikation von Chancen und Risiken kann zudem das soeben dargestellte Drei-Phasen-Modell dienen.

[21] Zur Bewertung von Chancen und Risiken vgl. etwa Reichmann, Controlling mit Kennzahlen, Die systemgestützte Controlling-Konzeption mit Analyse- und Reportinginstrumenten, 8. Auflage, München, 2011, S. 575 ff., der in diesem Zusammenhang von Risikoanalyse spricht.

9.2.4.3 Aufgabenumschreibung als Resultat des Legal Audit

Der als Ergebnis des Legal Audits ermittelte Handlungsbedarf ist in der Form von Aufgabenumschreibungen zu definieren. Die Aufgabenumschreibungen bilden den Ausgangspunkt des Legal Risk Managements als dem zweiten Hauptprozess des Legal Controlling.

Damit die Arbeit im Rahmen des Legal Risk Management zielgerichtet aufgenommen und die Steuerung des Risikoverlaufs wirkungsvoll umgesetzt werden kann, ist die Aufgabenumschreibung möglichst präzise zu formulieren. Zwecks einer einheitlichen Arbeitsweise empfiehlt es sich, die Aufgabenumschreibung generell mit der Formulierung „Es geht darum" einzuleiten[22].

9.2.5 Legal Risk Management (2. Hauptprozess des Legal Controlling)

Basierend auf den im Rahmen des Legal Audits erarbeiteten Aufgabenumschreibungen geht es beim Legal Risk Management um die Ermittlung, die Auswahl und Umsetzung von Maßnahmen zur Steuerung des Risikoverlaufs. Ferner gilt es den Risikoverlauf dauernd zu beobachten, damit getroffene Maßnahmen nötigenfalls geändert oder ergänzt werden können.

Beim Legal Risk Management begegnet man zwei weiteren Hauptschwierigkeiten des Risikomanagements, nämlich der Problematik des unverfälschten Erkennens der Wirklichkeit und der Implementierung von einfachen und praxistauglichen Controllingkonzepten.

Die korrekte Erfassung und richtige Interpretation von nicht offenkundigen Zuständen und Ereignissen beginnt mit der Erkenntnis des beschränkten Wahrnehmungsvermögens. Eine genauere Analyse von nicht leicht erkennbaren Zuständen und Ereignissen ermöglicht die Bezeichnung von *Indikatoren*, welche die authentische Wirklichkeitswahrnehmung erleichtern[23].

Um dem Anliegen von einfachen Controllingkonzepten gerecht zu werden, hat hinsichtlich des beim Legal Audit ermittelten Handlungsbedarfs eine Priorisierung stattzufinden, indem die wichtigsten Zielsetzungen und Maßnahmen zur Steuerung des Risikoverlaufs ausgesucht werden. Zudem ist die Frage zu beantworten, wo zur Beobachtung des Risikoverlaufs im Sinne von einfachen Regelkreisen spezielle Controllingprozesse vorzusehen sind.

---

[22] Beispiel: „Es geht darum, die jederzeitige Verfügbarkeit des betrieblichen Know-hows dauerhaft sicherzustellen und es zudem gegen unberechtigte Verwendung Dritter zu schützen."
[23] Typischerweise erfolgt das Controlling anhand von Kennzahlen (vgl. Reichmann, S. 23 ff.). Im Bereich des Legal Controllings sind die Indikatoren zur Erfassung von nicht leicht erkennbaren Zuständen und Ereignissen weiter zu fassen und nicht zwangsläufig numerischer Natur im engeren Sinn. So kann etwa der Grad der Mitarbeitermotivation nebst Fluktuationsraten oder der Produktionsproduktivität auch anhand von Gesprächs- oder Umfrageergebnissen erfasst und ausgewertet werden.

9.2.5.1 Controllingkonzept

Beim Controllingkonzept geht es mithin darum,

- die wichtigsten Aufgabenstellungen,
- die wirkungsvollsten Maßnahmen,
- die Zuständigkeiten für deren Umsetzung,
- sowie die Notwendigkeit spezieller Controllingprozesse

im Überblick darzustellen.

Die Umschreibung der Aufgaben knüpft direkt an das Ergebnis des Legal Audits an, bildet doch der ermittelte Handlungsbedarf wie bereits erwähnt das Bindeglied zwischen den beiden Hauptprozessen des Legal Controlling.

Unter den in Frage kommenden rechtlichen und organisatorischen Maßnahmen sind jene auszusuchen, die unter Berücksichtigung der Kosten für deren Umsetzung am ehesten Erfolg versprechen, d. h. den Risikoverlauf in die beabsichtigte Richtung zu steuern vermögen.

Die Zuständigkeitsregelung hat sich möglichst nahtlos in die bestehende Unternehmensorganisation einzuordnen. Anfällige Schnittstellen (z. B. Rechtsdienst, Personalwesen) sind klar abzugrenzen. Schließlich ist darauf zu achten, dass mit der Verantwortung für die Umsetzung einer Maßnahme auch die entsprechenden Entscheidungskompetenzen verbunden werden oder die Entscheidungswege zumindest kurz gehalten werden.

Die Einrichtung eines Controllingprozesses ist angezeigt, wenn die Umsetzung und/oder die Wirkung von Maßnahmen nicht einfach erkennbar sind, d. h. wenn ein nicht leicht zu messender Zustand angestrebt wird (z. B. hohe Mitarbeitermotivation). Zudem ist ein Controllingprozess etwa dann notwendig, wenn der Eintritt einer Summe von Ereignissen überprüft werden soll, die sich im Zeitablauf ergeben (z. B. Beobachtung und Senkung von Forderungsausfällen, Beobachtung und Senkung des Garantieaufwandes, Einhaltung von Handlungsrichtlinien im Zusammenhang mit Legal Compliance etc.).

Die Elemente des Controllingkonzeptes sind in Abbildung 9.3 summarisch dargestellt.

Controllingbereich, Teilaspekt

Aufgaben-umschreibung	Maßnahmen	Zuständigkeiten	Controllingprozess
Beschreibung der zu erreichenden bzw. zu verhindernden Zustände und Ereignisse	Auflistung der wirkungsvollsten organisatorischen und rechtlichen Maßnahmen zur Steuerung des Risikoverlaufs	Festlegung der Zuständigkeiten für die Umsetzung der Maßnahmen, inklusive Bezeichnung der Schnittstellen	Festlegung, wo Controllingprozesse zur Beobachtung und Steuerung des Risikoverlaufs sinnvoll sind und Kurzumschreibung derselben

Quelle: eigene Darstellung

Abb. 9.3 Aufbau Controllingkonzept

9.2.5.2 Controllingprozess

Der einzelne Controllingprozess entspricht einem kybernetischen Regelkreis, bei welchem im Zeitablauf Ist-Werte mit definierten Soll-Werten verglichen und im Falle von Differenzen korrigierend auf den Ist-Zustand eingewirkt wird[24]. Im vorliegenden Kontext ergeben sich die Soll-Werte aus den im Rahmen des Legal Audits gewonnenen Aufgabenumschreibungen, welche das Erreichen oder aber das Verhindern bestimmter Zustände bzw. die Sicherstellung des Eintritts oder die Verhinderung von Ereignissen beinhalten. Was in technischen Regelkreisen dem *Regler* entspricht, sind hier die Maßnahmen sowie je nach Eskalationsstufe eventuelle Zusatzmaßnahmen.

Ein Controllingprozess kann mit folgenden Elementen aufgebaut werden:

- Kurzbeschreibung des Controllingprozesses
- Definition des Messvorgangs anhand von Indikatoren
- eventuelle Beschreibung von zu beobachtenden Ereignissen außerhalb des eigentlichen Maßnahmeplanes
- Definition von Eskalationsstufen und Zusatzmaßnahmen

Die Umschreibung des Controllingprozesses definiert den Gegenstand der Beobachtung des Risikoverlaufs und kann als solche aus der Beschreibung im Rahmen des Controllingkonzepts übernommen werden.

Die Indikatoren zur Erfassung gegebener Zustände beziehen sich in erster Linie auf die *Wirkung* der getroffenen Maßnahmen. In bestimmten Fällen ist die Wirkungskontrolle der Maßnahmen freilich sehr schwierig, weshalb sich die Überprüfung der *Umsetzung* der getroffenen Maßnahmen als Gegenstand der Beobachtung des Risikoverlaufs aufdrängt[25].

---

[24] Zum Begriff des Controlling vgl. etwa Springer Gabler Verlag (Herausgeber), Gabler Wirtschaftslexikon, Stichwort: Controlling, online im Internet abrufbar unter http://wirtschaftslexikon.gabler.de/Archiv/399/controlling-v7.html (17.04.2014); zur jüngeren Entwicklung des Controllingbegriffs vgl. Lingnau, Volker, Controlling – Ein kognitionsorientierter Ansatz. In: Lingnau, Volker, Beiträge zur Controlling-Forschung, 2. Auflage, Kaiserslautern 2006 (anbrufbar als Beitrag Nr. 4 unter http://www.Controlling-Forschung.de). Währenddem sich in der jüngeren Controlling-Auffassung eine verhaltensorientierte Komponente offenbart (Sicherstellen der Rationalität der Führung) basiert der vorliegende Beitrag auf einem älteren, kybernetischen Begriffsverständnis der Controllingfunktion.

[25] Die Wirkung von Zutrittskontrollen auf einem zu sichernden Betriebsareal (Abwesenheit von Unbefugten) kann nur sehr schwer erfasst werden, da unbefugt Anwesende naturgemäß verdeckt agieren. Hingegen kann die Kontrolle des Grades der Umsetzung der getroffenen Sicherheitsmaßnahmen eine Aussage über den Wahrscheinlichkeitsgrad der Zutrittsmöglichkeit von Unberechtigten zulassen.

Im Übrigen sollten bei der Definition der Indikatoren das Messobjekt als Gegenstand der Beobachtung des Risikoverlaufs, die Messeinheit sowie die Messperiode festgelegt werden[26].

Als weiteres Element eines Controllingprozesses empfiehlt sich die Beobachtung von Ereignissen, welche außerhalb der Maßnahme-Wirkungs-Beziehung des Controllingprozesses stehen. Ein zu beobachtendes Risikoprofil verändert sich nämlich nicht nur aufgrund der getroffenen Maßnahmen, sondern vielmehr auch durch andere (betriebsinterne wie auch betriebsexterne) Ereignisse. So könnten beispielsweise Arbeitsunfälle, negative Pressemeldungen über die Unternehmung, gewerkschaftliche Aktivitäten oder etwa verbesserte Arbeitsbedingungen bei der Konkurrenz die Mitarbeitermotivation beeinträchtigen. Im Rahmen des Controllingprozesses gilt es solche Ereignisse zu evaluieren und die Entwicklung der jeweiligen Sachlage zu beobachten, da sich beim Ereigniseintritt die Notwendigkeit zum Ergreifen von Zusatzmaßnahmen ergeben kann.

Die weitsichtige und vorausschauende Steuerung eines Unternehmens bringt es mit sich, dass man im Rahmen der Controllingprozesse im Sinne vorbehaltener Entschlüsse bereits weiß, wie man auf bestimmte Entwicklungen reagieren könnte. In den vorliegenden Beispielen kämen etwa Kommunikationsmaßnahmen oder die Anpassung der Lohnbedingungen als Zusatzmaßnahmen in Betracht. Das letzte Element des Controllingprozesses umfasst daher eine Liste von in Frage kommenden Ergänzungsmaßnahmen und ggf. die Vorbereitung von deren Umsetzung. Die Unternehmung wird damit in die Lage versetzt, zeitgerecht und effizient auf den Risikoverlauf einzuwirken.

Abbildung 9.4 zeigt die Elemente des Controllingprozesses in der Übersicht.

Controllingbereich, Teilaspekt

Beschreibung des Controllingprozesses	Indikatoren			Ereignisse	Zusatzmaßnahmen
	Messobjekt	Messeinheit	Messperiode		
Beschreibung von Gegenstand und Ziel des Controllingprozesses	Gegenstand der Messung (Zustände, Ereignisse)	Anzahl, Währungseinheit, Prozentzahl etc.	Zeitperiode, Zeitintervall	Unternehmensinterne/-externe Ereignisse außerhalb des Maßnahmeplanes	Zusätzliche Maßnahmen, ggf. abgestuft nach Eskalationsstufen

Quelle: eigene Darstellung

Abb. 9.4 Aufbau Controllingprozess

---

[26] Ein mögliches Messobjekt im Zusammenhang mit der Erfassung der Mitarbeitermotivation wäre etwa das *Ergebnis von Mitarbeiterumfragen*, die Messeinheit ein definierter *Zustimmungsgrad in Prozent* zu den gestellten Fragen (vgl. auch oben, FN 24).

9.3 Legal Controlling in den einzelnen Controllingbereichen

9.3.1 Rechtliche Rahmenbedingungen

9.3.1.1 Erfassung und Bewertung von Chancen und Risiken

Identifikation von Chancen und Risiken

Im Controllingbereich der Rechtlichen Rahmenbedingungen entspricht das eigentliche Risikoereignis der Intervention einer mit hoheitlichen Machtmitteln ausgestatteten Instanz.[27] Bei der Risikoidentifikation ist allerdings von einem erweiterten Risikobegriff auszugehen, indem das Augenmerk nicht nur auf mögliche Interventionen, sondern vor allem auf unternehmerische Zustände zu richten ist, welche dem eigentlichen Risikoereignis im Kausalverlauf vorgelagert sind. Zudem ist trotz des Stichtagbezugs der Aufnahme des Risikoprofils eine dynamische Betrachtungsweise erforderlich. Es geht nicht nur um die Suche nach einer möglichen Inkongruenz zwischen Vorschrift und unternehmerischem Sachverhalt am Tag der Erfassung des Risikoprofils. Von Interesse sind vielmehr auch mögliche Abweichungen, die sich im Zuge der operativen Betriebstätigkeit ergeben könnten, also gewissermaßen um potenzielle Inkongruenz.

Allgemein betrachtet muss die Gefahr einer hoheitlichen Intervention bei *effektiver Inkongruenz* angenommen werden, d. h. wenn die Normabweichung feststeht. Es sind aber auch Fälle *eventueller Inkongruenz* denkbar, bei welchen das Vorliegen von Normabweichungen zum Zeitpunkt der Untersuchung nicht ausgeschlossen werden kann, sei es, dass die relevanten Normen, die tatsächlichen unternehmerischen Zustände bzw. deren rechtliche Qualifikation (Auslegung bzw. Anwendbarkeit der Norm) nicht zweifelsfrei bekannt sind. Schließlich kommt die erwähnte *potenzielle Inkongruenz* in Betracht, bei welcher zwar aktuell keine Normabweichung festgestellt wird, der Eintritt einer solchen im Zeitablauf jedoch nicht ohne weiteres ausgeschlossen werden kann.[28]

Bei der Identifikation der Risiken stellen sich mithin folgende Fragen:

- Welches sind die für die Unternehmung relevanten Rechtsnormen und welches ist deren Inhalt, d. h. welche unternehmerischen Zustände und Verhaltensweisen werden von ihnen verlangt?
- Welche Zustände und Verhaltensweisen sind tatsächlich gegeben? (statische Betrachtung)

---

[27] In der Regel handelt es sich um eine staatliche Instanz, es kann aber auch eine privatrechtliche sein (z. B. Berufsverband, Sportverband etc.).

[28] Eine besondere Art der Inkongruenz zwischen Normvorschrift und Unternehmenssachverhalt besteht beim Fehlen der für die Betriebstätigkeit erforderlichen Konzessionen und Bewilligungen. In diesem Zusammenhang stellt sich die Frage, ob solche erforderlich sind und falls ja in gültiger und aktualisierter Form vorliegen und ob der Betrieb aktuell und anhaltend die Voraussetzungen erfüllt, unter welchen die fraglichen Bewilligungen erteilt wurden.

- Mit welcher Sicherheit kann davon ausgegangen werden, dass die von den relevanten Rechtsnormen verlangten Zustände und Verhaltensweisen dauerhaft aufrechterhalten bzw. eingehalten werden? (dynamische Betrachtung)

Bewertung von Chancen und Risiken und Aufzeigen Handlungsbedarf

Im Zuge der Bewertung der identifizierten Risiken ist danach zu fragen, mit welcher Eintretenswahrscheinlichkeit und Eintretenswirkung eine Intervention durch die zuständigen Instanzen als dem letztlich zu vermeidenden Risikoereignis erfolgen könnte[29].

Hinsichtlich der *Eintretenswahrscheinlichkeit* können keine allgemeingültigen Aussagen gemacht werden. Die Beurteilung variiert je nach Rechtsgebiet und konkreter Sachlage. Bei eventueller und potenzieller Inkongruenz ist ein zweistufiger Bewertungsvorgang vorzunehmen, indem zunächst die Wahrscheinlichkeit des Bestehens (eventueller) oder des Eintritts (potenzieller) Inkongruenz und anschließend die Eintrittswahrscheinlichkeit einer Intervention zu ermitteln sind.

Die Eintretenswirkung einer Intervention bemisst sich in erster Linie nach der Sanktionsdrohung (Verwaltungsbußen, Entzug von Konzessionen und Bewilligungen, strafrechtliche Maßnahmen gegen Organe etc.). Relevant ist zudem die Frage nach der Bindung interner und externer Ressourcen sowie jene nach einem eventuellen Kollateralschaden (z. B. Imageverlust).

Handlungsbedarf ist unter der grundsätzlichen Voraussetzung angezeigt, dass

- die Eintretenswahrscheinlichkeit einer Intervention der zuständigen Instanz relativ hoch ist und
- im Interventionsfall mit scharfen Sanktionen und/oder erheblicher Ressourcenbindung gerechnet werden muss.

sowie zudem das Vorliegen

- einer effektiven Inkongruenz bejaht werden muss oder
- eine eventuelle
- bzw. potenzielle Inkongruenz nicht mit hoher Wahrscheinlichkeit ausgeschlossen werden kann.

9.3.1.2 Maßnahmen zur Steuerung des Risikoverlaufs

Ist mit einer tatsächlich festgestellten Inkongruenz ein erhebliches Interventionsrisiko verbunden, ergibt sich als einzige Handlungsoption die Beseitigung der Inkongruenz. Dies ist dann unproblematisch, wenn die Maßnahme keine erheblichen negativen Konsequenzen nach sich zieht (eine fehlende Betriebsbewilligung wird z. B. nachträglich eingeholt, ohne dass dabei ein Sanktionsrisiko besteht). Es sind aber auch Fälle möglich, bei

---

[29] Je nach Sachverhalt kann sich Non-Compliance für eine Unternehmung zu einem strategischen Risiko aufbauen und unter Umständen Existenz bedrohenden Charakter erlangen. Vgl. dazu Roth, Kompetenz und Verantwortung: Non-Compliance als strategisches Risiko, Zürich, St. Gallen 2012, S. 18 ff.

denen der Unternehmung infolge der Beseitigung der festgestellten Inkongruenz zwangsläufig erhebliche Kosten anfallen (z. B. Nach- und Strafsteuern bei der Nachdeklaration von nicht versteuerten Erträgen). Hier gilt es insbesondere auf die Eintretenswirkung des Risikos Einfluss zu nehmen, wobei folgende Handlungsoptionen in Betracht kommen:

- Sanktionsminderung infolge Selbstanzeige und pro-aktivem Vorgehen gegenüber der zuständigen Instanz
- Maßnahmen zur Vermeidung von Betriebsunterbrechungen oder Beeinträchtigungen der Betriebsfähigkeit (z. B. Bildung von Rückstellungen, Reserven, Ausweichmöglichkeiten bei der Gefahr von zeitweiligen Versorgungslücken oder Betriebsunterbrechungen etc.)
- Maßnahmen zur Ressourcenschonung (Festlegung von Prozessen und Verantwortlichkeiten, z. B. Erstellen von Verhaltensrichtlinien im Falle einer Hausdurchsuchung durch die Wettbewerbsbehörden)
- Maßnahmen zur Reduktion des Risikos von Folgeschäden (z. B. Kommunikationskonzept extern, intern)

Ergibt sich eine eventuelle Inkongruenz aus der Unsicherheit über die tatsächlich gegebenen unternehmerischen Zustände, sind dieselben anhand definierter Kriterien zu erfassen, was in der Regel keine besonderen Probleme bereiten dürfte. Betrifft die Unsicherheit hingegen die für die Unternehmung relevanten Normen sowie die Tatbestandsmäßigkeit der gegebenen Zustände (Frage der Anwendbarkeit einer Norm auf den konkreten Sachverhalt), kommen folgende Maßnahmen in Betracht:

- Nutzung der im Unternehmen vorhandenen Fachkompetenzen (Vorstand, Aufsichtsrat, Wirtschaftsprüfer)
- Abstützen auf das Erfahrungswissen von Fach- und Branchenverbänden
- gezielte Hinzuziehung externer Fachspezialisten
- pro-aktives Vorgehen gegenüber den zuständigen Instanzen (z. B. Einholen eines Steuerrulings[30])

Zur Verhinderung potenzieller Inkongruenz fallen schließlich folgende rechtliche und organisatorische Maßnahmen in Betracht:

- Analyse der Verhaltensvorschriften und Festlegung von einfach kontrollierbaren Verhaltensstandards, ggf. in Abstimmung mit den zuständigen Instanzen[31]

---

[30] Das Aushandeln von *Steuerrulings* entspricht in der Schweiz verbreiteter Verwaltungspraxis. Steuerrulings verschaffen der Unternehmung Rechtssicherheit in der Umsetzung von steuerrelevanten Sachverhalten und schützen sie in diesem Sinne vor Risiken. Vgl. dazu Schreiber/Jaun/Kobierski, Steuerruling – Eine systematische Ausgeordnung unter Berücksichtigung der Praxis. In: ASA 80 (2011/2012), Nr. 5, S. 293.
[31] Vgl. z. B. Art. 23 Abs. 2 des Schweizerischen Kartellgesetzes, wonach das Sekretariat der Wettbewerbskommission Unternehmungen bei Fragen zum Gesetz berät.

- Anpassung von Geschäftsprozessen
- Ausbildung der Belegschaft
- klare gesellschafts- und arbeitsrechtliche Festlegung der Verhaltenspflichten, Zuständigkeiten und Verantwortungsbereiche
- disziplinarische Verfolgung von Verstößen gegen die Verhaltensstandards
- Bezeichnung eines Gesamtverantwortlichen für die Legal Compliance

9.3.1.3 Beobachtung des Risikoverlaufs

Die Beobachtung des Risikoverlaufs erfolgt im Rahmen der definierten Controllingprozesse. Es geht zunächst darum, den relevanten Sachverhalt im Bereich des rechtlichen Umfeldes zu beobachten. In Betracht fallen dabei Kriterien wie etwa die Änderung bestehender oder der Erlass neuer Normen, die Änderung der Rechtspraxis der Entscheidungsinstanzen, der Ablauf von Gewerbebewilligungen oder Konzessionen etc.

Weiter geht es um die Beobachtung der unternehmerischen Zustände und Ereignisse. Im Vordergrund steht dabei die Kontrolle der Einhaltung definierter Handlungsanweisungen und Richtlinien. Weiter bietet sich etwa die permanente Überprüfung des Ausbildungsstandes der Belegschaft in den kritischen Bereichen als Gegenstand der Beobachtung des Risikoverlaufs an.

9.3.2 Rechtsbeziehungen

9.3.2.1 Erfassung und Bewertung von Chancen und Risiken

Identifikation von Chancen und Risiken

Die Identifikation von Chancen und Risiken im Controllingbereich der Rechtsbeziehungen bedingt zunächst die vollständige Erfassung aller Geschäfts- und damit Vertragsbeziehungen der Unternehmung. Ein systematisches Vorgehen unter den Gesichtspunkten der *Beschaffung*, *Produktion* und dem *Absatz* erleichtert das Erzielen eines vollständigen Arbeitsresultats.[32]

Den meisten Vertragsbeziehungen einer Unternehmung liegt ein auf Güter- und/oder Leistungsaustausch ausgerichteter Wirtschaftsvorgang zugrunde. Auf einen einfachen Nenner gebracht, besteht die mit dem Wirtschaftsvorgang verbundene Chance darin,

---

[32] Im Beschaffungsbereich finden sich etwa Verträge wie Alleinbezugs-, Distributions- oder Agenturverträge für Handelswaren, Kauf und/oder Werkverträge für Rohstoffe, Komponenten oder Betriebsmittel, Auftragsverhältnisse mit Dienstleistungserbringern, Miet- und Pachtverträge, Darlehens- oder Kreditverträge etc. Im Produktionsbereich fallen Patent- und Softwarelizenzverträge, Arbeitsverträge, Auftragsverhältnisse, Service Level Agreements etc. in Betracht. Der Absatzbereich umfasst schließlich Kauf-, Werk- oder Dienstleistungsverträge mit Abnehmern, Makler-, Agentur- oder Kommissionsverträge mit Vertriebspartnern oder Speditions- und Frachtverträge mit Subunternehmern etc.

dass sich beim Austausch der Leistungen eine positive Bilanz ergibt, d. h. der Unternehmenswert im Ergebnis gesteigert werden kann. Das Risiko liegt demgegenüber in der Gefahr, dass eine negative Leistungsbilanz resultiert, sprich der Unternehmenswert als Folge der Vertragstransaktion sinkt.

Das Erreichen einer positiven Leistungsbilanz setzt voraus, dass der Vertrag den Leistungsaustausch klar definiert, eine angemessene Risikoverteilung zwischen den Parteien vorsieht und die Transaktionen überdies effizient vollzogen wird, d. h. die Leistungserbringung störungsfrei erfolgt oder für den Fall des Auftretens von Leistungsstörungen klare Regelungen vorgesehen worden sind. Im Übrigen wird die positive Leistungsbilanz nicht nur bei gegnerischen Leistungsstörungen, sondern vielmehr auch dann in Frage gestellt, wenn die eigene Leistung oder jene von Subunternehmungen mangelhaft erfolgt. Die Identifikation von Chancen und Risiken hat sich mithin auch auf diese Dimension zu erstrecken.

Bei der Risikobeurteilung von Vertragsbeziehungen hat man sich zu vergegenwärtigen, dass sich jede positive oder negative Leistungsbilanz am Ende eines bestimmten Kausalverlaufs befindet. Vom Beginn der Geschäftsanbahnung bis zum Vertragsvollzug wirken in zeitlicher Abfolge und gegenseitiger Wechselwirkung nützliche oder schädliche Zustände und Ereignisse auf das Ergebnis der Vertragsbeziehung ein. In diesem Kausalverlauf entscheidet sich, ob am Schluss eine positive oder eine negative Leistungsbilanz resultiert.

Die Ermittlung der mit einer Vertragsbeziehung verbundenen Chancen und Risiken besteht also darin, sich aufgrund der allgemeinen Lebenserfahrung und dem individuellen Erfahrungshorizont die Elemente des Kausalverlaufs vorzustellen, welche zum angestrebten Endzustand führen oder aber die Zielerreichung gefährden könnten. Dabei ist es zunächst angezeigt, von oft vorkommenden Leistungsstörungen oder Risikofeldern auszugehen. Bei Geldleistungen sind dies z. B. der Zahlungsverzug, der teilweise oder gänzliche Zahlungsausfall oder Währungsrisiken. Bei Sach-, Arbeits- oder Dienstleistungen ist es die zeitlich verspätete oder inhaltlich mangelhafte Vertragserfüllung. Hinzu kommen allgemeine Leistungsstörungen wie etwa die Verletzung von Geheimhaltungsklauseln oder Konkurrenzverboten.[33]

Die Analyse einer Vertragsbeziehung im Hinblick auf die Identifikation von Chancen und Risiken darf allerdings nicht bei diesen offenkundigen Zuständen und Ereignissen stehen bleiben. Es ist vielmehr unabdingbar, den speziellen Gegebenheiten des Einzelfalls Rechnung zu tragen und auch nicht naheliegende Zustände und Ereignisse zu erkennen,

---

[33] Eine umfassende Übersicht über vertragliche Leistungsstörungen findet sich bei Emmerich, Das Recht der Leistungsstörungen, 6. Auflage, München 2005.

die für das Erreichen der positiven Leistungsbilanz relevant sind[34]. Zur Erleichterung dieser anforderungsreichen Aufgabe eignet sich das oben erläuterte Drei-Phasen-Modell.

Neben den Vertragsbeziehungen sind im Controllingbereich der Rechtsbeziehungen die sich aus dem Gesetz ergebenden Haftungsrisiken[35] von Interesse. Hier stellt sich die Frage, welche gesetzlichen Haftungsnormen für die Unternehmung relevant werden könnten (z. B. Produkthaftpflicht, umweltrechtliche Haftungsnormen, Transporthaftpflicht etc.). In territorialer Hinsicht ist davon auszugehen, dass all jene Rechtsordnungen relevant sind, in welchen die Unternehmung ihre Geschäftstätigkeit über eigene Niederlassungen oder Handelsvertreter ausübt.

Bewertung der Chancen und Risiken
Der Grad der Sicherung von Chancen und der Kontrolle von Risiken hängt entscheidend von der Frage ab, ob eine Geschäftsbeziehung durch das Gesetz oder durch individuelle, von der gesetzlichen Grundordnung abweichende Vertragsabreden beherrscht wird, ist doch der Vertrag im gegebenen Kontext das zentrale Steuerungselement für den Risikoverlauf.

Die gesetzliche Grundordnung reicht im kontinentaleuropäischen Rechtsraum in vielen Fällen für die Abdeckung der mit einem Wirtschaftsvorgang verbunden Chancen und Risiken aus, da sie einen fairen Ausgleich zwischen den Interessen der beteiligten Parteien trifft. Eine auf einer Risikoanalyse basierende sorgfältige Vertragsredaktion ist indessen bei komplexeren Transaktionen oder Verträgen mit atypischen Inhalten unbedingt zu empfehlen.

Die Bewertung der für eine bestehende Vertragsbeziehung identifizierten Chancen und Risiken ist im Sinne der einleitenden Bemerkungen unter dem Aspekt der Beständigkeit und Wirkung von Zuständen sowie der Eintretenswahrscheinlichkeit und Eintretenswirkung von Ereignissen vorzunehmen. Die bereits bestehenden rechtlichen und organisatorischen Vorkehrungen (mit Einschluss der durch die rechtliche Grundordnung zur Verfügung gestellten Rechtsbehelfe) sind bei dieser Bewertung zu berücksichtigen.

Handlungsbedarf besteht in der Regel dort, wo die positive Leistungsbilanz bei den als besonders wichtig taxierten Vertragsbeziehungen unter dem Gesichtspunkt der Beständigkeit, Eintretenswahrscheinlichkeit und dem Wirkungsgrad von Zuständen und Ereignissen gefährdet ist.

---

[34] Oft vorkommende und in diesem Sinne typische Leistungsstörungen sind eng verbunden mit der Typologie des in Frage stehenden Vertrages. So sind etwa die vertragstypischen Leistungsstörungen im Sportsponsoring anders gelagert als in einem internationalen Warenverkauf. Die phänomenologische Erfassung eines bestimmten Vertragstypus ist daher unabdingbare Voraussetzung für eine gezielte Risikoanalyse (vgl. zum Sportsponsoringvertrag etwa Engel, Sponsoring im Sport – Vertragliche Aspekte, Diss., Zürich 2009, S. 23 mit Verweisen).
[35] Die Risikolage ergibt sich hier nicht im Rahmen einer Vertragsbeziehung, sondern aufgrund gesetzlicher Basis, indem die Unternehmung die in einer Haftpflichtnorm umschriebenen Tatbestandselemente erfüllt und damit haftpflichtig wird.

Bezüglich der identifizierten Haftungsrisiken ist Handlungsbedarf gegeben, wenn unter Berücksichtigung der bereits bestehenden rechtlichen und organisatorischen Maßnahmen der Eintritt eines Haftungstatbestandes nicht ausgeschlossen werden kann und die sich ergebenden Haftungsrisiken in quantitativer Hinsicht nicht unerheblich sind.

9.3.2.2 Maßnahmen zur Steuerung des Risikoverlaufs

Grundvoraussetzung für die erfolgreiche Steuerung des Risikoverlaufs im Bereich der Vertragsbeziehungen ist zunächst das Führen eines aktiven Vertragsmanagements[36]. Die Unternehmung muss die von ihr eingegangenen Vertragsbeziehungen kennen und sämtliche Transaktionen sauber dokumentieren.

Im Risikobereich der eigenen Leistungserbringung mit Einschluss derjenigen von Subunternehmungen geht es zunächst darum, dass man ein klares Bild darüber gewinnt, welches der zu erbringende Leistungsinhalt ist, dafür die notwendigen Ressourcen bereitstellt und beim Ausfall einzelner Elemente über Ausweichmöglichkeiten verfügt. Zudem sind für den Fall von Leistungsstörungen Vorkehrungen zur Schadensbegrenzung zu treffen. Dies vorausgeschickt, können stichwortartig folgende rechtliche und organisatorische Maßnahmen genannt werden:

Rechtliche Maßnahmen:
- schriftliche Dokumentation von Bestellvorgang, Vertragsabschluss und Vertragsvollzug
- vertragliche Absicherung der Leistung von Subunternehmen (z. B. Konventionalstrafen, Kündigungsmöglichkeit bei Leistungsstörungen)
- sinnvolle arbeitsvertragliche Pflichtenhefte und Leistungsanreize[37] der eigenen Belegschaft
- Gewährleistungsausschluss oder Gewährleistungsbeschränkungen im Vertrag mit dem Kunden
- Haftungsausschluss oder Haftungsbeschränkungen
- Versicherung von Restrisiken

Organisatorische Maßnahmen:
- Vier-Augen-Prinzip für sämtliche Geschäftsprozesse
- Projektcontrolling, Projektkostencontrolling
- Sicherstellen von Redundanz hinsichtlich aller Betriebsmittel und Ressourcen

---

[36] Soweit eine Unternehmung nicht über eine eigene Rechtsabteilung verfügt, ist die Aufgabe des Vertragsmanagements der für das Controlling und Risikomanagement zuständigen Stelle zuzuweisen, wobei für die Vertragsredaktion die Beiziehung externer Juristen unabdingbar ist. Dessen ungeachtet ist es wichtig, dass der Controller über ein Grundwissen im Bereich Vertragsgestaltung und Vertragsmanagement verfügt, damit sich diese Zusammenarbeit effizient gestaltet. Themenbezogener Literaturhinweis: Fischer/Brägger.

[37] Vgl. zur Problematik von Leistungsanreizen auch unten, Fussnote 44.

Was die gegnerische Leistungserbringung betrifft, sind die infrage kommenden rechtlichen und organisatorischen Maßnahmen je nach Natur der Leistung verschieden:

Rechtliche Maßnahmen:
- Geldleistungen: Realsicherheit wie Vorauszahlung, Eigentumsvorbehalt, Faustpfand oder Grundpfand; Personalsicherheiten wie Bürgschaft oder Garantie
- Sachleistungen: Zusicherungen und Garantien; Konventionalstrafen bei Leistungsverzug; Erfüllungsgarantie durch Dritte; Kündigungsrecht; Recht auf Zahlungsrückbehalt
- Dienst- und Arbeitsleistungen: Zusicherungen und Gewährleistungen; Konventionalstrafen für Leistungsstörungen; Erfüllungsgarantie; Regelung des Übergangs von Immaterialgüterrechten
- allgemeine Pflichten: Geheimhaltungspflichten; Konkurrenzverbote

Organisatorische Maßnahmen:
- Geldleistungen: Abklärung der Kreditwürdigkeit; griffiges Mahnwesen
- Sachleistungen: Einholung von Referenzen; Projektcontrolling; Einsatz eines Steuerungsausschusses
- Dienst und Arbeitsleistungen: Referenzen; klare Leistungsvorgaben; professioneller Rekrutierungsprozess

Schließlich gilt zu erwähnen, dass günstige Voraussetzungen für die Konfliktbereinigung zu schaffen sind. In diesem Zusammenhang ist nochmals auf die Wichtigkeit einer sauberen Vertragsdokumentation hinzuweisen. So ist es insbesondere im Konzernverhältnis wichtig, genau zu wissen, welche Konzerngesellschaft Vertragspartei ist. Bei internationalen Verhältnissen ist zudem zu regeln, welchem Recht eine Vertragstransaktion untersteht und wo sich der Gerichtsstand befindet.

9.3.2.3 Beobachtung des Risikoverlaufs

Die Beobachtung des Risikoverlaufs bereitet bei einfachen Verträgen auf Leistungsaustausch kaum Schwierigkeiten. Anders verhält es sich bei Vertragsbeziehungen, welche zwar einen einmaligen, insgesamt aber komplexeren Leistungsaustausch zum Gegenstand haben. Hier kann es sein, dass die Gefährdung der positiven Leistungsbilanz weniger leicht festzustellen und eine zeitgerechte Reaktion erschwert ist.[38]

Hinsichtlich solcher Verträge sind in Form von Indikatoren messbare Zustände und Ereignisse zu definieren, welche für oder gegen das Erreichen der positiven Leistungsbilanz sprechen und damit ein zeitgerechtes Eingreifen bei Planabweichungen erlauben. Bei EDV-Projekten ist es z. B. sinnvoll und üblich, einen Steuerungsausschuss („Steering Committee") aus Geschäftsleitungsmitgliedern der bestellenden Unternehmung und

---

[38] So können etwa EDV-Projekte zunächst unerkannt aus dem Ruder laufen und sich letztlich als Fass ohne Boden erweisen.

dem Produkthersteller zu bilden, welcher sich regelmäßig trifft und den Projektverlauf anhand von Meilensteinen im Sinne messbarer Teilergebnisse eng verfolgt.[39]

Auch bei Dauerschuldverhältnissen ist die Beobachtung des Risikoverlaufs sinnvoll. So kann sich z. B. die Zahlungsfähigkeit des Mieters während des laufenden Mietverhältnisses verschlechtern, was die positive Leistungsbilanz des Vermieters besonders dann beeinträchtigt, wenn er nicht früh und konsequent genug reagiert.

Die Beobachtung des Risikoverlaufs kann sich schließlich auch auf eine Vertragsgattung insgesamt oder einzelne Aspekte daraus beziehen. Auf der Absatzseite könnte beispielsweise der Garantieaufwand oder etwa die Erfassung der Zahlungsausfälle Gegenstand der Beobachtung des Risikoverlaufs sein.

Auch hier gilt es, Indikatoren in Form von Messgrößen und Messeinheiten zu definieren, um den gegebenen Zustand anhand eines Controllingprozesses richtig zu erfassen. Tabelle 9.1 zeigt, wie ein Controllingprozess im Bereich der Beobachtung des Garantieaufwandes in etwa aussehen könnte:

Tab. 9.1 Beobachtung Garantieaufwand anhand von Indikatoren

Messobjekt	Messeinheit	Messrhythmus
Rücksendungen infolge falscher Bestellungsaufnahme	Anzahl	vierteljährlich
Garantiefälle aufgrund von Produktfehlern	Anzahl	vierteljährlich
Garantieaufwand (Materialaufwand und Fertigungsstunden)	CHF/ Zeitaufwand	jährlich

Bezüglich der Haftungsrisiken geht es einerseits um die Beobachtung der Rechtsentwicklung im Bereich der für die Unternehmung relevanten Haftungsnormen, andererseits um die haftungsrelevanten unternehmerischen Zustände. Eine Transportunternehmung sieht sich z. B. dem permanenten Risiko von Verkehrsunfällen ausgesetzt. Zu denken wäre in diesem Zusammenhang etwa an die Einrichtung eines Controllingprozesses, welcher die Beobachtung und Sicherung der jederzeitigen physischen Einsatzfähigkeit der Fahrer gewährleistet (z. B. Aktualisierung der Ruhezeitkontrollen).

---

[39] Im Rahmen von komplexeren Vertragsbeziehungen empfiehlt sich zur Absicherung der störungsfreien eigenen Leistungserbringung die Beobachtung des Risikoverlaufs mittels Einrichtung eines Projektcontrollings.

9.3.3 Marktposition

9.3.3.1 Erfassung und Bewertung von Chancen und Risiken

Identifikation von Chancen und Risiken

Die Identifikation von Chancen und Risiken im Bereich der Marktposition setzt bei der Frage nach den spezifischen Wertetreibern[40] an, welche die Unternehmung in die Lage versetzen, mit einem optimalen Ressourcenansatz den Marktanteil zu vergrößern und Gewinne zu erzielen. Auch hier können die Wertetreiber unter dem Gesichtspunkt der Beschaffung, der Produktion oder des Absatzbereichs erfasst werden. Tabelle 9.2 verschafft einen Überblick über typische Wertetreiber in den genannten Bereichen.

Bei der Identifikation von Chancen und Risiken geht es in einem ersten Schritt darum, sich ein genaues Bild über die Wertetreiber zu verschaffen und dabei die Frage zu beantworten, durch welche unternehmerischen Zustände dieselben repräsentiert werden. In einem zweiten Schritt können anhand des Drei-Phasen-Modells nützliche oder schädliche Faktoren eruiert werden, welche die definierten Zustände begünstigen oder gefährden.

Tab. 9.2 Wertetreiber im Überblick

Beschaffung	Produktion	Absatz
Produktsortiment, Alleinbezugsrechte	Know-how	günstige Vertriebsstandorte
Patent- und Markenlizenzrechte	qualifizierte Mitarbeiter	schlagkräftige Vertriebsorganisation
gute Beschaffungskanäle für Rohstoffe und Komponenten	hohe Leistungsbereitschaft der Belegschaft	gute externe Distributionskanäle
günstige Einkaufsbedingungen für Produktionsmittel	Innovationskraft	gute Marketingstrategie
gute Mitarbeiterrekrutierung	effiziente Produktionsprozesse	wirksame Werbekonzepte
hervorragende Marktkenntnisse	Patentrechte	starke Produktmarke

---

[40] Wertetreiber, im englischen Sprachgebrauch „value drivers", sind per definitionem Faktoren hoher Relevanz für das finanzielle Ergebnis einer Unternehmung. Vgl. zum Begriff Gabler Wirtschaftslexikon, Stichwort: Werttreiber, online im Internet: http://wirtschaftslexikon.gabler.de/Archiv/16156/werttreiber-v5.html.

Die Umschreibung der Wertetreiber als wirtschaftlich nützliche Zustände ist im einen Fall einfacher als im anderen. Der Denkschritt sollte aber keinesfalls unterschätzt werden. Man darf nicht beim Offensichtlichen stehen bleiben, sondern hat den Dingen auf den Grund zu gehen[41]. Gewinnt man in diesem Sinn erst einmal eine klare Vorstellung über die Elemente der Wertetreiber, können die ermittelten wirtschaftlich nützlichen Zustände in den Sollzustand des Drei-Phasen-Modells als Ausgangspunkt des zweiten Prozessschritts überführt werden.

Bewertung von Chancen und Risiken

Der Bewertungsvorgang beginnt mit der Auflistung der identifizierten Wertetreiber nach ihrer Bedeutung für den Unternehmenswert.[42] Alsdann stellt sich die Frage nach der Beständigkeit der als besonders wichtig beurteilten nützlichen Zustände. Dieselbe korreliert wiederum mit dem Produkt von Eintretenswahrscheinlichkeit und Eintretenswirkung von Störfaktoren.

Neben der Beständigkeit der wichtigsten Wertetreiber interessiert zudem auch deren Wirkungsgrad. So kann z. B. eine hohe Leistungsbereitschaft der Mitarbeiter vorliegen, ohne dass sie sich positiv auf den Unternehmenswert auswirkt. Dies wäre etwa dann der Fall, wenn die Mitarbeiter am falschen Ort eingesetzt sind oder weil falsche Leistungsanreize gesetzt werden. Zuweilen kann eine zu hohe Leistungsbereitschaft gar kontraproduktiv sein: Man denke etwa an eine „übermotivierte" Sportmannschaft.

Insgesamt ergibt sich nach dem Gesagten ein Handlungsbedarf dann, wenn die Beständigkeit eines als besonders wichtig qualifizierten bestehenden Wertetreibers als fraglich erscheint oder wenn dessen Wirkungsgrad noch nicht voll ausgeschöpft ist. Handlungsbedarf ist ferner dann angezeigt, wenn es einen noch nicht bestehenden, jedoch als wichtig eingestuften Wertetreiber zu erreichen gilt.

9.3.3.2 Maßnahmen zur Steuerung des Risikoverlaufs

Bei der Sicherung von Chancen und der Kontrolle von Risiken im Bereich der Marktposition offenbart sich das Recht in seiner unterstützenden Funktion. Wie bei allen anderen Controllingbereichen sind es aber auch organisatorische Maßnahmen, welche die Steuerung des Risikoverlaufs ermöglichen. In rechtlicher Hinsicht bedient sich das Risikomanagement insbesondere der Mittel des Vertragsrechts, des Immaterialgüterrechts sowie des Wettbewerbsrechts.

Die Erörterung des weiten Feldes von möglichen rechtlichen und organisatorischen Maßnahmen zur Absicherung typischer Wertetreiber würde den Rahmen des vorliegenden Beitrags sprengen. Es seien lediglich ansatzweise einige Möglichkeiten angesprochen:

---

[41] Der Wertetreiber Know-how könnte in etwa wie folgt umschrieben werden: „Möglichkeit, nicht allgemein zugängliches technisches Wissen sowie praktische Fertigkeiten und Erfahrungen von Mitarbeitern, Prozessabläufe, Aufzeichnungen, Kalkulationen und Pläne dauerhaft und exklusiv nutzen bzw. verwerten zu können."

[42] Gemäß der hier vertretenen Auffassung sind immaterielle Werte und insbesondere das Humankapital die wichtigsten Wertetreiber einer Unternehmung.

Mittel und Maßnahmen zur Absicherung von Wertetreibern im Beschaffungsbereich (Einkauf von Rohstoffen, Komponenten, Betriebsmitteln und Handelswaren):

- langfristige Rahmenverträge mit Lieferanten
- mittels Konventionalstrafen abgesicherte Leistungsgarantien
- langfristige Preisgarantien
- langfristige Lizenzverträge hinsichtlich der Verwendung von Immaterialgüterrechten
- Sicherung exklusiver Bezugsrechte
- aktive Kontaktpflege mit Entscheidungsträgern bei den Vertragspartnern
- Sicherstellen der zeitgerechten Verfügbarkeit relevanter Informationen und Marktdaten
- Sicherstellen von Ausweichvarianten
- Absicherung der Währungsrisiken

Im Produktionsbereich (Qualifizierte Mitarbeiter, hohe Leistungsbereitschaft, Knowhow) kommen etwa folgende Mittel und Maßnahmen in Betracht[43]:

- professioneller Rekrutierungsprozess
- attraktive Arbeitsbedingungen, sinnvolle Leistungsanreize[44] (z. B. langfristige Mitarbeiterbeteiligungspläne)
- transparente Kommunikationspolitik, Feedback-Kultur, attraktive Weiterbildungs- und Karrieremöglichkeiten
- Maßnahmen zur Teambildung und Unternehmensidentifikation
- Geheimhaltungsverpflichtungen, Konkurrenzverbote
- Erfassung, permanente Nachführung und Sicherung des betrieblichen Know-hows (Prozessdokumentationen, Datensicherung etc.)
- engmaschige immaterialgüterrechtliche Schutzdispositionen
- Schaffung redundanter Systeme
- rechtzeitige Nachfolgeregelung und aktive Nachwuchsförderung

Mittel und Maßnahmen im Absatzbereich (günstige Vertriebsstandorte, starke Vertriebsorganisation, stabile Kundenbeziehungen) können sein:

- langfristige Mietverträge hinsichtlich Vertriebsinfrastruktur
- langfristige Exklusivvertriebsrechte
- sinnvolle Leistungsanreize in den Arbeits- und Agenturverträgen der Absatzorganisation

---

[43] Zur Steuerung von „Humankapital" als wichtigem Wertetreiber vgl. Singer, Messung und Steuerung von Humankapital: Neue Herausforderungen an das Personalcontrolling, Hamburg 2010, S. 27 ff.
[44] Monetäre Leistungsanreize bedürfen einer sorgfältigen Planung und Implementierung, anderenfalls auch unerwünschte Effekte auftreten können (vgl. für viele: Neunzig, Ökonomische und psychologische Aspekte monetärer Leistungsanreize in Arbeitsverträgen, Hamburg 2003).

- sorgfältige Auswahl der Vertriebspartner, Kündigungs- und Ausweichmöglichkeiten
- langfristige Rahmenverträge mit Abnehmern
- permanente Kontaktpflege mit Entscheidungsträgern der Schlüsselkunden

9.3.3.3 Beobachtung des Risikoverlaufs

Wie weiter oben festgestellt ist die authentische Wahrnehmung der Wirklichkeit eine der Grundherausforderungen des Risikomanagements. Wie schwierig die Aufgabe sein kann, zeigt sich insbesondere am Beispiel gewisser Wertetreiber. So ist es etwa nicht einfach, authentische Aussagen über die Mitarbeitermotivation zu machen. Hier ist es entscheidend im Rahmen von Controllingprozessen *Indikatoren* (Einzelzustände oder Ereignisse) zu definieren, welche Aufschluss über die Zielkonformität der effektiven Sachlage geben. Zu denken wäre hinsichtlich der Mitarbeitermotivation z. B. an folgende Elemente:

- Arbeitsproduktivität (Grad des Erreichens der qualitativen und quantitativen Leistungsziele)
- Rückmeldungen bei Mitarbeiterumfragen
- Fluktuationsrate
- Krankheitsfälle
- Häufigkeit disziplinarischer Fälle
- Häufigkeit interner Spannungen und Auseinandersetzungen

Weitere „diffuse Risikoprofile" können sich z. B. im Bereich der Sicherung von Know-how oder im Rahmen der Geschäftsentwicklung mit wichtigen Lieferanten und Kunden ergeben. Der Rahmen dieses Beitrags erlaubt es nicht, in diesem Zusammenhang auf weitere Lösungsansätze einzugehen. Es sei in diesem Zusammenhang lediglich auf die obigen Ausführungen zum Teilprozess des Legal Risk Management verwiesen: Das Modell des Controllingprozesses bildet den allgemeinen Rahmen, anhand welchem der Risikoverlauf in Bereichen erschwerter Wirklichkeitswahrnehmung organisiert werden kann.[45]

9.3.4 Organisationsverfassung

9.3.4.1 Erfassung und Bewertung von Chancen und Risiken

Identifikation von Chancen und Risiken
Die Fähigkeit, zeitgerecht qualitativ gute Entscheidungen zu fällen setzt im Wesentlichen drei Dinge voraus, nämlich die rechtzeitige Verfügbarkeit verlässlicher Entscheidungsgrundlagen, das Vorhandensein fachkompetenter Entscheidungsträger sowie effiziente

---

[45] Vgl. oben, 9.2.5.2, Controllingprozess.

Entscheidungsprozesse. Auch mit Bezug auf die Fähigkeit des raschen und guten Umsetzens von Entscheidungen können drei Voraussetzungen genannt werden. Hier sind die rechtzeitige Information und Instruktion der umsetzenden Organe, die klare Regelung der Verantwortlichkeiten und Kompetenzen sowie eine Unternehmenskultur der Offenheit gegenüber Veränderung und Loyalität aller Beteiligten erforderlich.

Die Identifikation von Chancen und Risiken erfordert einen kritischen Blick auf die Unternehmensorganisation und die gegebene personelle Konstellation der Beteiligten. Die Kernfähigkeiten des raschen und guten Treffens und Umsetzens von Entscheidungen können insbesondere durch organisatorische Mängel beeinträchtigt werden. Dies wäre etwa der Fall, wenn der Informationsbedarf nicht klar geregelt ist, die Fachkompetenz der Entscheidungsorgane nicht hinreichend vorhanden oder die Entscheidungsprozesse zu umständlich sind.

Eine besondere Risikoquelle sind persönliche Spannungen und Konflikte innerhalb oder zwischen den verschiedenen Organen der unternehmerischen Trägergesellschaft. Sie führen dazu, dass die Unternehmung ihre naturgemäß knappen Ressourcen zur internen Konfliktbereinigung verwendet, statt sie im Wettbewerb nach außen entfalten zu können. Schwelende oder offene Konflikte sind unter dem Gesichtspunkt der Organisationsverfassung äußerst schädliche Zustände und können eine Unternehmung zuweilen an den Rand des Abgrundes führen. Das Risikofeld ist insbesondere bei so genannten geschlossenen Gesellschaften mit einem kleinen, mit der Unternehmung in besonderer Weise verbunden Gesellschafterkreis kritisch (Familiengesellschaften, Startups, Joint Venture Gesellschaften etc.).[46]

Bewertung von Chancen und Risiken
Die Beantwortung der Frage nach der Eintretenswahrscheinlichkeit und Eintretenswirkung verspäteter oder falscher Entscheidungen bzw. mangelhafter Entscheidumsetzungen verlangt von den zuständigen Gesellschaftsorganen ein hohes Maß an Selbstkritik. In systematischer Hinsicht kann sich die Analyse am oben erwähnten Raster[47] orientieren, indem danach zu fragen ist, ob sich aufgrund der gegebenen Umstände die Erfolgsvoraussetzungen wie die zeitgerechte Verfügbarkeit der relevanten Entscheidungsgrundlagen, die notwendige Fachkompetenz der Entscheidungsorgane etc. mit genügend hoher Wahrscheinlichkeit ergeben.

Die gegebenen Beteiligungsverhältnisse, die personellen Konstellationen sowie die Individualinteressen der wichtigen Akteure sind bei der Beurteilung zu berücksichtigen. Bei symmetrischen Beteiligungsverhältnissen kann beispielsweise das Fehlen einer Regelung für die Deblockierung von Pattsituationen die Entscheidungsfähigkeit gefährden.

---

[46] Bei Publikumsgesellschaften ist dies in der Regel nicht der Fall, da sich der Gesellschafter (unter der Voraussetzung des Vorhandenseins eines liquiden Marktes) jederzeit von seiner Beteiligung trennen kann.

[47] Vgl. oben 9.2.4.2 Bewertung von Chancen und Risiken.

Bei asymmetrischen Verhältnissen kann die Abwesenheit eines angemessenen Schutzes der Interessen der Minderheitsbeteiligten Konflikte heraufbeschwören.

9.3.4.2 Maßnahmen zur Steuerung des Risikoverlaufs

Auch in diesem Zusammenhang gebietet der Rahmen dieses Beitrags die Verkürzung des Maßnahmenkataloges auf einige Beispiele und Denkanstöße.

In organisatorischer Hinsicht ist im Zusammenhang mit der Entscheidungsfindung und Entscheidungsumsetzung Folgendes wichtig:

- Informationsbeschaffung: Klare Definition des Informationsbedarfs und der (internen und externen) Informationsquellen
- Fachkompetenz: sinnvolle personelle Besetzung der Entscheidungsorgane; Beiziehung externer Fachspezialisten (Vermeidung von „Betriebsblindheit")
- effiziente Entscheidungsprozesse: Sicherstellen des Grundkonsenses in strategischen Fragen; sinnvolle gesellschaftsrechtliche Entscheidungsabläufe; Regelung zur Deblockierung von Pattsituationen[48]
- Instruktion der umsetzenden Organe: Sicherstellen einer vollständigen und zeitgerechten Instruktion; Definition von Handlungsrichtlinien; eventuell Einbindung der umsetzenden Instanzen in den Entscheidungsprozess
- Zuständigkeits- und Kompetenzregelung: klare organisations- und arbeitsrechtliche Zuständigkeits- und Kompetenzregelung[49]; Stellvertretungsregelungen; klare Unterstellungsverhältnisse und Rapportierungswege
- Offenheit gegenüber Veränderungen und Loyalität: transparente Informationspolitik; teambildende Maßnahmen; Motivationsförderung; vertragliche Leistungsanreize

Im Hinblick auf die Vermeidung von Konflikten kommen folgende Maßnahmen in Betracht:

- Offenlegung eventueller Interessengegensätze
- regelmäßige Thematisierung und offene Erörterung von Konfliktpotenzial
- angemessener gesellschaftsrechtlicher Ausgleich zwischen Individual- und Gesamtinteressen[50]

---

[48] Bezüglich Lösungsansätzen zur Deblockierung von Pattsituationen vgl. von der Crone, Lösung von Pattsituationen bei Zweimanngesellschaften. In: SJZ 89 (2003), S. 37.
[49] Es ist insbesondere darauf zu achten, dass die Regelung der Verantwortlichkeit und der Handlungskompetenzen parallel erfolgt.
[50] Dieser Ausgleich ist im Rahmen von Shareholder Agreements zu treffen. In der Schweiz sind in diesem Zusammenhang Aktionärbindungsverträge verbreitet. Vgl. dazu Bösiger, Bedeutung und Grenzen des Aktionärbindungsvertrages bei personenbezogenen Aktiengesellschaften. In: REPRAX 1/03, S. 1 ff.

- angemessener Ausgleich zwischen Mehrheits- und Minderheitsinteressen[51]
- Vorkehrungen im Hinblick auf Ausstiegsmöglichkeiten (Exit-Varianten)[52]

9.3.4.3 Beobachtung des Risikoverlaufs

Obgleich monokausale Abläufe in der Komplexität des Wirtschaftslebens selten sind, dürfte aufgrund des unternehmerischen Erfolges der Rückschluss zulässig sein, dass im Grundsatz die richtigen Entscheidungen zeitgerecht gefällt und effizient umgesetzt werden.

Die strukturierte Beobachtung des Risikoverlaufs anhand von Controllingprozessen im oben skizzierten Sinn ist im vorliegenden Kontext wohl eher selten. Organisationsmängel werden allein aufgrund des gesunden Menschenverstandes als solche erkennbar sein, ohne dass ein aufwändiger Controllingapparat aufgesetzt werden muss.

Indessen ist ein Controllingprozess allenfalls im Zusammenhang mit der Umsetzung komplexerer Entscheidungen wie etwa der Umstellung und Reorganisation wichtiger Unternehmensprozesse zu empfehlen. Das Controlling steht in diesem Fall in der Nähe des Projektcontrollings[53].

Weiter kann es sich je nach Beteiligungskonstellation empfehlen, das Aufkeimen von Konflikten anhand von Indikatoren frühzeitig zu erfassen, da es beim offenen Ausbruch von Konflikten oft zu spät ist, massiven unternehmerischen Schaden abzuwenden.

9.4 Schlussbemerkung

Wie beim Risikomanagement überhaupt, müssen auch beim Legal Controlling drei Hauptschwierigkeiten überwunden werden: die Antizipation nicht nahe liegender Risikoentwicklungen, die authentische Wahrnehmung der relevanten Unternehmenswirklichkeit und die Einrichtung von einfachen und praxistauglichen Controllingkonzepten und Controllingprozessen.

Die hier dargestellten Struktur- und Prozessmodelle erleichtern die erfolgreiche Aufgabenbewältigung. Legal Controlling im dargestellten Sinn kann auch von der nicht

---

[51] Es muss sichergestellt werden, dass die Mehrheit durch die Minderheit nicht dauernd blockiert oder umgekehrt die Minderheit von der Mehrheit permanent übergangen werden kann.
[52] Beteiligte, denen notfalls der Ausstieg aus der Trägergesellschaft zu fairen Konditionen möglich ist, gehen die Diskussionen erfahrungsgemäß „entspannter" an, als wenn sie mit der Gesellschaft auf Gedeih und Verderb verbunden sind.
[53] Es ist in diesem Zusammenhang auf die umfangreiche Literatur zum Thema Change Management zu verweisen. Für viele: Hartwich, Grundlagen Change Management: Organisation strategisch ausrichten und zur Exzellenz führen, Stuttgart 2011; Haberzettl/Schinwald, Erfolgreiches Change Management: Wie Sie Mitarbeiter erfolgreich an Veränderungen beteiligen, München 2011.

juristisch geschulten Führungskraft erfolgreich betrieben werden, wobei je nach Sachlage die unterstützende Hinzuziehung des Juristen erforderlich ist.

Der Unternehmer, welcher mittels eines wirksamen Legal Controlling die verfolgten unternehmerischen Chancen besser als andere sichert und die eingegangenen Risiken besser kontrolliert, stellt einen optimalen Ressourceneinsatz sicher und verschafft sich damit einen entscheidenden Wettbewerbsvorteil.

9.5 Literatur

[1] Berens, Wolfgang/Brauner, Hans U./Strauch, Joachim/Knauer, Thorsten (2013): Due Diligence bei Unternehmensakquisitionen, 7. Auflage, Stuttgart.
[2] Bösiger, Markus (2003): Bedeutung und Grenzen des Aktionärbindungsvertrages bei personenbezogenen Aktiengesellschaften. In: REPRAX 1/03.
[3] Bungartz, Oliver (2014): Handbuch Interne Kontrollsysteme (IKS), Steuerung und Überwachung von Unternehmen, 4. Auflage, Berlin.
[4] Diederichs, Marc (2012): Risikomanagement und Risikocontrolling, 3. Auflage, München.
[5] Emmerich, Volker (2005): Das Recht der Leistungsstörungen, 6. Auflage, München.
[6] Engel, Philipp (2009): Sponsoring im Sport – Vertragliche Aspekte, Diss., Zürich.
[7] Fischer, Willi/Brägger, Franziska (2010): Vertragsgestaltung und Vertragsmanagement, Einführung in die Kautelarjurisprudenz – Allgemeiner Teil, Zürich.
[8] Forstmoser, Peter/Meier-Hayoz, Arthur/Nobel, Peter (1996): Schweizerisches Aktienrecht, Bern.
[9] Haberzettl, Martin/Schinwald, Sandra (2011): Erfolgreiches change Management: Wie Sie Mitarbeiter erfolgreich an Veränderungen beteiligen, München.
[10] Hartwich, Erwin (2011): Grundlagen Change Management: Organisation strategisch ausrichten und zur Exzellenz führen, Stuttgart.
[11] Hilb, Martin (2013): Integrierte Corporate Governance, Ein neues Konzept zur wirksamen Führung und Aufsicht von Unternehmen, 5. Auflage, Berlin.
[12] Höhn, Jakob (2003): Einführung in die rechtliche Due Diligence, Zürich, Basel, Genf.
[13] Hofmann, Erik/Nothardt, Franz (2009): Logistics due diligence: Analyse-Bewertung-Anlässe-Checklisten, Berlin.
[14] Jonen, Andreas (2006): Semantische Analyse des Risikobegriffs. In: Lingnau, Volker, Beiträge zur Controlling-Forschung, Kaiserslautern.
[15] Kraus, Patrick (2011): Die Auswirkung von Corporate Governance und Nachhaltigkeit auf den Unternehmenserfolg: Eine Betrachtung im Kontext der wertorientierten Unternehmensführung, Lohmar.
[16] Metten, Michael (2010): Corporate Governance: Eine aktienrechtliche und institutionenökonomische Analyse der Leitungsmaxime von Aktiengesellschaften, Diss., Wiesbaden.
[17] Neunzig, Alexander (2003): Ökonomische und psychologische Aspekte monetärer Leistungsanreize in Arbeitsverträgen, Das Fixlohnrätsel, Diss., Hamburg.
[18] Peters, Gerd/Pfaff, Dieter (2008): Controlling, Wichtigste Methoden und Techniken, 2. Auflage, Zürich.
[19] Pfaff, Dieter/Ruud, Flemming (2013): Schweizer Leidfaden zum Internen Kontrollsystem (IKS), 6. Auflage, Zürich.
[20] Rautenstrauch, Thomas/Hunziker, Stefan (2012): Internes Kontrollsystem: Perspektiven der Internen Kontrolle, 2. Auflage, Zürich.

[21] Reichmann, Thomas (2011): Controlling mit Kennzahlen, Die systemgestützte Controlling-Konzeption mit Analyse- und Reportinginstrumenten, 8. Auflage, München.
[22] Roth, Monika (2012): Kompetenz und Verantwortung: Non-Compliance als strategisches Risiko, Zürich, St. Gallen.
[23] Schreiber, René/Jaun, Roger/Kobierski, Marlene, (2011/2012): Steuerruling – Eine systematische Auslegeordnung unter Berücksichtigung der Praxis. In: ASA 80, Nr. 5.
[24] Schneck, Ottmar (2010): Risikomanagement: Grundlagen, Instrumente, Fallbeispiele, Weinheim.
[25] Singer, Matthias (2010): Messung und Steuerung von Humankapital: Neue Herausforderungen an das Personalcontrolling, Hamburg.
[26] Staub, Leo (2006): Legal Management, Management von Recht als Führungsaufgabe, 2. Auflage, Zürich.
[27] Wildemann, Horst (2012): Risikomanagement, Leitfaden zur Umsetzung eines Risikomanagement-Systems für die wertorientierte Steuerung von Unternehmen, 11. Auflage, München.
[28] von der Crone, Hans Caspar (2003): Lösung von Pattsituationen bei Zweimanngesellschaften. In: SJZ 89, S. 37.

Materialienverzeichnis

Swiss Code of Best Practice for Corporate Governance (abrufbar unter http://www.economiesuisse.ch/).

Informationsbeschaffung und Erhebungstechniken für den Controller als Inhouse Consultant

Prof. Dr. Christel Niedereichholz

10.1	Einleitung	199
10.2	Erhebungstechniken zur Situationsdefinition	200
10.2.1	Kepner/Tregoe	200
10.2.2	Logikbaum	202
10.2.3	Hypothesenbaum	203
10.2.4	Stakeholderdiagnose	204
10.3	Erhebungstechniken zur Situationsanalyse	204
10.3.1	Befragungen	204
10.3.2	Workshops mit sokratischer Gesprächsführung	205
10.3.3	Multimomentaufnahmen	206
10.3.4	Beobachtung	207
10.3.5	Selbstaufschreibung	207
10.3.6	Quervergleiche	207
10.3.7	Prozesskettenanalyse	208
10.4	Erhebungstechniken zur Problemlösung und ihrer Umsetzung	208
10.4.1	Recherchen	209
10.4.2	Expertengespräche	209
10.4.3	Umsetzungskontrolle	209
10.5	Fazit	212
10.6	Literatur	212

10.1 Einleitung

Die Controllerin und der Controller sind die zentralen, wenn auch nicht die einzigen Berater des Managements. Gelingt es ihnen, zukunftsorientierte Problemstellungen mit den auch bei externen Beratern üblichen, professionellen Instrumentarien zu analysieren und zu lösen, so können sie sich sehr erfolgreich als Inhouse Consultants im Unternehmen positionieren. Sie dienen damit einer Reduktion externer Beraterbudgets.

Aufbauend auf der Wissensbasis des Controllings müssen meist für jede neue Problemstellung zusätzliche Informationen beschafft werden. Dafür werden bestimmte, in der Consultingpraxis bewährte Erhebungs- und Visualisierungstechniken eingesetzt.

Dieser Beitrag liefert einen Überblick über die gängigen Methoden der Informationsbeschaffung, die notwendig sind, um interne Beratungsprojekte den professionellen Standards entsprechend durchführen zu können.

10.2 Erhebungstechniken zur Situationsdefinition

Häufig macht es schon zu Beginn eines Projektes Schwierigkeiten, die Problemsituation eindeutig zu definieren. Bevor man sich bei der Situationsdefinition auf Kompromisse und Unklarheiten einlässt, sollte zunächst ermittelt werden, welche Informationen zur eindeutigen Problembeschreibung unbedingt notwendig sind (Kepner/Tregoe-Methode). In einem weiteren Schritt sollte dann zum besseren Verständnis die logische Struktur des Problems transparent gemacht werden (Logikbaum).

Ist das Problem eindeutig definiert und in seiner logischen Struktur visualisiert, so ist es in einem weiteren Schritt sinnvoll, Hypothesen über die Problemursachen aufzustellen (Hypothesenbaum), die direkte Ansatzpunkte für die Problemlösung bieten.

Abschließend sollte dann festgestellt werden, wer von dem Problem direkt und indirekt betroffen ist und wer in dieser Situation spezielle Interessen vertritt (Stakeholderanalyse).

10.2.1 Kepner/Tregoe

Die Situationsanalyse nach Kepner/Tregoe[1] konzentriert sich nicht nur auf die Identifikation des Problems und seiner Schnittstellen, sondern auch auf die möglichen Problemursachen und -wirkungen. Dabei werden drei Phasen der Ursachenanalyse vorgeschlagen:

1. Erfassung des Problems als Soll-/Ist-Abweichung mit Hilfe der fünf W-Fragen:
   - **Was** ist das Problem?
   - **Wie** äußert sich das Problem?
   - **Wann** ist es aufgetreten?
   - **Wo** ist es aufgetreten?
   - **Wer** (Person, Abteilung, Geschäftsbereich) ist betroffen?

---

[1] Vgl. Kepner, C. H., Tregoe, B. B.: Entscheidungen vorbereiten und richtig treffen – Rationales Management: Die neuen Herausforderungen, Landsberg 1998.

10.2 Erhebungstechniken zur Situationsdefinition

	Ist	Ist nicht	Abweichung	Ursache
Was? **Identifiziere!**	Was ist das Problem?	Was ist nicht das Problem?	Was ist der Unterschied zwischen Ist/Ist nicht	Was ist die mögliche Ursache?
Wo? **Lokalisiere!**	Wo ist das Problem aufgetreten?	Wo ist das Problem nicht aufgetreten?	Was ist der Unterschied zwischen den Orten?	Was ist die mögliche Ursache?
Wann? **Zeitpunkt!** **Zeitraum!**	Wann tritt das Problem auf?	Wann tritt das Problem nicht auf?	Was ist der Unterschied zwischen den Zeitpunkten?	Was ist die mögliche Ursache?
	Wann wurde das Problem zuerst festgestellt?	Wann wurde das Problem zuletzt festgestellt?	Was ist der Unterschied zwischen den Feststellungen?	Was ist die mögliche Ursache?
Wie? **Umfang!** **Größe!** **Bedeutung!**	Wie umfangreich ist das Problem?	Wie lokalisiert ist das Problem?	Was ist der Unterschied?	Was ist die mögliche Ursache?
	Wie viele Einheiten sind Betroffen?	Wie viele Einheiten sind nicht betroffen?	Was ist der Unterschied?	Was ist die mögliche Ursache?
	Wie viel von einer Einheit ist betroffen?	Wie viel von einer Einheit ist nicht betroffen?	Was ist der Unterschied?	Was ist die mögliche Ursache?

Abb. 10.1 Problemanalyse nach Kepner/Tregoe[2]

2. Erfassung von Besonderheiten und Veränderungen, die zeitlich parallel mit dem Kernproblem aufgetreten sind
3. Aufstellen von Hypothesen über die Problemursachen
4. Überprüfen und Falsifizieren oder Verifizieren der Hypothesen

Zur Situationsanalyse wird ergänzend zu den fünf W-Fragen die Feststellung „Das Problem ist ...", und „Das Problem ist nicht ..." getroffen. Dies ermöglicht eine präzise Definition des Problems und seiner Schnittstellen. Durch eine Verknüpfung der W-Fragen mit den „Ist"/„Ist nicht"-Feststellungen und der Ermittlung der Abweichungen und möglichen Problemursachen entsteht die Matrix der Problemanalyse nach Kepner/Tregoe (siehe Abbildung 10.1). Ähnlich wie beim Hypothesenbaum werden auch hier abschließend Vermutungen über die Problemursachen angestellt, die dann im weiteren Verlauf überprüft werden.

---

[2] Quelle: Niedereichholz, C.: Unternehmensberatung Band 2 – Auftragsdurchführung und Qualitätssicherung, 6. Auflage, München 2013, S. 105.

10.2.2 Logikbaum

Ein Problem ist nicht eindimensional, sondern besteht meist aus einem Geflecht von Verknüpfungen. Es ist daher sinnvoll, sich die logische Struktur des Problems mit Hilfe graphischer Hilfsmittel transparent zu machen und dabei zu analysieren. Die Logikbäume sind dazu besonders geeignet, da sie bei den erkennbaren Wirkungen eines Problems beginnen und sich zu den Strukturelementen hin verzweigen. Eine zentrale Aussage wird von links nach rechts in eine Hierarchie sortierter Aussagen zerlegt. Für die Zerlegung des Ausgangspunktes bieten sich für jede Hierarchieart andere, auf die Problemstellung und Zielsetzung angepasste Strukturelemente an. Dem Controlling bekannte Gliederungen, wie z. B. die Finanzstruktur, Aufgabenstruktur, Organigrammstruktur, die Struktur der Aktivitäten, Reihenfolgen und Entscheidungen im Unternehmen bieten dabei eine Hilfe, nach der man vorgehen kann.

Die Aussagen auf einer Ebene müssen die Aussagen auf der darunterliegenden Ebene zusammenfassen. Alle Aussagen auf der gleichen Ebene müssen logisch in gleicher Weise geordnet sein:

- Nach Kriterien: Was, welche?
- Nach Herkunft und Orten: Wo?
- Nach Zeitpunkten und -spannen: Wann?
- Nach Merkmalen: Wie?

Damit dienen die Logikbäume auch dazu, die Logik dessen, was man analysiert hat, zu hinterfragen. Als Hilfs- und Visualisierungsmittel eignet sich besonders die Technik des Mindmapping.

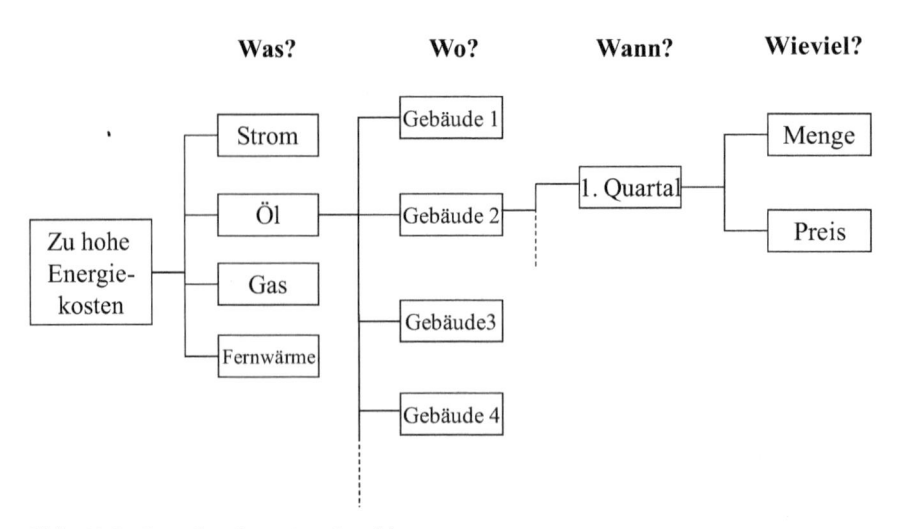

Abb. 10.2 Grundstruktur eines Logikbaumes

Hinweise zur Problemlösung ergeben sich, indem man von rechts nach links gehend die einzelnen Elemente hinterfragt: Ist das Problem über den Faktor Menge zu lösen? Ist es über den Faktor Preis zu lösen? Was kann man speziell im ersten Quartal tun? usw.

10.2.3 Hypothesenbaum

Der Einsatz von Hypothesenbäumen (Ishikawa-Diagramm) zur Problemanalyse setzt voraus, dass über die Problemursachen auf der Basis von Erfahrungen des Controllings bestimmte Annahmen getroffen werden können. Der Ausgangspunkt des Hypothesenbaums ist das eindeutig definierte Problem, für das systematisch alle möglichen hypothetischen Ursachen aufgelistet werden (siehe Abbildung 10.3).

Als Strukturierungshilfsmittel für einen Hypothesenbaum gelten die sechs Elemente Management, Mitwelt, Maschine, Mensch, Material, Methode. Wenn alle möglichen Ursachen untergliedert und aufgelistet sind, werden diese Hypothesen dahingehend überprüft, ob sie wirklich als Ursachen des Problems angesehen werden können. Als Visualisierungshilfsmittel dient auch hier das Mindmapping.

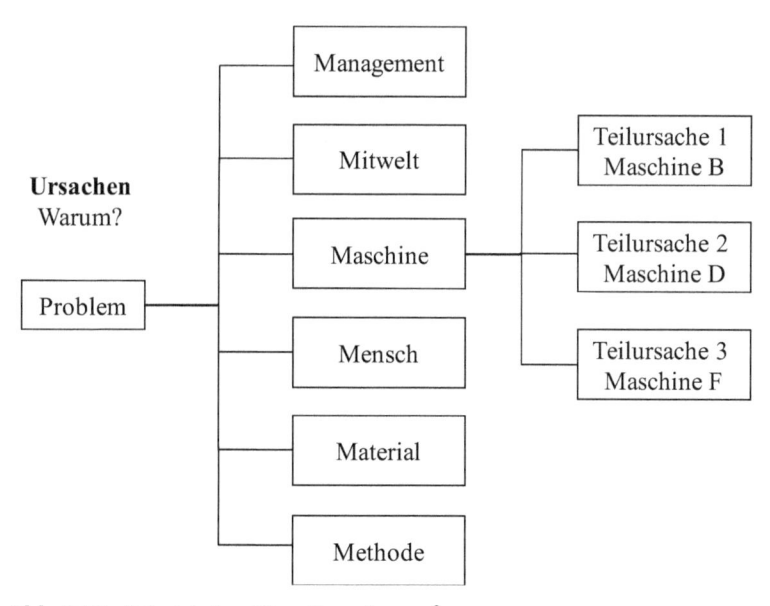

Abb. 10.3 Beispiel eines Hypothesenbaums[3]

---

[3] Quelle: Niedereichholz, C.: Unternehmensberatung Band 2 – Auftragsdurchführung und Qualitätssicherung, 5. Auflage, München 2008, S. 45.

Beispiel: Problem ist eine Budgetüberschreitung bei einem Entwicklungsprojekt. Hypothetische Ursache kann das Management (wechselnde Zielvorgaben), die Mitwelt (Lieferantenprobleme), der Mensch (Projektleiter, Projektmitarbeiter) oder die Methode (PM) sein. Wenn man die hypothetische(n) Hauptursache(n) zweifelsfrei ermittelt hat, wird/werden diese in der zweiten Ebene weiter in ihre Teile zerlegt.

10.2.4 Stakeholderdiagnose

Im Zuge der Beschreibung einer Problemsituation ist es sinnvoll, die Frage nach den direkt und indirekt Betroffenen und Beteiligten zu stellen. Auch Personen und Gruppen, die spezielle Interessen, sei es offen, oder verdeckt an dem Problem und seiner (Nicht-) Lösung haben, sollten identifiziert werden.

Dazu werden die Stakeholder mit möglichst vielen ihrer Merkmale in einer Tabelle zusammengefasst (siehe Abbildung 10.4). Abschließend wird unter „Aktion" festgelegt, wie man mit den einzelnen Stakeholdern zum Nutzen des Projektablaufs verfährt. Diese Analyse liefert wichtige Informationen darüber, welche einzelnen Instrumente des Change Managements und des Soft Skill Repertoires eingesetzt werden müssen.

Stakeholderposition	Ziele offen	Ziele verdeckt	Einfluss /Macht	Rolle im Projekt	Auswirkungen	Aktion
X						
Y						
Z						

Abb. 10.4 Stakeholderanalyse

10.3 Erhebungstechniken zur Situationsanalyse

Ist das Problem in seiner Struktur, seinen hypothetischen Ursachen und den Stakeholdern eindeutig definiert, so kann die Problemsituation tiefergehend analysiert werden.

10.3.1 Befragungen

Die wichtigste Erhebungsart ist die Befragung, bei der zunächst immer folgende Entscheidungen zu treffen sind:

1. Welcher Personenkreis (intern und extern) soll befragt werden?
   Die Entscheidung, welcher Personenkreis befragt werden soll, ergibt sich aus dem definierten Problem. Bei internen Erhebungen sind es meist die direkt und indirekt Betroffenen des Bereiches, in dem die Ursache der Problemstellung lokalisiert wurde. Hier liefert die Stakeholderanalyse erst Hinweise.
2. Soll die Erhebung mündlich, schriftlich, telefonisch oder kombiniert durchgeführt werden?
   Die Entscheidung, ob eine interne oder externe Erhebung mündlich, schriftlich, telefonisch oder per E-Mail durchgeführt werden soll, hängt von der Gewichtung einzelner Kriterien ab, wie z. B. Problemumfang, Zeit und Kosten.
3. Wie viele Personen sollen befragt werden (Voll- oder Teilerhebung)?
   Auch die Entscheidung für oder gegen eine Vollerhebung hängt neben der Repräsentanz der Ergebnisse im Wesentlichen von Zeit- und Kostenüberlegungen ab.
4. Welche Technik (freie oder festgelegte Fragenfolge) soll bei den Interviews angewandt werden?
   Bei dieser Entscheidung gilt als wichtiges Kriterium die Position und Hierarchieebene des Interviewpartners. Je höher die Ebene, umso freier muss das Gespräch geführt werden. Controllern sollte diese Technik nicht schwerfallen, da sie auf ihrer Fachkompetenz aufbauen können.
5. Soll direkt oder indirekt gefragt werden?
   Die Art des Problems ist ausschlaggebend bei dieser Festlegung. Hat das Problem eine gewisse Brisanz, wird man sich für die indirekte Fragestellung entscheiden.

10.3.2 Workshops mit sokratischer Gesprächsführung

Die Sokratische Methode, die ihren Ursprung in der Philosophie hat, spielt in der modernen Organisationsentwicklung eine zunehmend wichtige Rolle. Controller können damit die vom Problem Betroffenen zu Beteiligten des Veränderungsprozesses machen, indem sie ihr Faktenwissen moderierend einsetzen.

Regeln für das erfolgreich geführte Sokratische Gespräch, bei dem Controller als sokratischer Gesprächsleiter fungieren, sind folgende:

- ausschließlich Fragen stellen,
- alle Hierarchien werden für nicht existent erklärt,
- Sicherstellen einer gemeinsamen Sprache,
- ständige Überprüfung, ob die Gesprächspartner einander wirklich verstehen,
- genaues Herausarbeiten der gegensätzlichen Meinungen,
- hinführen zum Konsens, der keine Mehrheitsmeinung sein darf.

Der Gesprächsleiter sollte nur Fragen stellen und seine eigene Meinung zurückhalten, was für einen Controller sicher nicht einfach ist. Nur wenn die Teilnehmer mehrmals ausdrücklich um Rat fragen, sollte Controllingwissen transferiert werden.

Die sokratische Gesprächstechnik wird in zwei Formen angewandt:

1. Der Controller/Consultant stellt seine Fragen zu einem bestimmten Tatbestand im Unternehmen so, dass alle negativen Feststellungen von der Gruppe getroffen werden müssen.
2. Der Controller stellt keine Frage, sondern macht in Bezug auf einen bestimmten Tatbestand im Unternehmen eine absolut positive Aussage: „Abteilung Forschung und Entwicklung arbeitet eng mit dem Bereich Marketing/Vertrieb zusammen". Die Gesprächsrunde beginnt dann in einer Diskussion, diese (unrealistisch) positive Aussage zur Wahrheit hin zu relativieren. Dabei kommen unweigerlich alle Schwachstellen und Probleme zum Vorschein. Auch bei dieser Vorgehensweise haben die Betroffenen das Gefühl, selbst die Schwachstellen gefunden zu haben.

10.3.3 Multimomentaufnahmen

Die Multimomentaufnahme ist eine Erhebungstechnik, bei der stichprobenartig zu unterschiedlichen, für die Beobachteten nicht transparenten Zeitpunkten bestimmte Tatbestände erfasst werden. Diese Methode wird vorwiegend eingesetzt, um Arbeitsablaufanalysen durchzuführen.

Rundgang			Person oder Betriebsmittel X														
Nr.	Tag	Uhrzeit	1	2	3	4	5	6	7	8	9	10	11	12	13	14	15
1																	
2																	
3																	
4																	
5																	
6																	
7																	
8																	
9																	
10																	
11																	
12																	
....																	
Rundgang:						Geprüft :						Datum:					

Abb. 10.5 Aufnahmeliste Multimomentaufnahme[4]

---

[4] Quelle: Niedereichholz, C.: Unternehmensberatung Band 2 – Auftragsdurchführung und Qualitätssicherung, 5. Auflage, München 2008, S. 40.

Die Controller erscheinen zu nicht prognostizierbaren Zeiten am Arbeitsplatz und notieren, in welchem Zustand sich die Maschine, oder der Mitarbeiter in diesem Moment befinden. Ein Kreuz in Spalte 1 möge z. B. „Arbeitsablaufbedingter Stillstand", eines in Spalte 2 „Umrüstvorgang" bedeuten usw. Aus der Vielzahl der über einen längeren Zeitraum nach der REFA-Technik durchgeführten Momentaufnahmen ergibt sich ein „Film", aus dem gesicherte Annahmen über Problembereiche getroffen werden können.

10.3.4 Beobachtung

Bei der Beobachtung konzentriert sich der Controller/Consultant in der Regel auf einen oder mehrere gleichartige Arbeitsplätze. Ziel ist meist die Analyse von Schwankungen des Arbeitsaufkommens, der Auslastung, der Engpässe, der Effizienz der Ausführung und der Arbeitsplatzgestaltung. Die Beobachtung wird über einen längeren Zeitraum durchgeführt. Sie ist die Analysetechnik verschiedener standardisierter Beratungsprodukte, wie z. B. der Gemeinkostenwertanalyse, der Personalflexibilisierung oder der Personalbemessung.

10.3.5 Selbstaufschreibung

Mit einer Selbstaufschreibung erheben die Mitarbeiter im Unternehmen bestimmte, allerdings unkritische, Tatbestände selbst. Sie verwenden dabei vom Controller entwickelte Formulare und Templates. Diese werden exakt auf den Erhebungsgegenstand zugeschnitten. Beispiele sind die Erfassung der Häufigkeit und Intensität von Kommunikationsbeziehungen oder einzelner Leistungen mit ihrem Zeitbedarf.

Diese Analysetechnik wird auch häufig zur Erhebung von Basisdaten für andere, danach zum Einsatz kommende Analysetechniken eingesetzt.

10.3.6 Quervergleiche

Die Quervergleiche spielen vorwiegend bei solchen Projekten eine große Rolle, deren Problemlösung erwartungsgemäß auf Widerstand stoßen wird. So werden bei Rationalisierungs- und Kostensenkungsprojekten parallel zur eigentlichen Projektdurchführung Analysen in einem anderen Unternehmen durchgeführt, das

- der gleichen Branche angehört,
- mindestens die gleiche Größenordnung hat,
- möglichst unter noch schwierigeren Bedingungen arbeiten muss.

Die Erkenntnisse des Quervergleichs fließen dann in die Argumentation bei der Durchsetzung der Problemlösung ein. Die Unternehmensleitung des eigenen Unternehmens spielt dabei die Rolle des Türöffners in dem Unternehmen, in dem die Controller den Quervergleich durchführen.

10.3.7 Prozesskettenanalyse

Die Prozesskettenanalyse, ein klassisches REFA-Verfahren, ist eine der objektivsten Erhebungstechniken. Es werden Prozesse ausgewählt, bei denen vermutet wird, dass ein Optimierungsbedarf besteht. Von dem Prozessstart ausgehend werden dann die einzelnen Prozessschritte und ihre Ausführenden chronologisch in einer Matrix angeordnet.

Die Visualisierung der Prozesskette zeigt deutlich, wo Verbesserungen notwendig sind: Überall dort, wo der Prozess in einem fortgeschrittenen Stadium wieder auf einen Funktionsträger der Anfangsphasen zurückspringt, sind Prozessveränderungen notwendig. Der optimierte Prozess verläuft in der Matrix diagonal von links oben nach rechts unten (siehe Abbildung 10.6).

Stelle / Tätigkeit	Abt. 1	Abt. 2	Abt. 3	Abt. 4	Abt. 5
1					
2					
3					
4					
5					

Abb. 10.6 Prozesskettenanalyse

Die Prozesskettenanalyse kann stark beteiligungsorientiert durchgeführt werden, indem nacheinander alle Prozessbeteiligten ihre Prozessschritte und die damit verbundenen Tätigkeiten schildern und dokumentieren. Ist der bestehende Prozess abgebildet, erfolgt ein Brainstorming mit der Frage, wo der Prozess Verbesserungsbedarf aufweist.

10.4 Erhebungstechniken zur Problemlösung und ihrer Umsetzung

Bei der Konzepterstellung und Umsetzung werden immer dann Erhebungen durchgeführt, wenn Wissen und Erfahrung der Controller/Consultants nicht ausreichen und weitere Informationen beschafft werden müssen. Diese Informationen werden aus Medien oder von Personen gewonnen.

10.4.1 Recherchen

Für Recherchen aller Art stehen zwei Gruppen von Medien zur Verfügung: Literatur und das Internet. Beide sind stark verwoben, was am besten am Beispiel von Wikipedia erkennbar ist: Wikipedia liefert zusammengefasst bestimmte Informationen und verweist am Ende eines Themas immer auf entsprechende, weiterführende Literatur. Über Literaturdatenbanken ist auch der Direktzugriff möglich.

Das Internet bietet für die meisten Themenbereiche den besten Einstieg über Google. Bei sehr stark spezialisierten Themen reicht Google aber oft nicht aus. In diesen Fällen greift man zum Gale Directory der online und offline Datenbanken (www.**gale**.cengage.com). In diesem Adressverzeichnis sind über 20.000 Datenbanken weltweit mit ihren Zugriffskonditionen aufgeführt.

10.4.2 Expertengespräche

Es kann Situationen geben, in denen Controller/Consultants auch auf externen Rat angewiesen sind, um ein tragfähiges Lösungskonzept zu entwickeln. Hier bietet sich ein Expertengespräch mit Meinungsführern der Branche, Wissenschaftlern oder Trend-Gurus an.

10.4.3 Umsetzungskontrolle

Um sicherzustellen, dass keine Maßnahme verändert oder überhaupt nicht durchgeführt wird, muss eine Kontrollvorgehensweise festgelegt werden.

Bei der Festlegung des Fortschrittskontrollvorgehens muss auf folgende Bestandteile geachtet werden (siehe Abbildung 10.7):

- Zunächst wird festgelegt, was kontrolliert wird. In der Praxis wird die Fortschrittskontrolle meist auf die Überprüfung des Fertigstellungsgrades der Gesamtmaßnahme einschließlich ihrer Teilschritte beschränkt. Darin ist eine Kontrolle der Einhaltung des Zeit- und Kostenbudgets und des Arbeitsverhaltens des Maßnahmenverantwortlichen automatisch enthalten.
- Die Art und Weise der Kontrolle und der Kontrollzeitpunkte wird in einem nächsten Schritt festgelegt. Neben der turnusmäßigen Berichterstattung können regelmäßige Präsentationen, Fertigstellungsmeldungen oder Fortschrittskontrollsitzungen vereinbart werden.
- Zwischenkontrollen erfolgen entweder durch Führungskräfte des Klientenunternehmens oder durch den internen „Paten". Zu den festgelegten Kontrollpunkten, die in größeren Zeitabständen liegen, nimmt ein internes Strategieteam, das aus allen Maßnahmenverantwortlichen besteht und, je nach Realisierungsvereinbarung, der externe Projektleiter die Meldungen über den Umsetzungsgrad ab.

```
┌─────────────────────────────────────────────────────┐
│            ┌──────────────────────────┐             │
│            │  Fortschrittskontrollagenda │          │
│            └──────────────────────────┘             │
│                                                     │
│       ┌────────────────────────────────────┐        │
│       │ Was wird kontrolliert?             │        │
│    ──▶│ • Härtegrad Umsetzung              │        │
│       │ • Ergebnisse von Teilmaßnahmen     │        │
│       │ • Einhaltung des Maßnahmenkostenbudgets │   │
│       │ • Einhaltung der Zeitvorgaben      │        │
│       └────────────────────────────────────┘        │
│                                                     │
│       ┌────────────────────────────────────┐        │
│       │ Wie wird kontrolliert und wann?    │        │
│    ──▶│ • Wöchentliche/monatliche Berichterstattung │
│       │ • Präsentationen                   │        │
│       │ • Fertigstellungsmeldungen         │        │
│       └────────────────────────────────────┘        │
│                                                     │
│       ┌────────────────────────────────────┐        │
│       │ Wer kontrolliert?                  │        │
│    ──▶│ • Controller/Consultant            │        │
│       │ • Projektleiter/Projektmanager     │        │
│       └────────────────────────────────────┘        │
│                                                     │
│       ┌────────────────────────────────────┐        │
│    ──▶│ Datenbank zum FK-Berichtswesen     │        │
│       └────────────────────────────────────┘        │
└─────────────────────────────────────────────────────┘
```

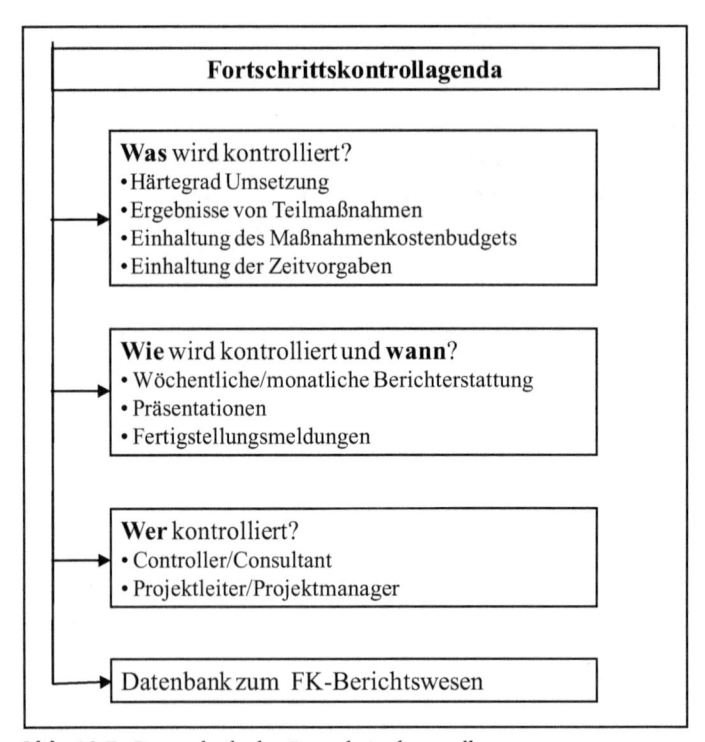

Abb. 10.7 Bestandteile der Fortschrittskontrolle

- Das Fortschrittskontroll-Berichtswesen besteht aus dem Arbeitsfortschrittsblatt (siehe Abbildung 10.8), auf dem von Kontrollpunkt zu Kontrollpunkt der wachsende Umsetzungsgrad jeder Maßnahme verfolgt werden kann.

In den Fortschrittskontrollsitzungen im Kreis aller Maßnahmenverantwortlichen wird als einheitliches Präsentationsmedium das Arbeitsfortschrittsblatt verwendet.
Die Vorgehensweise ist die folgende:

- Ein Arbeitsfortschrittsblatt (AF-Blatt) für jede Maßnahme anlegen. Die Kopfzeile ist mit der entsprechenden Zeile des Maßnahmenplans identisch.
- Teilschritte (Struktur) je Maßnahme auf dem AF-Blatt strukturieren. Mit der Durchführung der Teilschritte kann der Maßnahmenverantwortliche weitere Personen beauftragen. Den Arbeitsfortschritt muss er aber immer selbst präsentieren.
- Diese Teilschritte und ihr Umsetzungsgrad werden alle zwei bis drei Monate in den Fortschrittskontrollsitzungen auf dem AF-Blatt präsentiert.
- In den Fortschrittskontrollsitzungen erläutert der jeweilige Maßnahmenverantwortliche den Stand der Umsetzung, der trotz Maßnahmenabsicherung eingetretenen Schwierigkeiten, aber auch besondere Erfolge.

10.4 Erhebungstechniken zur Problemlösung und ihrer Umsetzung

Arbeitsfortschritt				Projektbezeichnung:				
				Projektnummer:				
Datum:	Projektleiter:			Maßnahmenkategorie / Maßnahmenbezug:				
Nr	Maßnahme	Verant-wortlich	Termin Start Ende	Pate Kontroll-punkte	Kosten 1-mal x-mal	Mach-barkeit	Risiko	Wirkung innen außen
Teilschritt der Maßnahme		Verant-wortlich		Ergebnisse			Kontrolldatum	
							Umsetzungsgrad	

Abb. 10.8 Arbeitsfortschrittblatt[5]

- Der moderierende Berater notiert die „Messlatte" und den konsensfähigen Zielerreichungsgrad prozentual je Teilschritt oder je Gesamtmaßnahme.
- Die so von Sitzung zu Sitzung fortgeschriebenen AF-Blätter sind das Fortschrittsberichtswesen und Protokoll gleichzeitig: Sie werden von Sitzung zu Sitzung eingesammelt, kopiert und an alle Maßnahmenverantwortlichen verteilt.
- Der abgestimmte Umsetzungsgrad in Prozent ist die wichtigste Messlatte und der Vergleichsmaßstab. Die Veränderung des Prozentsatzes bleibt damit von Sitzung zu Sitzung verfolgbar, der Realisierungsdruck steigt mit Näherung an 100 %. Dies gilt sowohl für die Beurteilung, ob die Maßnahme planungs-, also fristgerecht durchgeführt wurde (formeller Erfüllungsgrad), als auch dafür, ob die Maßnahme das inhaltliche Ziel erreicht hat (materieller Erfüllungsgrad).
- Die erste Fortschrittskontrollsitzung ist entscheidend für die weitere Umsetzung. Hier muss die Ernsthaftigkeit und Nachhaltigkeit der Überwachung der Umsetzung eingeleitet und demonstriert werden.

---

[5] Quelle: Niedereichholz, C.: Unternehmensberatung Band 2 – Auftragsdurchführung und Qualitätssicherung, 5. Auflage, München 2008, S. 340.

- Die Fortschrittskontrollsitzung darf nicht zu neuen und weiteren Sitzungen führen, sondern muss bestehende Planungssitzungen ersetzen. Andere Sitzungen mit aktuellen Themen führen in der Regel nur zu neuem Aktionismus, der die Realisierungsphase stört.
- Die Zeitdauer der ersten Sitzung für die Präsentation des Arbeitsfortschritts für z. B. 40 Maßnahmen dauert ca. sechs Stunden, da das Berichterstattungsverfahren erst eingeübt werden muss. Ab der dritten Fortschrittskontrollsitzung genügen drei Stunden.
- Die gemeinsame Sitzung aller Maßnahmenverantwortlichen bringt einen heilsamen Gruppenzwang für „Nachhinkende". Ausreden und Informationsmogeleien können von Sitzung zu Sitzung nicht stattfinden, da die vorherige Präsentation auf dem AF-Blatt sichtbar bleibt. Damit sind alle über den Stand der Umsetzung informiert (Querinformation). Abwesende können vom Paten anhand der AF-Blätter leicht über den Stand der Umsetzung informiert werden.
- Mit der Verwendung der AF-Blätter ist ein einheitlicher Informationsstandard gewährleistet.

10.5 Fazit

Controller werden in ihrer Funktion als interne Berater des Managements und der Führungskräfte auch mit Problemen und Aufgaben konfrontiert, die nicht zu ihrem regulären Tagesgeschäft gehören. In diesen Fällen müssen Sie sowohl bei der eindeutigen Problemdefinition, wie auch bei der Analyse, Konzeptentwicklung und Umsetzung Techniken der Informationsbeschaffung einsetzen.

10.6 Literatur

[1] Kepner, C. H./Tregoe, B. B. (1998): Entscheidungen vorbereiten und richtig treffen – Rationales Management: Die neuen Herausforderungen, Landsberg.
[2] Niedereichholz, C. (2013): Unternehmensberatung Band 2 – Auftragsdurchführung und Qualitätssicherung, 6. Auflage, München.

Projekt Performance Management mit Reifegradmodellen am Beispiel CMMI

11

Prof. Dr. Gernot Langenbacher

11.1	Ausgangssituation und Ziele	213
11.1.1	Das Konzept der Project Scorecard	214
11.2	Grundbegriffe	215
11.2.1	Projekt Performance Management	215
11.2.2	Prozessfähigkeit als Qualitätsmerkmal	216
11.2.3	Reifegradmodelle und Kennzahlen	217
11.2.4	Fazit	220
11.3	Projekt Performance Management am Beispiel CMMI	221
11.3.1	Das Reifegradmodell CMMI	221
11.3.2	Konfigurationsmanagement auf CMMI Level 2	221
11.3.3	Projekt Performance Management mit CMMI	223
11.4	Fazit	225
11.5	Zusammenfassung und Ausblick	226
11.6	Literatur	226

11.1 Ausgangssituation und Ziele

Schärfere Wettbewerbsbedingungen global und immer kürzer werdende Innovationszyklen erfordern die kontinuierliche prozessuale Optimierung entlang der Wertschöpfungskette vieler Unternehmen. Eine Steigerung der Leistungsfähigkeit der Prozesse setzt allerdings eine vorherige Positionsbestimmung voraus. Durch den Einsatz von Reifegradmodellen in Verbindung mit etablierten Ansätzen des Performance Managements erhalten Unternehmen die Möglichkeit, die eigene Position zu verorten und ihre Prozessfähigkeit realistisch zu bewerten.

Bereits an anderer Stelle haben wir dahingehend argumentiert, dass sich die Project Scorecard gerade für Controller in Projektleitungsfunktion als Werkzeug eignet, durch dessen Einsatz die Zielsetzung von Projekten greifbar und eine Leistungsmessung ermöglicht wird (Langenbacher, 2012) [1]. Die Project Scorecard unterstützt die zukunftsorientierte Kundenausrichtung in Projekten und stellt die Umsetzung der Unternehmensstrategie auf operativer Ebene sicher. Als integriertes Instrument des Performance Measurements schließt sie eine Lücke, die die gängigen Ansätze des Projektportfoliomanagements zur strategischen Bewertung von Projekten derzeit nicht füllen.

Aufbauend auf dem Konzept der Project Scorecard begründet dieser Beitrag den Nutzen einer thematischen Verknüpfung von Project Scorecard und gängigen Reifegradmodellen wie CMMI zum Nachweis der Prozessfähigkeit von Projektprozessen in Unternehmen. Unter Project Performance wird der Grad der Erreichung der Gesamtheit der Zielsetzungen eines Projektes verstanden, um festgelegte und vorausgesetzte Projektanforderungen zu erfüllen. Bezogen auf Prozesse wird deren Performance mittels Prozessfähigkeit beschrieben. Die Leistungsfähigkeit eines Unternehmens ist wiederum abhängig von der eigenen Prozessfähigkeit. Reifegradmodelle dienen der Messung, Bewertung und Steigerung der Prozessfähigkeit.

Das Reifegradmodell Capability Maturity Model Integration (CMMI) unterstützt Organisationen bei der Bewertung der Prozessfähigkeit in Entwicklungsprozessen von Hard- und Software. Hierunter fällt auch das Konfigurationsmanagement. Die Prozessfähigkeit des Konfigurationsmanagements lässt sich in Anlehnung an CMMI Level 2 durch Kennzahlen ermitteln.

Dabei lautet meine Hauptthese, dass Reifegradmodelle zur Operationalisierung einzelner Perspektiven der Project Scorecard dienen können und sich insgesamt in konzeptioneller Hinsicht als anschlussfähig erweisen im Hinblick auf die Entwicklung unternehmensspezifischer Performance Management Systeme.

Da wir nicht davon ausgehen können, dass interessierte Leser automatisch mit dem Konzept der Project Scorecard vertraut sind, fassen wir an dieser Stelle nochmals die wesentlichen Informationen zusammen.

11.1.1 Das Konzept der Project Scorecard

Wie bereits an anderer Stelle beschrieben wurde (Langenbacher, 2012) [1], kann die Project Scorecard zunächst als Konkretisierung der Balanced Scorecard auf Projektebene verstanden werden. Dabei wurde insbesondere von Selders (2009) [2] der konzeptionelle Ansatz der Balanced Scorecard um projektspezifische Ziele, Kennzahlen und Erfolgsfaktoren erweitert. Sie verschafft dem Controller in Projektleitungsfunktion die Möglichkeit zur Überprüfung der Strategieumsetzung in Projekten und damit zur koordinierten Umsetzung der strategischen Unternehmensziele in Projektmaßnahmen.

In inhaltlicher Hinsicht umfasst die Project Scorecard vier Perspektiven. Diese sind als Konkretisierung der bereits bei Kaplan/Norton (1997) [3] beschriebenen Perspektiven im Projektumfeld zu sehen: Die Perspektive der *„strategischen Ankopplung"* ist mit der übergeordneten Unternehmensstrategie eng verzahnt, damit die entscheidende Frage, was mit dem Projekt aus Unternehmenssicht erreicht werden soll, beantwortet werden kann. (Selders, 2009, S. 96 ff.) [2]. Das Hauptaugenmerk der Perspektive *„Einzelprojektergebnis"* ist dagegen darauf ausgerichtet, die konkrete Erreichung dieser Ziele zu beschreiben. Es findet sozusagen eine Operationalisierung der strategischen Unternehmensziele auf Projektebene statt. Die Perspektive „*Projektmanagementprozesse*" greift den Gedanken der Prozessorientierung im Projektmanagement auf. Die Ziele und Kennzahlen dieser Perspektive stellen speziell die leistungtreibenden Prozesse in den Mittelpunkt und helfen bei der Sicherstellung der Zielerreichung der beiden übergeordneten Perspektiven. Die Perspektive „*Projektpotenziale*" trägt der Tatsache Rechnung, dass der Projekterfolg hochgradig mit Motivation und Kompetenzen der beteiligten Projektmitarbeiter korreliert.

Analog der Balanced Scorecard ist die Project Scorecard durch eine Pluralität von Zielen gekennzeichnet. In ihrer Gesamtheit werden die einzelnen Ziele als Zielsystem bezeichnet. Hier wird jedes Ziel eindeutig zu einem der vier Perspektiven der Project Scorecard zugeordnet. Dabei stehen die Ziele einer Perspektive sowohl zueinander als auch mit den anderen Perspektivenzielen in Beziehung und weisen in dieser Konstellation eine gewisse Abhängigkeit zueinander auf. In prozessualer Hinsicht orientiert sich die „dynamische" Struktur des Konzepts am Deming'schen PDCA-Zyklus: Implementieren, Messen und Steuern, Überprüfen und Anpassen, Abschließen.

Zusammengefasst kann die Project Scorecard als Weiterentwicklung der von Kaplan/Norton konzipierten Balanced Scorecard verstanden werden. Sie kann sowohl im Einzelprojekt- als auch im Projektportfoliomanagement zum Einsatz gelangen. Folgt man den Vertretern des Ansatzes, so können mit der Project Scorecard Einzelprojekte zielorientiert gesteuert und überwacht sowie die bisher fehlende Verbindung zwischen der Unternehmensstrategie und der Projektdurchführung hergestellt werden. Weiterhin fungiert die Project Scorecard als wirksames Instrument in der Kommunikation mit Projektstakeholdern, da Bezug auf das Projektumfeld genommen wird und als wichtig angesehene Stakeholder in Projektentscheidungen mit einbezogen werden.

11.2 Grundbegriffe

11.2.1 Projekt Performance Management

Die Bestimmung des *Performancebegriffs* (deutsch: „Leistung") variiert je nach Anwendungsgebiet. Die Leistung als physikalische Größe wird z. B. definiert durch den Quotienten aus verrichteter Arbeit ΔW und der verstrichenen Zeit Δt. In der Volkswirtschaftslehre wird Leistung als Output aus Arbeitsprozessen zur Erstellung eines materiellen/immateriellen Gutes definiert (Samuleson & Nordhaus, 1998) [4]. Aus betriebswirtschaftlicher Sicht hingegen ist Leistung in der Regel eine finanzwirksame Größe und bezeichnet z. B. „den Betriebsertrag einer Periode" (Horváth, 2001, S. 429) [5]. Als nichtmonetäre Größe wird „Performance" als „Grad der Zufriedenheit der relevanten Anspruchsgruppen" und als „Grad der Zufriedenheit der Stakeholder" (Küng & Wettstein, 2003, S. 45) [6] verstanden.

„Performance wird deshalb erst durch ein multidimensionales Set von Kriterien präzisiert. Die Quelle der Performance sind die Handlungen der Akteure in den Geschäftsprozessen." (Krause, 2004, S. 20) [7].

Performance Management wird in der Folge als unternehmensweites Managementsystem begriffen, dass den Prozess zur Operationalisierung der Unternehmensstrategien und -ziele in ein permanentes Führungssystem überführt. Durch die Verknüpfung von Strategien, strategischen Initiativen und der Planung, Steuerung und Kontrolle relevanter Steuergrößen wird die Zielerreichung unterstützt. Es beschreibt den Prozess der „Zielbildung, Planung, Steuerung und Kontrolle der Leistungen und der Leistungspotenziale einer Organisation" (Krause, 2004, S. 39) [7].

In Abgrenzung zu den skizzierten Begriffsdefinitionen liegt für den Untersuchungsgegenstand Projekt in der Fachliteratur kein eindeutiges Verständnis des Performancebegriffes zugrunde. In Annäherung an den Qualitätsbegriff der DIN EN ISO 9000 operationalisieren wir *Projekt Performance* als „den Grad der Erreichung der Gesamtheit der Zielsetzungen eines Projektes, um festgelegte und vorausgesetzte Projektanforderungen zu erfüllen" (Langenbacher, 2012, S. 205) [1].

Die Messung der Project Performance erfolgt unter Rückgriff auf Kennzahlen im Rahmen des *Performance Measurements*. Dieses beinhaltet den Prozess der Quantifizierung der Effizienz und Effektivität einer Handlung: „Performance Measurement can be defined as the process of quantifying the efficiency and effectiveness of action." (Neely, Gregory, & Platts, 1995, S. 80) [8]. Die Rolle des Projektcontrollings kann sich in diesem Zusammenhang nicht auf die Planung und Kontrolle der Kosten beschränken. Projektcontrolling garantiert auf der einen Seite die Verbindung der Projektplanung, -steuerung und -kontrolle mit dem Unternehmenscontrolling. Projektcontrolling unterstützt andererseits die Projektleitung bei der Wahrnehmung ihrer Führungsaufgaben im Rahmen des Projektmanagements. Es kümmert sich in diesem Sinne um die grundlegende Gestaltung der Strukturen und Prozesse, die für eine effiziente Projektabwicklung erforderlich sind.

11.2.2 Prozessfähigkeit als Qualitätsmerkmal

Die Orientierung am zuvor skizzierten Performancegedanken wird oftmals unter Rückgriff auf das seit den 1990er Jahren bestehende Business-Excellence-Modell behandelt. Hierbei geht es darum, die in Unternehmen erzielten Ergebnisse kontinuierlich darzustellen, zu analysieren, zu bewerten und aktiv weiter zu entwickeln (Brunner & Wagner 2008, S. 338 ff.) [9]. Prozessoptimierungen dienen der Produktivitätssteigerung, einer Stärkung er Innovationskraft, der Erhöhung der Flexibilität mit dem Ziel der Steigerung der unternehmerischen Leistungsfähigkeit.

Als Prozess werden sich wiederholende Abläufe bezeichnet. Bei ihrer Durchführung wird in Abhängigkeit von sachlichen, personellen und informationellen Ressourcen eine Menge an definierten Eingangsgrößen (Input) in eine Menge von definierten Ausgangsgrößen (Output) transformiert. Das Ergebnis eines Prozesses kann als Produkt verstanden werden, welches wiederum materieller oder immaterieller Natur sein kann. Der Empfänger eines Produktes wird als Kunde begriffen, der wiederum entweder innerhalb oder außerhalb eines Unternehmens lokalisiert ist. In diesem Verständnis handelt es sich bei einem Prozess um einen sinnvollen und logischen Ablauf mehrerer Tätigkeiten zur Bearbeitung einer Aufgabe.

„Ein Prozess ist ein Satz von in Wechselbeziehung oder Wechselwirkung stehenden Tätigkeiten, der Eingaben in Ergebnisse umwandelt" (DIN EN ISO 9000:2005).

Im Rahmen der Prozessoptimierung sind dann alle Faktoren, die die Performance des Prozesses negativ beeinflussen, zu minimieren und/oder solche Faktoren, die die Performance positiv beeinflussen, zu maximieren. „Fehlerfreie Produkte sind nach heutigem Qualitätsverständnis das Ergebnis fehlerfreier und zuverlässiger Prozesse. Einhergehend folgt das Verständnis, dass gute Qualität in Unternehmen durch konsequente Umsetzung von Maßnahmen zur Fehlervermeidung (...) erreicht wird" (Brüggemann & Bremer, 2012, S. 210) [10]. Das hieraus abgeleitete zweigeteilte Modell der Qualitätskosten unterscheidet in Kosten der Übereinstimmung und Kosten der Abweichung. Zu den Kosten der Übereinstimmung zählen alle Kosten die anfallen, um die Übereinstimmung des Produktes mit den Kundenanforderungen sicher zu stellen. Diese sind im Allgemeinen bekannt, planbar und damit unvereinbar und fließen direkt in die Wertschöpfung des Produktes. Unter Kosten der Abweichung verstehen wir dahingegen alle Kosten, die durch Fehler und notwendiger Korrekturmaßnahmen ausgelöst wurden, da das Produkt im Ergebnis nicht den Qualitätsansprüchen des Kunden genügt. In Abgrenzung zu den Kosten der Übereinstimmung sind die Kosten der Abweichung vermeidbar, nicht planbar und mindern damit die Wertschöpfung des Produktes.

Bezogen auf Prozesse wird deren Performance mittels *Prozessfähigkeit* beschrieben. Diese beinhaltet „das Ausmaß der erwarteten Ergebnisse, die durch Prozessausführung erreicht werden können" (Howald, Kopp & Winther 1998, S. 233) [11]. Die Leistungsfähigkeit eines Unternehmens ist wiederum abhängig von der eigenen Prozessfähigkeit. Hieraus ist für Unternehmen die Notwendigkeit der sicheren Beherrschung und kontinuierlichen Optimierung der Prozesse ableitbar.

11.2.3 Reifegradmodelle und Kennzahlen

Für Unternehmen nahezu aller Branchen haben sich Reifegradmodelle als Mehrstufige Pfade zur Messung und Optimierung der eigenen Prozessfähigkeit etabliert. Insbesondere für Entwicklungs- und Dienstleistungsprozesse ermöglichen Reifegradmodelle eine kontinuierliche Selbstbewertung der Prozessfähigkeit. Die ursprüngliche Idee eines Reifegradmodelles für Prozesse stammt aus den 1960er Jahren. Aufbauend auf den Überlegungen von Joseph Juran und Philip B. Crosby entstand seinerzeit ein systematischer Ansatz zur Steuerung und Verbesserung von Qualität, der Qualitätsmanagement als Querschnittsprozess über alle Phasen des Produktlebenszyklus betrachtete. In der Folge entwickelte Crosby bereits 1979 [12] ein erstes Reifegradmodell „Quality Management

Maturity Grid" (QMMG) mit dem Ziel der Steigerung der Prozessfähigkeit aller Unternehmensprozesse. Viele der aktuellen Reifegradmodelle führen die Überlegungen Crosbys fort und fokussieren ebenso auf eine Erhöhung der Prozessfähigkeit (Ahlemann, Schroeder & Teuteberg 2005, S. 12) [13]. Allerdings wird der Begriff des Reifegradmodells selbst in der Literatur nur unzureichend operationalisiert. Oftmals wird das Konzept und die damit verbundene Erwartungshaltung bei seiner Umsetzung nur grob umrissen.

Reifegradmodelle dienen der Steigerung der Prozessfähigkeit. Die unternehmensspezifische Ermittlung prozessualer Reifegrade ermöglicht eine Selbsteinschätzung und ebnet damit den Weg für schrittweise Verbesserungen, der sich wiederum im stufenweisen Aufbau der Reifegradmodelle wieder spiegelt. Jeder Stufe werden dabei ein oder mehrere zu erfüllende Anforderungen zugeordnet. Die Bewertung eines Prozesses hinsichtlich seiner Reife reicht von einem rudimentären Status über mehrere Zwischenschritte bis hin zu einem Prozess, der sich fortwährend selbst in kontinuierlicher Verbesserung befindet. Durch Messung der aktuellen Prozessfähigkeit im Abgleich zum gewählten Modell ergibt sich die Ermittlung eines Reifegrades und damit der Schwachstellen und Verbesserungspotenziale eines Prozesses. Ein Reifegrad gilt jedoch nur dann als erreicht, wenn sowohl die Kriterien der betrachteten Stufe wie diejenigen der vorgelagerten Stufen als erfüllt betrachtet werden. Auf diese Weise bauen individuelle Reifegrade aufeinander auf.

Durch die Vielzahl der am Markt vorhandenen Reifegradmodelle herrscht in der Praxis oft Unklarheit über deren Auswahl und Anwendung im Unternehmenskontext. Unterscheidungsmerkmale sind einerseits der Grad der Standardisierung. Modelle mit hohem Standardisierungsgrad sind in der Praxis häufiger anzutreffen, da hier die Weiterentwicklung des Modelles sichergestellt ist. Zudem bieten sie hinsichtlich des zur Verfügung stehenden Informationsmaterials (meist sogar in mehreren Sprachen), der angebotenen Weiterbildungs- und Zertifizierungsmöglichkeiten sowie der Anpassungsfähigkeit des Modells wesentlich bessere Unterstützung bei der Einführung und im praktischen Einsatz. Andererseits unterscheiden sich Reifegradmodelle nach der Möglichkeit des neutralen Nachweises der Prozessfähigkeit durch externe Zertifizierung. Doch nicht bei jedem Reifegradmodell kann dessen Anwendung mittels Zertifizierung nachgewiesen werden.

Aus Unternehmenssicht sind Reifegradmodelle zuallererst vor dem Hintergrund ihrer fachlichen Eignung zu bewerten. Es gibt derzeit Modelle, die sich speziell auf Prozesse der Soft- und Hardwareentwicklung beziehen, alternative Modelle mit Bezug auf Prozesse des Projektmanagements oder Abwandlungen von beidem. Nachfolgende Tabelle 11.1 beschreibt einige der derzeit geläufigsten Reifegradmodelle in ihren Eigenschaften.

11.2 Grundbegriffe

Tab. 11.1 Übersicht geläufiger Reifegradmodelle. (Quelle: eigene Darstellung)

Fachlicher Fokus	Modell	Herausgeber	Zeitpunkt
Entwicklung von Hard- und Software	CMM/CMMI	Software Engineering Institute (SEI)	1991/2000
Dto	SPICE / ISO/IEC 15504	International Organization for Standardization (ISO)	1998
Projektmanagement	PMMM	Harold Kerzner	2001
Dto	OPM3	Project Management Institute (PMI)	2003
Dto	GPM3	Gesellschaft für Projektmanagement (GPM)	2007
Geschäftsprozesse	ISO 9004	International Organization for Standardization (ISO)	2000
Dto	BPMM	Object Management Group (OMG)	2001
Dto	P2MM/P3M3	Office of Government Commerce (OGC)	2004/2006
Dto	EDEN	EDEN e.V.	2009
Dto	PEMM	Phoenix Consortium	2006
Dto	8 Omega	Business Process Transformation Group (BPT Group)	2010

Zur Messung und Bewertung der Reifegrade verwenden nahezu alle oben aufgeführten Modelle den fünfstufigen Aufbau aus Tabelle 11.2 mit jeweils sehr ähnlichen Ausprägungen auf den einzelnen Ebenen (Holzbaur, 2007, S. 177) [14]:

Tab. 11.2 Ausprägungen von Reifegradmodellen

Stufe	Bezeichnung	Beschreibung
1	Initial	Prozesse verlaufen unkontrolliert und meist sogar informell. Diesen Reifegrad hat jede Organisation automatisch.
2	Definiert	Prozesse verlaufen erfahrungsbasiert, sind dokumentiert und grundsätzlich messbar.
3	Standardisiert	Prozesse sind qualitativ definiert und verlaufen systematisch.
4	Gesteuert	Prozesse sind quantitativ begründet und können mittels Kennzahlen bewertet werden.
5	Optimierend	Prozesse sind ganzheitlich und selbstlernend.

Zur Messung und Optimierung der Prozessfähigkeit sind im Einzelfall zunächst aus den Unternehmenszielen (z. B. „schneller werden") Kennzahlen auf Prozessebene abzuleiten und entsprechend zu operationalisieren (z. B. „Durchlaufzeiten verkürzen"). Dabei ist es grundsätzlich empfehlenswert, auf bereits bestehende Kennzahlenmodelle aufzubauen. „Dadurch wird nicht nur Mehrarbeit vermieden, sondern Respekt vor den bisherigen

Aktivitäten vermittelt" (Stöger 2001, S. 109) [15]. Außerdem ist auch die Anzahl der definierten Kennzahlen überschaubar zu halten, da die unnötige Durchführung von Prüfungen jeglicher Art nicht als wertschöpfende Tätigkeit gilt. Darüber hinaus ist auch die Akzeptanz der Prozesskennzahlen unter den Betroffenen wie Entscheidern maßgeblich. Mittels einer 3D-Analyse werden Kennzahlen bezüglich ihrer Relevanz bewertet. Bei diesem Vorgehen werden die Kennzahlen entsprechend dem „Bekanntheitsgrad für die Anwendergruppe sowie den anfallenden Kosten und der aufzubringenden Zeit für die Messung gegenübergestellt" (Heinzl, Reicheneder & Schiegg 2001, S. 28) [16]. Die hieraus resultierenden einzelnen Kennzahlen können dann noch durch zusätzlich Kriterien weiter gewichtet werden. Zu den Prozesskennzahlen werden im Kontext der Messungen die Ist-Werte ermittelt. Zur Gewährleistung eines Soll-Ist-Vergleiches ist vorab ein Zielwert zu bestimmen. Nur wenn ein Bezug der Kennzahl zu möglichen Prozessverbesserungen hergestellt wird erscheint der Sinn einer Messung nachvollziehbar. Da unterschiedliche Unternehmen aus unterschiedlichen Branchen usw. meist auch divergierende Bedürfnisse an die Prozessoptimierung besitzen, muss die Auswahl geeigneter Kennzahlen grundsätzlich unternehmensspezifisch erfolgen. Normen, Checklisten und andere allgemeinen Modelle dienen nur als Grundlage und damit der Unterstützung bei der Erarbeitung und Anpassung unternehmensspezifischer Methoden und Hilfsmittel. Unabhängig davon, ob die Ermittlung von Prozesskennzahlen IT-gestützt erfolgt, gilt es in jedem Falle zu überprüfen, ob aufgrund von Prozessveränderungen und kürzeren Prozessen gewisse Messpunkte überflüssig werden oder durch teure Messvorgänge eine Anpassung der unternehmenseigenen Prozesskennzahlen notwendig ist. Kennzahlen sind Bestandteil des zuvor beschriebenen Performance-Measurement-Systems.

11.2.4 Fazit

Performance, als nicht monetäre Größe, bezeichnet den Grad der Zielerreichung oder der potenziell möglichen Leistung bezüglich der für die relevanten Stakeholder wichtigen Merkmale einer Organisation. Folglich wird unter Project Performance, der Grad der Erreichung der Gesamtheit der Zielsetzungen eines Projektes verstanden, um festgelegte und vorausgesetzte Projektanforderungen zu erfüllen.

Bezogen auf Prozesse wird deren Performance mittels Prozessfähigkeit beschrieben. Die Leistungsfähigkeit eines Unternehmens ist wiederum abhängig von der eigenen Prozessfähigkeit. Hieraus ist für Unternehmen die Notwendigkeit der sicheren Beherrschung und kontinuierlichen Optimierung der Prozesse ableitbar.

Reifegradmodelle dienen der Steigerung der Prozessfähigkeit. Die unternehmensspezifische Ermittlung prozessualer Reifegrade ermöglicht eine Selbsteinschätzung und ebnet damit den Weg für schrittweise Verbesserungen, der sich wiederum im stufenweisen Aufbau der Reifegradmodelle wieder spiegelt. Durch die Vielzahl der am Markt vorhandenen Reifegradmodelle herrscht in der Praxis oft Unklarheit über deren Auswahl und Anwendung im Unternehmenskontext. Aus Unternehmenssicht sind Reifegradmodelle zuallererst vor dem Hintergrund ihrer fachlichen Eignung zu bewerten.

Zur Messung und Optimierung der Prozessfähigkeit sind im Einzelfall zunächst aus den Unternehmenszielen Kennzahlen auf Prozessebene abzuleiten und entsprechend zu operationalisieren.

11.3 Projekt Performance Management am Beispiel CMMI

11.3.1 Das Reifegradmodell CMMI

Basierend auf den eher ernüchternden Erfahrungen mit der Entwicklung von Hard- und Software im militärischen Sektor beauftragte das US-amerikanische Verteidigungsministerium bereits in den 1980er Jahren des letzten Jahrhunderts das Software Engineering Institute an der Carnegie Mellon University in Pittsburgh mit der Entwicklung eines Modelles zur Steigerung der Prozessfähigkeit in der Entwicklung von Hard- und Software (vgl. Kneuper, 2006) [17]. Auf der Basis erster Analysen wurde 1991 das Capability Maturity Model (CMM) vorgestellt. Angereichert um weitere Erkenntnisse aus der Praxis sowie Erfahrungen z. B. aus Wartungs- und Beratungsprojekten mit technischem Fokus wurde im Jahre 2000 das Nachfolgemodell Capability Maturity Model Integration (CMMI) eingeführt. Dieses Reifegradmodell unterstützt Organisationen bei der Bewertung der Prozessfähigkeit in Entwicklungsprozessen in einer stufenförmigen Darstellung (Reifegrade).

Das Modell definiert in Abhängigkeit vorgegebener Reifegrade eine Reihe von Prozessgebieten (z. B. Konfigurationsmanagement), denen wiederum Ziele und Best Practices zugeordnet sind. Neben den fachlichen Praktiken beschreibt CMMI den Reifegrad eines jeweiligen Prozessgebietes durch sog. Fähigkeitsgrade (capability levels). Dieser bezeichnet den Grad der Institutionalisierung eines einzelnen Prozessgebietes. Die Bewertung des Reifegrades einer Organisation (maturity level) umfasst dagegen eine Menge von Prozessgebieten, die mit den zum Reifegrad korrespondierenden Fähigkeitsgraden etabliert sein müssen.

Auf CMMI Level 2 sind grundlegende Prozesse des Projektmanagements hinsichtlich Kosten-, Zeit-, und Funktionsplanung definiert. Der Prozess zur Entwicklung der Hard- und Software ist stabil. Es besteht die notwendige Prozessdisziplin, sodass Erfolge früherer Projekte mit ähnlichen Aufgabenstellungen wiederholbar sind.

Das nachfolgende Kapitel beschreibt exemplarisch die Anforderungen an das Prozessgebiet Konfigurationsmanagement auf CMMI Level 2.

11.3.2 Konfigurationsmanagement auf CMMI Level 2

Eine *Konfiguration* ist eine Beschreibung eines Produktes zu einem bestimmten Zeitpunkt bzw. in einem definierten Auslieferungsstatus. Die Beschreibung enthält alle zur Fertigung, Montage, Qualitätskontrolle und Instandhaltung relevanten Unterlagen, z. B.

die Produktstruktur inklusive eventueller Softwarekomponenten in Form von Stücklisten sowie alle notwendigen Dokumente, z. B.: textuelle Beschreibungen, CAD- oder manuelle Zeichnungen sowie Berechnungsergebnisse.

Konfigurationsmanagement (KM) nach ISO 9001 und ISO 10007 ist der Prozess, der die Integrität von relevanten Arbeitsergebnissen über den gesamten Entwicklungszyklus sicherstellt. Hierunter fallen die Identifikation der Arbeitsergebnisse zu den Liefergegenständen sowie die systematische Änderungskontrolle und Verfolgbarkeit der Konfigurationen über den Projektlebenszyklus. Das Änderungsmanagement steht in einem engen Zusammenhang mit dem Konfigurationsmanagement. Aus Sicht des Konfigurationsmanagements erfüllt das Änderungsmanagement eine Steuerungsfunktion zur Überwachung der Konfiguration.

Konfigurationsmanagementsysteme bestehen aus einem einheitlichen Satz von Werkzeugen und Regeln, um die zu einer Produktkonfiguration gehörende Informationsmenge während des gesamten Produktlebenszyklus eindeutig zu identifizieren und zu kontrollieren.

Nachfolgende Übersicht (Tabelle 11.3) beschreibt die Ziele, Best Practices und Voraussetzungen am Beispiel des Konfigurationsmanagements auf CMMI Level 2.

Zu den *Basisfunktionen* des KM zählen die Versionskontrolle, die elektronische Zugriffskontrolle sowie die Einrichtung eines Prozess- und Workflowmanagementsystems.

- Versionskontrolle erlaubt Projektgruppen, Mitarbeitern oder anderen organisatorischen Einheiten einen eindeutigen und sicheren Zugriff auf Entwicklungs- und Produktionsinformationen. Während aller Phasen des Produktlebenszyklen variieren die Zugriffsrechte und die zugriffsberechtigten Personengruppen. Jede Änderung einer Information führt zu einer definierten Änderung der Version der zugeordneten Unterlagen.
- Alle produktrelevanten Informationen unterliegen einem elektronischen Zugriffsschutz. Dieser besteht für Dokumente aus einem elektronischen Archiv mit entsprechenden check-in/check-out Mechanismen und einer sogenannten elektronischen Unterschrift.
- Funktionalitäten des Prozess- und Workflowmanagements werden zur Umsetzung des Freigabe- und Änderungsmanagements sowie des Verteilwesens benötigt. Auch Funktionen wie Prüfen, Abzeichnen und Unterschreiben mit den entsprechenden Zugriffskontrollen werden über Workflowkomponenten abgewickelt.

Das nachfolgende Kapitel beschreibt, wie die Prozessfähigkeit des Konfigurationsmanagements durch Kennzahlen operationalisiert und nachgewiesen werden kann.

Tab. 11.3 Konfigurationsmanagement auf CMMI Level 2. (Quelle: eigene Darstellung)

Konfigurationsmanagement auf CMMI Level 2	
Ziele:	– Die Aktivitäten zum Software-Konfigurations-Management werden geplant – Ausgewählte Software-(Zwischen-)Produkte sind identifiziert, kontrolliert und verfügbar – Änderungen an den ausgewählten Software-(Zwischen-)Produkten werden kontrolliert – Alle Betroffenen werden über Status und Inhalt der Konfiguration informiert
Best Practices:	– Eine *Konfiguration* ist eine benannte Menge von Arbeitsergebnissen mit Versionsangabe, deren Abhängigkeiten konsistent sind (z. B. Konstruktionsstand, Lastenhefte, Programmstände). Die Produkte, die dem KM unterzogen werden, sind eindeutig identifiziert und dokumentiert. Das Ergebnis der Planung findet sich in einem KM-Plan wieder. Dieser ist Grundlage aller Aktivitäten. – Eine *Baseline* wird zu einem definierten Meilenstein gebildet und umfasst somit jeweils einen geplanten Entwicklungsstand. Sie bildet die Umsetzung eines freigegebenen Baseline-Planes zu einem gegebenen Zeitpunkt. Sie wird vor der Freigabe auf Konsistenz und Vollständigkeit geprüft und kann als Rückfallposition dienen. Änderungen an der Baseline erfolgen durch ein formales Änderungsverfahren. Die Verwaltung der Baseline erfolgt systemgestützt. Es finden Audits zu den Baselines statt. – Ein *Release* bezeichnet speziell in der Entwicklung von Hard- und Software einen bestimmten Entwicklungsstand, der nach Freigabe ausgeliefert wird. Es handelt sich also um eine Untermenge einer Baseline, welches ebenso den oben beschriebenen Kontrollen unterliegt. – Im Rahmen des *Berichtswesens* werden Berichte zum Status aller Aktivitäten des KM erstellt und entsprechend dem Grundsatz einer Stakeholder adäquaten Kommunikation verteilt.
Rahmenbedingungen:	– Eine klare Benennung von Verantwortlichkeiten für Planung und Umsetzung aller Aktivitäten des KM ist erfolgt – Auch Fremdleistungen/extern gelieferte Produkte unterliegen dem KM – Es gilt sicher zu stellen, dass das KM über den kompletten Produktlebenszyklus erfolgt

11.3.3 Projekt Performance Management mit CMMI

Projekt Performance bezeichnet den Grad der Zielerreichung oder der potenziell möglichen Leistung bezüglich der für die relevanten Stakeholder wichtigen Merkmale eines Projektes. Die Messung und die Bewertung der Performance erfolgt unter Zuhilfenahme von Kennzahlen. Kennzahlen (auch: Metrik, Kennziffer, Messgröße, Maßzahl etc.) sind „empirische betriebsindividuelle Zahlenwerte, die betrieblich relevanter Sachverhalte in Form von absoluter Zahlen (Grundzahlen, Summen, Differenzen und andere) darstellen und einen schnellen und zuverlässigen Einblick in das betriebliche Geschehen ermöglichen" (Korndörfer, 1995, S. 92) [18]. Nach CMMI lässt sich die Prozessfähigkeit des Konfigurationsmanagements durch zwei Kennzahlen ermitteln: der Anzahl Änderungsanträge sowie der Anzahl an Artefakten, die dem KM unterliegen. Untenstehende Tabelle 11.4 beschreibt die Metrik Anzahl Änderungsanträge.

Tab. 11.4 Metrik: Anzahl Änderungsanträge (Change Request – CRQ)

Metrik: Anzahl Änderungsanträge (Change Request – CRQ)	
Beschreibung des Attributs:	Gemessen wird die Anzahl der offenen und geschlossenen CRQ sowie der Status der offenen CRQ. Dargestellt wird außerdem eine Plankurve.
Einheit:	Anzahl CRQ
Skalentyp:	Absolut
Zweck/Anwendung der Messung:	Die Anzahl der CRQ über die Zeit ist ein wichtiger Indikator im Hinblick auf die Stabilität der vorgelagerten Anforderungsdefinition und ermöglicht Prognosen zur Termintreue bei Auslieferung

Ergebnisdefinition:	Die Anzahl der CRQ wird gemessen und im Vergleich zum Plan dargestellt.
	Allen CRQ werden die Stati „offen" (= in Bearbeitung) oder „geschlossen" (= bearbeitet) in ihren Ausprägungen („Metrikstatus") zugewiesen. Dabei gilt:
	– Offen:
	  – Gemeldet, Rückgefragt, Zugewiesen ⇨ Metrikstatus „Neu"
	  – Analysiert ⇨ Metrikstatus „Analysiert"
	  – Eingeplant, Weitergegeben ⇨ Metrikstatus „In Bearbeitung"
	  – Zurückgestellt ⇨ Metrikstatus „Zurückgestellt"
	– Geschlossen
	  – Abgelehnt, Erledigt, N/A ⇨ Metrikstatus „Geschlossen"

Darstellung des Messergebnisses:	Dargestellt wird das Messergebnis in einem Balkendiagramm:
	– x-Achse: Zeit
	– y-Achse: Anzahl CRQ
	  – Status der offenen CRQ als gestapelte Balken
	  – Planwerte als kleine Dreiecke
	  – Gesamtanzahl und die Anzahl geschlossener CRQ als Linien, d. h., das Delta entspricht der Anzahl offener CRQ.

Interpretation der Messergebnisse:	Nimmt die Anzahl der offenen CRQ stark zu, ist mit einem hohen Aufwand zur Abarbeitung zu rechnen. Darüber hinaus wäre die Qualität der Entwicklungsprozesse (z. B. Analyse, Entwurf, Implementierung, Test) und ihrer Umsetzung prüfen. Nimmt die Anzahl der geschlossenen CRQ nur langsam zu, so steht dem Projekt unter Umständen nicht ausreichend Kapazität zur Abarbeitung der CRQ zur Verfügung.
Stärken:	Die CRQ-Anzahl ermöglicht eine Aussage über Produktqualität, der Prozessfähigkeit des vorgelagerten Anforderungsmanagmeents sowie der Entwicklungskosten.
Risiken:	Die CRQ-Anzahl ist stark abhängig vom Testprozess. Ferner könnten unterschiedliche Programmiersprachen oder Entwicklungsumgebungen einen Einfluss haben. Als absolute Kennzahl ist ein Vergleich unterschiedlicher (Teil-)Projekte nur schwer möglich.

Eine Messung der Prozessfähigkeit über Kennzahlen ist zu verstehen als systematische Zuweisung von Zahlen zu Objekten mit dem Ziel, Eigenschaften der Objekte zu ermitteln. Grundsätzlich unterstützen Messungen dabei, etwas über den Untersuchungsgegenstand zu lernen, indem sie Merkmale explizit herausstellen und quantifizieren. Darüber hinaus lassen sich mit Hilfe von Messungen Projekte steuern. Die regelmäßige Erhebung von Messdaten über die entstehenden Artefakte macht deren Eigenschaften explizit sichtbar und erlaubt einen Vergleich mit den anvisierten Zielen. Ferner lässt sich auf der Basis vergangener Projekte eine Wissensbasis aufbauen, der angewandte Verfahren mit den erreichten Ergebnissen in Beziehung setzt.

In der Praxis gilt es allerdings, die mit einer Messung verbundenen Möglichkeiten und Grenzen kritisch gegeneinander abzuwägen. Einerseits sind bei Entscheidungen, die aufgrund von Messwerten gefällt werden, immer auch die Validität der vorliegenden Daten zu berücksichtigen. Es stellt sich dann die Frage, wie präzise die aus Messwerten und Erfahrungen gewonnenen Vorhersagen sind. Ferner erfordern gerade die statistischen Verfahren zur Messung der Prozessfähigkeit eine Quantifizierung des zu erwartenden Schätzfehlers. Wenn Messergebnisse bei wesentlichen Planabweichungen keine Veränderungen nach sich ziehen, schwindet die Akzeptanz bei den Stakeholdern. Und schließlich bleibt darauf hinzuweisen, dass Messungen eine Infrastruktur benötigen sowie die Unterstützung durch das Management/die Projektleitung bei der Messung und Ableitung der Maßnahmen erfolgskritisch ist. Der Beitrag der Messung zu den Projektzielen ist darzustellen.

11.4 Fazit

Das Reifegradmodell Capability Maturity Model Integration (CMMI) unterstützt Organisationen bei der Bewertung der Prozessfähigkeit in Entwicklungsprozessen von Hard- und Software. Das Modell definiert in Abhängigkeit vorgegebener Reifegrade eine Reihe von Prozessgebieten, denen wiederum Ziele und Best Practices zugeordnet sind.

Auf CMMI Level 2 sind grundlegende Prozesse des Projektmanagements hinsichtlich Kosten-, Zeit-, und Funktionsplanung definiert. Hierunter fällt auch das Konfigurationsmanagement. Dieser Prozess stellt die Integrität aller relevanten Arbeitsergebnisse über den kompletten Entwicklungszyklus sicher.

Die Prozessfähigkeit des Konfigurationsmanagements lässt sich in Anlehnung an CMMI Level 2 durch Kennzahlen ermitteln. Eine solche Messung ist die systematische Zuweisung von Zahlen zu Objekten mit dem Ziel, Eigenschaften der Objekte zu ermitteln. In der Praxis gilt es allerdings, die mit einer Messung verbundenen Möglichkeiten und Grenzen kritisch gegeneinander abzuwägen.

11.5 Zusammenfassung und Ausblick

Schärfere Wettbewerbsbedingungen global und immer kürzer werdende Innovationszyklen erfordern die kontinuierliche prozessuale Optimierung entlang der Wertschöpfungskette vieler Unternehmen. Eine Steigerung der Leistungsfähigkeit der Prozesse setzt allerdings eine vorherige Positionsbestimmung voraus.

Die hier behandelte Thematik ist vor dem Hintergrund der zunehmenden Bedeutung der unternehmerischen Prozessfähigkeit gerade in Entwicklungsprozessen zu sehen. Durch den Einsatz von Reifegradmodellen in Verbindung mit etablierten Ansätzen des Performance Managements erhalten Unternehmen die Möglichkeit, die eigene Position zu verorten und ihre Prozessfähigkeit realistisch zu bewerten.

Aufbauend auf dem Konzept der Project Scorecard begründet dieser Beitrag den Nutzen einer thematischen Verknüpfung von Project Scorecard und gängigen Reifegradmodellen wie CMMI zum Nachweis der Prozessfähigkeit von Projektprozessen in Unternehmen.

Es wurde gezeigt, dass Reifegradmodelle wie CMMI zur Operationalisierung einzelner Perspektiven der Project Scorecard dienen können und sich insgesamt in konzeptioneller Hinsicht als anschlussfähig erweisen im Hinblick auf die Entwicklung unternehmensspezifischer Performance Management Systeme. In ihren Perspektiven „strategische Ankopplung", „Einzelprojektergebnis", „Projektmanagementprozesse" und „Projektpotenziale" ist die Project Scorecard durch eine Pluralität von Zielen gekennzeichnet. In ihrer Gesamtheit werden die einzelnen Ziele als Zielsystem bezeichnet. Hier wird jedes Ziel eindeutig zu einem der vier Perspektiven der Project Scorecard zugeordnet. Dabei stehen die Ziele einer Perspektive sowohl zueinander als auch mit den anderen Perspektivenzielen in Beziehung und weisen in dieser Konstellation eine gewisse Abhängigkeit zueinander auf.

Die Verknüpfung von Reifegradmodellen mit etablierten Ansätzen des Performance Measurements bietet dem Controller in seiner Rolle als Begleiter strategischer Wandlungsprozesse wie bei der Sicherstellung der Umsetzung strategischer Unternehmensziele ein nutzenbringendes zeitgemäßes methodisches Inventar.

11.6 Literatur

[1] Langenbacher, G. (2012): Der Controller als Projektmanager: Performance Management in Projekten mit Scorecards. Inhouse Consulting, 1. Auflage, Wiesbaden: 199–216.
[2] Selders, M. (2009): Project Scorecard – Ein Instrument zur Unterstützung des Managements von strategischen Projekten (Dissertation), Aachen.
[3] Kaplan, R. S., & Norton, D. P. (1997): Balanced Scorecard – Strategien erfolgreich umsetzen, Stuttgart.
[4] Samuleson, P. A., & Nordhaus, W. D. (1998): Volkswirtschaftslehre. Wien, Frankfurt am Main.

11.6 Literatur

[5] Horváth, P. (2001): Controlling, 8. Ausgabe, Wiesbaden.
[6] Küng, P., & Wettstein, T. (2003): Ganzheitliches Performance-Measurement mittels Informationstechnologie, Bern, Stuttgart, Wien.
[7] Krause, O. (2004): Performance Management – Eine Stakeholder-Nutzen-orientierte und Geschäftsprozess-basierte Methode (Dissertation), Berlin.
[8] Neely, A., Gregory, M., & Platts, K. (1995): Performance Measurement System Design: A Literature Review and Research Agenda. In: international Journal of Operations Production Management, Vol. 15(4).
[9] Brunner, F. J. & Wagner, K. W. (2008): Taschenbuch Qualitätsmanagement, 4. Auflage, Wiesbaden.
[10] Brüggemann, H. & Bremer, P. (2012): Grundlagen Qualitätsmanagement, 1. Auflage, Wiesbaden.
[11] Howaldt, J., Kopp, R. & Winther, M. (1998): Kontinuierlicher Verbesserungsprozess, 1. Auflage, Köln.
[12] Crosby, P. B. (1979): Qualität kostet weniger, 3. Auflage, Berlin.
[13] Ahlemann, F., Schroeder, C. & Teuteberg, F. (2005): Kompetenz- und Reifegradmodelle für das Projektmanagement, ISPRI-Arbeitsbericht Nr. 01/2005, Forschungssysteme für Informationssysteme in Projekt- und Innovationsnetzwerken, Osnabrück.
[14] Holzbaur, U. (2007): Entwicklungsmanagement, 1. Auflage, Berlin.
[15] Stöger, R. (2011): Prozessmanagement, 3. Auflage, Stuttgart.
[16] Heinzl, J., Reicheneder, J. & Schiegg, H. (2001): Qualitätsorientierte Prozessgestaltung der integrierten Produktentwicklung, Projektmanagement Aktuell, Ausgabe 2/2001, Nürnberg.
[17] Kneuper, R. (2006): CMMI, 2. Auflage, Heidelberg.
[18] Korndörfer, W. (1995): Unternehmensführungslehre, Wiesbaden.

Zielgerichtete Steuerung von Beratungsprojekten

12

Eckhard Frischbier und Holger Pfeiffer

12.1	Management-Beratung: Signifikanter Kostenfaktor und Milliardengeschäft	229
12.2	Konsequente Steuerung als kritischer Erfolgsfaktor für Management-Beratungsprojekte	232
12.3	Wahrnehmung der Steuerungsfunktion für Beratungsprojekte	233
12.4	Gestaltung des Projektansatzes und Formulierung der Projektziele	234
12.5	Messung von Qualität und Performance	235
12.5.1	Beratungskompetenz	235
12.5.1.1	Analysefähigkeit	235
12.5.1.2	Projektmanagementfähigkeiten	236
12.5.1.3	Kommunikation	237
12.5.1.4	Prozessmanagement	237
12.5.2	Projektleitungskompetenz	238
12.5.2.1	Situatives Führen	238
12.5.2.2	Selbstmanagement	239
12.5.2.3	Delegation	240
12.5.2.4	Leistungsmotivation	240
12.5.2.5	Konfliktkompetenz	241
12.6	Zusammenfassung/Ausblick	242
12.7	Literatur	243

12.1 Management-Beratung: Signifikanter Kostenfaktor und Milliardengeschäft

Hohe Dynamik in den wirtschaftlichen Rahmenbedingungen, der Zwang zu kontinuierlichem Wachstum, der sich entwickelnde ordnungspolitische Rahmen in der EU z. B. im Wettbewerbsrecht oder in der Energiepolitik, sowie zyklisch wiederkehrende exogene Schocks wie die Finanzkrise 2008/2009 sind nur einige Ursachen für den zunehmenden Veränderungsdruck der Unternehmen.

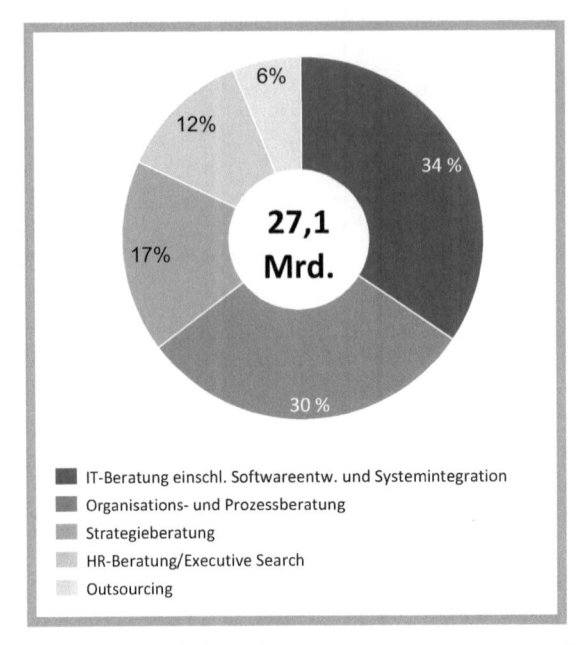

Abb. 12.1 Aufteilung des Beratungsumsatzes 2010 in Europa inklusive beratungsnaher Dienstleistungen und Personalberatung[1]

Allein das vielfach schnelle Umlegen des Schalters von Wachstumsorientierung auf Krisenmanagement führt die Unternehmen in den Modus eines kontinuierlichen Transformationsprozesses, der in hohem Maße mit Unterstützung von Unternehmensberatern in Gang gehalten wird.

Aus der Übersicht in Abbildung 12.1 ist die Aufteilung des Gesamtmarkts für Unternehmensberatung in Europa inklusive beratungsnaher Dienstleistungen und Personalberatung in Höhe von 27,1 Milliarden Euro (2010) ersichtlich. Dabei nehmen die Branchen in unterschiedlichem Maße Unternehmensberatungen in Anspruch.

Der europäische Gesamtmarkt von 27 Milliarden Euro stellt erhebliche externe Kosten für die Unternehmen dar, die durch einen ebenfalls erheblichen Block interner Kosten durch Bereitstellung eigener Ressourcen erhöht werden.

Entscheidend für den Erfolg der Unternehmen in diesem Transformationsprozess ist jedoch nicht die Höhe der Kosten der investierten internen wie externen Ressourcen, sondern der Nutzen, den das Unternehmen aus den Beratungsprojekten ziehen kann. Der Nutzen ergibt sich aus der Qualität der in den Projekten erarbeiteten Lösungen, Strategien und Konzepte sowie aus deren Realisierung im Rahmen einer konsequenten Umsetzung.

---

[1] Quelle: Facts& Figures zum Beratermarkt 2010/2011, Bundesverband deutscher Unternehmensberater (BDU e. V., Bonn 2011).

12.1 Management-Beratung: Signifikanter Kostenfaktor und Milliardengeschäft   231

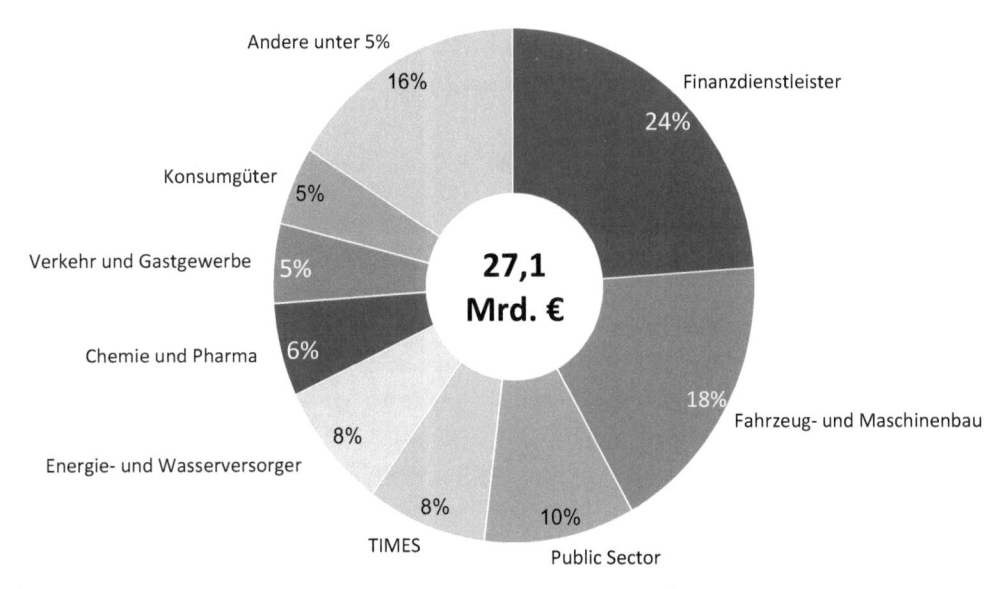

Andere unter 5% 16%
Finanzdienstleister 24%
Konsumgüter 5%
Verkehr und Gastgewerbe 5%
Chemie und Pharma 6%
Energie- und Wasserversorger 8%
TIMES 8%
Public Sector 10%
Fahrzeug- und Maschinenbau 18%

27,1 Mrd. €

Abb. 12.2 Aufteilung des Gesamtmarktes nach Klientenbranchen[2]

Die Realisierung dieses Nutzens ist jedoch höchst ungewiss. Selbst wenn die monetäre Bewertung der qualitativen Dimensionen erfolgreicher Projekte theoretisch noch in befriedigender Weise gelingt, wird man in der Praxis die Transparenz über das finanzielle Ergebnis der Maßnahmen in der Mehrjahresbetrachtung im besten Fall gerade noch näherungsweise nachweisen können.

Nach einer Studie wissen 40 % der Kunden nicht, ob ihre Projekte mit Erfolg abgeschlossen wurden. [1]

Die Erwartung an den realisierbaren Nutzen von Projekten hat ebenfalls eine große Spannbreite. Idealerweise geht man von einem Kosten/Nutzenverhältnis von bis zu 1:10 aus. Da jedoch erfahrungsgemäß auch Projekte aus verschiedenen Gründen ohne einen erkennbaren Nutzen enden, ist die monetäre Bewertung des Nutzens von Beratungsprojekten äußerst ungewiss, er liegt in der Betrachtung des europäischen Marktes in einer theoretischen Bandbreite zwischen 0 und 300 Milliarden Euro.

Hierbei wird deutlich, dass es auf Seiten der Kunden entscheidend darauf ankommt, den angestrebten Erfolg von Beratungsprojekten zu gewährleisten durch ein geeignetes Beratermanagement und dieses durch geeignete Transparenzmaßnahmen abzusichern. Diese Aufgabe kann insbesondere eine Inhouse-Consulting-Einheit oder alternativ das Controlling in der Funktion Inhouse Consultant übernehmen.

---

[2] Quelle: Facts & Figures zum Beratermarkt 2010/2011, Bundesverband deutscher Unternehmensberater (BDU e. V., Bonn 2011).

12.2 Konsequente Steuerung als kritischer Erfolgsfaktor für Management-Beratungsprojekte

Durch welche Maßnahmen können Unternehmen zumindest die geeigneten Rahmenbedingungen schaffen, um die mit hohem Aufwand verbundenen beschlossenen Projekte zu dem erwarteten Erfolg zu führen? Es empfiehlt sich, ein Corporate Consulting Management aufzusetzen mit folgenden wesentlichen Aspekten:

Gestaltung des Projektportfolios

Um sicher zu gehen, dass die vom Unternehmen initiierten Projekte in Summe den Zielen des festgelegten Transformationsprozesses dienen, empfiehlt es sich, an zentraler Stelle das Gesamtportfolio der Projekte zu überwachen und zu gestalten. Dabei wird gewährleistet, dass die Projekte inhaltlich überschneidungs- und widerspruchsfrei sind und bezüglich der Priorisierung und zeitlichen Abfolge geordnet ablaufen.

Wahl des Projektansatzes

Ebenso empfiehlt es sich, von zentraler Stelle die Zieldefinition des jeweiligen Projektes zu überprüfen, das Vorgehensmodell einschließlich der adäquaten Instrumentenauswahl daran auszurichten, Projektorganisation und Meilensteinplanung einer Qualitätsprüfung zu unterziehen und auf Grundlage einer sorgfältigen Stakeholderanalyse die adäquate Einbindung aller erforderlichen internen Ressourcen zu gewährleisten.

Art der Beauftragung

Hierbei ist zu prüfen, ob aus einer übergeordneten Sicht das Engagement eines Beraterteams für das jeweilige Projekt wertsteigernd sein wird und welche Voraussetzungen dazu vorliegen müssen. Entscheidend dabei ist die detaillierte Analyse, welches Beraterprofil für die Art und Zielsetzung des Projekts das geeignetste ist, welche Qualifikationen und Kompetenzen erforderlich sind, ob eine etwa vorhandene Inhouse-Beratungseinheit oder externe Berater den Profilanforderungen nahekommen oder ein kombiniertes Team, das seine Stärken gegenseitig ergänzen kann.

Zielgerichtete Beraterauswahl

Auf Grundlage der Profilanforderungen an das Beraterteam wird mit Unterstützung des Einkaufsbereichs der Kriterienkatalog mit Gewichtungssystematik für die Vergabeentscheidung erstellt, die auf das jeweilige Projekt zugeschnittene Beraterliste zusammengestellt und durch ein geeignetes Assessment letztlich die optimale Auswahl getroffen. Wichtig ist hier, dass durch Einbindung mehrerer voneinander unabhängiger Unternehmensfunktionen eine objektivierte Bewertung durch eine Mehrpersonenentscheidung zustandekommt.

Inhaltliches Qualitätsmanagement

Das gesamte Projektteam einschließlich der Berater ist nach idealerweise standardisierten inhaltlichen Qualitätskriterien über die gesamte Projektdauer zu führen und hat über die gewonnenen Erkenntnisse und Entwicklungen regelmäßig zeitnah an den Auftraggeber geeignet zu berichten. Dazu ist neben den üblichen Projektmanagementstandards eine Kultur des kontinuierlichen direkten Feedbacks zu entwickeln als Voraussetzung für eine wirkungsvolle Führung des gesamten Projektteams.

Sicherung und Zurverfügungstellung der Projektergebnisse und der erworbenen Erkenntnisse

Ein erheblicher Nutzen aus einer systematischen Steuerung eines Unternehmens-Projektportfolios entsteht auch durch die Möglichkeit der Errichtung eines Wissensmanagements zur Sicherung und geeigneten Bereitstellung der Projektergebnisse und der wesentlichen Erkenntnisse aus der Projektarbeit.

Mehrperiodisches Maßnahmencontrolling für die Umsetzungs- und Folgephase

Da sich Projektergebnisse nur selten eindeutig und ohne Weiteres aus der Gewinn- und Verlustrechnung eines Unternehmens ableiten lassen, ist die Einrichtung eines inhaltlichen Maßnahmencontrollings die Voraussetzung für Transparenz über die Realisierung von konzipierten und beschlossenen Maßnahmen, in der Regel über mehrere Jahre hinweg.

12.3 Wahrnehmung der Steuerungsfunktion für Beratungsprojekte

Die Frage, wer sinnvollerweise eine derartige Steuerungsfunktion für ein Projektportfolio und für seine optimale Realisierung wahrnehmen kann, ist nach

- persönlicher Eignung und
- funktionaler Allokation im Unternehmen

zu entscheiden.

Wesentliche Aspekte der persönlichen Eignung betreffen mehrjährige Erfahrungen im Projektgeschäft, idealerweise aus Berater- oder Projektleitertätigkeit. Gerade Führungskräfte mit Beratungshintergrund sind also prädestiniert für diese Aufgabe, da sie in der Regel aus der Anwendung von Standards zu erfolgreicher Projektarbeit die Voraussetzungen mitbringen, in allen Steuerungsfunktionen die Risiken für den Projekterfolg zu identifizieren, die z. B. aus Zielkonflikten zwischen beauftragenden Unternehmen und dem Berater resultieren können.

Bei der funktionalen Allokation im Unternehmen sind insbesondere die Aspekte Neutralität und Unabhängigkeit der Steuerungsfunktion entscheidend. Diese unterstützen die erforderliche Authentizität und Autorität als wichtige Voraussetzung für die wirksame Wahrnehmung der Steuerungsaufgabe. Eine Unternehmensfunktion, die eigene originäre Ziele im Transformationsprozess verfolgt, wird als Partei wahrgenommen und in dieser Aufgabe auf Akzeptanzvorbehalte treffen.

Infrage kommen daher Stabsfunktionen wie Organisation oder Controlling, oder eine vorhandene Inhouse-Managementberatung. Die Controllingbereiche übernehmen zunehmend Schlüsselrollen in der Projektkoordination und dem Projektcontrolling bei großen Beratungsprojekten. Das Thema „Der Controller als Inhouse Consultant" hat demzufolge eine hohe Aktualität, weil es praktisch nur einer Ergänzung der Regelaufgaben des Controllings bedarf, um eine erfolgreiche Integration in große Beratungsprojekte sicherzustellen. Eine aufwändige inhaltliche Einarbeitung ist nicht notwendig, da die wesentlichen Methoden, Vorgehensmodelle und Werkzeuge der Controller mit denen der Berater übereinstimmen. [2]

Alternativ kann eine Inhouse Beratung, sofern sie als neutrale und unabhängige Unternehmensfunktion ausgestaltet ist, ergänzend zur Steuerungsfunktion auch gezielt operative Aufgaben in Teilen des Projektportfolios übernehmen und so einen direkten und unmittelbaren Einfluss auf den Projekterfolg nehmen. So verfügen inzwischen mit steigender Tendenz zwei Drittel der deutschen DAX-Konzerne über Inhouse-Beratungseinheiten, die derartige Funktionen in verschiedenen Formen wahrnehmen. [3]

12.4 Gestaltung des Projektansatzes und Formulierung der Projektziele

Die meisten Beratungsprojekte scheitern daran, dass der Projektansatz und das daraus resultierende Konzept in der Praxis nicht umsetzbar sind. Die Gründe dafür sind sehr vielfältig. Meist werden die Projektansätze nicht hinreichend auf ihre Umsetzbarkeit überprüft. Eine klare Formulierung der zu erreichenden Projektziele und die nachhaltige Erfolgskontrolle sind dabei ausschlaggebend für die spätere Projektumsetzung. Ein weiterer Risikofaktor besteht darin, dass unterschiedlichste Interessengruppen von der Planung bis zur Umsetzung direkten oder indirekten Einfluss auf das Projekt nehmen und dabei Ziele verfolgen, welche nicht immer zur Nutzenmaximierung führen. Vielmehr wird versucht, das Projekt und die eingesetzten Berater für nicht kommunizierte Ziele zu instrumentalisieren. Dies kann dazu führen, dass sich der vorab definierte Projektansatz ändert und die entsprechenden Projektziele nicht mehr vollständig erreicht werden können. Nicht zu vernachlässigen ist auch die Motivation des externen Beratungsunternehmens, Folgeprojekte zu akquirieren. Dabei wird die Erarbeitung der Projektergebnisse so gesteuert, dass eine weitere Validierung in Form eines Nachfolgeprojektes notwendig erscheint. Aus diesen genannten Gründen ist es sinnvoll, ein effizientes Beratungsprojektmanagement zu etablieren, welches bei der Sicherung des Projekterfolges unterstützen kann. Das kundenseitige Beratungsprojektmanagement kann typischerweise von Inhouse-Consulting-Einheiten wahrgenommen werden, weil diese auf Augenhöhe mit den externen Beratern eine Qualitätsüberwachung und Steuerung vornehmen können. Bei Unternehmen ohne Inhouse-Consulting-Einheiten wird zunehmend auf den Controllingbereich zurückgegriffen, da dieser Bereich über entsprechende Kompetenzen verfügt, um eine steuernde und überwachende Rolle für eine derartige Projekttätigkeit einzunehmen.

12.5 Messung von Qualität und Performance

Eine klare Ergebnis- und Leistungsorientierung der Kunden von Beratungsprojekten zeigt sich besonders darin, dass die Forderung der Umsetzbarkeit der Beratungskonzepte und -lösungen im Fokus steht. Es besteht ebenfalls der Wunsch, die Beratungsleistung und Qualität transparent und messbar zu machen. Eine erfolgsorientierte Bezahlung wird in diesem Zusammenhang häufig als Instrument zur Leistungsmessung von Beratungsprojekten eingesetzt. Ein hohes Eigeninteresse der Beratungen, die geforderten Projektziele zu erreichen, soll damit sichergestellt werden. [4] Ob das gelingt, hängt davon ab, ob die Regeln zur Messung des Zielerreichungsgrades zwischen Auftraggeber und Auftragnehmer präzise geklärt wurden.

12.5.1 Beratungskompetenz

Die meisten Beratungsprojekte werden in Phasen strukturiert. In der Literatur wird die erste Phase meist als Akquisitionsphase bezeichnet. Vorab hat allerdings die erste Kontaktaufnahme stattgefunden. Der erste Eindruck des Beraters spielt hierbei eine nicht unwesentliche Rolle. Nicht nur inhaltliche Kompetenz sondern auch persönliche Aspekte sind für eine mögliche Zusammenarbeit sehr wichtig. Nach der Kontaktaufnahme entscheidet der Kunde, ob das Beratungsunternehmen in die engere Auswahl für ein mögliches Projekt übernommen wird. [4]

12.5.1.1 Analysefähigkeit
Nach der Akquisitionsphase folgt die Projekteinstiegsphase, in der die genauen Strukturen und die erforderliche Klarheit über das gesamte Projekt geschaffen werden. Ein sehr wichtiges Kriterium für einen erfolgreichen Projekteinstieg ist die anfängliche gemeinsame Zielklärung mit dem Auftraggeber. Eine eindeutige Definition der mit dem Projekt verbundenen Ziele und ein gemeinsames Verständnis darüber ist unerlässlich und sollte methodisch erfolgen. Dabei werden die notwendigen konzeptionellen Leitplanken für das Projekt sowie die Erwartungshaltung des Auftraggebers abgefragt, damit es im weiteren Projektverlauf nicht zu vermeidbaren Störungen kommt. Noch fehlende relevante Informationen müssen von Auftraggebern und Stakeholdern frühzeitig eingeholt werden. Ein weiteres Erfolgskriterium für eine reibungslose Projektdurchführung ist die frühzeitige Stakeholderanalyse. Die relevanten Einflussgruppen werden hierbei systema-

tisch überprüft. Als die sogenannten Stakeholder werden die Personen oder Personengruppen definiert, die am Projekt direkt beteiligt, am Projektablauf interessiert oder von den Auswirkungen der Projektziele oder Projektergebnisse betroffen sind. Diese wollen Einfluss auf den Projektverlauf nehmen und die Projektziele mitgestalten. Der Einfluss solcher Stakeholder auf das Projekt kann sich zwischen „fördernd" über „neutral" bis hin zu „die Projektziele verhindernd" zeigen. Nur wer die potenziellen Projektförderer und Projektgegner kennt, hat die Möglichkeit

- fördernde Chancen zu nutzen und bremsende Risiken abzuwehren
- Kommunikation erwartungsadäquat und vollständig zu betreiben
- Projektbesetzung sinnvoll durchzuführen
- Erwartungen an das Projekt vollständig zu managen

Eine konsequente Klärung wichtiger Fragestellungen im Vorfeld erhöht die Erfolgswahrscheinlichkeit des Projektes erheblich. Zum Start des Projektes sollten deshalb folgende Punkte mit dem Auftraggeber geklärt sein:

- Ziel des Projektes
- relevante „Stakeholder"
- Lösungsansatz und Projektauftrag
- Nutzen des Projektes

Wenn die vorbereitenden Maßnahmen abgeschlossen sind, muss die Ausgangssituation des Projektes klar analysiert und strukturiert werden.

Dazu gibt es Restriktionen, die Einfluss auf die Problemsituation haben, jedoch im Rahmen des Projektes nicht verändert werden können, wie z. B. gesetzliche, finanzielle, technische oder personelle Restriktionen. Zur Erarbeitung eines realisierbaren Lösungsansatzes ist das zugrundeliegende Problem basierend auf Zielsetzung und Ausgangssituation zu spezifizieren und zu strukturieren. Es gibt dazu eine Vielzahl von Werkzeugen wie die Aufteilung eines Problems in Problemklassen, die progressive Abstraktion, den Problemlösungsbaum sowie das Brainstorming zur kreativen Ideensammlung. Alle Werkzeuge verfolgen das Ziel, den generellen Lösungsansatz und das grundsätzliche Vorgehen im Projekt zu skizzieren.

12.5.1.2 Projektmanagementfähigkeiten
Eine strukturierte Darstellung der Problemstellung des Projektes und des daraus resultierenden Lösungsvorschlages leitet die Projektplanungsphase ein, in der wesentliche Aufgaben in eine logische und zeitliche Reihenfolge gebracht werden. Die Projektplanung schafft die Grundlagen für alle Projektmanagementaktivitäten im Gesamtprojektverlauf. Zusätzlich sind durch das Projektmanagement die Kommunikationsbeziehungen des Projektes zu planen, ein Risikomanagement aufzusetzen und sonstige organisatorische Vorkehrungen zu treffen.

In der Projektplanungsphase muss festgelegt werden, welche Tätigkeiten in welcher Qualität, durch wen, wann, mit welchen Ressourcen und zu welchen Kosten während der Projektdurchführung ausgeführt werden, um möglichst schnell und sicher zum gewünschten Ergebnis zu gelangen. Im weiteren Projektverlauf werden die entsprechenden Daten durch das Projektmanagement laufend überwacht. [5] Die Projektplanungsphase gliedert sich in die konkrete Planung des Projektes, die Überwachung der Teilziele und in die übergeordnete Managementplanung. [5] Für die Projektsteuerung wird in Großprojekten durch das Projektcontrolling eine professionelle Projektplanung auf Basis einer klar strukturierten Meilensteinplanung aufgesetzt, welche sich anschließend in einem ergebnisorientierten Projekt-Reporting wiederfindet.

12.5.1.3 Kommunikation

Eine professionelle Kommunikation verschafft den Beteiligten eines Projektes einen Überblick über die relevanten Themen und Veränderungen und ist wichtiger Bestandteil des Erwartungsmanagements des Kunden. Hierbei geht es vor allem um die Kommunikation gegenüber Vorständen, Mitbestimmung, Führungskräften und Mitarbeitern. Anfängliche Informationen sind dabei die strategische Zielrichtung des Projektes sowie die wesentlichen Herausforderungen und Veränderungen für alle Beteiligten. Im weiteren Projektverlauf müssen die Projektfortschritte, Ergebnisse und Risiken für alle relevanten Beteiligten transparent gemacht werden. Die Kommunikation gegenüber den Mitarbeitern ist besonders wichtig, wenn Verständnis für notwendige wirtschaftliche Entscheidungen geschaffen werden soll. Abschließend ist zu sagen, dass die Kommunikation frühzeitig, zielgruppenspezifisch, kontinuierlich und projektphasenbezogen erfolgen sollte.

12.5.1.4 Prozessmanagement

Eine Vielzahl von Beratungsunternehmen befasst sich intensiv mit dem Thema Prozessmanagement. Auch in der Literatur wird dieses Thema unerschöpflich untersucht und diskutiert. Dazu ist zu sagen, dass viele Optimierungsprojekte und Reorganisationsprojekte sich über das Thema Prozessoptimierung definieren. Die grundlegenden theoretischen Vorgehensmodelle und Methoden unterscheiden sich in den jeweiligen Beratungsansätzen und Konzepten nur minimal. Für den Auftraggeber ist die tatsächliche praktische Umsetzung viel entscheidender. Deshalb ist gerade am Anfang des Projektes darauf zu achten, dass die individuell erarbeiteten Beratungskonzepte auf Ihre tatsächliche Umsetzbarkeit überprüft werden. Dies ist nur dann möglich, wenn das jeweilige Beratungsunternehmen über die notwendigen Kompetenzen verfügt und dies anhand tatsächlich durchgeführter Referenzprojekte nachweisen kann. Der Einsatz einer Inhouse-Beratungseinheit kann hier von Vorteil sein. Eine Inhouse-Beratung, die in mehreren Konzerngesellschaften bereits Projekte absolviert hat, kann durch ihren wertschöpfungsstufenübergreifenden Blick schnell beurteilen, welche Auswirkung bestimmte Änderungen auf andere Konzerngesellschaften und Wertschöpfungsstufen und den dazugehörigen Prozessen haben könnten. Die internen Beratungseinheiten kennen den internen Auftraggeber und den Konzern genau und können somit auch die Umsetzbarkeit von Projekten in der Regel besser beurteilen als externe Wettbewerber. Die unmittelbare

Nähe zum Konzern und zum Kerngeschäft führt zu einer klareren Sichtweise für maßgeschneiderte kundenindividuelle Beratungslösungen. Die internen Beratungseinheiten haben eine qualitativ hochwertige und für den Kunden umsetzbare Lösung als Ziel. Vielfach können dadurch die richtigen Lösungen schneller und wirkungsvoller implementiert werden als Standardmethoden externer Berater. [2]

12.5.2 Projektleitungskompetenz

Die permanente Überwachung der Qualität der Projektarbeit und der Performance des Projektteams und insbesondere des Beraterteams kann wirkungsvoll nur aus einem eigenen Verständnis von Leistungskultur und eigenen Standards zu erfolgreicher Projektarbeit wahrgenommen werden.

Diese Standards gehen über die Anforderungen einer üblichen Unternehmenskultur hinaus und beziehen sich zum einen auf Projektleitungskompetenz im weiteren Sinne sowie zum anderen auf Beratungskompetenz im engeren Sinne.

Derartige Beratungskompetenzen werden bei Inhouse-Beratungseinheiten durch obligatorische Schulungen systematisch aufgebaut und können so bei der Projektdurchführung selbst angewandt oder zur Qualitätssicherung bei Projekten mit externen Beratungen genutzt werden.

Die im Folgenden dargestellten wesentlichen Aspekte zu Projektleitungs- und Beratungskompetenzen stellen als Beispiel einen Auszug aus dem Inhouse-Trainingsprogramm der RWE Consulting dar. Sie können die Grundlage für steuernde Eingriffe und Richtungskorrekturen auf Projekten bilden.

12.5.2.1 Situatives Führen [9]

Insbesondere aufgrund der hohen Dynamik der Projekttätigkeit ist eine ständige Anpassung des Führungsverhaltens des Projektleiters an die jeweilige Situation der Projektmitarbeiter in der Schrittfolge

Ziele setzen – beobachten und rückmelden – bewerten

erforderlich. Dies lässt sich in den Dimensionen der Mitarbeiterbezogenheit und der Aufgabenbezogenheit in folgender Matrix (Abbildung 12.3) darstellen.

Bei der gemeinsamen **Zielsetzung** sind Ziele *spezifisch, messbar, ambitiös, realistisch und zeitbezogen* zu formulieren. Bei der Zielsetzung ist die Ausgangssituation gemeinsam mit dem Mitarbeiter zu evaluieren und das gemeinsame Zielverständnis sicherzustellen.

Bei der **Beobachtung** ist ein kontinuierliches Feedback an den Mitarbeiter bezüglich seiner wahrgenommenen Motivation, Kompetenzlevel und Wirksamkeit zu geben.

Die **Bewertung** der Ergebnisse erfolgt in Diskussion mit dem Mitarbeiter in Gegenüberstellung Fremdbild/Selbstbild.

12.5 Messung von Qualität und Performance

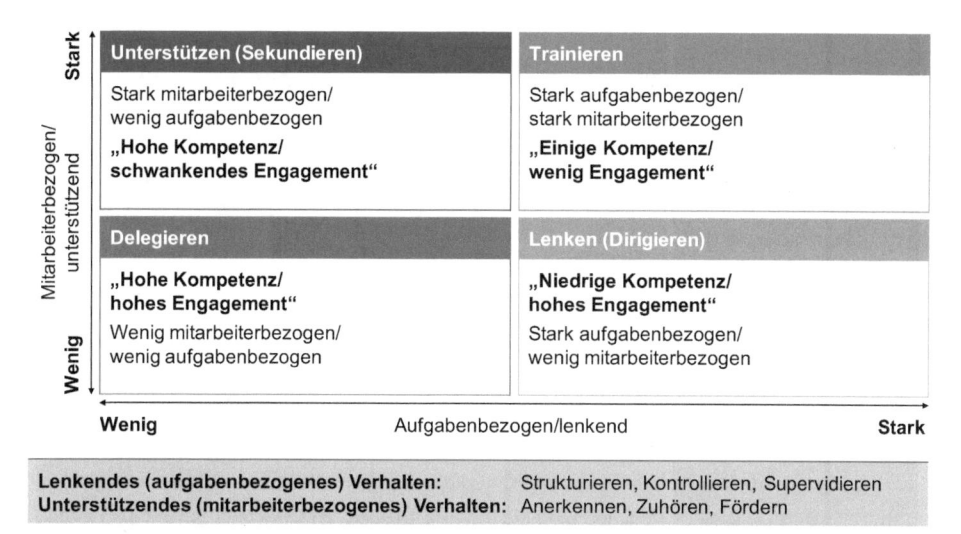

	Wenig ← Aufgabenbezogen/lenkend → Stark
Stark Mitarbeiterbezogen/ unterstützend	**Unterstützen (Sekundieren)** Stark mitarbeiterbezogen/ wenig aufgabenbezogen „Hohe Kompetenz/ schwankendes Engagement"	**Trainieren** Stark aufgabenbezogen/ stark mitarbeiterbezogen „Einige Kompetenz/ wenig Engagement"
Wenig	**Delegieren** „Hohe Kompetenz/ hohes Engagement" Wenig mitarbeiterbezogen/ wenig aufgabenbezogen	**Lenken (Dirigieren)** „Niedrige Kompetenz/ hohes Engagement" Stark aufgabenbezogen/ wenig mitarbeiterbezogen

Lenkendes (aufgabenbezogenes) Verhalten: Strukturieren, Kontrollieren, Supervidieren
Unterstützendes (mitarbeiterbezogenes) Verhalten: Anerkennen, Zuhören, Fördern

Abb. 12.3 Das situative Führen wird auf die jeweilige Situation des Mitarbeiters bei der Aufgabenbewältigung angepasst

12.5.2.2 Selbstmanagement

Ein bewusstes Selbstmanagement schützt den Projektleiter davor, sich zu oft und über zu lange Phasen in einem nicht zielführenden Arbeitsmodus zu bewegen. Ziel ist es, sich im Sinne der folgenden Zeit-Management-Matrix überwiegend im Quadranten II zu bewegen:

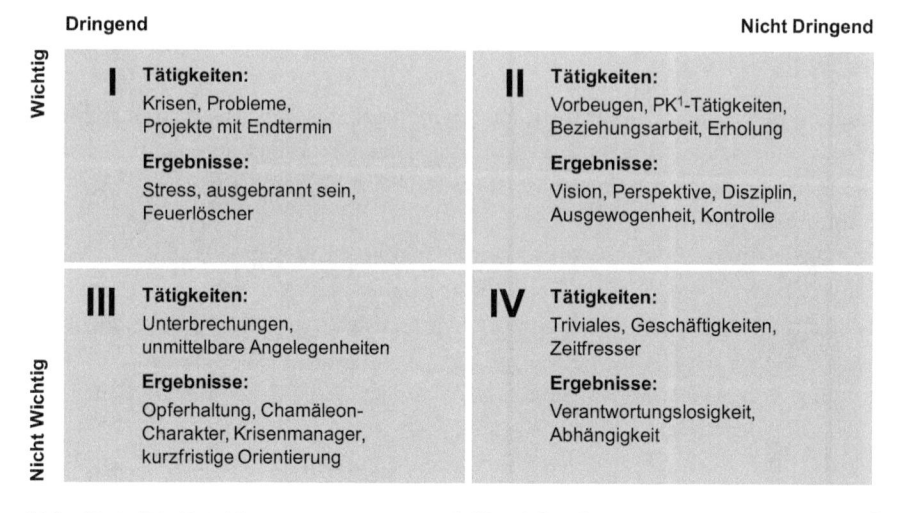

	Dringend	**Nicht Dringend**
Wichtig	**I** Tätigkeiten: Krisen, Probleme, Projekte mit Endtermin Ergebnisse: Stress, ausgebrannt sein, Feuerlöscher	**II** Tätigkeiten: Vorbeugen, PK[1]-Tätigkeiten, Beziehungsarbeit, Erholung Ergebnisse: Vision, Perspektive, Disziplin, Ausgewogenheit, Kontrolle
Nicht Wichtig	**III** Tätigkeiten: Unterbrechungen, unmittelbare Angelegenheiten Ergebnisse: Opferhaltung, Chamäleon-Charakter, Krisenmanager, kurzfristige Orientierung	**IV** Tätigkeiten: Triviales, Geschäftigkeiten, Zeitfresser Ergebnisse: Verantwortungslosigkeit, Abhängigkeit

Abb. 12.4 Die Zeit-Management-Matrix ist hilfreich bei der konsequenten Priorisierung[3]

---

[3] Quelle: in Anlehnung an die Methode des US-Präsidenten und Alliierten-Generals Dwight D. Eisenhower.

12.5.2.3 Delegation

Wirksames situatives Führung und bewusstes Selbstmanagement liefern die Erkenntnis, für welche Situationen Delegation das angemessene Führungsinstrument ist. Entscheidend für die erfolgreiche Delegation ist vollständige Abarbeitung der Delegationscheckliste:

- Was: Ziel beschreiben
- Wer: Verantwortung platzieren
- Warum: Begründung ausführen, motivieren
- Womit: Arbeitsmittel, Systeme abstimmen
- Bis wann: zeitlichen Horizont klären mit Zwischenzielkontrollen

12.5.2.4 Leistungsmotivation [7] [8]

Die Führungsqualität des Projektleiters lässt sich konkret messen an der Anwendung von Managementtechniken, die geeignet sind, die individuellen Potenziale der Projektmitarbeiter zu einem hohen Anteil zur Wirkung kommen zu lassen. Gerade Projekte bieten einerseits die Möglichkeit, klassische Motivatoren anzubieten, wie

- sich für die Mitwirkung an einem besonderen Projekt qualifiziert zu haben,
- als „First Mover" das Unternehmen zu bewegen,
- seine Kompetenzen zum Einsatz bringen zu können,
- sich selbst weiterentwickeln zu können durch neue Herausforderungen.

Andererseits besteht aufgrund der in der Regel hohen Projektdynamik die Gefahr, gerade durch nicht sorgfältige Kommunikation Demotivationen zu erzeugen.

Ein qualitativ hochwertiger Führungsstil zeichnet sich durch folgende wesentliche Managementtechniken aus:

- Übertragung/Beteiligung der Projektmitarbeiter an spezifischen Aufgaben mit mittlerem Risiko und Zielerreichungsverantwortung. Ziele dabei hoch ansetzen. Entscheidend ist nicht die Frage der Erreichbarkeit, sondern die Einigkeit über das anzustrebende ambitionierte Ziel.
- Steigerung von Aufgabenverantwortung und Zielhöhe im Projektverlauf
- Möglichkeiten zur persönlichen Entfaltung schaffen im Rahmen von Aufgabenzuordnungen, Aufgabenzuschnitt, Teamzusammenstellung. Dazu gehört auch das bewusste Verlassen der Komfortzone.
- Übertragung von Teilverantwortungen in einer Form, die beim Mitarbeiter die Wahrnehmung des Projektes als das eigene fördert
- Zugang zu Hilfsquellen ermöglichen wie Experten, Ressourcen, Informationen, Kontakte
- Möglichkeiten zur Verbesserung/Veränderung schaffen und einzelne Ansätze dazu in prominenter Weise aufgreifen und zur Umsetzung bringen
- kontinuierlich situatives Feedback geben, einfordern, annehmen und dieses in ein systematisches überführen

Daneben sollten Kommunikationstechniken bewusst angewandt werden:

- Vermeidung unspezifischer Aussagen („man sollte …") und unzulässiger Verallgemeinerungen („jeder …", „niemand …", „immer …") sowie gezieltes Nachfragen, wenn diese wahrgenommen werden
- aktives Zuhören wie paraphrasieren, verbalisieren, zusammenfassen, weiterführen, abwägen

12.5.2.5 Konfliktkompetenz

Ein weiterer wesentlicher Aspekt messbarer Projektleiterkompetenz ist die Fähigkeit, Konfliktgespräche für beide Seiten gewinnbringend zu führen. Hilfreich ist dabei, eine der zahlreich angebotenen Techniken anzuwenden, die zu einer zielgerichteten Strukturierung des Gesprächs führen. Als ein Beispiel für in der Praxis bewährte Techniken sei hier ein Vorgehen in neun Schritten erwähnt mit folgenden Elementen:

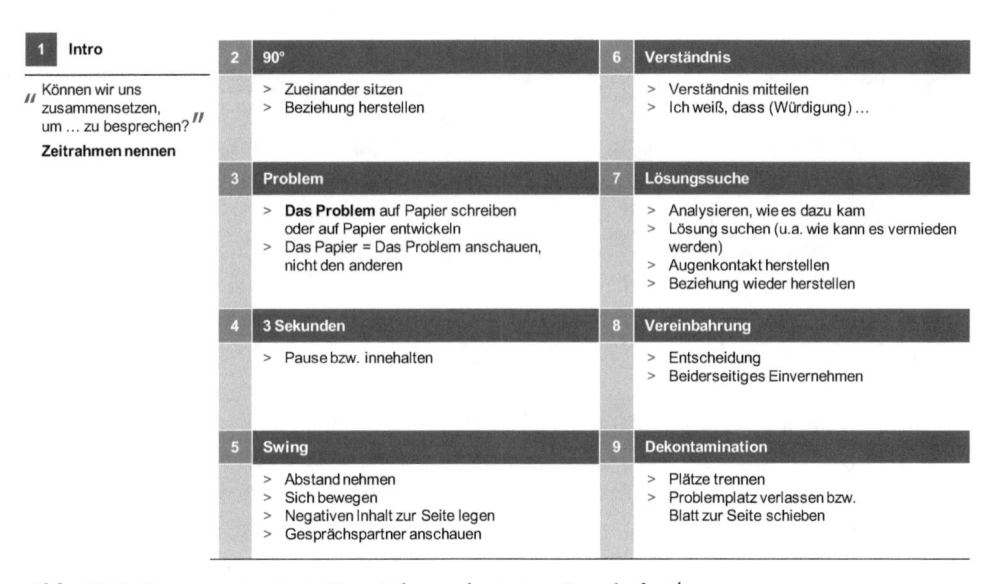

1 Intro	2 90°	6 Verständnis
„Können wir uns zusammensetzen, um … zu besprechen?" Zeitrahmen nennen	> Zueinander sitzen > Beziehung herstellen	> Verständnis mitteilen > Ich weiß, dass (Würdigung) …
	3 Problem	7 Lösungssuche
	> **Das Problem** auf Papier schreiben oder auf Papier entwickeln > Das Papier = Das Problem anschauen, nicht den anderen	> Analysieren, wie es dazu kam > Lösung suchen (u.a. wie kann es vermieden werden) > Augenkontakt herstellen > Beziehung wieder herstellen
	4 3 Sekunden	8 Vereinbahrung
	> Pause bzw. innehalten	> Entscheidung > Beiderseitiges Einvernehmen
	5 Swing	9 Dekontamination
	> Abstand nehmen > Sich bewegen > Negativen Inhalt zur Seite legen > Gesprächspartner anschauen	> Plätze trennen > Problemplatz verlassen bzw. Blatt zur Seite schieben

Abb. 12.5 Lösungsorientierte Vermittlung schwieriger Botschaften[4]

---

[4] Quelle: Global Leadership School, Gerald Huesch.

Entscheidend für die erfolgreiche Anwendung einer der Techniken ist jedoch die sorgfältige Selbstreflexion. Diese bezieht sich im Wesentlichen auf

- die eigene Wahrnehmung – erkennt man rechtzeitig, wo sich ein Konflikt abzeichnet, ist man offen für frühe Signale?
- die Gefühlslage – reagiert man eher hilflos oder kann man sie als Chance nutzen?
- das Verhalten – geht man Konflikte offen, aktiv und direkt an?

Sofern die eigene Herangehensweise des Projektleiters von einer positiven Grundeinstellung getragen wird, können Konfliktsituationen zu einer Qualitätssteigerung in der Zusammenarbeit führen.

12.6 Zusammenfassung/Ausblick

Unternehmen reagieren auf wachsenden Veränderungsdruck mit tendenziell steigender Nachfrage an Unternehmensberatung. So waren mit Ausnahme der beiden Krisenjahre 2002 und 2009 die Veränderungsraten des Beratungsmarkts in Europa in den Jahren 2001 bis 2010 stets positiv, über drei Jahre hinweg sogar zweistellig positiv. [6]

Auch für das Jahr 2011 rechnet die Branche gerade in den Segmenten Strategieberatung und Organisations- und Prozessberatung mit signifikantem Wachstum.

Gleichzeitig wächst in den Unternehmen das Bewusstsein, dass in einem systematischen Qualitätsmanagement sowohl des Gesamtprojektportfolios wie auch des einzelnen Projekts eine entscheidende Hebelwirkung für den gesamten Veränderungsprozess liegt. Über 90 % der Beratungsunternehmen gehen davon aus, dass in den kommenden Jahren ein nachweisbarer Mehrwert durch Beratungsleistungen unverzichtbarer Bestandteil in den Projekten sein wird [6]

Bei der Entwicklung eines systematischen Qualitätsmanagements spielen die Bereiche Controlling und Inhouse-Beratung eine zunehmende Rolle. Die Zuwachsraten der Inhouse-Beratungen übertreffen insgesamt die der externen Beratungen. Die Weiterentwicklung der Rolle des Controllings ist in vielen Unternehmen zu beobachten. Inhouse-Beratung wie Controllingbereiche sind geeignet, aus einer neutralen Position heraus den optimalen Zuschnitt des Gesamtportfolios wie auch die erforderlichen Projektstandards für methodische Vorgehensweisen und wirksame Führung zu entwickeln, in den konkreten Projekten zu überwachen und so den Mehrwert der Investition in Projekte sicherzustellen.

12.7 Literatur

[1] Cardea RoC Best Practice Studie, 2007 und 2010.
[2] Niedereichholz, Christel/Niedereichholz Joachim (Hrsg.) (2010): Inhouse Consulting, München: Oldenbourg, Wissenschaftsverlag.
[3] „Aufbau und Etablierung eines professionellen Inhouse Consulting in einem globalen Konzern" in Moscho, Alexander/Richter, Ansgar (Hrsg.) (2010): Inhouse Consulting in Deutschland. Markt, Strukturen, Strategien, 1. Auflage, Wiesbaden: Gabler/GWV Fachverlage.
[4] Fleischer, Bärbel/Roland Berger Strategy Consultants – Academic Network (Hrsg.) (2010): Einsatz von Erfolgshonoraren in der Unternehmensberatung, 1. Auflage, Wiesbaden: Gabler/Springer Fachmedien.
[5] Sodeik, Nicole: Band 124 Reihe: Planung, Organisation und Unternehmensführung – Norbert Szyperski, Winfried Matthes, Udo Winand, Joachim Griese, Harald FO von Kortzfleisch, Ludwig Theuvsen und Andreas Al-Laham. (Hrsg.): Projektmanagement wertorientierter Mergers & Acquisitions, 1. Auflage, Lohmar: Josef Eul Verlag GmbH.
[6] Schnieder, Antonio (2011): BDU-Marktstudie „Facts & Figures zum Beratermarkt 2010/2011", Düsseldorf, Bonn, 22.02.2011.
[7] Mc Clelland, David (1969): The achieving society.
[8] Dr. Litwin, G. H./Stringer, R. A. (1968) Motivation and Organizational Climate, Cambridge/MA.
[9] Hersey, Paul (1992): „Situatives Führen" – Die anderen 59 Minuten, Verlag Moderne Industrie.

Der Controller als Erfolgsfaktor in globalen Umsetzungsprojekten

13

Mark Füllemann

13.1	Ausgangslage und Zielsetzungen	245
13.2	Projektschritte und die Unterstützungsfunktionen	246
13.3	Das Triple-B des Controlling	247
13.4	Zehn Themen: Lehren und Rolle des Controllings	248
13.4.1	Vom Labor zur Realität: Das Arbeiten mit Prototyp und Pilot	248
13.4.2	Der Spatz und die Taube: vom Einfrieren einer Definition	250
13.4.3	Jederzeit ist Buy-In-Zeit: vom Vorbereiten der einzelnen Tochtergesellschaften	250
13.4.4	Das bewegliche Ziel: von der Schwierigkeit der Erfolgskontrolle	252
13.4.5	Es gibt viele Büchergestelle für Manuals: vom Coaching	253
13.4.6	Der Pull und der Push: von der Zusammensetzung des Implementierungsteams	253
13.4.7	Der Biss von Bits und Bytes: vom Umgang mit der IT	254
13.4.8	Das rastlose Projektteam: vom Lernen der Coaches	255
13.4.9	Einige lernen und niemand erfährt davon: vom Rollback	256
13.4.10	Das Naturgesetz der Erosion: von der Nachhaltigkeit	256
13.5	Folgerungen	257

13.1 Ausgangslage und Zielsetzungen

Während der letzten 20 Jahre hat eine größere Anzahl europäischer Firmen den Schritt von einem internationalen zu einem globalen Unternehmen gemacht. Global bedeutet in diesem Zusammenhang, dass diese Firmen heute in mindestens zwei kulturell verschiedenen Weltregionen aktiv sind und zwar mit Tochtergesellschaften, die alle wesentlichen Unternehmensfunktionen aufweisen. Die kulturellen Unterschiede stellen globale Unternehmungen in allen Tätigkeitsbereichen, die sich primär durch zwischenmenschliche Kontakte auszeichnen, vor größere Herausforderungen. Zu denken ist dabei beispielsweise an

- Führungsphilosophie: Wie stark ausgeprägt ist die Hierarchie? Gibt es Teamarbeit in stark strukturierten Kulturen?
- Marktansprache: Welche Marktsignale lösen in welchen Kulturen die gewünschten Entscheidungen aus?
- Mitarbeiterverhalten: Wird ein Mitarbeiter auf sichere Art tätig sein, wenn seine private Umgebung alles andere als sicher ist?

Auf diese Herausforderungen können globale Unternehmen mit zwei ganz verschiedenen organisatorischen Grundmustern antworten. Sie können sich als finanzielle Holdings organisieren, bei denen die Tochtergesellschaften in ihren Märkten beinahe völlige Freiheiten genießen, solange sie die verlangte Rentabilität erwirtschaften. Finanzielle Holdings agieren wie ein Staatenbund und umgehen die oben genannten Herausforderungen, indem sie sich auf die reine Kapitalallokation und deren Optimierung beschränken. Industrielle Holdings hingegen sehen sich als Bundesstaat, in dem die gesamte Unternehmung – der Konzern – mehr wert sein sollte als die Summe ihrer Bestandteile, also ihrer Tochtergesellschaften. Dies suchen sie unter anderem mit einem ausgebauten organisationalen Lernen zu erreichen, durch effiziente Entwicklung von Best Practices und deren Multiplikation.

Die Multiplikation von Best Practices ist das Paradebeispiel von globalen Projekten. Das Aufsetzen, Durchsetzen und Abschließen eines solchen Projektes stellt einen Sonderfall innerhalb der Theorie und Praxis des Projektmanagements dar und wird gegenwärtig von der entsprechenden Literatur – etwa vom Guide to the Project Management Body of Knowledge des US-amerikanischen Project Management Institute – wenig behandelt.

Die nachstehenden Ausführungen haben zum Ziel, diese Lücke etwas zu schließen. Sie beruhen auf fünf globalen Umsetzungen, die zwischen 1995 und 2010 vom Verfasser im Holcim Konzern geleitet wurden. Sie sind in zehn Themen gegliedert, in denen zuerst die allgemeinen Lehren aus der Praxis zum betreffenden Thema gezogen werden. Danach folgt jeweils die Darstellung des spezifischen Beitrags von Controlling.

13.2 Projektschritte und die Unterstützungsfunktionen

Abbildung 13.1 zeigt schematisch fünf Hauptprojektschritte bei der Erarbeitung und Multiplikation von Best Practices und – im unteren Teil – drei wesentliche Unterstützungsfunktionen. Am Anfang jedes Projektes steht die Initialisierung, deren Resultat in der Regel ein Konzept für eine Best Practice ist. Auf Grund dieses Konzeptes gilt es, die Best Practice im Detail zu entwickeln und anschließend – vor der Multiplikation – auf ihre Funktionstüchtigkeit zu testen. Es folgen die Einführung und nachher der oft stiefmütterlich behandelte Abschluss. Alle diese Schritte werden durch die Unterstützungsfunktionen geleitet (Projektmanagement) oder begleitet (IT, organisationales Lernen). Die Zahlen in der Abbildung verweisen auf die zehn Themen des Abschnittes 13.4.

13.3 Das Triple-B des Controllings

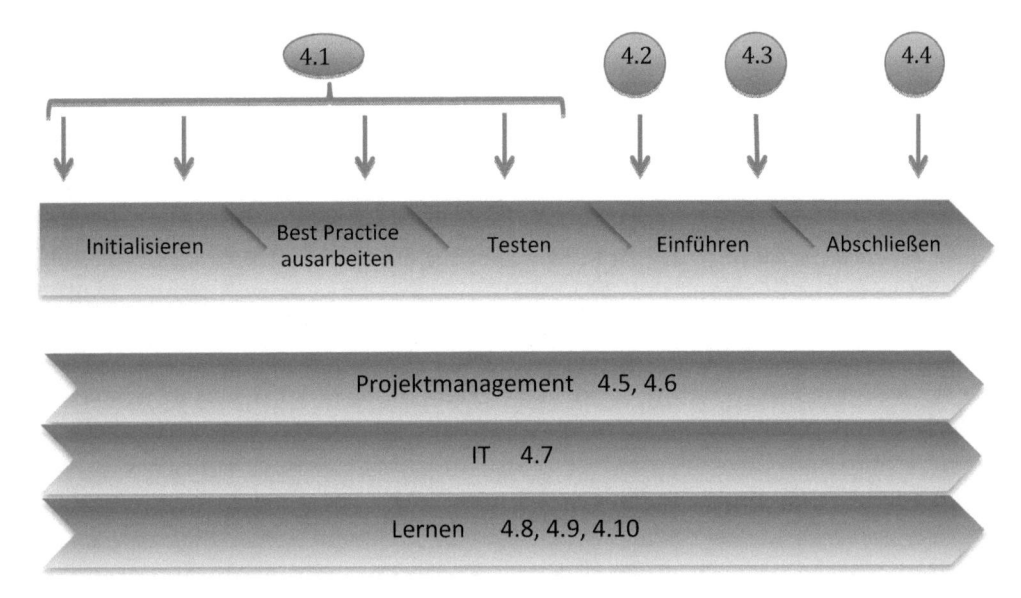

Abb. 13.1 Projekthauptschritte und Unterstützungsfunktionen[1]

13.3 Das Triple-B des Controllings

Alle Projekte einer Unternehmung sind im Verantwortungsbereich des Linienmanagements, dem gewissermaßen die Triple-A-Rolle zukommt: Aufsetzen, Antreiben, Abschließen. Wie immer befindet sich das Controlling auch bei globalen Projekten in einer Triple-B-Rolle: Bindeglied, Beurteiler und Berater. Wenn alle drei Bs gut ausgeführt werden, wird die Tätigkeit von Controlling zu einem eigentlichen Erfolgsfaktor, zu einem Triple B+.

Bindeglied bedeutet, dass Controlling sehr geeignet ist, die verschiedenen Funktionen einer Unternehmung miteinander zu verbinden. Gerade bei großen Projekten fehlt es häufig an einer ganzheitlichen Sicht, weil die vorherrschende Organisationsform von Unternehmungen, nämlich die Gliederung nach Funktionen, es mit sich bringt, dass Best Practices zu sehr auf die Hauptfunktion der neuen Lösung fokussiert werden. Diese Funktion ist dann sicherlich eingehend durchdacht; ihre Zusammenhänge mit und Auswirkungen auf andere Funktionen aber – gewissermaßen die Nebenwirkungen – erfahren nicht die gleiche Aufmerksamkeit. Controlling als Querschnittsaufgabe wirkt per Definition diesem Silodenken entgegen, agiert als Bindeglied.

Die *Beurteiler*-Funktion des Controllings ist in Theorie und Praxis fest verankert, sowohl was das retrospektive Controlling, also den Soll-Ist-Vergleich, betrifft als auch in

---

[1] Quelle: eigene Darstellung.

Bezug auf prospektives Controlling, also das Agieren als Frühwarnsystem. Gerade die zweite Aufgabe, das prospektive Denken (Kernfrage: Was wäre wenn?) prädestiniert Controlling für einen Einsatz bei globalen Projekten, bei denen der Projekterfolg schwer zu messen ist, weil der Grundsatz des ceteris paribus selten erfüllt werden kann. Zur Beurteilung gehört ferner auch die Tätigkeit als Hüter von Standards, eine Tätigkeit, die in einer globalen Unternehmung immer größere Bedeutung erfährt.

Das vorausschauende Denken, das im Zusammenhang mit dem Beurteilen angesprochen wurde, ist auch das Denken, das der *Berater*-Funktion zu Grunde liegt. Jedes Projekt soll ein Projektende haben; handelt es sich aber im Speziellen um die Einführung von Best Practices, so sollen diese neuen Lösungen nach Projektende in der Unternehmung verbleiben. Damit sind die Nachhaltigkeit von Projektresultaten angesprochen, deren Überführung ins Tagesgeschäft und das weitere Verfolgen der ursprünglichen Projektresultate im Management-Reporting oder im Management-Cockpit. Was wann und wie ins Reporting aufgenommen werden soll, entscheidet zwar formell das Linienmanagement, aber in der Regel auf Grund des Ratschlages des Controllings.

13.4 Zehn Themen: Lehren und Rolle des Controllings

13.4.1 Vom Labor zur Realität: Das Arbeiten mit Prototyp und Pilot

Das erste globale Projekt von Holcim wurde nach dem Schema in Abbildung 13.2 aufgesetzt:

Abb. 13.2 Von der Initialisierung zum Pilot[2]

Es war vorgesehen, die in der Initialisierungsphase gesammelten und konsolidierten Ideen in ein detailliertes Konzept umzusetzen und dieses durch einen Piloten in der Praxis zu testen.

---

[2] Quelle: eigene Darstellung.

Dieser Ablauf zeigte sich aus den folgenden Gründen als stark verbesserungswürdig:

- Konzepte, selbst wenn sie von Experten entwickelt wurden, sind immer leicht abgehoben von der Realität. Das amerikanische Sprichwort sagt es treffend: The proof of the pudding is in the eating! Zur Verbesserung wurden Validierungsgruppen eingeführt, deren Mitglieder entsprechende Funktionsträger aus den Tochtergesellschaften waren. Diese Gruppen erhöhten zwar die Glaubwürdigkeit der Konzepte, änderten aber nichts an der Tatsache, dass die Pilotdurchführung holprig blieb und den nachfolgenden Rollout nicht genügend vorbereitete.
- Als Lehre kristallisierte sich heraus, dass für einen globalen Rollout zwei ganz verschiedene Praxistests durchgeführt werden mussten. In einem ersten Test ging es darum, die Praxistauglichkeit des Inhaltes zu überprüfen, den Pudding also konkret zuzubereiten. Auf Grund dieses Tests wurde das Konzept nochmals überarbeitet und dann einem Multiplikationstest unterworfen. Es wurde also geprüft, ob das Puddingrezept auch von ganz anderen Köchen erfolgreich nachgekocht werden konnte. Um die beiden Tests auseinander zu halten, sprach man bei Praxistauglichkeit von einem Prototypen, beim Multiplikationstest vom Piloten.
- Es bewährte sich, für den Prototyp eine Tochtergesellschaft auszuwählen, bei der der entsprechende Funktionsträger innerhalb seiner Kollegen (Peer-Gruppe) hohes Ansehen genoss. Für die Piloten hingegen war es sehr wichtig, zwei Gesellschaften aus ganz verschiedenen Kulturkreisen auszuwählen.

Rolle des Controllings

In der Konzeptphase hat Controlling sowohl als Bindeglied als auch als Beurteiler zu agieren.

- **Bindeglied:** Es gilt, von Projektbeginn an – bereits schon bei der Ideenerfassung und sicherlich während der ganzen Konzeptphase – die ganzheitliche Sicht zu wahren, die Nebenwirkungen (die Analogie zu den Packungsbeilagen von Medikamenten ist durchaus gewollt) zu erfassen und für deren Bearbeitung zu sorgen. In einem konkreten Beispiel – es galt, neue Verkaufsprozesse via Internet aufzusetzen und Kunden via Software zu binden – musste Controlling die Frage aufwerfen, ob und wie die physische Auslieferungslogistik den neuen, viel schnelleren Verkaufsabläufen auch folgen können würde und mit welchem Aufwand.
- **Beurteiler:** Hier geht es um die vorausschauende Definition von Indikatoren, mit denen während der Implementierung der Projektfortschritt und der Projekterfolg gemessen werden soll. Projekterfolg heißt erhöhte Wertschöpfung; damit aber eine Erhöhung auch gezeigt werden kann, muss in dieser Phase die Ausgangsposition fixiert werden (establishing the baseline).

13.4.2 Der Spatz und die Taube: vom Einfrieren einer Definition

Der Ausdruck Best Practices, der oft und so auch in diesem Text verwendet wird, ist eigentlich irreführend. Eigentlich geht es um Good Practice, um eine Lösung also, die durchaus noch verbesserungsfähig ist. Diese Verbesserungsfähigkeit kann jedoch zum Verhängnis werden:

- Gute Projektteams sind kreativ und möchten stets noch besser werden. Während der Konzeptphase ist dies durchaus erwünscht, ja sogar notwendig. Befindet sich das Projekt aber in der Durchführung des Prototypen oder der Piloten, wird die Lage kompliziert, wenn die Projektgruppe ein nicht fixiertes Ziel (moving target) verfolgen muss.
- Noch schlimmere Folgen hat eine schleichende Zielveränderung (target creep) während des Rollouts. Im besten Fall führt diese Situation zu Zeitverlusten und höheren Kosten; meistens aber wird der Projekterfolg schwerwiegend gefährdet.

Es braucht deshalb einen formellen Prozess, wie mit Verbesserungsvorschlägen und Lehren aus jeder einzelnen Einführung umgegangen werden soll. Dieser Prozess muss die Momente genau fixieren, in denen Änderungen vorgenommen werden können. Zwischen diesen Änderungszeitpunkten bleibt die Lösung eingefroren.

Rolle des Controllings

Damit die eingefrorene Lösung bekannt ist, müssen die genauen Definitionen in einem Manual festgehalten werden. Und damit keine schleichende Veränderung stattfinden kann, braucht ein solches Manual einen Gatekeeper. In vielen Unternehmungen hat Controlling die Funktion des Gatekeepers bereits, zumindest für Reporting-Manuals. Es hat sich aus diesem Grund bewährt, Controlling auch für eine Gatekeeperfunktion von Best Practice Manuals einzusetzen oder zumindest hinzuzuziehen. Diese Gatekeeperfunktion sollte während der ganzen Projektdauer beibehalten werden. Je nach Inhalt der Best Practice kann nach Projektabschluss eine andere Funktion die Rolle des Hüters des Manuals übernehmen.

13.4.3 Jederzeit ist Buy-In-Zeit: vom Vorbereiten der einzelnen Tochtergesellschaften

Die Technik der Vorbereitung und Durchführung von Rollouts in den einzelnen Tochtergesellschaften wurde kontinuierlich weiterentwickelt und nahm schließlich die in Abbildung 13.3 gezeigte Form an.

Globale Umsetzungsprojekte sind in der Regel Projekte, die von allen Tochtergesellschaften eingeführt werden müssen. Ein Obligatorium ist aber nicht ausreichend für einen Projekterfolg: Das lokale Management muss das Projekt auch wollen. Der sogenannte Buy-In am Anfang ist deshalb enorm wichtig. Ursprünglich aber beschränkte sich dieser Buy-In auf den CEO der Tochtergesellschaft, allenfalls auf die gesamt lokale Geschäftsleitung. Dies erwies sich als nicht nachhaltig:

13.4 Zehn Themen: Lehren und Rolle des Controllings

Roll-out Approach

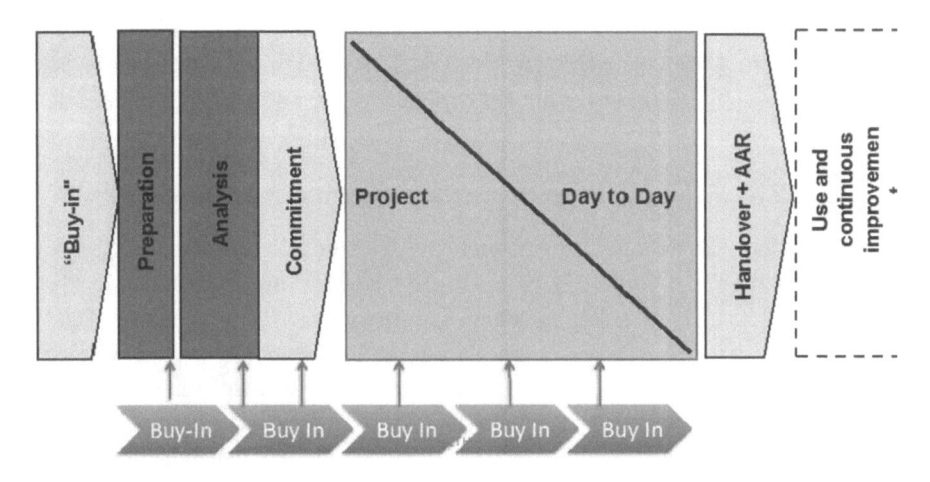

Abb. 13.3 Buy-In als Dauertätigkeit während einer Implementierung[3]

- Selbstverständlich ist der CEO für die lokale Implementierung verantwortlich. Er ist aber ebenso für alles andere verantwortlich, was in der heutigen Zeit mit ihrer überspitzten Personifizierung dazu führt, dass er immer mehr Bälle gleichzeitig jonglieren muss. Das Buy-In darf sich deshalb nicht beschränken auf ihn und sein Geschäftsleitungsteam, sondern muss vor allem auch das mittlere Management einbeziehen. Es gilt, sie von Betroffenen zu Beteiligten zu machen.
- Während der Implementierung können Ereignisse eintreten, die das lokale Management nicht nur am Projekterfolg, sondern vor allem an der Projektnotwendigkeit (aus lokaler Sicht) zweifeln lassen. Buy-In ist also immer wieder von neuem notwendig.
- Ein sehr geeignetes Werkzeug für den Buy-In ist ein sogenanntes Brown-Paper, genannt nach dem braunen Packpapier, auf das es gezeichnet wird. Auf diesem Papier wird die bisherige Lösung in all ihren Verästelungen aufgezeichnet. Diese detaillierte Darstellung der heutigen Lösung und die Einbeziehung aller Betroffenen, führt zu einer schnelleren Einsicht der Notwendigkeit der neuen Lösung.
- Frühe erste Erfolge stärken das Vertrauen in das Projekt.

Rolle des Controllings
Bei der Erstellung des erwähnten Brown-Papers wie auch bei der Analyse unweigerlich auftretender Implementierungsschwierigkeiten spielt das lokale Controlling eine große

---

[3] Quelle: eigene Darstellung.

Rolle. Vor allem das Zahlenwerk, das einem Brown-Paper zu Grunde liegt, wird nur anerkannt, wenn es das Gütesiegel des lokalen Controllings trägt. Das Gleiche gilt für Kostendaten, die das Projekt selbst betreffen, insbesondere wenn Budgetübertretungen moniert werden. In solchen Momenten kann das lokale Controlling die Wogen glätten oder aber Öl ins Feuer schütten. Das lokale Controlling muss deswegen selbst vom Projekt überzeugt sein. Dies bedingt einen speziellen Buy-In-Effort seitens des Projektcontrollings oder auch des zentralen Controllings.

13.4.4 Das bewegliche Ziel: von der Schwierigkeit der Erfolgskontrolle

Erfolgskontrolle hat zwei Seiten: Sie beinhaltet einerseits die Projektfortschrittskontrolle (implementation tracking), andererseits die Projekterfolgskontrolle (impact tracking). Diese beiden Aktivitäten sind strikt voneinander zu trennen.

Bei der ersteren handelt es sich um eine klassische Projektmanagementtätigkeit, bei der Termine und Kosten überwacht und gesteuert werden. Die entsprechenden Techniken sind in der Literatur ausführlich beschrieben. Die Implementierung eines globalen Projektes in die einzelnen Tochtergesellschaften verursacht deshalb auch keine größeren Probleme. Etwas anders sieht die Situation auf Ebene des Konzerns aus, weil sich ein solches Projekt über mehrere Jahre hinzieht, während derer sich die Währungsrelationen verändern. Die Erfassung der Projektkosten muss aus diesem Grunde sehr detailliert geregelt werden.

Bei der Projekterfolgskontrolle sind die Schwierigkeiten wesentlich größer. Im Gabler Wirtschaftslexikon (wirtschaftslexikon.gabler.de) heißt es, dass die Planungsstrukturen mit den Abfragestrukturen übereinstimmen müssten, um den Projekterfolg korrekt nachweisen zu können, was landläufig durch den Satz übersetzt wird, dass man Äpfel mit Äpfeln vergleichen müsse. Gerade dies ist bei globalen Projekten kaum je gegeben wie das folgende vereinfachte Beispiel zeigt: Wird in einem Markt eine neue Logistikstruktur aufgebaut, die die Logistikkosten um 10 % senken soll, gleichzeitig aber die Transporteure dieses Marktes die Tarife generell um 10 % erhöhen, wird das Rechnungswesen der Firma keine Senkung der Logistikkosten zeigen. Dies bedeutet, dass die Daten des betrieblichen Rechnungswesens nicht direkt brauchbar sind für den Erfolgsnachweis. Es sind Schattenrechnungen anzustellen.

Rolle des Controllings

Der laufende Projekterfolg wie auch der Projekterfolg nach Abschluss jeder einzelnen Implementierung muss durch das zentrale Controlling errechnet oder zumindest verifiziert werden. Controlling ist mit der Technik von Schattenrechnungen vertraut und deshalb in der Lage, auch in Situationen mit stark geänderten Rahmenbedingungen den Projekterfolg zu errechnen. Damit wächst zunächst eine nicht zwingend gegebene Akzeptanz der vorgewiesenen Zahlen. Trägt nur die Projektleitung die Erfolgsrechnung vor, so stehen Fragen im Raum, was dem Verfasser im obigen Logistikbeispiel klar wurde. Dieser trug die Schattenrechnung vor, wonach der Projekterfolg bei rund 10 % lag

(Kompensation der Tariferhöhung durch die kostensenkenden Maßnahmen). Dies wiederum führte zur Frage des CEOs an den CFO: „Ich habe das Argument verstanden, aber finde ich das gesparte Geld auch in unserer Buchhaltung?" Da das Geld nicht ausgegeben wurde und somit nicht gebucht werden kann, ist eine Schattenrechnung notwendig.

13.4.5 Es gibt viele Büchergestelle für Manuals: vom Coaching

Zu Recht wird in der Literatur darauf hingewiesen, dass Sozialkompetenz eine große Rolle bei der Zusammensetzung eines Projektteams spielt. Dabei sind hauptsächlich die Interaktionen innerhalb eines Projektteams gemeint. Bei der Umsetzung globaler Projekte ist dies zwar auch wichtig; noch wichtiger sind aber Coachingfähigkeiten aller Mitglieder des Projektteams:

- Zwar muss der Inhalt der Best Practices in Manuals klar beschrieben sein, wie dies in Abschnitt 13.4.2 bereits erläutert wurde. Manuals sind aber Nachschlagewerke und geben das Funktionieren der einmal eingeführten Lösung wieder, nicht aber den Einführungsprozess selbst. Dieser Prozess muss durch einen Coach geleitet werden. Manuals zu verschicken ohne Coaching nicht nur zu offerieren, sondern zu vereinbaren, bedeutet, Platz auf Büchergestellen für die Manuals zu schaffen.
- Bei den meisten Best Practices muss eine Verhaltensänderung von Mitarbeitern angestrebt werden. Verhalten lässt sich nur durch Coaching verändern.
- Experten sind selten automatisch gute Coaches, Manager – speziell der untersten beiden Führungsstufen auch nicht. Coaching Fähigkeiten können aber erlernt werden und diese Ausbildungszeit muss in der Projektplanung berücksichtigt werden.
- Coaching heißt, Zeit vor Ort zu verbringen. Diese Zeit – und die Reisekosten – sind in der Planung zu berücksichtigen.

Rolle des Controllings
Eines der besten Motivationswerkzeuge in der Hand von Coaches ist der Nachweis rascher Erfolge. Controlling muss demzufolge die Coaches in der korrekten Errechnung von Projekterfolgen schulen, muss ihnen zeigen, wo und wie die notwendigen Daten gefunden werden und muss ihnen praktische Unterstützung anbieten.

13.4.6 Der Pull und der Push: von der Zusammensetzung des Implementierungsteams

Das Implementierungsteam setzt sich in der Regel zusammen aus einem Kern von Mitgliedern, die während der ganzen Projektdauer, also bis zur letzten Umsetzung, zusammenbleiben sowie einem Teil lokaler Mitarbeiter. Bei der Ausbildung und beim Einsatz dieser lokalen Mitarbeiter gibt es zwei verschiedene Möglichkeiten:

- Pull: Mitarbeiter aus Firmen, die für die Multiplikationswelle X+1 vorgesehen sind, nehmen bei der Multiplikation in der Welle X teil und sind deshalb bereits ausgebildet, wenn sie die Umsetzung des Projektes in ihrer eigenen Firma betreuen.
- Push: Mitarbeiter aus Firmen der Welle X nehmen anschließend noch an der Umsetzung in den Firmen der Welle X+1 teil.

Die Erfahrung hat gezeigt, dass der Push-Ansatz nur in den seltensten Fällen funktioniert, weil die wenigsten Manager gute Mitarbeiter unmittelbar nach dem Abschluss der Implementierung verlieren wollen, auch wenn dies nur temporär ist. Der Pull-Ansatz hingegen benötigt einen langen Vorlauf, weil nicht nur die entsprechenden Mitarbeiter identifiziert werden müssen, sondern auch weil in vielen Fällen eine Sprachschulung stattfinden muss, bevor Mitarbeiter in eine andere Tochterfirma geschickt werden können.

Rolle des Controllings
Für das Controlling gilt das gleiche Vorgehen: Es bewährt sich, je einen lokalen Controller aus den Firmen der Welle X+1 in den Firmen der Welle X mitarbeiten zu lassen.

13.4.7 Der Biss von Bits und Bytes: vom Umgang mit der IT

Multiplikation von Best Practices hat immer auch mit dem Einsatz von IT zu tun. Dabei treten zwei Herausforderungen auf: die Frage nach der Standardisierung und die vielfach übertriebene Erwartungshaltung bezüglich dem Detaillierungsgrad von Daten.

IT ist derjenige Bereich, in dem gleichzeitig größtmögliche Standardisierung gefordert und größtmögliche Individualisierung erwartet wird:

- Der Ruf nach Standardisierung hat mit Kosten und Zeit zu tun; man möchte möglichst viel an copy/paste erreichen. In einer globalen Unternehmung kommt der Wunsch hinzu, bei einem internen Firmenwechsel möglichst die gleiche Arbeitsumgebung wieder zu finden.
- Auf der anderen Seite erwartet man, dass die IT so flexibel ist, dass persönliche Vorlieben problemlos erfüllbar sind, was sich erklären lässt durch die IT im heutigen privaten Bereich: Durch die Vielzahl an sogenannten Apps hat man sich an einen hohen Grad von Individualisierung gewöhnt.
- Alle Projekte zeigen immer wieder, dass IT-Kosten rasant steigen, je mehr Individualisierung zugelassen wird. Dabei sind die verdeckten Kosten dieser Individualisierung gar nicht eingerechnet, nämlich der Mehraufwand beim Vergleich nicht standardisierter Berichte, der Mehraufwand für die Einarbeitung bei einem internen Firmenwechsel, die Schwierigkeiten beim nächsten technischen Upgrade. Ein hoher Grad an Standardisierung ist deshalb anzustreben.

Besonders zu erwähnen ist die Erwartungshaltung in Bezug auf das Reporting. Man möchte eigentlich nur wenige, hochaggregierte Indikatoren sehen, bei Bedarf aber bis ins kleinste Detail vorstoßen können mit sogenannten drill-downs. Meistens ist dies technisch machbar; die Kosten für die potenziellen Details können aber prohibitiv werden.

Rolle des Controllings

In diesem Zusammenhang hat Controlling eine wesentliche Beratungsaufgabe im Dämpfen übermäßiger Erwartungen bezüglich des sogenannten Drill-down. Da Controlling ohnehin immer den Blick des Linienmanagements für das Wesentliche schärfen muss, ist das Hinterfragen des Detaillierungsgrades auch in globalen Projekten glaubwürdig. Zwar kann die Projektleitung mit den Kosten für Detaillierung argumentieren; die Controllingfrage nach der Relevanz der Details für Managemententscheidungen ist aber wesentlich wirkungsvoller.

Verknüpft mit dieser Beratungsaufgabe ist eine Beurteilungsaufgabe, nämlich die der Qualitätskontrolle von Daten. Controlling muss sicherstellen, dass die lokale Datenerfassung qualitativ genügende Basisdaten liefert. Je mehr dabei auf eine standardisierte und automatisierte Weiterverarbeitung dieser Daten geachtet wird, desto höher ist die Qualität der Managementinformationen einzuschätzen.

13.4.8 Das rastlose Projektteam: vom Lernen der Coaches

Der Volksmund sagt: Wer rastet, der rostet. In einem globalen Projekt kann für das zentrale Projektteam das Gegenteil wahr sein: Wer rastlos wird, der rostet. In Abschnitt 13.4.5 wurde bereits auf die Wichtigkeit des Coachings hingewiesen. Globale Projekte zeichnen sich unter anderem dadurch aus, dass sie mehrere Jahre in Anspruch nehmen können. Dies wiederum hat mitunter zur Folge, dass die Coaches des Projektteams von Implementierung zu Implementierung reisen und nur noch von den eigenen Erfahrungen lernen, nicht jedoch von den Erfahrungen ihrer Kollegen. Gerade die lange Dauer und die Vielfalt der beteiligten Tochtergesellschaften bringen sehr viele Lernmöglichkeiten mit sich, die im Interesse eines optimalen Resultates auch genutzt werden müssen.

Der erste Ansatz, um diese Art organisationellen Lernens zu ermöglichen, ist die Schaffung einer Datenbank und die Verordnung eines IT-basierten Knowledge Managements. Dies funktioniert aber nur dann, wenn die Datenbank richtig gefüttert und dieses Futter auch in geeigneter Form konsumiert wird. In den fünf globalen Projekten, auf denen dieser Text basiert, war diesen Ansätzen nie ein Erfolg beschieden. Der Schluss liegt nahe, dass das Lernen voneinander, welches die Grundlage des organisationellen Lernens ist, nur dann stattfindet, wenn sich die Beteiligten treffen. Lernen bedeutet Verstehen und zum Verstehen muss man sich gegenseitig Fragen stellen können, was in der Praxis nur bei physischen Workshops geschieht.

Aus diesem Grund ist es unabdingbar, Workshops für Coaches bereits ab Projektbeginn in regelmäßigen Abständen durchzuführen und dabei darauf zu achten, dass alle Coaches auch teilnehmen.

Rolle des Controllings

Auch Controlling muss sich über Gelerntes im Bilde setzen, sonst findet weder das Beurteilen noch das Beraten in genügendem Ausmaß statt. Sollte Controlling – wie im Falle Holcim üblich – regelmäßige interne Weiterbildungsseminare durchführen, so ist eine partielle Teilnahme des Projektleiters des globalen Projektes an solchen Seminaren die effizienteste Möglichkeit, Coaching auf dem neuesten Stand zu halten. Im umgekehrten Sinne muss Controlling alle Coaches immer wieder über den Stand des Projekterfolges informieren und über die Methode seiner Errechnung, da – wie bereits in Abschnitt 13.4.4 ausgeführt – die Projekterfolgsrechnung komplex ist.

13.4.9 Einige lernen und niemand erfährt davon: vom Rollback

Ein globaler Rollout geschieht immer in Wellen, weil gleichzeitig nur eine limitierte Anzahl Tochterfirmen betreut werden kann und weil Tochterfirmen eine unterschiedliche Zeit brauchen, um für den Projektstart bereit zu sein. In jeder Welle werden neue Erkenntnisse auftauchen und neue Lehren zu ziehen sein. Diese Lehren können rasch innerhalb der gleichen Implementierungswelle verbreitet werden, nämlich durch die Coaches Workshops, die in Abschnitt 13.4.8 beschrieben wurden. Wie aber erfahren Firmen der vorangegangenen Wellen davon?

Neue Erkenntnisse müssen in Form eines Rollback-Verfahrens zu den Firmen zurückgetragen werden, die die neue Lösung bereits implementiert haben. Dieses Verfahren muss formell streng definiert werden, um der Gefahr des Aufweichens der erreichten Standards zu begegnen. Rollbacks sind als eigene Miniprojekte aufzusetzen und funktionieren dann am besten, wenn die Projektteams nach dem Pull-Vorgehen (siehe Abschnitt 13.4.6) zusammengesetzt wurden, da dann in den betroffenen Tochtergesellschaften Mitarbeiter vorhanden sind, die die vorangegangene Einführung sehr gut kennen. Diese Miniprojekte sind wiederum durch Coaching Aktivitäten zu steuern; nur neue Manuals zu verschicken bringt wenig.

Rolle des Controllings

Controlling – und in diesem Zusammenhang speziell das lokale Controlling – muss beim Rollback eine strikte Gatekeeperfunktion ausüben, um zu verhindern, dass gleichzeitig lokale Besonderheiten mit einfließen.

13.4.10 Das Naturgesetz der Erosion: von der Nachhaltigkeit

Die Frage nach der Nachhaltigkeit stellt sich bei allen Projekten. Sie ist aber besonders wichtig für globale Projekte, die in mehreren Implementierungswellen ablaufen. Die Ursachen für fehlende Nachhaltigkeit sind in der Regel neue Projekte, neue Mitarbeiter und fehlenden Übernahme der Projektindikatoren in das Tagesgeschäft:

- Neue Projekte sind in der Regel attraktiver und zwar, weil sie neu sind. Um keine Konkurrenzsituation aufkommen zu lassen, muss das Abwandern von lokalen Projektmitarbeitern zu neuen Projekten verhindert oder zumindest klar gesteuert werden.
- Klar strukturierte Einführungsprogramme für neue Mitarbeiter verlangsamen den Wissensverlust. Sie sind wesentliches Element eines organisationalen Lernens.
- Nachhaltigkeits-Audits verhindern das schleichende Aushöhlen einer neuen Lösung, die häufig durch eine Fokussierung auf neue Projekte geschieht.

Am nachhaltigsten sind die Projekte, deren Resultate bereits im Laufe der Implementierung ins Tagesgeschäft einfließen, sodass bei Projektabschluss keine große Übergabe (hand-over) mehr stattfinden muss.

Rolle des Controllings

Controlling spielt eine wesentliche Rolle bei der Überführung in das Tagesgeschäft. Alle Projekte sind in mehr oder weniger großem Umfang mit Indikatoren verknüpft. Durch rechtzeitige Einbeziehung der projektbezogenen Messgrößen in das generelle Management-Cockpit garantiert das Controlling, dass aus dem Projekt ein Teil des Tagesgeschäfts wird.

13.5 Folgerungen

Globale Projekte sind charakterisiert durch eine lange Dauer und mehrere Implementierungswellen, durch einen fokussierten Ansatz, der gleichzeitig die ganze Unternehmung im Auge behalten muss, durch stetige Veränderung der Planungsstrukturen und gleichzeitigem Verlangen nach einheitlicher Erfolgsmessung, durch Projektarbeit, die immer wieder in Tagesgeschäft umgewandelt werden muss und durch Coaching in verschiedenen Kulturen, das zu einem Standard führen soll.

Controlling ist dann ein Erfolgsfaktor für diese globalen Projekte, wenn es die drei Aufgaben als Bindeglied, Beurteiler und Berater wahrnimmt. Bindeglied heißt, als Garant für die gesamtheitliche Sicht zu wirken und dies mit Schwergewicht zu Beginn des Projektes. Beurteiler heißt immer wieder den Stand des Projekterfolges zu errechnen und zu kommentieren, von Beginn der Umsetzung bis zum Projektabschluss. Berater bedeutet, die Überführung ins Tagesgeschäft zu erleichtern und damit einen Beitrag zur Nachhaltigkeit zu leisten.